新编21世纪高等职业教育精品教材 / 财务会计类

The Application of Excel in Financial Accounting

Excel在财务会计中的应用

（第3版）

主　编◎衣光臻

副主编◎朱云萍　高晓华　贾丽娟　王敏　张昭君

中国人民大学出版社

·北京·

前言

本教材自2016年第1版出版以来，得到了广大读者的广泛认可，发行量不断提高，不觉已过6年，发行过2版。本教材能够得到读者的厚爱，是编者的最高荣誉。作为主编，本人倍感欣慰，同时，也深感一种责任与力量，在不断鞭挞激励自己前行，每一次再版都更加努力地完善与创新，以回报读者。

第3版教材在思政的融入上进行了较深入的尝试。教材力求挖掘每个项目每个任务点的思政元素，增加素养目标等内容，让同学们在学习知识的过程中，有所思，有所感，有所获，并融入行。

党的二十大报告提出："加快建设法治社会，弘扬社会主义法治精神，传承中华优秀传统法律文化。"为更好地适用于教学，第3版教材根据截至2022年4月最新税法、会计准则等变化及时进行了调整，积极地进行了多方面的创新性探索，对各项目内容做了最大程度的仿真模拟，其特色和亮点有以下几方面。

一、紧跟政策改革，保证教材实时更新

1. 紧扣新会计准则变更，实现最新会计报表的准确编制

自2021年1月1日起，所有执行企业会计准则的企业都必须使用新收入准则进行收入的确认。新收入准则增加的会计科目包括：合同资产、合同负债、合同履约成本及相应减值准备、合同取得成本及相应减值准备、应收退货成本等。第3版教材结合会计科目的变化，对账务处理模块，从会计科目表、凭证、账簿到报表进行了一系列调整，对三大会计报表的相关项目进行了及时更新，将明细科目嵌入整个系统，实现了新变动的资产负债表合并项目、利润表拆分项目、现金流量表调整及三大报表新增项目公式的准确设置，达到与会计实务的零距离对接，弘扬党的二十大提出的"劳动精神"，培养学生严谨细致的工作作风。

2. 紧追新税法改革前沿，适用最新税法政策

自 2019 年 1 月 1 日起，个人所得税新政策在全国范围内全面实施。教材根据《中华人民共和国个人所得税法》《中华人民共和国个人所得税法实施条例》《个人所得税专项附加扣除暂行办法》（含 2022 年 1 月起开始实施的婴幼儿照护专项附加扣除）等最新规定对工资管理模块进行更新，采用累计预扣法对居民个人综合所得预扣预缴个税进行准确计算。自 2019 年 4 月 1 日起，制造业等的增值税税率由原来的 16%调整为现行的 13%，新教材结合税率的变化进行了及时更新，保证了教材的时效性，弘扬党的二十大提出的“社会主义法治精神”，培养学生依法诚信纳税的爱国精神。

二、独创优化模块内容，实现数据传递共享

1. 独创固定资产管理模块，提升固定资产管理自动化程度

同类教材中，Excel 在固定资产管理中的应用自动化程度不彻底，一般只能查询某项固定资产当月折旧额，不能同时查询当月累计折旧额和当月账面净值。第 3 版教材继续在第 2 版教材的基础上进行若干创新性研究与探索，不仅彻底解决了上述不足，还可实现任意时点、任意折旧方法、任意固定资产当月计提折旧、当月累计折旧、当月账面净值的精确查询（完善了第 2 版教材未解决的尾差问题）；另外，第 3 版教材还加强了固定资产模块内部各工作间的数据互享，自动化程度进一步提升。通过本模块的学习，本教材培养学生勇于探索、不断创新的工匠精神，落实党的二十大提出的“在全社会弘扬劳动精神、奋斗精神、奉献精神、创造精神、勤俭节约精神，培育时代新风新貌”。

2. 创新各模块共享机制，形成小型财务软件应用系统

教材通过 Excel 公式与函数的设置，实现账务处理、工资管理、固定资产管理三个模块之间勾稽数据的实时传递，创新性地形成了三大模块融为一体的小型财务软件应用系统，用 Excel 实现了会计电算化，弘扬党的二十大提出的“奋斗精神”，培养学生精益求精的工匠精神。

三、优化教学设计，实现理实有机结合

1. 知识碎片化，教学项目化

教材在内容组织上，按照“任务引领、理实结合、学做一体”的教学模式，取消纯理论的讲解，将知识碎片融入任务进行重构，按照项目设计切实可行的知识目标、能力目标和素养目标，选择教学内容，突出职业能力的培养。为便于学生对各项目整体设计的理解，第 3 版教材增加了项目的学习导图。根据真实的职业情境，将项目细化为若干工作任务及子任务，每个工作任务包括任务效果图、任务分析及具体的实施步骤等，思路清晰、有条理，培养学生严谨细致的工作作风，弘扬党的二十大提出的“劳动精神”。

2. 内容通俗，易教易学

教材教学内容尽量与高职学生实际水平相一致，构思深入浅出，将教学难点采用大量的、易模仿分步详图和二维码视频相结合的形式进行表述，尽量把操作中的每个细节交代清楚；在行文上尽量口语化，力求浅显易懂，有助于学生快速掌握和融会贯通，让学生轻松学习，爱上学习，培养学生主动学、终生学的学习习惯。

3. 高度仿真，实现教学与实务零距离对接

在校外专家的指导和帮助下，第3版教材根据新税法及新会计准则在企业的具体落实情况，对真实案例精细化打磨，采用高度仿真模式，进行了一系列Excel电算化的创新性设计，使模块内设计浑然一体，模块间糅合自然完美，实现了会计实践教学与会计实务工作的零距离对接，弘扬党的二十大提出的“劳动精神”，培养学生分析实际问题、解决实际问题的职业能力。

4. 进一步完善教学资源，更好地服务于教学

第3版教材提供的资源包括各项目动画介绍（新增）、Excel账套、二维码微课视频资源、Excel练习源文件、PPT、教案等，还增加了注重过程性考核的项目理论测验和上机实战演练。本教材根据学生的学习能力把脉，通过理实一体的强化训练，培养和提高学生的学习兴趣，以更好地服务于教学。

本教材编者团队由专任教师和校外专家组成，专任教师包括衣光臻（山东经贸职业学院）、朱云萍（山东经贸职业学院）、高晓华（山东经贸职业学院）、贾丽娟（山东经贸职业学院）、王敏（山东科技职业学院），校外专家为用友新道科技有限公司高级讲师张昭君。其中，项目1由高晓华负责，项目2由王敏负责，项目3由贾丽娟负责，项目4由朱云萍负责，项目5由衣光臻负责，项目6由衣光臻和张昭君负责。另外，作为主编，衣光臻还负责教材相关账套的整体设计及文本的统稿工作。

本教材的编写还得到了山东经贸职业学院会计系主任侯君邦、副主任张建峰以及山东经贸职业学院李树叶、伊永莉、吴向阳、王霄雅等教师的指导和帮助，在此一并表示感谢！

为了方便任课老师制订教学计划，现给出教学安排建议（见下表），以供参考。

项目名称	理论学时	实践学时	合计
项目1　凭证	4	10	14
项目2　账簿	2	6	8
项目3　报表	4	6	10
项目4　工资管理	4	8	12
项目5　固定资产管理	3	5	8
项目6　综合实训	2	6	8
合计	19	41	60

虽然本教材各方面力求完善，但因时间仓促，编者水平有限，难免有不当之处，敬请同行专家、广大读者批评指正，在此深表感谢！电子邮箱：zxyygz@126.com。

编者

2023年1月

目 录

模块一 账务处理

模块二　工资管理

模块三　固定资产管理

模块四　会计综合实训

微课资源

模块一
账务处理

【背景资料】

李悦是某经贸职业学院大数据与会计专业毕业的学生，2022 年 1 月初应聘到东方公司财务部进行工作实习。东方公司是增值税一般纳税人，一直采用手工会计核算。公司现有财务人员 2 人，出纳员王娟负责记账凭证的填制及日记账的登记，会计主管张秀梅负责凭证的审核、其他账簿的登记并编制会计报表。在张主管的带领下，经过近一个月的虚心学习，李悦的手工会计业务处理能力大大增强。不觉到了月末，看到会计人员忙碌的样子，李悦想，自己学过会计信息化课程，运用所掌握的 Excel 知识对手工会计账务进行电算化处理，不同样能够代替财务软件，大大提高会计人员的工作效率吗？他把想法告诉了张主管，张主管爽快地答应了他的要求，并拿出本月的各类手工账簿和记账凭证。

李悦用了整整一个下午，对公司手工会计凭证和账簿等资料进行了认真的梳理，取得了基于 Excel 会计电算化的基础资料：按电算化的编码原则对总账科目及明细科目进行编号，并对各科目的期初余额进行登记，得到试算平衡的期初科目余额表；对本月会计凭证进行整理归纳，提炼出本月发生的经济业务。

一、东方公司 2022 年 1 月初的会计科目及期初余额资料

东方公司 2022 年 1 月初的会计科目及期初余额资料见表 0-1-1。

表 0-1-1　期初会计科目及余额表

单位：元

科目编码	总账科目	明细科目	期初借方余额	期初贷方余额
1001	库存现金		2 328.00	
1002	银行存款		416 105.27	
100201	银行存款	工行	269 935.27	
100202	银行存款	建行	146 170.00	
1012	其他货币资金		200 000.00	
1121	应收票据			
1122	应收账款		157 000.00	
112201	应收账款	长城公司		

续表

科目编码	总账科目	明细科目	期初借方余额	期初贷方余额
112202	应收账款	南通公司	157 000.00	
112203	应收账款	北海公司		
1123	预付账款		10 000.00	
112301	预付账款	永胜公司	10 000.00	
1131	应收股利		800.00	
1132	应收利息			
1221	其他应收款		1 600.00	
122101	其他应收款	孙立全	1 000.00	
122102	其他应收款	其他	600.00	
1241	坏账准备			1 570.00
1403	原材料		241 000.00	
140301	原材料	A材料	118 000.00	
140302	原材料	B材料	115 000.00	
140303	原材料	C材料	6 000.00	
140304	原材料	D材料	2 000.00	
1405	库存商品		593 523.32	
140501	库存商品	甲产品	393 523.32	
140502	库存商品	乙产品	200 000.00	
1473	合同资产			
1474	合同资产减值准备			
1475	合同履约成本			
1476	合同履约成本减值准备			
1477	合同取得成本			
1478	合同取得成本减值准备			
1485	应收退货成本			
1511	长期股权投资		200 000.00	
1512	长期股权投资减值准备			
1601	固定资产		4 671 000.00	
1602	累计折旧			801 484.02
1603	固定资产减值准备			
1604	在建工程			
1605	工程物资			
1606	固定资产清理			
1701	无形资产		1 680 000.00	
170101	无形资产	土地使用权	1 680 000.00	
1702	累计摊销			86 600.00
1703	无形资产减值准备			
1901	待处理财产损溢			
2101	短期借款			
2202	应付账款			582 500.00
220201	应付账款	永胜公司		582 500.00

续表

科目编码	总账科目	明细科目	期初借方余额	期初贷方余额
220202	应付账款	海达公司		
220203	应付账款	万泰公司		
2203	预收账款			
2205	合同负债			
2211	应付职工薪酬			173 762.21
221101	应付职工薪酬	工资		173 762.21
221102	应付职工薪酬	福利费		
221103	应付职工薪酬	社会保险费		
221104	应付职工薪酬	住房公积金		
221105	应付职工薪酬	工会经费		
221106	应付职工薪酬	职工教育经费		
2221	应交税费			125 991.05
222101	应交税费	未交增值税		90 950.00
222102	应交税费	应交增值税		
22210201	应交税费	应交增值税（进项税额）		
22210202	应交税费	应交增值税（销项税额）		
22210203	应交税费	应交增值税（转出未交增值税）		
222103	应交税费	应交企业所得税		12 000.00
222104	应交税费	应交城建税		6 366.50
222105	应交税费	应交教育费附加		2 728.50
222106	应交税费	应交地方教育费附加		1 819.00
222107	应交税费	应交土地使用税		12 000.00
222108	应交税费	应交个人所得税		127.05
2231	应付股利			
2232	应付利息			
2241	其他应付款			10 500.00
224101	其他应付款	代扣社会保险费		
224102	其他应付款	代扣住房公积金		
224103	其他应付款	其他		10 500.00
2501	长期借款			200 000.00
4001	实收资本			5 000 000.00
4101	盈余公积			90 813.57
4103	本年利润			
4104	利润分配			1100 135.74
410401	利润分配	提取法定盈余公积		
410402	利润分配	应付股利		
410403	利润分配	未分配利润		1 100 135.74
5001	生产成本			
500101	生产成本	甲产品		
500102	生产成本	乙产品		
5101	制造费用			

续表

科目编码	总账科目	明细科目	期初借方余额	期初贷方余额
510101	制造费用	一车间		
510102	制造费用	二车间		
510103	制造费用	三车间		
6001	主营业务收入			
600101	主营业务收入	甲产品		
600102	主营业务收入	乙产品		
6051	其他业务收入			
6301	营业外收入			
6401	主营业务成本			
640101	主营业务成本	甲产品		
640102	主营业务成本	乙产品		
6402	其他业务成本			
6403	税金及附加			
6601	销售费用			
660101	销售费用	职工薪酬		
660102	销售费用	广告费		
660103	销售费用	包装费		
660105	销售费用	其他		
6602	管理费用			
660201	管理费用	职工薪酬		
660202	管理费用	办公费		
660203	管理费用	差旅费		
660204	管理费用	水电费		
660205	管理费用	折旧费		
660206	管理费用	摊销费		
660207	管理费用	业务招待费		
660208	管理费用	修理费		
660209	管理费用	研发费用		
660210	管理费用	其他		
6603	财务费用			
660301	财务费用	利息费用		
660302	财务费用	利息收入		
6701	资产减值损失			
6702	信用减值损失			
6711	营业外支出			
6801	所得税费用			
合计			8 173 356.59	8 173 356.59

注1：表内长期借款是2020年1月30日借入，本金200 000元，期限2年，年利率10%，按年计息，按年付息，到期归还本金及最后一年利息。

注2：公司在年末对应收账款进行减值测试，根据应收账款科目期末余额1%计提坏账准备。

二、东方公司 2022 年 1 月经济业务及会计分录资料

（1）2 日，银行存款工行户提取现金 5 000 元备用，附件 1 张。

借：库存现金　　5 000.00

　贷：银行存款——工行　　5 000.00

（2）3 日，从永胜公司购入 B 材料 2 500 件，单价 100 元，金额 250 000 元，增值税进项税 32 500 元，取得增值税专用发票，部分款已预付，附件 2 张。

借：原材料——B 材料　　250 000.00

　　应交税费——应交增值税（进项税额）　　32 500.00

　贷：预付账款——永胜公司　　282 500.00

（3）5 日，从海达公司购入 A 材料 2 000 件，单价 150 元，金额 300 000 元，增值税进项税 39 000 元，取得增值税专用发票，银行存款工行户付款，材料已入库，附件 3 张。

借：原材料——A 材料　　300 000.00

　　应交税费——应交增值税（进项税额）　　39 000.00

　贷：银行存款——工行　　339 000.00

（4）6 日，签发现金支票，通过银行存款工行户代发工资 173 763.21 元，附件 2 张。

借：应付职工薪酬——工资　　173 763.21

　贷：银行存款——工行　　173 763.21

（5）10 日，银行存款建行户上交上月税款，其中增值税 90 950.00 元，企业所得税 12 000.00 元，城建税 6 366.50 元，教育费附加 2 728.50 元，地方教育费附加 1 819.00 元，土地使用税 12 000.00 元，个人所得税 127.05 元，附件 3 张。

借：应交税费——未交增值税　　90 950.00

　　应交税费——应交企业所得税　　12 000.00

　　应交税费——应交城建税　　6 366.50

　　应交税费——应交教育费附加　　2 728.50

　　应交税费——应交地方教育费附加　　1 819.00

　　应交税费——应交土地使用税　　12 000.00

　　应交税费——应交个人所得税　　127.05

　贷：银行存款——建行　　125 991.05

（6）11 日，向长城公司销售甲产品 4 000 件，单价 180 元，金额 720 000 元，增值税销项税 93 600 元，款已收，存入银行存款工行户，附件 2 张。

借：银行存款——工行　　813 600.00

　贷：主营业务收入——甲产品　　720 000.00

　　　应交税费——应交增值税（销项税额）　　93 600.00

（7）12 日，向北海公司销售甲产品 2 000 件，单价 180 元，金额 360 000 元，增值税销项税 46 800 元，款未收，附件 2 张。

借：应收账款——北海公司　　406 800.00

贷：主营业务收入——甲产品　　360 000.00
　　应交税费——应交增值税（销项税额）　　46 800.00

（8）15 日，预收长城公司货款 140 000 元（不考虑相关税费），存入银行存款工行户，附件 1 张。

借：银行存款——工行　　140 000.00
　贷：合同负债　　140 000.00

（9）18 日，行政管理部门购买办公用品 880 元，以现金支付，附件 1 张。

借：管理费用——办公费　　880.00
　贷：库存现金　　880.00

（10）21 日，向北海公司销售乙产品 1 000 件，单价 200 元，金额 200 000 元，增值税销项税 26 000 元，附件 3 张，合同约定 3 个月后如果没有质量问题，北海公司再付款。

借：合同资产　　226 000.00
　贷：主营业务收入——乙产品　　200 000.00
　　应交税费——应交增值税（销项税额）　　26 000.00

（11）23 日，财务部购买激光打印机一台，金额 5 000 元，增值税进项税 650 元，取得增值税专用发票，银行存款工行账户转账支票付款，附件 3 张。

借：固定资产　　5 000.00
　应交税费——应交增值税（进项税额）　　650.00
　贷：银行存款——工行　　5 650.00

（12）24 日，孙立全报销差旅费 980 元，余款现金 20 元交回财务部门，附件 3 张。

借：管理费用——差旅费　　980.00
　库存现金　　20.00
　贷：其他应收款——孙立全　　1 000.00

（13）26 日，向银行借入 1 年期借款 100 000 元，存入银行存款工行户，附件 1 张。

借：银行存款——工行　　100 000.00
　贷：短期借款　　100 000.00

（14）30 日，银行存款工行户归还到期的长期借款本金 200 000 元，利息 20 000 元，附件 1 张。

借：财务费用——利息费用　　20 000.00
　长期借款　　200 000.00
　贷：银行存款——工行　　220 000.00

（15）30 日，工行收到现金股利 800 元，附件 2 张。

借：银行存款——工行　　800.00
　贷：应收股利　　800.00

（16）31 日，生产甲产品领用 A 材料 100 000 元，B 材料 200 000 元；生产乙产品领用 A 材料 250 000 元，B 材料 100 000 元，附件 5 张。

借：生产成本——甲产品　　300 000.00

生产成本——乙产品　　350 000.00
贷：原材料——A 材料　　350 000.00
原材料——B 材料　　300 000.00

(17) 甲产品入库 120 000 元，乙产品入库 200 000 元，附件 10 张。

借：库存商品——甲产品　　120 000.00
库存商品——乙产品　　200 000.00
贷：生产成本——甲产品　　120 000.00
生产成本——乙产品　　200 000.00

(18) 结转销售甲产品成本 600 000 元，销售乙产品成本 120 000 元，附件 5 张。

借：主营业务成本——甲产品　　600 000.00
主营业务成本——乙产品　　120 000.00
贷：库存商品——甲产品　　600 000.00
库存商品——乙产品　　120 000.00

(19) 结转损益。

借：主营业务收入——甲产品　　1 080 000.00
主营业务收入——乙产品　　200 000.00
贷：本年利润　　1 280 000.00

借：本年利润　　741 860.00
贷：主营业务成本——甲产品　　600 000.00
主营业务成本——乙产品　　120 000.00
管理费用——办公费　　880.00
管理费用——差旅费　　980.00
财务费用——利息费用　　20 000.00

项目 1

Excel 在账务处理中的应用——凭证

教学目标

知识目标

- 了解 Excel 2010 应用环境下的电算化处理流程
- 熟悉 Excel 2010 的基础理论
- 掌握 Excel 2010 公式的使用方法
- 掌握 SUM、IF、SUMIF、VLOOKUP 和 LEN 等函数的使用方法

动画

项目 1 概述

能力目标

- 学会使用 Excel 建立会计科目表
- 学会使用 Excel 建立总账科目表
- 学会使用 Excel 建立末级科目表
- 学会使用 Excel 录入期初科目余额表
- 学会使用 Excel 建立会计凭证表

素养目标

- 培养学生诚信务实、品德为先的职业素养
- 培养学生分析问题、解决问题的职业能力
- 培养学生不断探索、锐意进取的工匠精神
- 培养学生认真负责、严谨细致的工作作风

学习导图

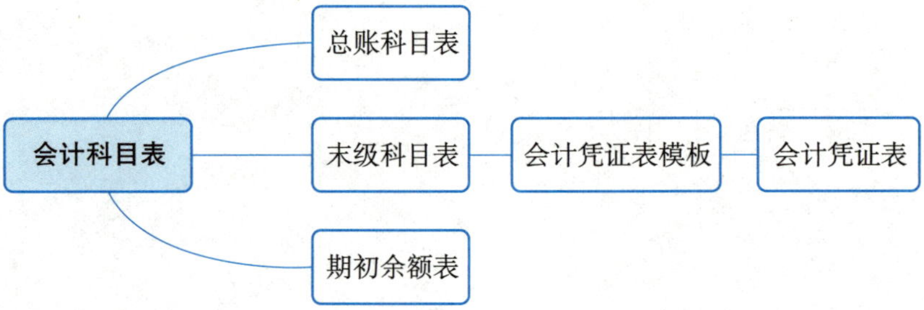

项目分析

整理好背景资料后，李悦开始着手 Excel 在账务处理模块中的应用整体设计。他首先对手工账务处理的流程进行了整理，再结合 Excel 的特点，设计基于 Excel 的账务处理程序。

一、手工账务处理程序

（1）建账。建账就是根据核算单位的实际情况，设置适合自己企业的会计科目并开设账户，登记期初余额。

（2）填制或取得原始凭证。经济业务发生或完成，要填制自制原始凭证或取得外来原始凭证。

（3）审核原始凭证。审核原始凭证的真实性和完整性。

（4）编制记账凭证。编制记账凭证是根据审核无误的原始凭证，按照国家统一会计制度（准则）的规定，运用复式记账原理，对每笔经济业务列示其应借记和贷记的账户及其金额。

（5）审核记账凭证。审核记账凭证的真实性和完整性。所有填制好的记账凭证，都必须经过其他会计人员的认真的审核。

（6）登记账簿。根据记账凭证所确定的会计分录及审核无误的原始凭证登记账簿。

（7）试算平衡。将各账户的借方金额、贷方金额和期末余额汇总，验证分录及记账工作是否有错。

（8）对账和结账。进行账证、账账和账实核对，在保证账簿记录正确性基础上结转到下期，以便进行连续性记录。

（9）编制会计报表。会计期间结束，根据账簿记录，编制资产负债表、利润表和现金流量表，以全面、系统和综合地反映企业的财务状况、经营成果和现金流量变动等。

二、基于 Excel 的账务处理程序

与传统手工会计核算类似，在 Excel 电算化中，会计报表的数据来源于科目汇总表或科目余额表，科目汇总表或科目余额表的数据来源于会计凭证表（会计分录）。因此基于 Excel 的账务处理程序整体设计为：建立会计凭证表→生成科目汇总表和科目余额表→编制会计报表，即实现 Excel 分别在凭证、账簿、报表三大账务处理流程中的应用。

本项目讲解“Excel 在账务处理中的应用——凭证”。

利用 Excel 进行凭证业务的处理，李悦设计操作步骤如下：

第一步　建账；

第二步　建立会计凭证表。

任务 1　建账

【任务效果图】

科目编码	总账科目	明细科目
1001	库存现金	
1002	银行存款	
100201	银行存款	工行
100202	银行存款	建行
1012	其他货币资金	
1121	应收票据	
1122	应收账款	
112201	应收账款	长城公司
112202	应收账款	南通公司
112203	应收账款	北海公司
1123	预付账款	
112301	预付账款	永胜公司
1131	应收股利	
1132	应收利息	
1221	其他应收款	
122101	其他应收款	孙立全
122102	其他应收款	其他
1231	坏账准备	
1403	原材料	
140301	原材料	A材料
140302	原材料	B材料
140303	原材料	C材料
140304	原材料	D材料
1405	库存商品	

图 1-1　会计科目表（最终效果）

科目编码	总账科目
1001	库存现金
1002	银行存款
1012	其他货币资金
1121	应收票据
1122	应收账款
1123	预付账款
1131	应收股利
1132	应收利息
1221	其他应收款
1231	坏账准备
1403	原材料
1405	库存商品
1473	合同资产
1474	合同资产减值准备

图 1-2　总账科目表（最终效果）

科目编码	总账科目	明细科目
1001	库存现金	
100201	银行存款	工行
100202	银行存款	建行
1012	其他货币资金	
1121	应收票据	
112201	应收账款	长城公司
112202	应收账款	南通公司
112203	应收账款	北海公司
112301	预付账款	永胜公司
1131	应收股利	
1132	应收利息	
122101	其他应收款	孙立全
122102	其他应收款	其他
1231	坏账准备	
140301	原材料	A材料
140302	原材料	B材料
140303	原材料	C材料
140304	原材料	D材料
140501	库存商品	甲产品
140502	库存商品	乙产品
1473	合同资产	
1474	合同资产减值准备	

图 1-3　末级科目表（最终效果）

科目编码	总账科目	明细科目	期初借方余额	期初贷方余额
1001	库存现金		2,328.00	
1002	银行存款		416,105.27	
100201	银行存款	工行	269,935.27	
100202	银行存款	建行	146,170.00	
1012	其他货币资金		200,000.00	
1121	应收票据			
1122	应收账款		157,000.00	
112201	应收账款	长城公司		
112202	应收账款	南通公司	157,000.00	
112203	应收账款	北海公司		
1123	预付账款		10,000.00	
112301	预付账款	永胜公司	10,000.00	
1131	应收股利		800.00	
1132	应收利息			
1221	其他应收款		1,600.00	
122101	其他应收款	孙立全	1,000.00	
122102	其他应收款	其他	600.00	
1231	坏账准备			1,570.00
1403	原材料		241,000.00	
140301	原材料	A材料	118,000.00	
140302	原材料	B材料	115,000.00	
140303	原材料	C材料	6,000.00	
140304	原材料	D材料	2,000.00	
1405	库存商品		593,523.32	
140501	库存商品	甲产品	393,523.32	
140502	库存商品	乙产品	200,000.00	
1473	合同资产			
1474	合同资产减值准备			
1475	合同履约成本			
1476	合同履约成本减值准备			
1477	合同取得成本			

会计科目表　总账科目表　末级科目表　期初科目余额表

图 1-4　期初科目余额（最终效果）

【任务分析】

结合通用财务软件的初始设置，李悦设计在 Excel 电算化中的建账包括四部分：

（1）建立会计科目表；

（2）建立总账科目表；

（3）建立末级科目表；

（4）输入期初科目余额表并达到试算平衡。

本任务用到的知识主要有工作表的管理、筛选、名称、公式与函数。

【任务实施】

任务 1.1　创建会计科目表

本任务是建立一个包括科目编码、总账科目和明细科目的完整的会计科目表。

在 Excel 2010 中，会计科目表的数据输入可以采用两种方式：一种是直接在相应的单元格中输入；另一种是通过“记录单”命令输入。通过“记录单”命令录入详见模块二“工资管理”。

操作步骤如下：

（1）在 D 盘建立“东方公司”文件夹，在该文件夹下新建名为“总账及报表 2201. xlsx”的工作簿。

（2）打开“总账及报表 2201. xlsx”工作簿，双击工作表标签 Sheet1，重命名为“会计科目表”。

（3）单击行号1，选中1行后右击，在弹出的快捷菜单中单击“设置单元格格式”命令，打开“设置单元格格式”对话框，如图1－5所示。选中“字体”选项卡，设置字体为“宋体”，字号为“12”，字形为“加粗”，如图1－6所示。

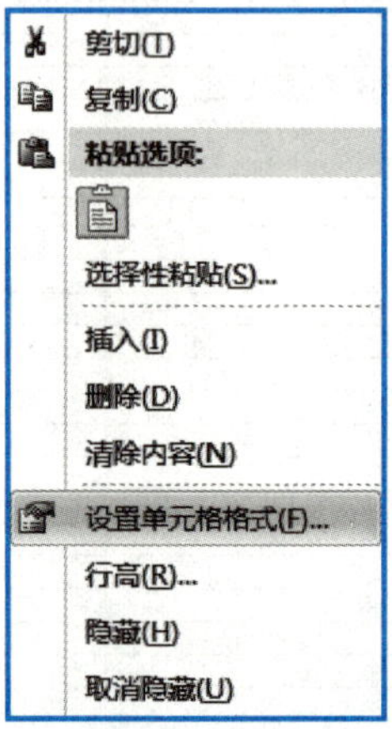

图1－5 选择“设置单元格格式”命令

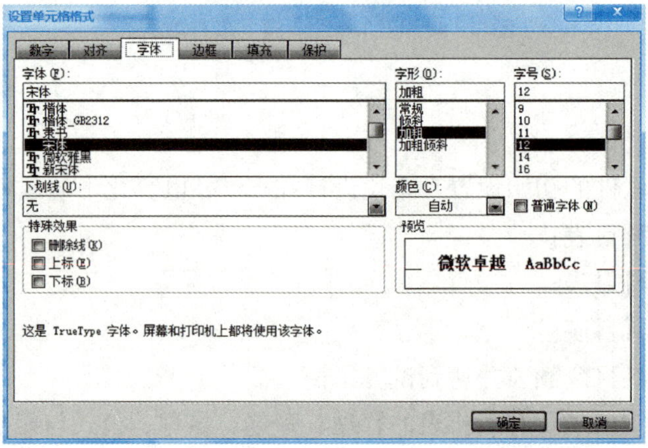

图1－6 “设置单元格格式—字体”窗口

多学一招

单击功能区“开始”—“单元格”—“格式”下拉菜单中的“设置单元格格式”命令，也可以打开“设置单元格格式”对话框，如图1－7所示。

同理设置A:C列字体为“宋体”，字号为“12”。

（4）单击列号A，选中A列，打开“设置单元格格式”对话框，选择“数字”选项卡下的“文本”，如图1－8所示。

（5）选定A1:C1单元格区域，打开“设置单元格格式”对话框，选中“对齐”选项卡，选择“水平对齐”下拉列表中的“居中”，同样选择“垂直对齐”下拉列表中的“居中”，如图1－9所示。

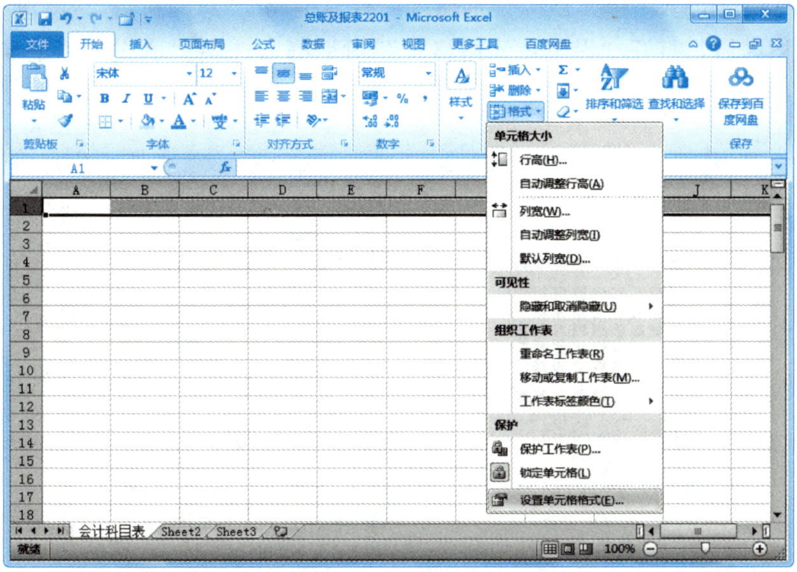

图 1－7　“设置单元格格式”命令

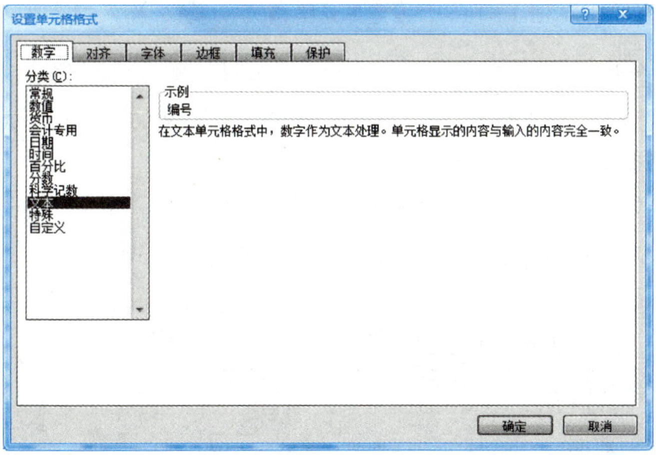

图 1－8　“设置单元格格式—数字”窗口

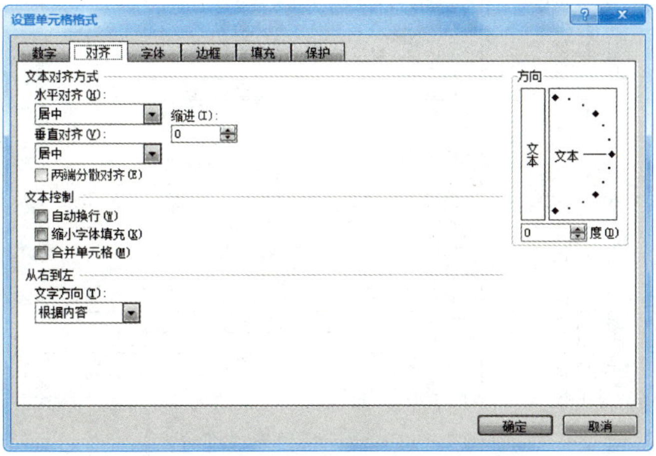

图 1－9　“设置单元格格式—对齐”窗口

（6）在 A1、B1、C1 单元格内分别输入“科目编码”“总账科目”“明细科目”。选择 A1:C1 单元格区域，打开“设置单元格格式”对话框，选中“填充”选项卡，设置背景为黄色，如图 1-10 所示。

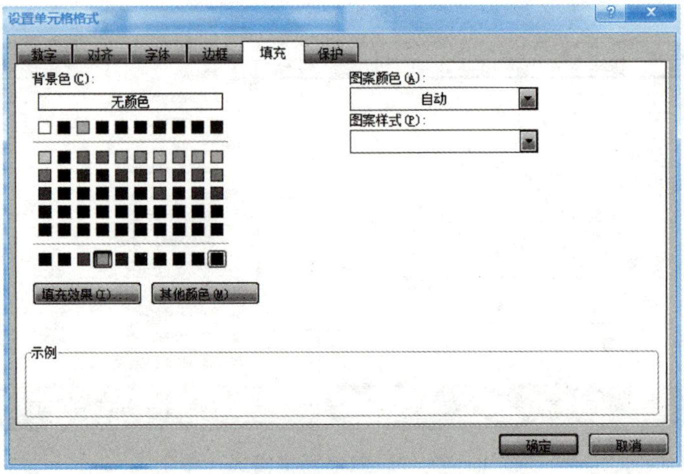

图 1-10 “设置单元格格式—填充”窗口

（7）根据表 0-1-1，输入东方公司 2022 年 1 月初的会计科目表。

（8）选择 A:C 列，将光标放到 A:C 列中的任意两列间，当光标变为左右箭头时，双击左右箭头，调整 A:C 列至合适的列宽。

（9）选择 A1:C127 区域，单击功能区中的“开始”—“字体”—“边框”下拉菜单下的 所有框线(A) ，设置网格线。结果如图 1-11 所示。

	A	B	C
1	科目编码	总账科目	明细科目
2	1001	库存现金	
3	1002	银行存款	
4	100201	银行存款	工行
5	100202	银行存款	建行
6	1012	其他货币资金	
7	1121	应收票据	
8	1122	应收账款	
9	112201	应收账款	长城公司
10	112202	应收账款	南通公司
11	112203	应收账款	北海公司
12	1123	预付账款	
13	112301	预付账款	永胜公司
14	1131	应收股利	
15	1132	应收利息	
16	1221	其他应收款	
17	122101	其他应收款	孙立全
18	122102	其他应收款	其他
19	1231	坏账准备	
20	1403	原材料	
21	140301	原材料	A材料
22	140302	原材料	B材料
23	140303	原材料	C材料
24	140304	原材料	D材料
25	1405	库存商品	
26	140501	库存商品	甲产品

图 1-11 会计科目表（部分）

知识链接

1. Excel 2010 工作界面

Excel 2010 的用户界面主要包括功能区和操作区两部分，用户可以更高效、更轻松地找到各种工具，从而达到更高的效率。

Excel 2010 的工作界面如图 1－12 所示。

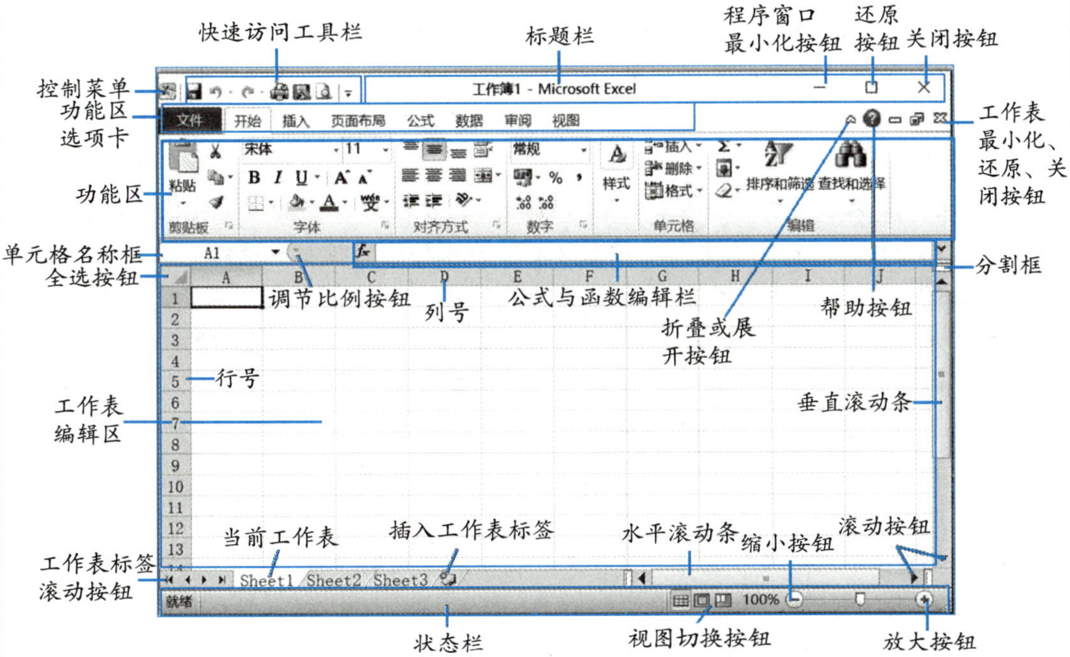

图 1－12　Excel 2010 的工作界面

Excel 2010 的工作界面功能有：

（1）快速访问工具栏：该工具栏位于工作界面的左上角，包含一组用户使用频率较高的工具，如“保存”“撤销”和“恢复”。用户可单击“快速访问工具栏”右侧的倒三角按钮，在展开的列表中选择要在其中显示或隐藏的工具按钮。

（2）功能区：位于标题栏的下方，是一个由常用的 7 个选项卡组成的区域。Excel 2010 将用于处理数据的所有命令组织在不同的选项卡中。单击不同的选项卡标签，可切换功能区中显示的工具命令。在每一个选项卡中，命令又被分类放置在不同的组中。组的右下角通常都会有一个对话框启动器按钮，用于打开与该组命令相关的对话框，以便用户对要进行的操作做更进一步的设置。

“开始”菜单选项卡：开始菜单选项功能区包含剪贴板、字体、对齐方式、数字、样式、单元格和编辑七个组。此功能主要用于帮助我们对 Excel 2010 表格进行文字编辑和单元格的格式设置，是最常用的功能区。

“插入”菜单选项卡：插入菜单选项功能区包含表格、插图、图表、迷你图、筛选器、链接、文本和符号几个组。此功能主要用于在 Excel 2010 表格中插入各种对象。

“页面布局”菜单选项卡：页面布局菜单选项功能区包含主题、页面设置、调整为合适大小、工作表选项、排列几个组。此功能主要用于帮助我们设置 Excel 2010 表格页面样式。

“公式”菜单选项卡：公式菜单选项功能区包含函数库、定义的名称、公式审核和计算几个组。此功能主要用于在 Excel 2010 表格中进行各种数据计算。

“数据”菜单选项卡：数据菜单选项功能区包含获取外部数据、连接、排序和筛选、数据工具和分级显示几个组。此功能主要用于在 Excel 2010 表格中进行数据处理相关方面的操作。

“审阅”菜单选项卡：审阅菜单选项功能区包含校对、中文简繁转换、语言、批注和更改几个组。此功能主要用于对 Excel 2010 表格进行校对和修订等操作。

“视图”菜单选项卡：视图菜单选项功能区包含工作簿视图、显示、显示比例、窗口和宏几个组。此功能主要用于帮助我们设置 Excel 2010 表格窗口的视图类型。

（3）编辑栏：编辑栏主要用于输入和修改活动单元格中的数据。当在工作表的某个单元格中输入数据时，编辑栏会同步显示输入的内容。

（4）工作表编辑区：用于显示或编辑工作表中的数据。

（5）工作表标签：位于工作簿窗口的左下角，默认名称为 Sheet1、Sheet2、Sheet3……单击不同的工作表标签可在工作表间进行切换。

2. 工作表的管理

在 Excel 中，工作表是构成工作簿的主要元素，主要用于处理和存储数据。一个工作表可以由若干行和若干列构成。行号以数字命名（1，2，3，…），列号以字符命名（A，B，C，…）。每个工作表都有一个名字，工作表名显示在工作表标签上，如：Sheet1。

工作表的管理主要包括：

（1）选择工作表。单击“目标工作表”标签，选择该工作表，该表成为活动工作表。

（2）插入工作表。单击“插入工作表”按钮，在当前工作簿的最后插入一张新工作表；或者按 Shift+F11 快捷键，在当前工作表的左侧插入一张新工作表。

（3）在同一工作簿中复制工作表。先选择被复制的工作表，再按住 Ctrl 键拖动，可以完成工作表的复制，新的工作表名称是原工作表名称后加一个带括号的序号。

（4）在同一工作簿中移动工作表。用鼠标拖动工作表标签，可以改变同一工作簿中工作表的排列顺序。

（5）在不同工作簿中复制或移动工作表。右击被复制工作表的标签，在弹出的快捷菜单中执行“移动或复制工作表”命令，再在弹出的对话框中选择目标工作簿，最后在目标工作簿中选择排列顺序。如果选中“建立副本”复选项，则是复制操作，否则视为移动操作。

（6）删除工作表。用鼠标右击想要删除工作表的标签，在弹出的菜单中选择“删除”命令。

（7）工作表重命名。双击工作表标签，录入名称，按回车键即可。

3. 数据清单

在 Excel 中，可以通过创建数据清单来管理数据。数据清单是一个二维的表格，是由行和列构成的。数据清单与数据库相似，数据清单中的一行则对应数据库中的一条记录，数据清单中的列是数据库中的字段，数据清单中的列标题是数据库中的字段名。Excel 可以对数据清单执行各种数据管理和分析功能，包括查询、排序、筛选以及分类汇总等数据库基本操作。

（1）数据清单具有以下几个特点：

①第一行是字段名，其余行是数据清单中的数据，每行表示一条记录；如果本数据清单有标题行，则标题行应与其他行（如字段名行）隔开一个或多个空行。

②每列数据具有相同的性质。

③在数据清单中，不存在全空行或全空列。

（2）创建数据清单：

①创建字段名。创建字段名的步骤是：选定某行的第 1 个单元格并在其中输入文本；在与单元格相邻的右侧单元格中输入其他作为字段名的文字。

②输入数据记录。创建字段名后，既可在各字段名下直接输入数据，也可使用“记录单”命令来输入或追加数据。

4. TEXT 函数

TEXT 函数属于文本函数。

功能：将数值转换为按指定数字格式表示的文本。

语法：TEXT(Value,Format_text)

说明：Value 为数值、计算结果为数字值的公式，或对包含数字值的单元格的引用。

微课视频 1－1

TEXT 函数

Format_text 为“单元格格式”对话框中“数字”选项卡上“分类”框中的文本形式的数字格式。

示例：在输入会计科目表时，需要先设置“科目编码”所在 A 列为“文本”格式。如果 A 列没有设置“文本”，而先输入了“科目编码”的内容（默认为“数值”格式），再设置“科目编码”为“文本”格式时，会造成后续的诸多不便。为了解决这一问题，可以采用 TEXT 函数，把数值强制转化为文本即可，如图 1－13 所示。

利用填充柄复制函数得到正确格式的“科目编码”，然后复制粘贴“值”到“科目编码”列即可。

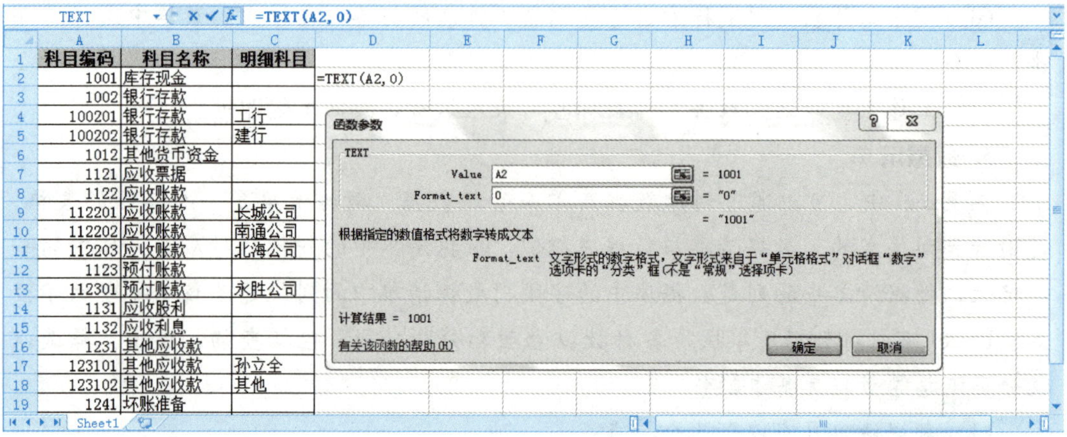

	A	B	C	D
1	科目编码	科目名称	明细科目	
2	1001	库存现金		=TEXT(A2,0)
3	1002	银行存款		
4	100201	银行存款	工行	
5	100202	银行存款	建行	
6	1012	其他货币资金		
7	1121	应收票据		
8	1122	应收账款		
9	112201	应收账款	长城公司	
10	112202	应收账款	南通公司	
11	112203	应收账款	北海公司	
12	1123	预付账款		
13	112301	预付账款	永胜公司	
14	1131	应收股利		
15	1132	应收利息		
16	1231	其他应收款		
17	123101	其他应收款	孙立全	
18	123102	其他应收款	其他	
19	1241	坏账准备		

图 1-13　TEXT 函数的应用

5. VALUE 函数

VALUE 函数也属于文本函数。

功能：将代表数字的文本字符串转换成数字。

语法：VALUE(Text)

说明：Text 为带引号的文本，或对包含要转换文本的单元格的引用。

微课视频 1-2
VALUE 函数

示例：把图 1-14 中 A 列的所有文本型数值转化为数字。

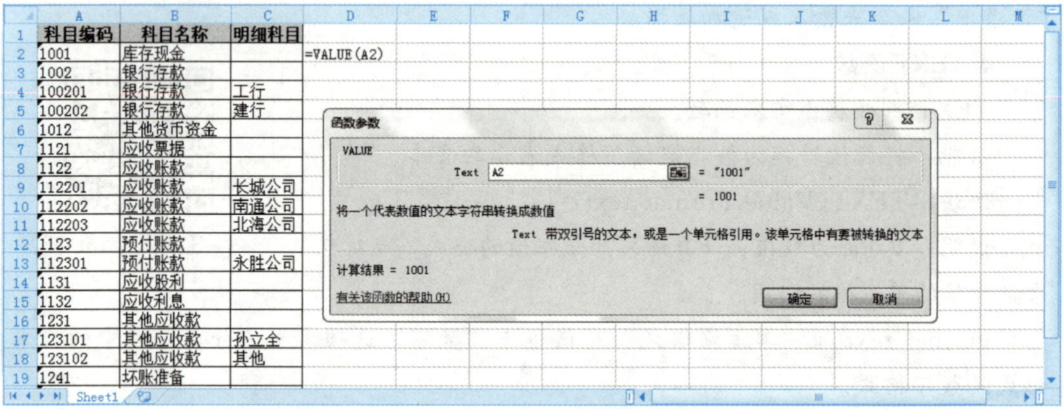

	A	B	C	D
1	科目编码	科目名称	明细科目	
2	1001	库存现金		=VALUE(A2)
3	1002	银行存款		
4	100201	银行存款	工行	
5	100202	银行存款	建行	
6	1012	其他货币资金		
7	1121	应收票据		
8	1122	应收账款		
9	112201	应收账款	长城公司	
10	112202	应收账款	南通公司	
11	112203	应收账款	北海公司	
12	1123	预付账款		
13	112301	预付账款	永胜公司	
14	1131	应收股利		
15	1132	应收利息		
16	1231	其他应收款		
17	123101	其他应收款	孙立全	
18	123102	其他应收款	其他	
19	1241	坏账准备		

图 1-14　VALUE 函数的应用

任务 1.2　建立总账科目表

在 Excel 2010 中，可通过对任务 1.1 建立的会计科目表进行筛选得到总账科目表。操作步骤如下：

(1) 打开“总账及报表 2201. xlsx”工作簿，选择“会计科目表”工作表数据清单内的任一单元格，单击功能区中的“数据”—“排序和筛选”—“筛选”命令。单击字段名“科目编码”右侧的下拉三角按钮，选择“文本筛选”下的“自定义筛选”命令，如图 1 - 15 所示。打开“自定义自动筛选方式”对话框。

图 1 - 15　选择“自定义筛选”命令

（2）在“自定义自动筛选方式”对话框中，“科目编码”下的文本框内选择“等于”，右边文本框内输入文本“????”，如图 1 - 16 所示。单击确定按钮，即可筛选出科目编码长度是 4 的总账科目，如图 1 - 17 所示。

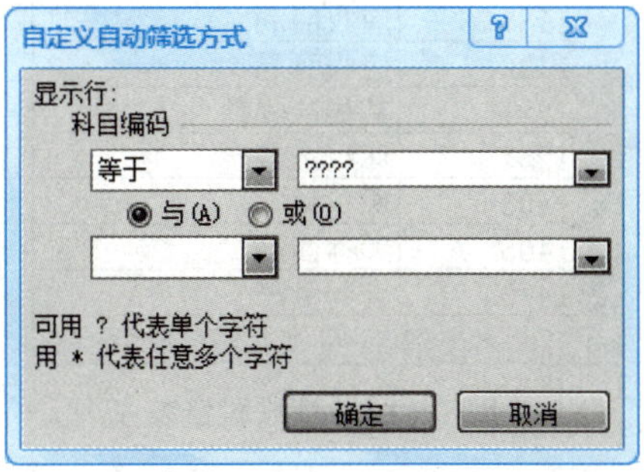

图 1 - 16　“自定义自动筛选方式”对话框

	科目编码	总账科目	明细科目
2	1001	库存现金	
3	1002	银行存款	
6	1012	其他货币资金	
7	1121	应收票据	
8	1122	应收账款	
12	1123	预付账款	
14	1131	应收股利	
15	1132	应收利息	
16	1221	其他应收款	
19	1231	坏账准备	
20	1403	原材料	
25	1405	库存商品	
28	1405	库存商品	
29	1473	合同资产	
30	1474	合同资产减值准备	
31	1475	合同履约成本	
32	1476	合同履约成本减值准备	
33	1477	合同取得成本	
34	1478	合同取得成本减值准备	
35	1485	应收退货成本	
36	1511	长期股权投资	
37	1512	长期股权投资减值准备	
38	1601	固定资产	
39	1602	累计折旧	
40	1603	固定资产减值准备	

会计科目表 Sheet2 Sheet3

图 1-17　筛选后的“总账科目表”

（3）选择“A1:B127”单元格区域，按组合键“Ctrl+C”复制，打开 Sheet2 工作表，选择 A1 单元格，按组合键“Ctrl+V”进行粘贴。

（4）选择 A:B 列，将光标放到 A:B 两列之间，当光标变为左右箭头时双击，调整 A、B 列至合适的列宽。将 Sheet2 工作表重命名为“总账科目表”，结果如图 1-18 所示。

	科目编码	总账科目
2	1001	库存现金
3	1002	银行存款
4	1012	其他货币资金
5	1121	应收票据
6	1122	应收账款
7	1123	预付账款
8	1131	应收股利
9	1132	应收利息
10	1221	其他应收款
11	1231	坏账准备
12	1403	原材料
13	1405	库存商品
14	1473	合同资产

会计科目表 总账科目表 Sheet3

图 1-18　总账科目表

（5）选择工作表“会计科目表”，单击功能区中的“数据”—“排序和筛选”—“筛选”命令，取消对科目编码的“自动筛选”。

知识链接

Excel 2010 提供了两种不同的筛选方式：自动筛选和高级筛选。自动筛选可以轻松地显示出工作表中满足条件的记录行，对于日常工作中简单的条件筛选操作，自动筛选基本上都可以完成。但是，自动筛选功能有一定的局限性，显示筛选结果的区域只能在原有表格中，不符合条件的会自动隐藏，这种情况不利于比较和查看数据。这时候，我们就需要用到高级筛选了。高级筛选能完成比较复杂的多条件查询，不但能在数据区域内显示结果，而且能将筛选结果放置在我们需要的区域。

1. 自动筛选

微课视频 1-3

自动筛选

自动筛选（Ctrl+Shift+L）适用于在一个字段上设置筛选条件，每次也只能从工作表中筛选出一组符合条件的记录。

使用自动筛选可以创建 3 种筛选类型：按列表值、按格式或按条件。不过，这三种筛选类型是互斥的，用户只能选择其中一种。

操作提示：单击功能区中的“数据”—“排序和筛选”—“筛选”按钮，在每个字段名的右侧会显示一个三角形的筛选按钮，如图 1-19 所示。接下来就可以根据具体要求进行筛选操作了。

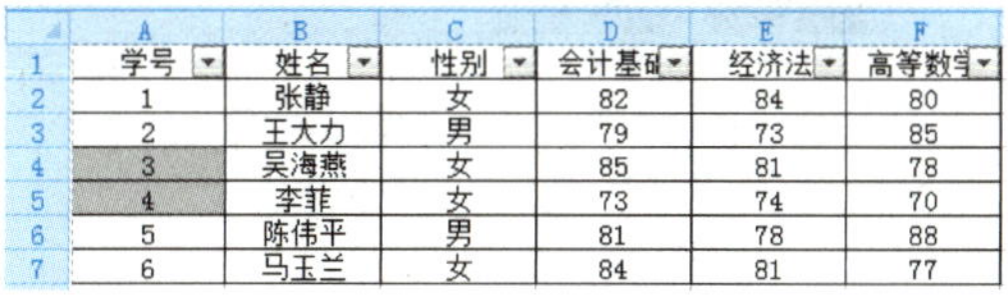

	A	B	C	D	E	F
1	学号	姓名	性别	会计基础	经济法	高等数学
2	1	张静	女	82	84	80
3	2	王大力	男	79	73	85
4	3	吴海燕	女	85	81	78
5	4	李菲	女	73	74	70
6	5	陈伟平	男	81	78	88
7	6	马玉兰	女	84	81	77

图 1-19　启用筛选功能

（1）按列表值筛选。

示例：筛选全部女生的相关信息。

操作步骤：单击“性别”下拉箭头，再单击“全选”，取消对所有复选框的选择，再单击“女”对应的复选框，最后单击“确定”按钮，如图 1-20 所示。

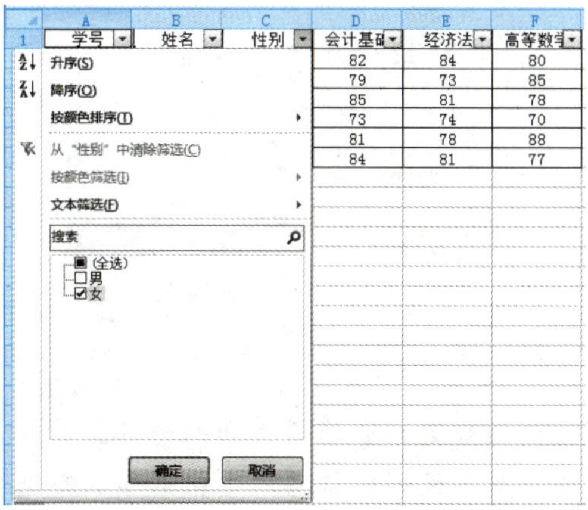

图 1-20　按列表值筛选

（2）按格式筛选。

示例： 筛选“学号”列底色标为灰色的学生信息。

操作步骤：单击“学号”下拉箭头，再单击“按颜色筛选”命令下的灰色，如图1－21所示。

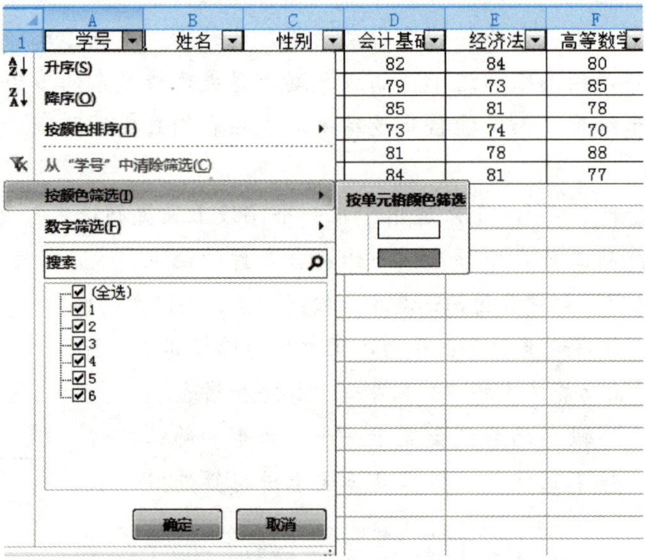

图1－21　按格式筛选

（3）按条件筛选。

示例： 筛选会计基础成绩大于等于80且小于85的学生信息。

操作步骤：单击“会计基础”下拉箭头，再单击“数字筛选”下的“自定义筛选”命令，打开“自定义自动筛选方式”对话框，如图1－22进行设置，单击“确定”按钮可以显示会计基础成绩大于等于80且小于85的学生信息。

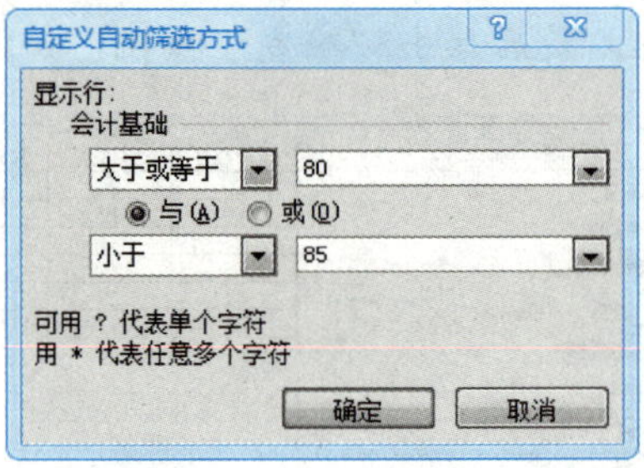

图1－22　按条件筛选

2. 取消自动筛选

取消筛选分为取消单列的筛选和取消所有列的筛选。

（1）取消单列的筛选。单击该列列标签单元格右侧的筛选按钮，在展开的列表中选择“全选”复选框，然后单击“确定”按钮。

（2）取消所有列的筛选。若要取消在数据表中对所有列进行的筛选，可单击功能区中的“数据”—“排序和筛选”—“筛选”按钮，此时筛选标记消失，所有列数据显示出来。

3. 高级筛选

微课视频 1－4

高级筛选

高级筛选用于根据多个条件来查询数据。要通过多个条件来筛选单元格区域，应首先在选定工作表中的指定区域创建筛选条件，然后单击功能区中的“数据”—“排序和筛选”—“高级”按钮，打开“高级筛选”对话框，接下来分别选择要筛选的单元格区域、筛选条件区域和保存筛选结果的目标区域。

在高级筛选中，筛选条件可分为“与”条件筛选和“或”条件筛选。

（1）“与”条件筛选。“与”条件筛选也就是多个条件一起筛选，即利用高级筛选功能查找出同时满足多个条件的记录。

示例：筛选会计基础和经济法成绩均大于 80 的学生信息。

操作步骤：“方式”选择“将筛选结果复制到其他位置”；“列表区域”选择“$A$1:$F$7”；“条件区域”选择“$H$1:$I$2”；“复制到”选择“Sheet1!$A$10”，如图 1－23 所示。

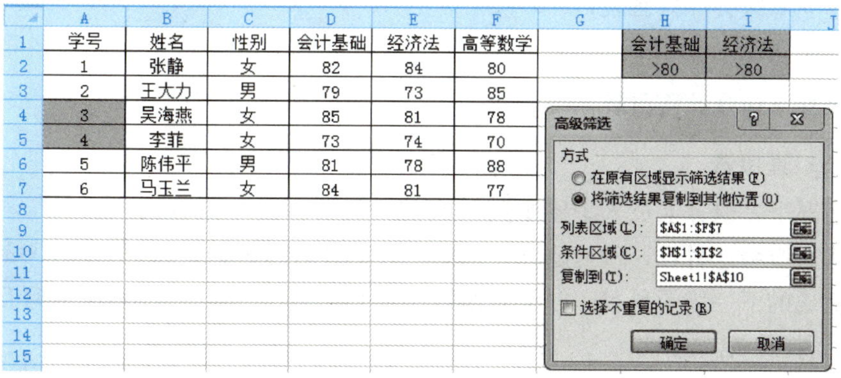

图 1－23　“与”条件筛选

“方式”若选为“在原有数据区域显示筛选结果”，则筛选出的结果数据放在原始数据的位置上，不符合条件的数据暂时隐藏起来；“方式”若选为“将筛选结果复制到其他位置”，则须在“复制到”指明存放结果数据的起始单元格。

（2）“或”条件筛选。“或”条件筛选也就是多选一个条件筛选，在查找时只要满足几个条件当中的一个，记录就会显示出来。

示例：筛选会计基础成绩大于 80 或经济法成绩大于 80 的学生信息。

操作步骤：“方式”选择“将筛选结果复制到其他位置”；“列表区域”选择“$A$1:$F$7”；“条件区域”选择“$H$1:$I$3”；“复制到”选择“Sheet2!$A$10”，如图 1－24 所示。

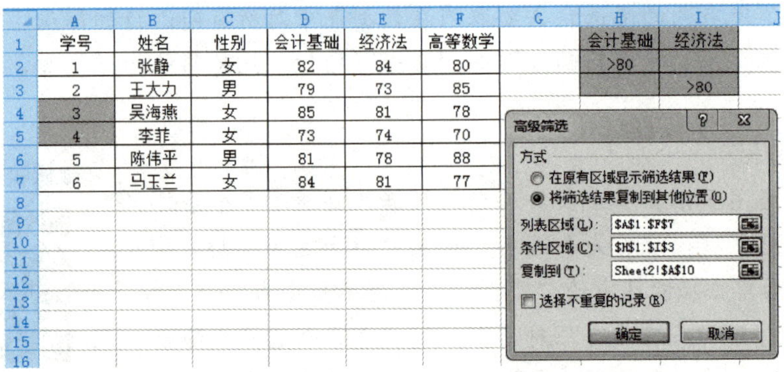

图 1-24 “或”条件筛选

任务 1.3 建立末级科目表

在电算化环境下，填制记账凭证需要用到末级会计科目，非末级会计科目不允许有发生额。因此在 Excel 电算化下，有必要删除非末级会计科目，建立有效的末级会计科目表。

本任务主要包括以下两部分：

（1）建立末级会计科目表；

（2）定义名称。

一、建立末级会计科目表

方法一 直接法

通常情况下，财务人员人工逐个判断当前科目后面是不是有其从属的子科目，如果有，则是非末级会计科目，进行删除。例如，在会计科目表科目编码为“1002”的科目，由于有其从属的下一级子科目——科目编码为“100201”“100202”对应的科目，因此是非末级会计科目，需要删除。

操作步骤如下：

（1）打开“总账及报表 2201.xlsx”工作簿，复制“会计科目表!A:C”到“Sheet3!A:C”。

（2）选择工作表中判断为非末级会计科目所在行，调整鼠标至当前行的最左方，当鼠标变作➡时，单击右键，在弹出的快捷菜单中，选择删除即可。

（3）同理，删除其他非末级会计科目所在行，即得到末级会计科目表。最后将工作表 Sheet3 重命名为“末级科目表”，如图 1-25 所示。

注： 按住 Ctrl 键，依次选择多个非末级会计科目所在行，然后右键单击，在弹出的快捷菜单中选择“删除”命令，可一次删除多个非末级会计科目。

按住 Shift 键，选择连续的区域；按住 Ctrl 键，选择多个非连续的区域。

直接法是比较传统的做法，其缺点如下：

	A	B	C
1	科目编码	总账科目	明细科目
2	1001	库存现金	
3	100201	银行存款	工行
4	100202	银行存款	建行
5	1012	其他货币资金	
6	1121	应收票据	
7	112201	应收账款	长城公司
8	112202	应收账款	南通公司
9	112203	应收账款	北海公司
10	112301	预付账款	永胜公司
11	1131	应收股利	
12	1132	应收利息	
13	122101	其他应收款	孙立全
14	122102	其他应收款	其他
15	1231	坏账准备	
16	140301	原材料	A材料
17	140302	原材料	B材料
18	140303	原材料	C材料

会计科目表 / 总账科目表 / 末级科目表 / Sheet3

图 1-25　末级科目表（部分）

（1）会计科目表科目多，工作量大；

（2）人工操作费时费力，易疲劳出错；

（3）体现不出 Excel 强大的信息处理能力，仅仅实现了会计数据的存储载体由纸张变为磁介质或光电介质载体的转换。

下面我们将利用 Excel 的函数功能来进行末级会计科目表的自动生成。

方法二　公式法

思路：根据末级会计科目的含义，判断如果这个科目的科目编码没有被包含在下一个相邻的科目编码中，那么这个科目就是一个末级会计科目，反之则为一个非末级会计科目（前提是科目编码已按顺序排序）。例如，会计科目表中的科目编码“1001”没有被包含在它下一个相邻科目编码“1002”中，则“1001”是末级会计科目编码。再如，科目编码“1002”被包含在它相邻的科目编码“100201”中，那么“1002”就是一个非末级会计科目编码，需要标记出来并删除。

操作步骤如下：

（1）打开“总账及报表 2201.xlsx”工作簿，复制“会计科目表!A:C”到“Sheet3!A:C”。

（2）打开“Sheet3”工作表，在 D1 单元格输入文本“辅助列”。在 D2 单元格输入公式“=IF(LEFT(A3,LEN(A2))=A2,0,1)”，如图 1-26 所示。利用填充柄向下复制填充公式。

（3）复制 D 列粘贴“值”到 E 列，并对 E 列进行排序。

（4）把 E 列所有标记为“0”的非末级会计科目所在行进行删除，再删除 D 列和 E 列，重命名“Sheet3”为“末级科目表”。

二、定义名称

Excel 允许将单元格或单元格区域定义为名称，即用一个名称代替单元格或单元格区域，在需要引用单元格时，直接使用其名称即可。使用名称可以使公式的意义更加明确，

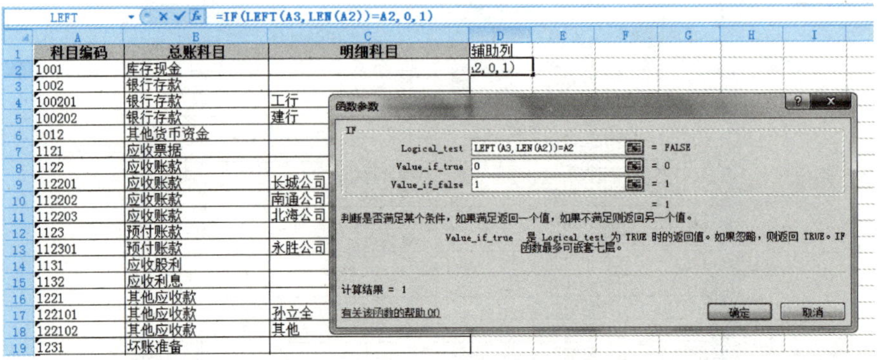

图 1-26 使用函数判断末级科目

也便于理解。在此需定义范围名称“末级科目编码”和“末级科目表”。

1. 定义名称“末级科目编码”

操作步骤如下：

（1）打开“总账及报表2201.xlsx”工作簿，选择“末级科目表!A2:A107”区域，单击功能区中的“公式”—“定义的名称”—“名称管理器”按钮，打开“名称管理器”对话框。

（2）单击“新建”按钮，打开“新建名称”对话框。在“名称”文本框中输入单元格区域的名称“末级科目编码”，在“引用位置”右侧已默认为“=末级科目表!$A$2:$A$107”，如图1-27所示。

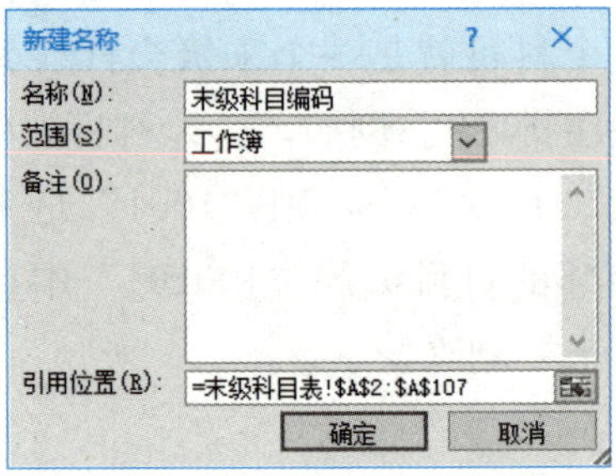

图 1-27 “新建名称”对话框

（3）单击“确定”按钮，返回“名称管理器”对话框，在列表中显示了新建的名称，最后单击“关闭”按钮即可。

2. 定义名称“末级科目表”

定义区域“末级科目表!$A$1:$C$107”为名称“末级科目表”，操作方法同上。

知识链接

1. 常用函数类型

为满足不同群体用户的运算需求，Excel 2010划分了12种函数类别，具体函数类型与功能见表1-1。

表 1－1　常用函数类型与功能

函数类型	功能
逻辑函数	常用于判断真假值，或进行复合检验的函数
日期和时间函数	通过使用日期与时间函数，可以在公式中分析，并处理日期值和时间值的函数
数学和三角函数	对现有数据进行数字取整、求和、求平均数，以及复杂运算的函数
查找和引用函数	在现有数据中查找特定数值和单元格引用的函数
信息函数	用于确定存储在单元格中的数据类型的函数
财务函数	进行财务运算的函数，如确定贷款的支付额、投资的未来值、债券价值等
统计函数	用于对当前数据区域进行统计分析的函数
文本函数	用于对字符串进行提取、转换等的函数
数据库函数	按照特定条件对现有数据进行分析的函数
工程函数	用于工程分析的函数
多维数据集函数	用于联机分析处理（OLAP）数据库的函数
加载宏和自动化函数	用于加载宏、自定义函数等

2. 函数的输入方法

微课视频 1－5

函数的输入方法

（1）直接键入。

直接键入的方法是选中单元格，输入“＝”号，然后按照函数的语法直接键入。

示例：要在 D8 单元格中输入 D2 到 D7 的平均值函数。

操作步骤：选择 D8 单元格，输入“＝AVERAGE(D2:D7)”，按回车键即可自动计算出 D2 到 D7 的平均值，如图 1－28 所示。

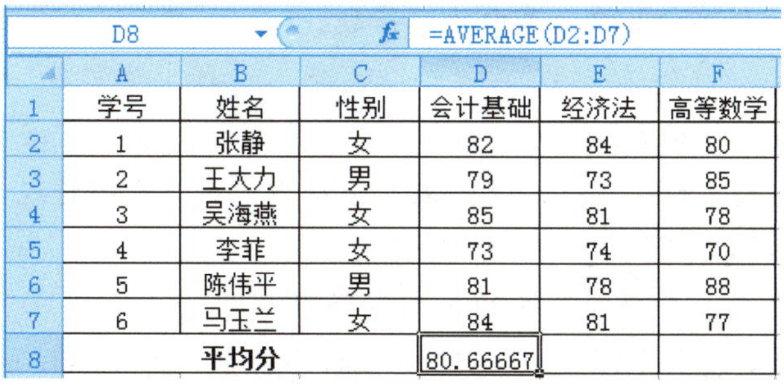

	A	B	C	D	E	F
1	学号	姓名	性别	会计基础	经济法	高等数学
2	1	张静	女	82	84	80
3	2	王大力	男	79	73	85
4	3	吴海燕	女	85	81	78
5	4	李菲	女	73	74	70
6	5	陈伟平	男	81	78	88
7	6	马玉兰	女	84	81	77
8		平均分		80.66667		

图 1－28　直接键入

（2）使用编辑栏图标。

示例：要在 E8 单元格中输入 E2 到 E7 的平均值函数。

操作步骤：选择 E8 单元格，单击编辑栏中插入函数 *fx* 按钮，打开“插入函数”对话框，选择相应的 AVERAGE 函数，单击“确定”按钮，打开“函数参数”对话框，用鼠标将需求平均值的单元格 E2:E7 选中，如图 1－29 所示，单击“确定”按钮即可。

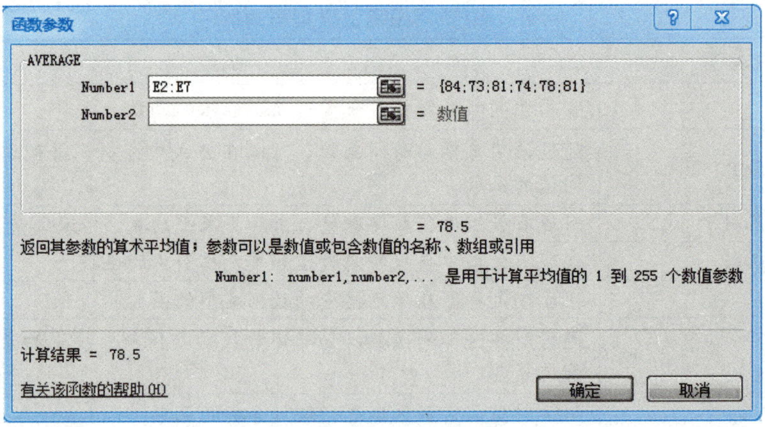

图 1-29　使用编辑栏图标

（3）使用功能区命令。

示例： 要在 F8 单元格中输入 F2 到 F7 的平均值函数。

操作步骤：选择 F8 单元格，单击功能区“公式”—“插入函数”命令，打开“插入函数”对话框，其余操作步骤同（2）。

3. LEN 函数

LEN 函数属于文本函数。

功能：返回文本字符串中的字符数。

语法：LEN(Text)

说明：Text 是要计算长度的文本字符串，包括空格。

示例： LEN(456)，则返回 3，因为(456)为 3 个字符。

LEN(A1)，则返回 A1 单元格中的字符数。

4. LEFT 函数

LEFT 函数属于文本函数。

功能：根据所指定的字符数，返回文本字符串中第一个字符或前几个字符。

语法：LEFT(Text,Num_chars)

说明：Text 是包含要提取字符的文本字符串；

Num_chars 指定要由 LEFT 函数所提取的字符数。Num_chars 必须大于或等于 0，如果 Num_chars 大于文本长度，则 LEFT 函数返回所有文本，如果省略 Num_chars，则假定其为 1。

示例： 如果 A1=“末级会计科目表”，A2=LEFT(A1,2)，则返回：A2=“末级”。

5. IF 函数

IF 函数是 Excel 中最常用的函数之一，是一个逻辑判断函数，根据条件满足与否返回不同的值。

语法：=IF(Logical_test,Value_if_true,Value_if_false)

=IF(条件判断，结果为真返回值，结果为假返回值)

说明：Logical_test 是任何可能被计算为 TRUE 或 FALSE 的数值或表达式；Value_if_true 是 Logical_test 为 TRUE 时的返回值；Value_if_false 是 Logical_test 为 FALSE 时的返回值。

在 Excel 中，IF 函数的用法有两个：单条件表达式判断和多条件表达式判断。

(1) 单条件表达式判断。

微课视频 1－6

IF 函数单条件判断

示例：判断语文成绩大于等于 60，则显示“及格”，否则显示为“不及格”。

操作步骤：选择存放结果单元格 F2，单击编辑栏中插入函数按钮，或者选择“公式”—“函数库”中的按钮，在弹出的对话框中，选取 IF 函数，输入如图 1－30 所示参数。最后完成的公式为：F2=IF(B2>=60,"及格","不及格")。

公式含义：如果 B2 单元格的值大于等于 60，则显现为“及格”，否则显示为“不及格”。

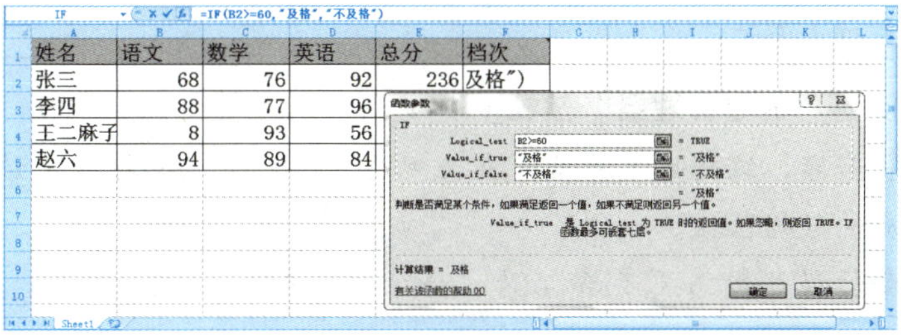

图 1－30　单条件表达式判断

微课视频 1－7

IF 函数多条件判断

(2) 多条件表达式判断（即嵌套）。

示例：要求显示如下判断：如果总成绩在 250（包含 250）分以上为优秀，200 到 250 之间是良好，其余为一般。

操作步骤：弹出 IF 函数对话框与前同，如图 1－31 所示，输入完“优秀”时不能直接点击“确定”，先把光标定位在第三个参数框中，然后单击名称框下拉列表中的 IF 函数，在弹出的嵌套 IF 函数对话框中输入参数，如图 1－32 所示。

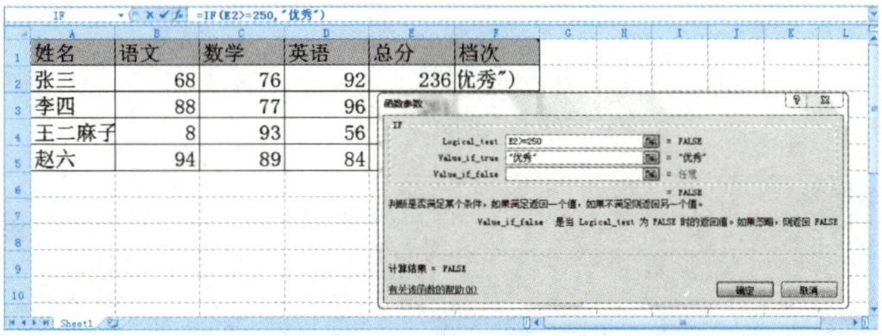

图 1－31　函数嵌套时输入

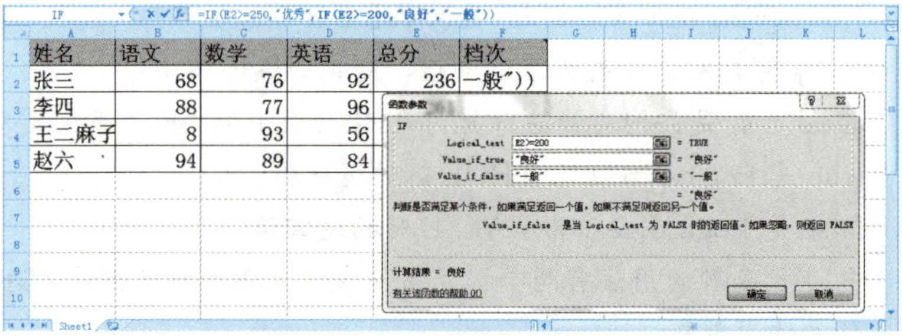

图 1-32　多条件表达式判断

最后完成的公式为：F2=IF(E2>=250,"优秀",IF(E2>=200,"良好","一般"))。

公式含义：如果 E2 单元格的值大于等于 250，则显示为“优秀”。否则，如果大于等于 200，则显示为“良好”。如果条件都不满足，则显示为“一般”。

微课视频 1-8

定义名称

6. 定义名称

在 Excel 2010 中，定义名称通常可以通过以下 3 种方法来实现：一是使用“名称管理器”按钮，二是使用“定义名称”按钮，三是直接在名称框中命名。

方法一　使用“名称管理器”按钮

使用名称管理器，编辑好名称后，在使用公式时就可以直接引用该名称，而不用选择该名称对应的数据区域。

示例：将会计科目表 A:C 列命名为“会计科目表”。

操作步骤：

(1) 选择“会计科目表！$A:$C”区域，单击功能区中的“公式”—“定义的名称”—“名称管理器”按钮，打开“名称管理器”对话框，如图 1-33 所示。

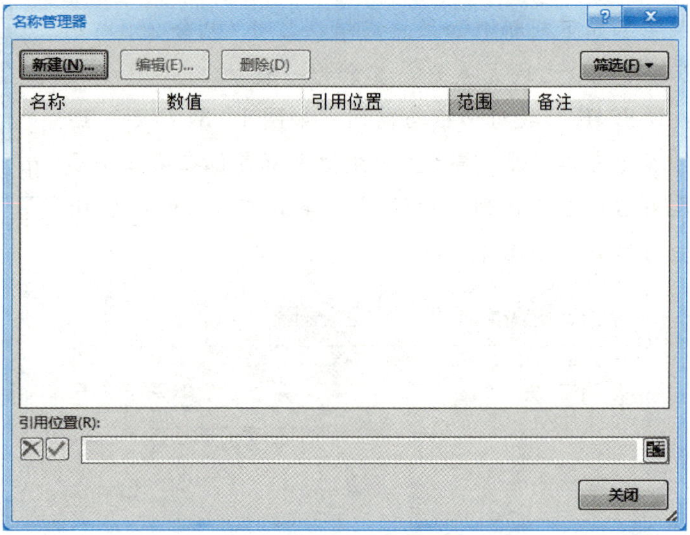

图 1-33　“名称管理器”对话框

（2）单击“新建”按钮，打开“新建名称”对话框。在“名称”文本框中输入“会计科目表”。在“范围”下拉列表框中，可以选择该名称的有效范围（一般选工作簿），如图 1-34 所示。

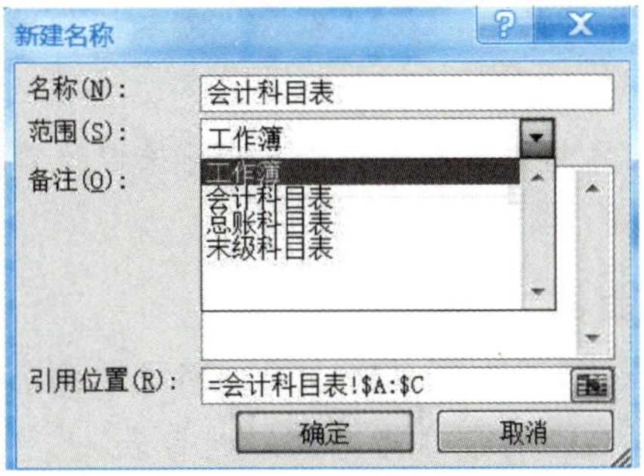

图 1-34 选择“范围”为“工作簿”

（3）“引用位置”右侧已默认为“=会计科目表!$A:$C”。

（4）单击“确定”按钮，返回“名称管理器”对话框，在列表中显示了新建的名称，如图 1-35 所示。

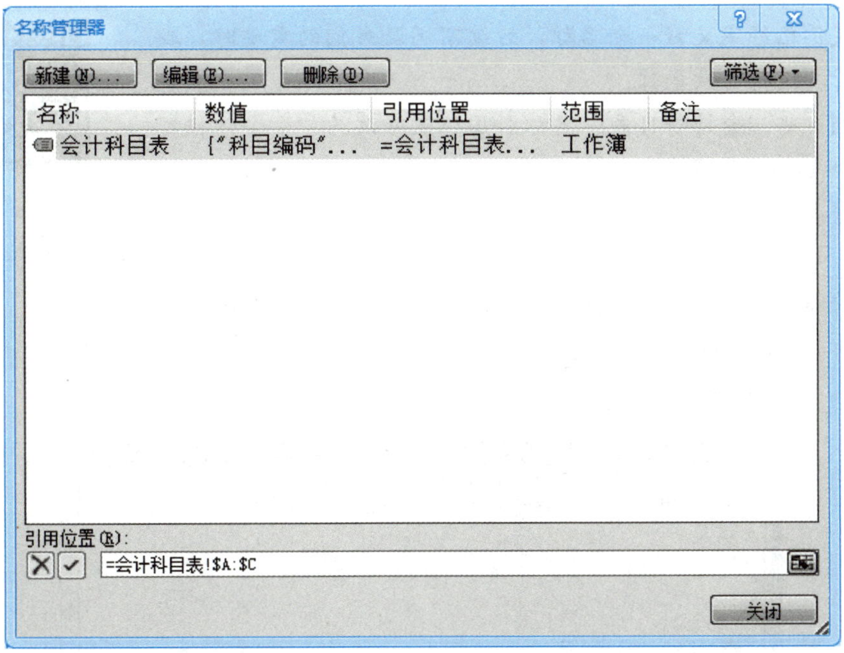

图 1-35 定义好的名称“会计科目表”

（5）单击“关闭”按钮。

方法二 使用“定义名称”按钮

为了更灵活地为单元格或单元格区域命名，可以使用“定义名称”按钮来实现。

示例：将总账科目表 A:B 列命名为“总账科目表”。

操作步骤：

（1）选择要命名的单元格区域“总账科目表！$A：$B”列，单击功能区中的“公式”—“定义的名称”—“定义名称”按钮。

（2）打开“新建名称”对话框，在“名称”文本框中输入单元格区域的名称“总账科目表”。

（3）在“引用位置”文本框内自动默认输入刚才选定的“总账科目表！$A：$B”。

（4）单击“确定”按钮。

方法三　在名称框中命名

可以直接在名称框中对选择的单元格或单元格区域命名。

示例：将末级科目表A:C列命名为“末级科目表”。

操作步骤：

（1）选择要命名的单元格或单元格区域“末级科目表！$A：$C”列，单击名称框。

（2）在名称框中输入该单元格区域的新名称“末级科目表” 

。然后按回车键，即可将该单元格区域命名为“末级科目表”。

7. 修改名称

当我们已经定义好一个名称，后续不满足我们的需要时，我们可以对其进行修改操作。

示例：将“会计科目表”名称引用位置修改为“=会计科目表！$A$1：$C$122”。

操作步骤：

（1）单击功能区中的“公式”—“定义的名称”—“名称管理器”按钮，打开“名称管理器”对话框。如图1-36所示。

微课视频1-9

已定义名称的修改、删除

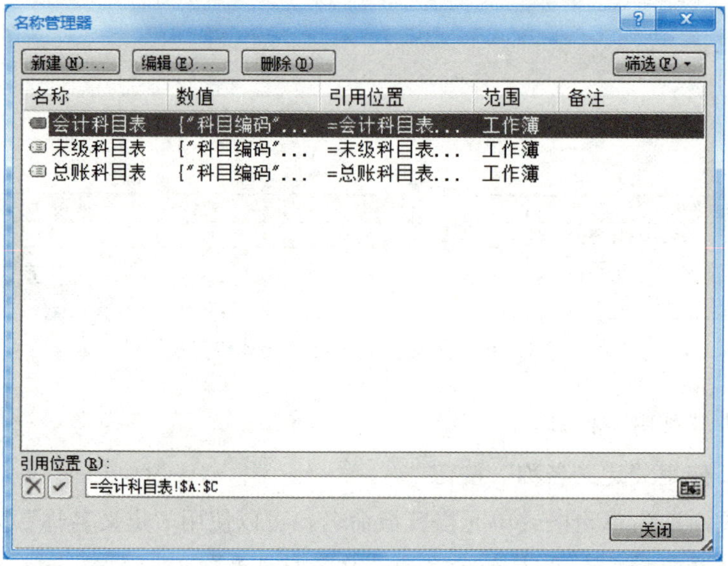

图1-36　“名称管理器”对话框

（2）选择“会计科目表”名称，单击“编辑”按钮，打开“编辑名称”对话框，修改“引用位置”为“=会计科目表!$A$1:$C$122”，如图1-37所示。

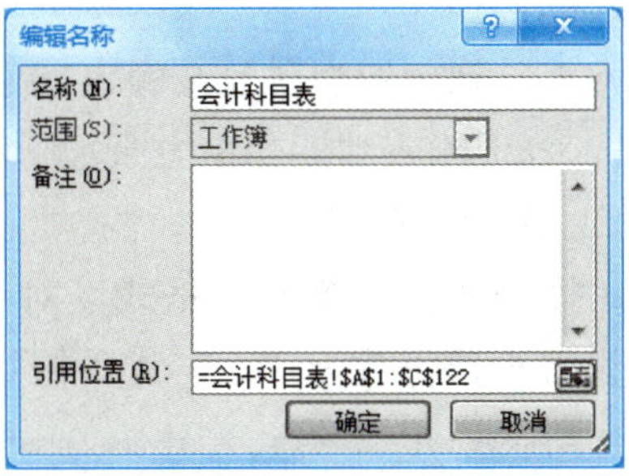

图1-37 “编辑名称”对话框

（3）单击“确定”按钮，即可修改该名称。

（4）单击“关闭”按钮。

8. 删除名称

当我们已经定义好一个名称，后续不再需要时，我们可以对其进行删除操作。

示例：将“末级科目表”名称删除。

操作步骤：

（1）单击功能区中的“公式”—“定义的名称”—“名称管理器”按钮，打开“名称管理器”对话框。

（2）选择“末级科目表”名称，单击“删除”按钮，弹出提示框，如图1-38所示。

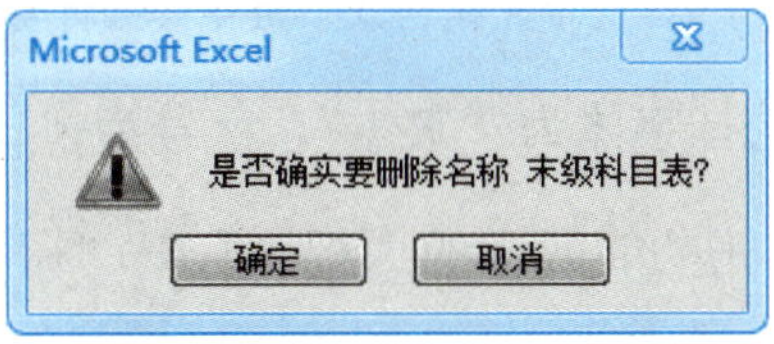

图1-38 删除记录提示框

（3）单击“确定”按钮，即可删除该名称。

（4）单击“关闭”按钮。

任务1.4 期初余额录入

与财务软件的初次使用相似，在用Excel建立电算化账套时，应将达到试算平衡的期初科目余额表录入计算机。若企业是在年初建账，则输入的期初余额就是年初余额。若企业是在年中建账，则应输入建账月份的期初余额和从年初到建账月初的累计借贷方发生额，系统会自动根据定义好的公式倒算出年初余额。

东方公司的Excel账套是从2022年1月建立的，属于年初建账。

操作步骤如下：

（1）打开“总账及报表 2201. xlsx”工作簿，单击“插入工作表”按钮，将新建工作表重命名为“期初科目余额表”。

（2）复制“会计科目表!A:C”到“期初科目余额表!A:C”。

（3）选择 D1、E1 单元格，分别输入“期初借方余额”和“期初贷方余额”。

（4）用格式刷设置 D1、E1 格式与 A1 相同。

（5）选择 D:E 列，右击，打开“设置单元格格式”对话框，单击“数字”选项卡，选择分类下的“会计专用”，设置小数位数为“2”，货币符号为“无”，如图 1-39 所示。

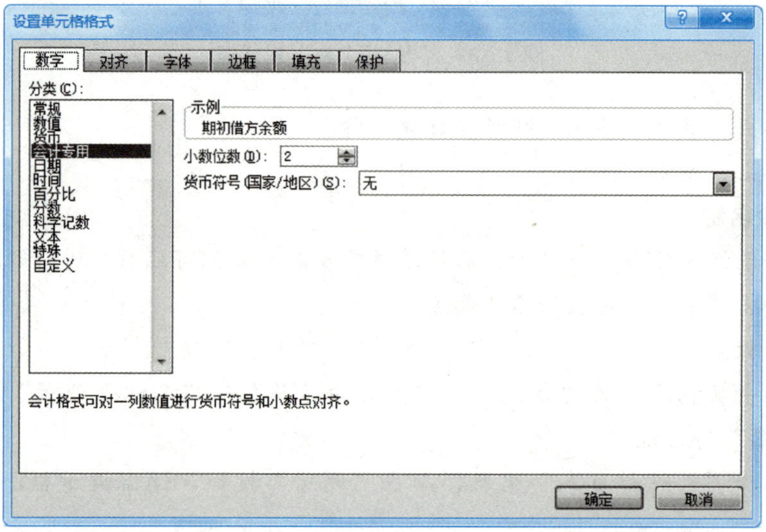

图 1-39 “设置单元格格式—数字—会计专用”格式

单击“字体”选项卡，选择字体为“宋体”，字号为“12”。

（6）选择 D2 单元格，单击功能区中的“视图”—“窗口”—“冻结窗格” 冻结窗格 按钮，在弹出的下拉菜单中，选择“冻结拆分窗格”命令，如图 1-40 所示，即可将窗口从 D2 单元格左上方的交点处进行冻结，其左边的列和上边的行将被锁定。

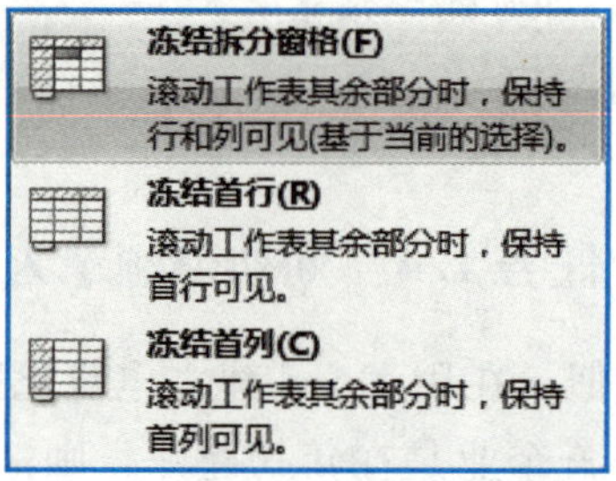

图 1-40 冻结拆分窗格

注： 如果要消除冻结窗格，再次单击功能区中的“视图”—“窗口”—“冻结窗格”按钮，在弹出的下拉菜单中，选择“取消冻结窗格”命令即可，如图 1-41 所示。

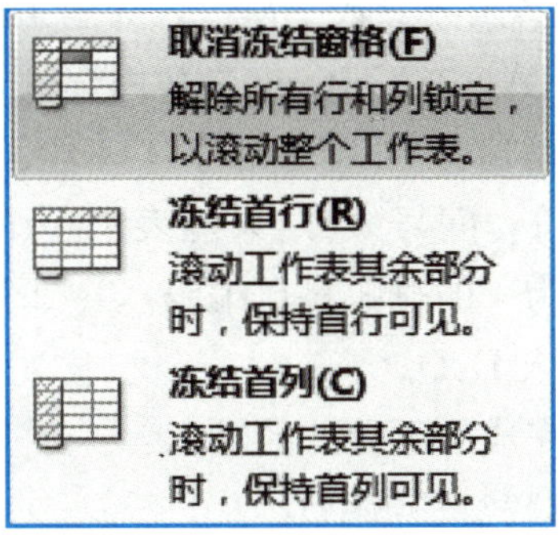

图 1-41 取消冻结窗格

（7）根据表 0-1-1 录入东方公司 2022 年 1 月期初科目余额。

（8）选择 A128:C128 单元格，设置其格式为“跨列居中”。在合并后的单元格内输入文本“合计”。

（9）选择 D128 单元格，单击功能区“公式”—“函数库”—“插入函数” f_x 插入函数 按钮（或直接单击编辑栏中的“插入函数”按钮 f_x），打开“插入函数”窗口，在“选择类别”右侧的下拉菜单中选择“数学与三角函数”，如图 1-42 所示。

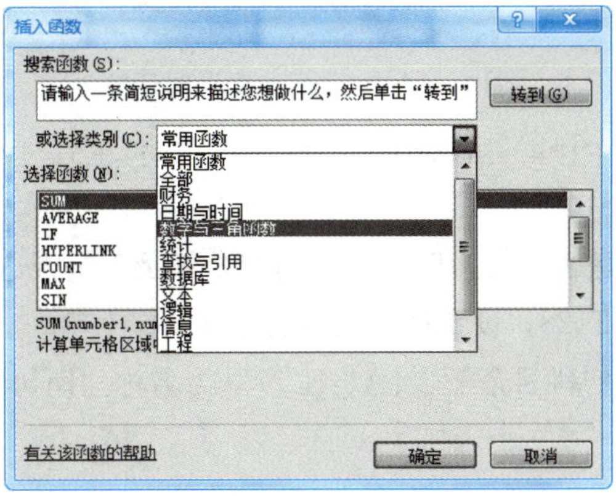

图 1-42 “插入函数”对话框

（10）选择“SUMIF”函数，单击“确定”按钮，如图 1-43 所示。

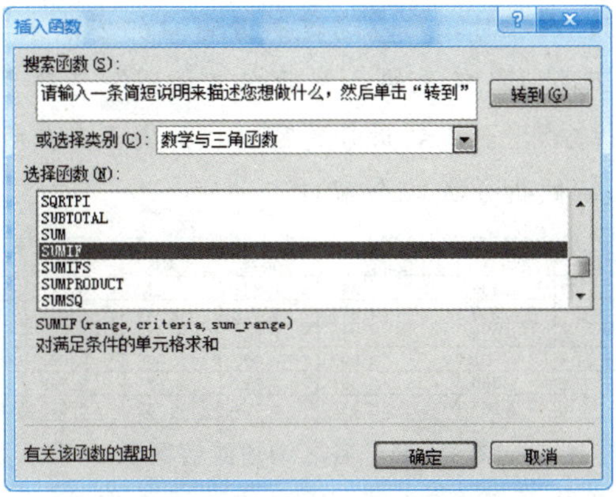

图 1-43 插入 SUMIF 函数

（11）打开 SUMIF 函数的“函数参数”窗口，如图 1－44 所示。

在 Range 参数内，输入 A:A，在 Criteria 参数内，输入"????"。

注：这里（"????"）用的是通配符，通配符有星号（*）和问号（?）两种。星号（*）表示 0 个或任意多个字符，问号（?）只能表示一个任意字符。在本例中，"????"表示长度为 4 的文本，即长度为 4 的总账科目编码。

在 Sum_range 参数内，输入 D:D。

最后单击“确定”按钮，完成如下公式的输入：

D128＝SUMIF(A:A,"????",D:D)

即计算科目编码长度为 4 的总账科目期初借方余额合计数。

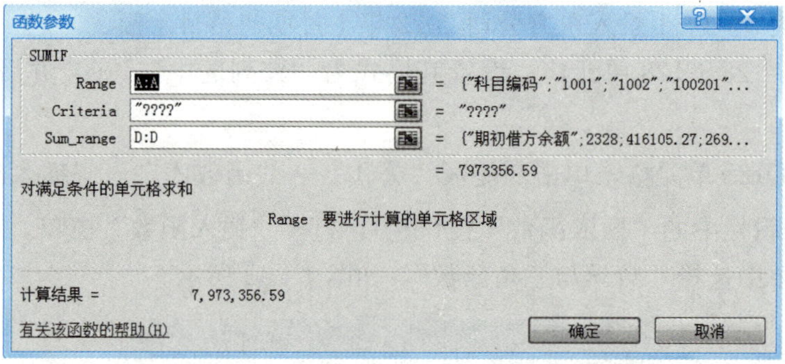

图 1－44 “函数参数”对话框

（12）同理输入公式 E128＝SUMIF(A:A,"????",E:E)，计算科目编码长度为 4 的总账科目期初贷方余额合计。

检查 D128 与 E128 是否相等，即可判断期初余额录入是否达到试算平衡。

（13）选择区域 A1:E128，设置格式为所有框线 田 所有框线(A)。

（14）定义区域“期初科目余额表!A1:E127”为名称“期初科目余额表”。

知识链接

微课视频 1－10

拆分窗口

1. 拆分窗口

当工作表的内容较多，不能完全在当前窗口中显示，但又希望能同时看到几个位置的内容时，可以通过拆分窗口的方法来实现。

如图 1－45 所示，选择 D3 单元格，然后在“视图”选项卡的“窗口”组中，单击“拆分”，会得到拆分的窗口。如图 1－46 所示，可以看到，当前窗口已经被拆分成四个窗口。

	A	B	C	D	E	F	G
1	月份	东北区	西北区	华南区	西南区	华中区	合计
2	1	1,139	2,345	1,224	4,532	3,217	12,457
3	2	2,230	3,378	3,112	6,545	3,879	19,144
4	3	213	1,210	1,265	2,315	2,658	7,661
5	4	561	1,890	890	2,098	2,067	7,506
6	5	1,456	2,354	2,317	3,571	2,753	12,451
7	6	3,267	5,432	3,487	5,742	5,028	22,956

图 1－45 各区销售额情况表

	A	B	C	D	E	F	G	H
1	月份	东北区	西北区	华南区	西南区	华中区	合计	
2	1	1,139	2,345	1,224	4,532	3,217	12,457	
3	2	2,230	3,378	3,112	6,545	3,879	19,144	
4	3	213	1,210	1,265	2,315	2,658	7,661	
5	4	561	1,890	890	2,098	2,067	7,506	
6	5	1,456	2,354	2,317	3,571	2,753	12,451	
7	6	3,267	5,432	3,487	5,742	5,028	22,956	
8								

图 1－46　拆分后的窗口

需要说明的是：拆分窗口，拆分后底部和右部形成各自的滚动条，每个“水平滚动条”“垂直滚动条”控制对应两个窗口。拆分窗口只是将一个工作表在几个窗口中显示，以便对照，并不是拆成几个工作表，当在任一个窗口中操作时，其他窗口有完全相同的操作。如图 1－47 所示。

	C	D	E	D	E	F	G	H
1	西北区	华南区	西南区	华南区	西南区	华中区	合计	
2	2,345	1,224	4,532	1,224	4,532	3,217	12,457	
3	3,378	3,112	6,545	3,112	6,545	3,879	19,144	
4	1,210	1,265	2,315	1,265	2,315	2,658	7,661	
1	西北区	华南区	西南区	华南区	西南区	华中区	合计	
2	2,345	1,224	4,532	1,224	4,532	3,217	12,457	
3	3,378	3,112	6,545	3,112	6,545	3,879	19,144	
4	1,210	1,265	2,315	1,265	2,315	2,658	7,661	
5	1,890	890	2,098	890	2,098	2,067	7,506	
6	2,354	2,317	3,571	2,317	3,571	2,753	12,451	
7	5,432	3,487	5,742	3,487	5,742	5,028	22,956	
8								

图 1－47　拆分为四个窗口示意图

当需要取消拆分窗口时，再次在“视图”选项卡的“窗口”组中，单击“拆分”按钮即可。

微课视频 1－11

冻结窗口

2. 冻结窗口

我们在使用 Excel 的时候经常会遇到特别大的数据表需要核对，但在使用水平或者竖直滚动轴滑动时，可视区域也会随之滚动，这样极其不方便。冻结窗格操作，可以始终保持某些行/列在可视区域，以便对照或操作。被冻结的部分往往是标题行/列，也就是表头部分。

(1) 冻结首行/首列。打开 Excel 文件，把光标定位在需要拆分的数据清单任意位置，然后在“视图”选项卡的“窗口”组中，单击“冻结窗格”下拉三角按钮，选取“冻结首行/首列”，此时工作表的首行/首列会固定不动。

如果取消冻结，则把光标定位在当前数据清单中，选择“取消冻结窗格”即可。

(2) 拆分/冻结窗格。如果既要把窗口分成几个窗口，又需要固定某些列或某些行，则可以在“视图”选项卡的“窗口”组中，单击“冻结窗格”下拉三角按钮，选取“冻结拆分窗格”，然后进行冻结拆分操作。这时候我们会发现，以当前单元格为界，上方和左方的行和列已被冻结，在后续的滑动时，不会随之滚动，且窗口被拆分成了四个。

如果取消冻结拆分，则把光标定位在当前数据清单中，选择“取消冻结窗格”即可。

3. SUM 函数（简单求和）

微课视频 1－12

SUM 函数

SUM 函数是一个数学与三角函数。

功能：可将值相加。可以将单个值、单元格引用或者区域相加，或者将三者的组合相加。

语法：SUM(Number1,Number2,…)

说明：Number1……为 1 到 255 个需要求和的参数，参数之间需用英文模式下的逗号分开。逻辑值及数字的文本表达式将被计算。如果参数为数组或引用，则只有其中的数字将被计算，数组或引用中的空白单元格、逻辑值、文本将被忽略。如果参数中有错误值或为不能转换成数字的文本，将会导致错误。

示例 1： A5 单元格是中文，A6 是文本 3，A7 是数字 3，其中能被计算的单元格只有 A7，如图 1－48 所示。

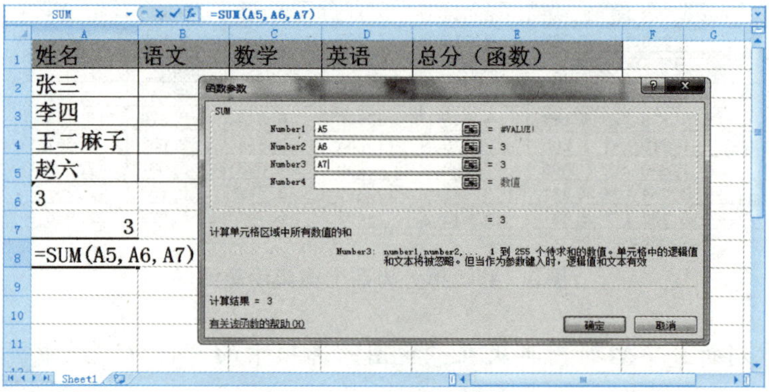

图 1－48　SUM 函数参数值

示例 2： 用 SUM 函数计算总分列的值。

操作步骤：

选择存放结果单元格，调取函数对话框，选择函数类别中的“数学和三角函数”，找到 SUM 函数，系统默认添加能参与运算的单元格区域，或者单击折叠按钮自行选取单元格区域，确定即可，如图 1－49 所示。

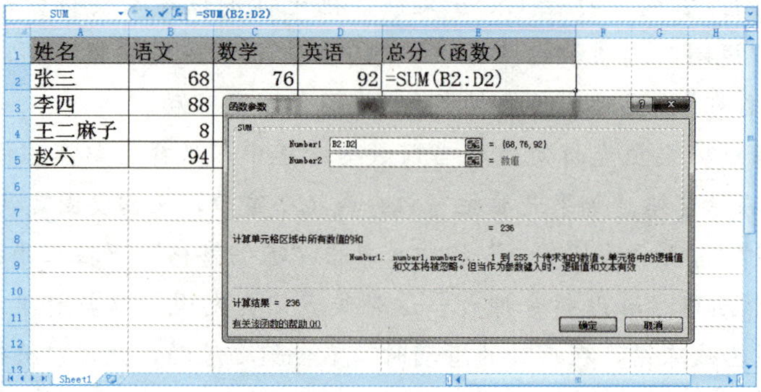

图 1－49　简单求和

4. SUMIF 函数（条件求和）

微课视频 1－13

SUMIF 函数

SUMIF 函数也是一个数学与三角函数。

功能：使用 SUMIF 函数可以对报表范围中符合指定条件的值求和。

语法：SUMIF(Range,Criteria,[Sum_range])

SUMIF(条件区域,求和条件,[求和区域])

说明：Range：用于条件判断的单元格区域；

Criteria：由数字、逻辑表达式等组成的判定条件；

Sum_range：需要求和的单元格、区域或引用，可省略。

当省略第三个参数时，则条件区域就是实际求和区域。

示例：计算图 1－50 中所有花生的销售数量之和。

操作步骤：

(1) 选择单元格 L2。

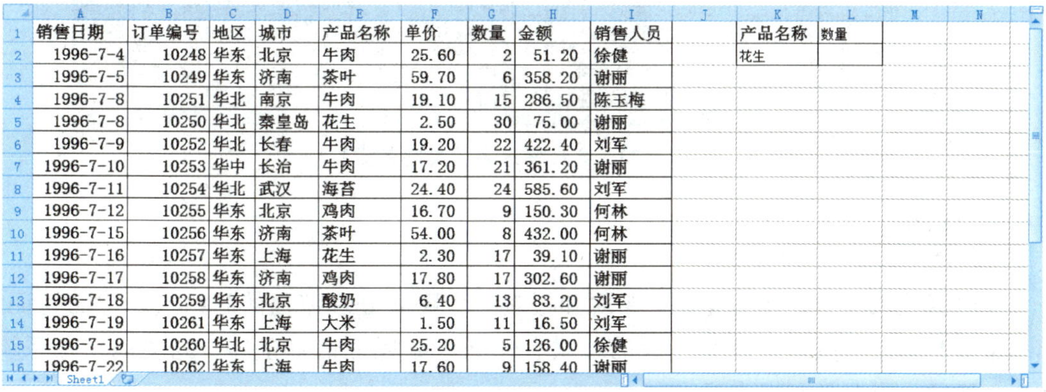

	A	B	C	D	E	F	G	H	I	J	K	L
1	销售日期	订单编号	地区	城市	产品名称	单价	数量	金额	销售人员		产品名称	数量
2	1996-7-4	10248	华东	北京	牛肉	25.60	2	51.20	徐健		花生	
3	1996-7-5	10249	华东	济南	茶叶	59.70	6	358.20	谢丽			
4	1996-7-8	10251	华北	南京	牛肉	19.10	15	286.50	陈玉梅			
5	1996-7-8	10250	华北	秦皇岛	花生	2.50	30	75.00	谢丽			
6	1996-7-9	10252	华北	长春	牛肉	19.20	22	422.40	刘军			
7	1996-7-10	10253	华中	长治	牛肉	17.20	21	361.20	谢丽			
8	1996-7-11	10254	华北	武汉	海苔	24.40	24	585.60	刘军			
9	1996-7-12	10255	华东	北京	鸡肉	16.70	9	150.30	何林			
10	1996-7-15	10256	华东	济南	茶叶	54.00	8	432.00	何林			
11	1996-7-16	10257	华东	上海	花生	2.30	17	39.10	谢丽			
12	1996-7-17	10258	华东	济南	鸡肉	17.80	17	302.60	谢丽			
13	1996-7-18	10259	华东	北京	酸奶	6.40	13	83.20	刘军			
14	1996-7-19	10261	华东	上海	大米	1.50	11	16.50	刘军			
15	1996-7-19	10260	华北	北京	牛肉	25.20	5	126.00	徐健			
16	1996-7-22	10262	华东	上海	牛肉	17.60	9	158.40	谢丽			

图 1－50　条件求和

(2) 调出插入函数对话框，选择数学与三角函数中的 SUMIF 函数，填充对话框即可，如图 1－51 所示。也可以在第二参数框中输入“花生”，效果是一样的。

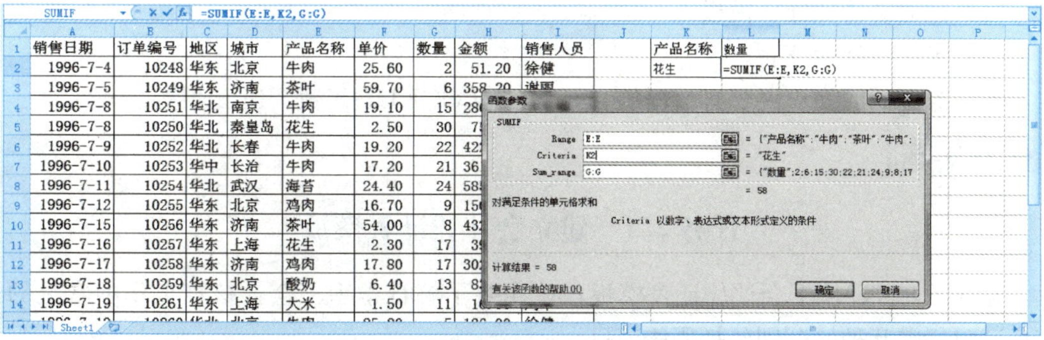

图 1－51　SUMIF 函数应用

任务 2　建立会计凭证表

【任务效果图】

类别编号	凭证日期	附件	摘要	科目编码	总账科目	明细科目	借方金额	贷方金额	制单人	审核人	记账人

图 1-52　凭证模板（最终效果）

类别编号	凭证日期	附件	摘要	科目编码	总账科目	明细科目	借方金额	贷方金额	制单人	审核人	记账人
记1	2022-1-2	1	提现金	1001	库存现金		5,000.00		王娟	张秀梅	张秀梅
记1	2022-1-2	1	提现金	100201	银行存款	工行		5,000.00	王娟	张秀梅	张秀梅
记2	2022-1-3	2	购B材料	140302	原材料	B材料	250,000.00		王娟	张秀梅	张秀梅
记2	2022-1-3	2	购B材料	22210201	应交税费	应交增值税（进项税额）	32,500.00		王娟	张秀梅	张秀梅
记2	2022-1-3	2	购B材料	112301	预付账款	永胜公司		282,500.00	王娟	张秀梅	张秀梅
记3	2022-1-5	3	购A材料	140301	原材料	A材料	300,000.00		王娟	张秀梅	张秀梅
记3	2022-1-5	3	购A材料	22210201	应交税费	应交增值税（进项税额）	39,000.00		王娟	张秀梅	张秀梅
记3	2022-1-5	3	购A材料	100201	银行存款	工行		339,000.00	王娟	张秀梅	张秀梅
记4	2022-1-6	2	发工资	221101	应付职工薪酬	工资	173,762.21		王娟	张秀梅	张秀梅
记4	2022-1-6	2	发工资	100201	银行存款	工行		173,762.21	王娟	张秀梅	张秀梅
记5	2022-1-10	3	交税	222101	应交税费	未交增值税	90,950.00		王娟	张秀梅	张秀梅
记5	2022-1-10	3	交税	222103	应交税费	应交企业所得税	12,000.00		王娟	张秀梅	张秀梅
记5	2022-1-10	3	交税	222104	应交税费	应交城建税	6,366.50		王娟	张秀梅	张秀梅
记5	2022-1-10	3	交税	222105	应交税费	应交教育费附加	2,728.50		王娟	张秀梅	张秀梅
记5	2022-1-10	3	交税	222106	应交税费	应交地方教育费附加	1,819.00		王娟	张秀梅	张秀梅
记5	2022-1-10	3	交税	222107	应交税费	应交土地使用税	12,000.00		王娟	张秀梅	张秀梅
记5	2022-1-10	3	交税	222108	应交税费	应交个人所得税	127.05		王娟	张秀梅	张秀梅
记5	2022-1-10	3	交税	100202	银行存款	建行		125,991.05	王娟	张秀梅	张秀梅
记6	2022-1-11	2	向长城公司销售甲产品，款已收	100201	银行存款	工行	813,600.00		王娟	张秀梅	张秀梅
记6	2022-1-11	2	向长城公司销售甲产品，款已收	600101	主营业务收入	甲产品		720,000.00	王娟	张秀梅	张秀梅
记6	2022-1-11	2	向长城公司销售甲产品，款已收	22210202	应交税费	应交增值税（销项税额）		93,600.00	王娟	张秀梅	张秀梅

总账科目表　末级科目表　期初科目余额表　凭证模板　会计凭证表

图 1-53　会计凭证表（最终效果）

【任务分析】

在电算化软件中，作为凭证、账簿和报表三大账务处理流程的起始点，记账凭证的填制是最基础的，也是工作量最大的。只有保证记账凭证信息正确、完整地录入系统，才能正确地生成账簿和报表。

建立 Excel 电算化下的会计凭证表，首先要定义会计凭证表格式的模板，再根据模板录入本月的会计分录，即得到本月的会计凭证表。

因此，李悦设计本任务包括两部分：

（1）建立会计凭证表模板；

（2）录入会计凭证表。

本任务用到的知识主要有数据的有效性、VLOOKUP 函数、IF 函数等。

【任务实施】

任务 2.1　建立会计凭证表模板

建立 Excel 环境下会计凭证表模板，首先要了解日常手工会计核算工作中常见的记账凭证包括哪几种，分别包括哪些项目。

图 1-54、图 1-55、图 1-56、图 1-57 分别是手工会计核算下的收款凭证、付款凭证、转账凭证和通用记账凭证，请比较各类记账凭证有何异同。

收　款　凭　证

借方科目________　　年　　月　　日　　字第　　号

摘　　要	贷方总账科目	明细科目	√	金额									
				千	百	十	万	千	百	十	元	角	分
合　计													

附单据　　张

财务主管　　记账　　出纳　　审核　　制单

图 1－54　收款凭证

付　款　凭　证

贷方科目________　　年　　月　　日　　字第　　号

摘　　要	借方总账科目	明细科目	√	金额									
				千	百	十	万	千	百	十	元	角	分
合　计													

附单据　　张

财务主管　　记账　　出纳　　审核　　制单

图 1－55　付款凭证

转　账　凭　证

年　　月　　日　　转字第　　号

摘　要	总账科目	明细科目	√	借方金额										√	贷方金额									
				千	百	十	万	千	百	十	元	角	分		千	百	十	万	千	百	十	元	角	分
合　计																								

附单据　　张

财务主管　　记账　　出纳　　审核　　制单

图 1－56　转账凭证

记　账　凭　证

年　　月　　日　　________字________号

摘　要	会计科目	明细科目	借方金额									贷方金额									记账
			百	十	万	千	百	十	元	角	分	百	十	万	千	百	十	元	角	分	
合计:	（附件	张）																			

会计主管　　审核　　制证　　记账

图 1－57　通用记账凭证

通过比较我们看出，上面各类手工会计记账凭证构成虽然各有不同，但都包含下列共同项目：类别编号、凭证日期、附件、摘要、总账科目、明细科目、借方金额、贷方金额、制单人、审核人、记账人等。在电算会计中，为了简化输入会计科目的工作量，录入记账凭证时一般只输入相关的科目编码，系统自动切换出对应的总账科目和明细科目。结合手工与电算会计的特点，李悦设计基于 Excel 的会计凭证表模板，其包含的项目如图 1－58 所示，即以手工记账凭证共同项目为基础，增设“科目编码”一列。

	A	B	C	D	E	F	G	H	I	J	K	L
1	类别编号	凭证日期	附件	摘要	科目编码	总账科目	明细科目	借方金额	贷方金额	制单人	审核人	记账人
2												

图 1－58　会计凭证表项目

一、定义凭证模板格式

操作步骤如下：

(1) 打开“总账及报表 2201. xlsx”工作簿，单击“插入工作表”按钮，将新建工作表重命名为“凭证模板”。

(2) 选择“A1:L1”单元格，分别输入“类别编号”“凭证日期”“附件”“摘要”“科目编码”“总账科目”“明细科目”“借方金额”“贷方金额”“制单人”“审核人”“记账人”，设置其字体为宋体、12 号、加粗。选中“对齐”选项卡，选择“水平对齐”下拉列表中的“居中”，同样选择“垂直对齐”下拉列表中的“居中”。

(3) 选择“A1:L1”单元格，单击功能区中的“开始”—“字体”—“填充颜色”下拉按钮下的黄色按钮，设置单元格的底色。

(4) 选择“A1:L3”单元格，单击功能区中的“开始”—“字体”—“边框”下拉按钮下的所有框线按钮，设置“A1:L3”单元格的边框。

二、定义单元格的有效性

操作步骤如下：

(1) 设置“凭证日期”的有效性。选择 B2 单元格，单击功能区中的“数据”—“数据工具”—“数据有效性”按钮，打开“数据有效性”对话框。在“设置”选项卡的“允许”下拉菜单中选择“日期”，“数据”下拉菜单中选择“介于”，开始日期输入“2022－1－1”，结束日期输入“2022－1－31”，如图 1－59 所示。

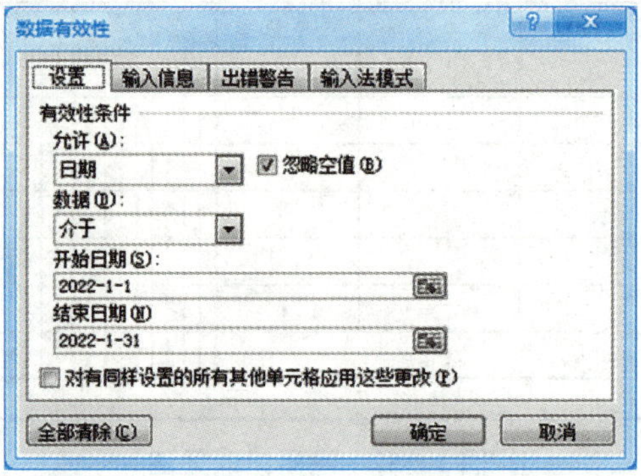

图 1－59　设置“凭证日期”的有效性（1）

选择“输入信息”选项卡，选中“选定单元格时显示输入信息”复选框，在“输入信息”输入框内输入“请输入日期，格式为 YYYY－MM－DD!”，如图 1－60 所示。最后单击“确定”按钮。

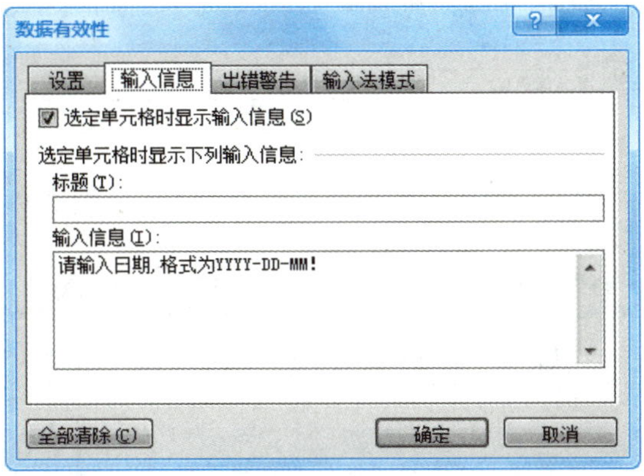

图 1－60　设置“凭证日期”的有效性（2）

（2）设置“附件”的有效性。选择 C2 单元格，打开“数据有效性”对话框。在“设置”选项卡的“允许”下拉菜单中选择“整数”，“数据”下拉菜单中选择“介于”，最小值输入“0”，最大值输入“100”，如图 1－61 所示。

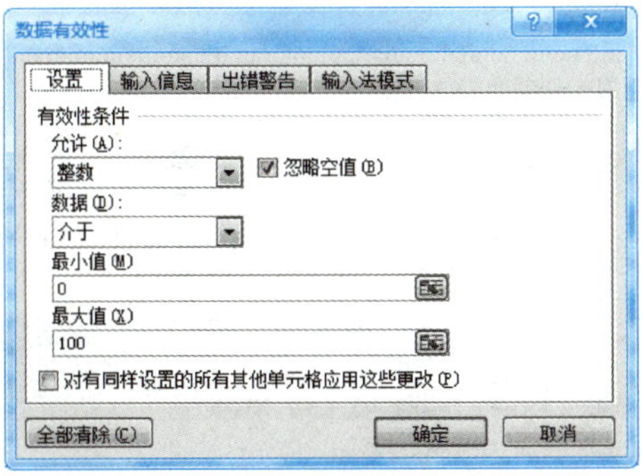

图 1－61　设置“附件”的有效性（1）

选择“输入信息”选项卡，选中“选定单元格时显示输入信息”复选框，“输入信息”输入框内输入“请输入 0 到 100 的整数!”，如图 1－62 所示。最后单击“确定”按钮。

（3）设置“摘要”的有效性。选择 D2 单元格，打开“数据有效性”对话框。在“设置”选项卡的“允许”下拉菜单中选择“文本长度”，“数据”下拉菜单中选择“介于”，最小值输入“1”，最大值输入“50”，如图 1－63 所示。

选择“输入信息”选项卡，选中“选定单元格时显示输入信息”复选框，“输入信息”输入框内输入“请输入 1 到 50 个字!”，如图 1－64 所示。最后单击“确定”按钮。

（4）设置“科目编码”的有效性。首先设置 E 列为文本，然后选择 E2 单元格，打开“数据有效性”对话框。在“设置”选项卡的“允许”下拉菜单中选择“序列”，单击“来源”输入框中输入“＝末级科目编码”。选择“忽略空值”和“提供下拉箭头”复选

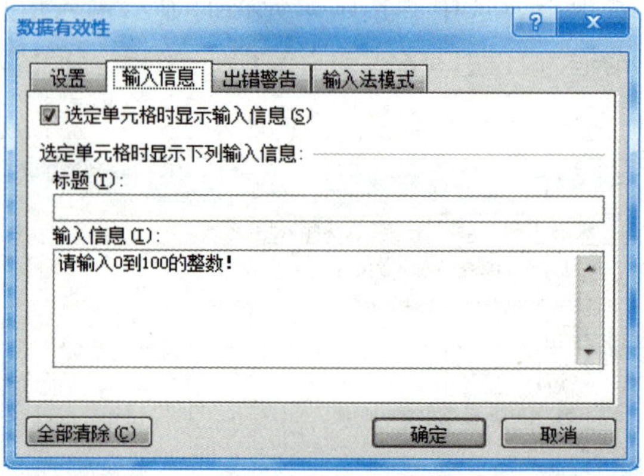

图 1－62　设置“附件”的有效性（2）

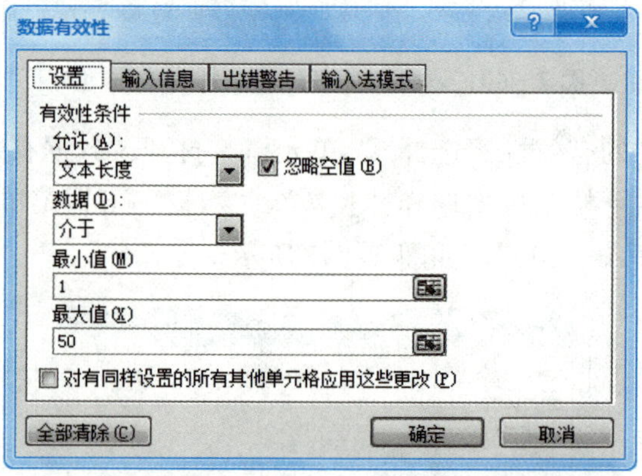

图 1－63　设置“摘要”的有效性（1）

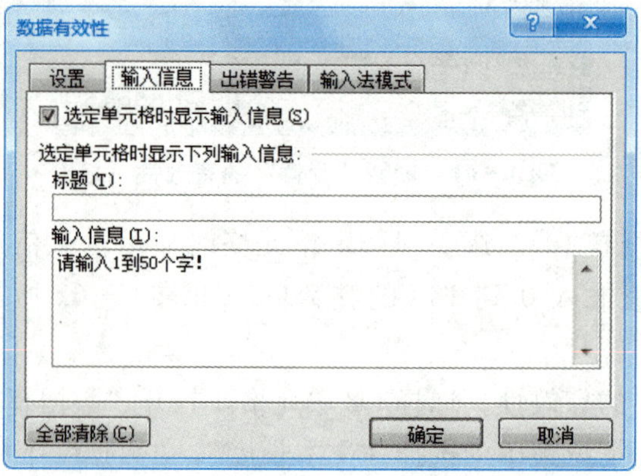

图 1－64　设置“摘要”的有效性（2）

框，如图 1－65 所示。

选择“输入信息”选项卡，选中“选定单元格时显示输入信息”复选框，“输入信息”输入框内输入“请输入末级科目编码!”，如图 1－66 所示。单击“确定”按钮。

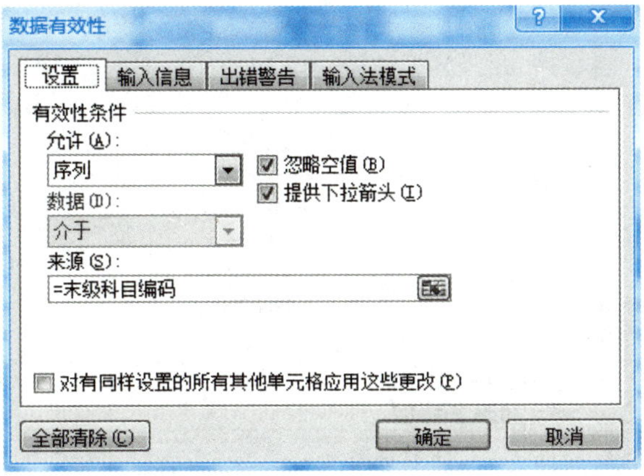

图 1-65　设置“科目编码”的有效性（1）

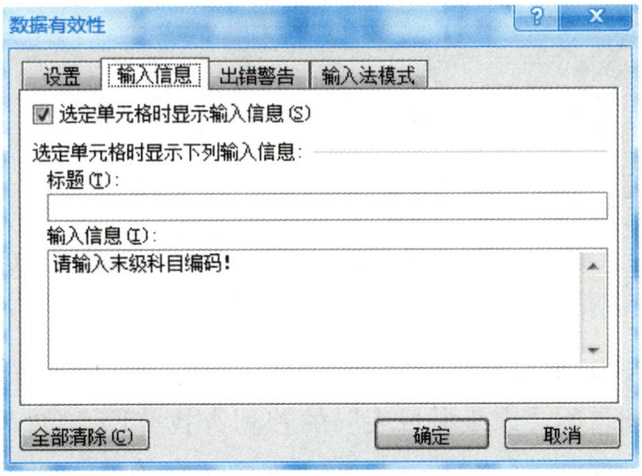

图 1-66　设置“科目编码”的有效性（2）

注：此处设置 E 列为文本，是保证科目编码在输入时，既可以通过有效性的下拉列表选择输入，又可以直接手工输入。否则当手工录入科目编码时，会因默认科目编码为数值类型，后面的总账科目及明细科目不能根据公式自动切换。

多学一招

在图 1-65“来源”输入框中，除了直接输入“=末级科目编码”外，还可以将光标定位在“来源”输入框内，单击功能区中的“公式”—“定义的名称”—“用于公式”按钮，选择已定义好的名称“末级科目编码”，如图 1-67 所示。此时，自动在“来源”输入框中输入“=末级科目编码”。

三、定义自动显示会计科目公式

操作步骤如下：

1. 定义总账科目自动显示公式

方法一　VLOOKUP 函数精确查找法（出现“#N/A”错误）

在总账科目所在的 F2 单元格输入公式，如图 1-68 所示。

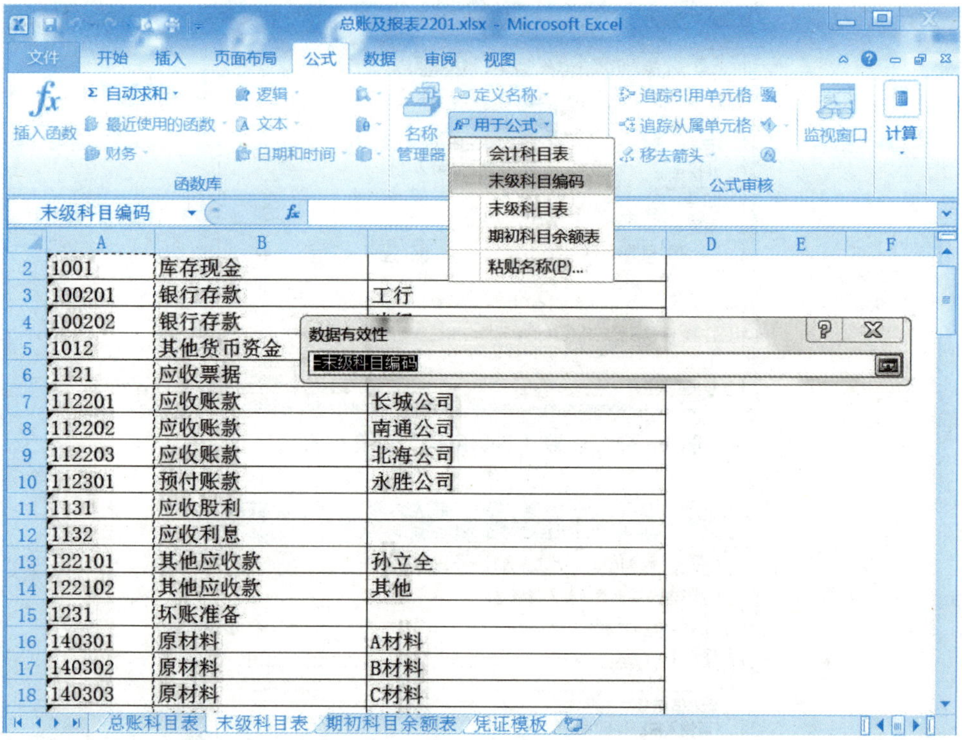

图 1-67　名称的使用

F2＝VLOOKUP(E2,末级科目表,2,0)

公式含义：在范围名称“末级科目表”的首列查找“E2”单元格内的科目编码，找到后返回该行与范围名称“末级科目表”第 2 列交叉点的值，即该科目编码对应的总账科目。

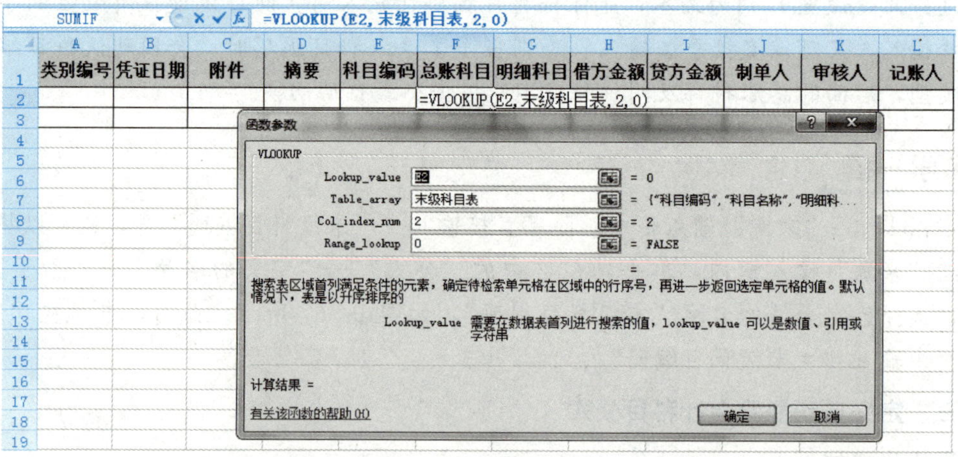

图 1-68　定义总账科目自动显示公式（方法一）

这时在单元格 F2 内会出现“#N/A”错误，如图 1-69 所示。

怎样进行改进呢？这就用到了方法二。

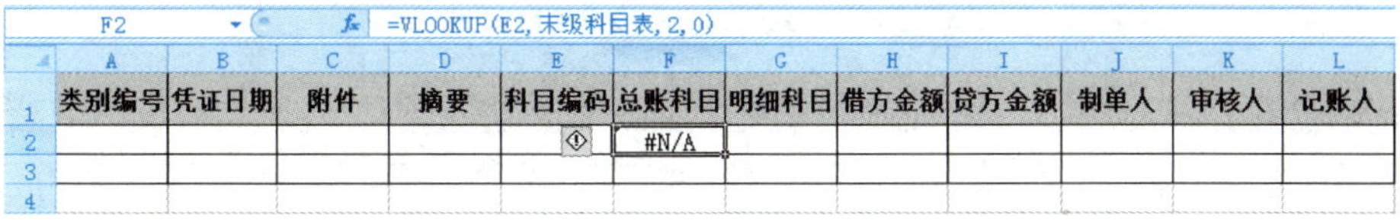

图 1-69　公式出现“＃N/A”错误

方法二　修正后的 VLOOKUP 函数精确查找法

在总账科目所在的 F2 单元格输入公式，如图 1-70 所示。

F2＝IF(E2＝"","",VLOOKUP(E2,末级科目表,2,0))

公式含义：首先判断 E2 单元格内是不是空文本，如果是，则返回空文本，否则，在范围名称“末级科目表”查找“E2”单元格内的科目编码，找到后返回该行与范围名称“末级科目表”的第 2 列交叉点的值，即科目编码对应的总账科目。

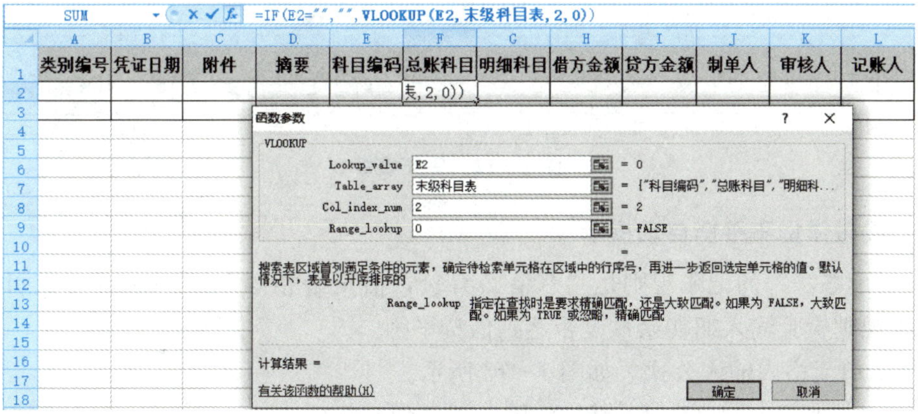

图 1-70　定义总账科目自动显示公式（方法二）

公式经过调整，不再出现“＃N/A”错误。

2. 定义明细科目自动显示公式

在明细科目所在的 G2 单元格输入公式，如图 1-71 所示。

G2＝IF(LEN(E2)＜＝4,"",VLOOKUP(E2,末级科目表,3,0))

公式含义：首先判断 E2 单元格的长度是不是小于等于 4，如果是，则没有明细科目，返回空文本“""”，否则，在范围名称“末级科目表”的首列查找 E2 单元格内的科目编码，找到后返回该行与范围名称“末级科目表”第 3 列交叉点的值，即科目编码对应的明细科目。

四、设置“借方金额”和“贷方金额”的格式

选择 H:I 列，单击鼠标右键，选择“设置单元格格式”命令，打开“数字”选项卡，选择“分类”列表框中的“会计专用”，小数位数为“2”，货币符号为“无”。

选择 A2:L2 单元格，光标放到选择区域的右下角变为实心“＋”字，如图 1-72 所示，拖拉复制到下一行。

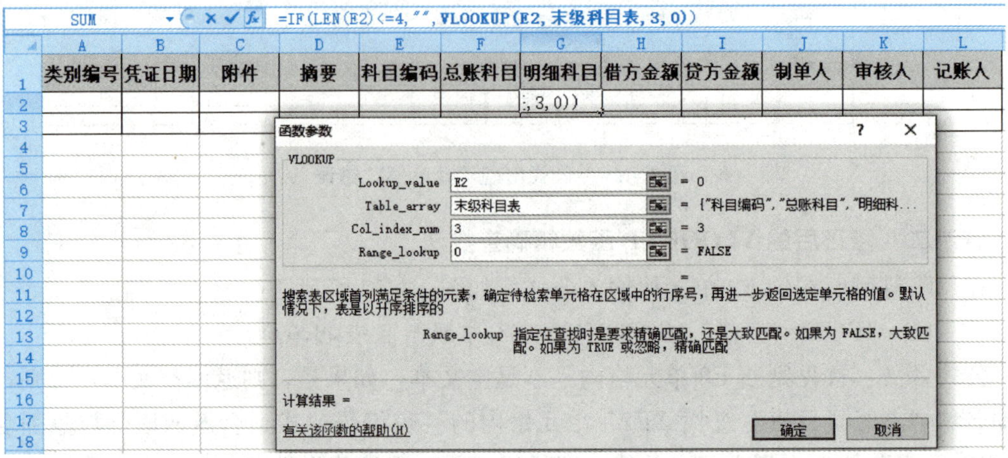

图 1-71　设置“明细科目”公式

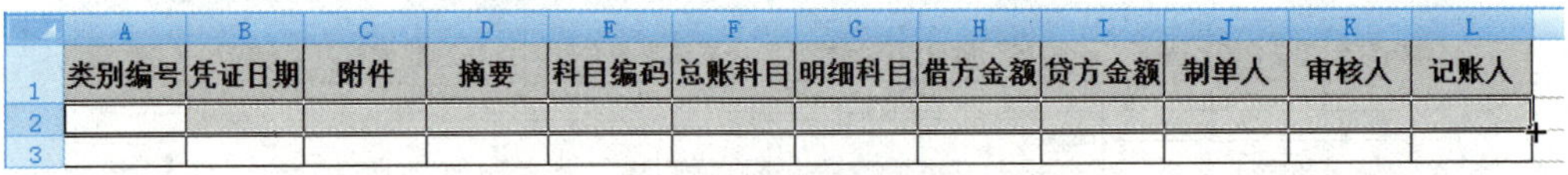

图 1-72　凭证模板

五、设置借贷不平衡自动提示

“借贷记账法”的记账规则是“有借必有贷，借贷必相等”，在 Excel 中，可以利用这个记账规则检验输入期初余额是否达到借贷平衡。

在 N2 单元格内输入公式，如图 1-73 所示。

N2=IF(SUM(H:H)=SUM(I:I),"借贷平衡!","借贷不平衡,请检查!")

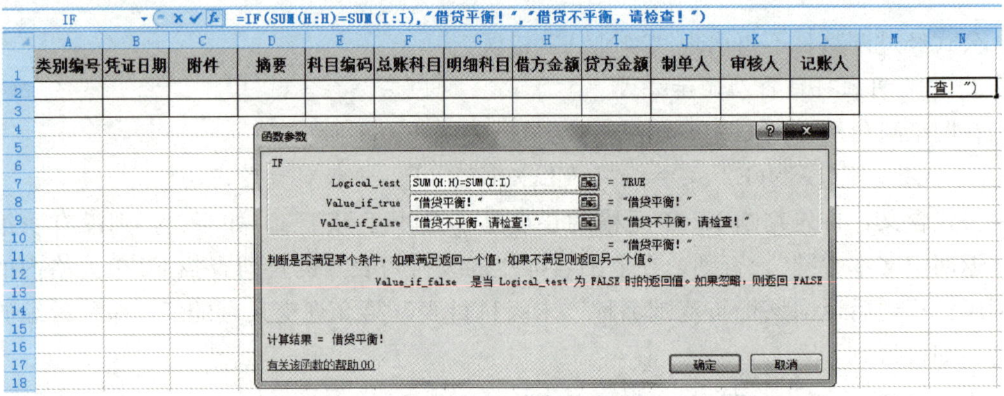

图 1-73　设置借贷不平衡自动提示公式

公式含义：首先判断借方发生额的合计是否等于贷方发生额的合计，如果是，则返回提示“借贷平衡!”，否则，返回提示“借贷不平衡，请检查!”。

经过以上设置，最终完成了凭证模板的制作。

知识链接

1. VLOOKUP 函数

微课视频 1－14

VLOOKUP 函数

VLOOKUP 函数属于查找与引用类函数，是按列查找即纵向查找函数，在工作中应用非常广泛。例如，VLOOKUP 函数可以用来核对数据，在多个表格之间快速导入数据等。

功能：从查找区域的首列查找满足条件的查找值，确定行序号，返回该行中索引列号指定的单元格中的值。

语法：

VLOOKUP(Lookup_value,Table_array,Col_index_num,[Range_lookup])

VLOOKUP(查找值,查找区域,索引列号,[检索类型])

说明：

Lookup_value：查找区域的首列中查找的数据。

Table_array：需要在其中查找数据的数据表。

Col_index_num：查找区域中待返回的匹配值的列序号。索引列号为 1 时，返回查找区域第一列的数值；索引列号为 2 时，返回查找区域第二列的数值；以此类推。如果索引列号小于 1，函数 VLOOKUP 返回错误值“#VALUE!”；如果索引列号大于查找区域的列数，函数 VLOOKUP 返回错误值“#REF!”。

Range_lookup：检索类型。逻辑值为 FALSE 或 0 时，检索类型为精确查找；逻辑值为 TRUE 或 1 时，检索类型为模糊查找。

需要说明的是：在使用该函数时，查找值必须处于查找区域中第一列。

示例 1：精确查找

在图 1－74 中根据 B16 单元格输入的月份查找东北区地区的销售情况，结果存放在 B17 单元格。

B17 =VLOOKUP(B16,A2:G7,2,0)

	A	B	C	D	E	F	G
1	月份	东北区	西北区	华南区	西南区	华中区	合计
2	1	1,139	2,345	1,224	4,532	3,217	12,457
3	2	2,230	3,378	3,112	6,545	3,879	19,144
4	3	213	1,210	1,265	2,315	2,658	7,661
5	4	561	1,890	890	2,098	2,067	7,506
6	5	1,456	2,354	2,317	3,571	2,753	12,451
7	6	3,267	5,432	3,487	5,742	5,028	22,956
8							
9							
10							
11							
12							
13							
14							
15							
16	请输入月份	1					
17	东北区	1,139					

图 1－74 精确查找

示例 2：模糊查找

当 VLOOKUP 函数检索类型为模糊查找时，它所查找的是比查找值小且最接近查找值的数据。在执行模糊查找前，必须满足对查找区域的首列进行升序排序。

要求：查找语文成绩为100分的学生姓名。下面分别用精确查找和模糊查找进行操作。

图1-75为精确查找，因为没有满足条件的记录，最终结果为“#N/A”。

B8　=VLOOKUP(100,A2:D5,4,0)

	A	B	C	D
1	语文	数学	英语	姓名
2	84	76	92	张三
3	88	77	90	李四
4	95	93	88	王二麻子
5	95	89	84	赵六
6				
7				
8	语文成绩接近1 分的学生姓名	#N/A		

图1-75　精确查找

如果把第四个参数换成模糊查找“1”，则最终显示结果为“赵六”，即语文成绩低于100且最接近100的学生的姓名，如图1-76所示。

B8　=VLOOKUP(100,A2:D5,4,1)

	A	B	C	D
1	语文	数学	英语	姓名
2	84	76	92	张三
3	88	77	90	李四
4	95	93	88	王二麻子
5	95	89	84	赵六
6				
7				
8	语文成绩接近100 分的学生姓名	赵六		

图1-76　模糊查找

说明：模糊查找的结果是小于或等于查找值的最大值，如果有多个相同的值，则返回相同值的最后一个。

2. 相对引用

微课视频1-15

相对引用

公式的引用即在公式中用到了其他单元格在表格中的位置。引用的作用在于标识工作表中的单元格或单元格区域，并指明公式中所使用的数据的单元格位置。

在Excel中，公式的引用有三种类型：相对引用、绝对引用和混合引用。

相对引用也称为相对地址引用，是指在一个公式中直接用单元格的列标与行号来取用某个单元格中的内容。在相对引用中，所引用的单元格地址的列坐标和行坐标前面没有任何标示符号，例如：C1=A1+B1，其中A1、B1为相对引用。Excel默认使用的单元格引用是相对引用。

示例：计算每位学生的总分。

操作步骤：

（1）在 G2 单元格输入公式“=D2+E2+F2”，按回车键，自动计算出第一位学生的总分，如图 1-77 所示。

G2　f_x　=D2+E2+F2

	A	B	C	D	E	F	G
1	学号	姓名	性别	会计基础	经济法	高等数学	总分
2	1	张静	女	82	84	80	246
3	2	王大力	男	79	73	85	
4	3	吴海燕	女	85	81	78	
5	4	李菲	女	73	74	70	
6	5	陈伟平	男	81	78	88	
7	6	马玉兰	女	84	81	77	

图 1-77　相对引用

（2）单击 G2 单元格，往下填充，自动计算出后面的结果，如图 1-78 所示。

G3　f_x　=D3+E3+F3

	A	B	C	D	E	F	G
1	学号	姓名	性别	会计基础	经济法	高等数学	总分
2	1	张静	女	82	84	80	246
3	2	王大力	男	79	73	85	237
4	3	吴海燕	女	85	81	78	244
5	4	李菲	女	73	74	70	217
6	5	陈伟平	男	81	78	88	247
7	6	马玉兰	女	84	81	77	242

图 1-78　相对引用

3. 绝对引用

微课视频 1-16

绝对引用

绝对引用总是在指定位置引用单元格。如果公式所在单元格的位置改变，绝对引用保持不变。在绝对引用中，所引用的单元格地址的列坐标和行坐标前面分别加入标示符号“$”。例如：C1=$A$1+$B$1，其中$A$1、$B$1为绝对引用。

示例：计算每位学生的平均分。

操作步骤：

（1）在 H2 单元格输入公式“=G2/$J$1”，按回车键，自动计算出第一位学生的平均分，如图 1-79 所示。

H2　f_x　=G2/$J$1

	A	B	C	D	E	F	G	H	I	J
1	学号	姓名	性别	会计基础	经济法	高等数学	总分	平均分	平均分	3
2	1	张静	女	82	84	80	246	82		
3	2	王大力	男	79	73	85	237			
4	3	吴海燕	女	85	81	78	244			
5	4	李菲	女	73	74	70	217			
6	5	陈伟平	男	81	78	88	247			
7	6	马玉兰	女	84	81	77	242			

图 1-79　绝对引用

（2）单击 H2 单元格，往下填充，自动计算出后面的结果，如图 1-80 所示。

H3 =G3/$J$1

	A	B	C	D	E	F	G	H	I	J
1	学号	姓名	性别	会计基础	经济法	高等数学	总分	平均分	平均分	3
2	1	张静	女	82	84	80	246	82		
3	2	王大力	男	79	73	85	237	79		
4	3	吴海燕	女	85	81	78	244	81.3333		
5	4	李菲	女	73	74	70	217	72.3333		
6	5	陈伟平	男	81	78	88	247	82.3333		
7	6	马玉兰	女	84	81	77	242	80.6667		

图 1-80　绝对引用

4. 混合引用

微课视频 1-17

混合引用

混合引用是指所引用单元格地址的列标与行号中只有一个是相对的，可以发生变动，而另一个是绝对的，不可发生变动。混合引用具有绝对列和相对行，或是绝对行和相对列。例如：C1=A$1+$B1，其中 A$1、$B1 为混合引用。

示例：计算每位学生的平均分。

操作步骤：

(1) 在 I2 单元格输入公式“=G2/J$1”，按回车键，自动计算出第一位学生的平均分，如图 1-81 所示。

I2 =G2/J$1

	A	B	C	D	E	F	G	H	I	J
1	学号	姓名	性别	会计基础	经济法	高等数学	总分	平均分	平均分	3
2	1	张静	女	82	84	80	246	82	82	
3	2	王大力	男	79	73	85	237	79		
4	3	吴海燕	女	85	81	78	244	81.3333		
5	4	李菲	女	73	74	70	217	72.3333		
6	5	陈伟平	男	81	78	88	247	82.3333		
7	6	马玉兰	女	84	81	77	242	80.6667		

图 1-81　混合引用

(2) 单击 I2 单元格，往下填充，自动计算出后面的结果，如图 1-82 所示。

I3 =G3/J$1

	A	B	C	D	E	F	G	H	I	J
1	学号	姓名	性别	会计基础	经济法	高等数学	总分	平均分	平均分	3
2	1	张静	女	82	84	80	246	82	82	
3	2	王大力	男	79	73	85	237	79	79	
4	3	吴海燕	女	85	81	78	244	81.3333	81.3333	
5	4	李菲	女	73	74	70	217	72.3333	72.3333	
6	5	陈伟平	男	81	78	88	247	82.3333	82.3333	
7	6	马玉兰	女	84	81	77	242	80.6667	80.6667	

图 1-82　混合引用

规律：加上了绝对地址符“$”的列标和行号为绝对地址，在公式向旁边复制时不会发生变化，没有加上绝对地址符号的列标和行号为相对地址，在公式向旁边复制时会跟着发生变化。混合引用时部分地址发生变化。

注：快捷键 F4 可进行不同引用之间的切换。

5. 公式的错误值

在使用 Excel 时可能遇到一些莫名其妙的错误值信息，如“＃N/A!”“＃VALUE！”“＃DIV/O!”等。出现这些错误的原因有很多种，如果公式不能计算正确结果，Excel 将显示一个错误值。例如：在需要数字的公式中使用文本、删除了被公式引用的单元格，或者使用宽度不足以显示结果的单元格。以下是几种常见的错误及解决方法。

（1）“＃＃＃＃＃！”。如果单元格所含的数字、日期或时间比单元格宽，或者单元格的日期与时间公式产生了一个负值，就会产生“＃＃＃＃＃！”错误。

解决方法：如果单元格所含的数字、日期或时间比单元格宽，可以通过拖动列表之间的宽度来修改列宽。如果使用的是 1900 年的日期系统，那么 Excel 中的日期和时间必须为正值，用较早的日期或者时间值减去较晚的日期或者时间值就会导致“＃＃＃＃＃！”错误。如果公式正确，也可以将单元格的格式改为非日期和时间型来显示该值。

（2）“＃VALUE!”。当使用错误的参数或运算对象类型时，或者当公式自动更正功能不能更正公式时，将返回错误值“＃VALUE!”。

原因一：在需要数字或逻辑值时输入了文本，Excel 不能将文本转换为正确的数据类型。

解决方法：确认公式或函数所需的运算符或参数正确，并且公式引用的单元格中包含有效的数值。例如：如果单元格 A1 包含一个数字，单元格 A2 包含文本“学籍”，则公式“＝A1＋A2”将返回错误值“＃VALUE!”。可以用 SUM 工作表函数将这两个值相加（SUM 函数忽略文本）：“＝SUM（A1：A2)”。

原因二：将单元格引用、公式或函数作为数组常量输入。

解决方法：确认数组常量不是单元格引用、公式或函数。

原因三：赋予需要单一数值的运算符或函数一个数值区域。

解决方法：将数值区域改为单一数值。修改数值区域，使其包含公式所在的数据行或列。

（3）“＃DIV/O!”。当公式被零除时，将产生“＃DIV/O!”错误。

原因一：在公式中，除数使用了指向空单元格或包含零值单元格的单元格引用（在 Excel 中如果运算对象是空白单元格，Excel 将此空值当作零值）。

解决方法：修改单元格引用，或者在用作除数的单元格中输入不为零的值。

原因二：输入的公式中包含明显的除数零，例如：“＝5/0”。

解决方法：将零改为非零值。

（4）“＃NAME?”。在公式中使用了 Excel 不能识别的文本时，将产生“＃NAME?”错误。

原因一：删除了公式中使用的名称，或者使用了不存在的名称。

解决方法：确认使用的名称确实存在。单击功能区中的“公式”—“定义的名称”—“名称管理器”命令，如果所需名称没有被列出，请使用“新建”命令添加相应的名称。

原因二：名称的拼写错误。

解决方法：修改拼写错误的名称。

原因三：在公式中输入文本时没有使用双引号。

解决方法：因为 Excel 将没有使用双引号的文本解释为名称，而不理会用户准备将其用作文本的想法，所以，应将公式中的文本括在双引号中。例如：下面的公式将一段文本“"总计:"”和单元格 B50 中的数值合并在一起：“="总计:"&B50”，就不会返回错误值“#NAME?”。

原因四：在区域的引用中缺少冒号。

解决方法：确认公式中，使用的所有区域引用都使用冒号，如 SUM(A2:B34)。

(5)“#N/A”。当在函数或公式中没有可用数值时，将产生“#N/A”错误。

解决方法：如果工作表中某些单元格暂时没有数值，请在这些单元格中输入“#N/A”，公式在引用这些单元格时，将不进行数值计算，而是返回错误值“#N/A”。

(6)“#REF!”。当单元格引用无效时，将产生“#REF!”错误。

原因：删除了由其他公式引用的单元格，或将移动单元格粘贴到由其他公式引用的单元格中。

解决方法：更改公式或者在删除或粘贴单元格之后，立即单击“撤销”按钮，以恢复工作表中的单元格。

(7)“#NUM!”。当公式或函数中某个数字有问题时，将产生“#NUM!”错误。

原因一：在需要数字参数的函数中使用了不能接受的参数。

解决方法：确认函数中使用的参数类型正确无误。

原因二：使用了迭代计算的工作表函数，如 IRR 或 RATE，并且函数不能产生有效的结果。

解决方法：为工作表函数使用不同的初始值。

原因三：由公式产生的数字太大或太小，Excel 不能表示。

解决方法：修改公式，使其结果在有效数字范围之间。

(8)“#NULL!”。当试图为两个并不相交的区域指定交叉点时，将产生“#NULL!”错误。

原因：使用了不正确的区域运算符或不正确的单元格引用。

解决方法：如果要引用两个不相交的区域，请使用联合运算符逗号（,）。公式要对两个区域求和，请确认在引用这两个区域时使用逗号，如 SUM(A1:A13,D12:D23)。如果没有使用逗号，Excel 将试图对同时属于两个区域的单元格求和，但是由于 A1:A13 和 D12:D23 并不相交，没有共同的单元格，因此会出现“#NULL!”错误。

任务 2.2　录入会计凭证表

会计凭证表模板建立之后，下一个工作环节即根据定义好的凭证模板录入会计凭证表。

操作步骤如下：

(1) 打开“总账及报表 2201.xlsx”工作簿，单击“插入工作表”按钮，将新增工作表重命名为“会计凭证表”。

（2）复制工作表“凭证模板”到“会计凭证表”。

（3）选择“会计凭证表”工作表区域 A2:L3，向下拖拉填充控制点进行复制，根据本月公司发生业务的多少，可复制到 200 行或更多。

（4）输入会计分录。选择 A2 单元格，输入“记 1”；选择 B2 单元格，输入“2022-1-2”；选择 C2 单元格，输入“1”；选择 D2 单元格，输入“提现金”；选择 E2 单元格，输入“1001”；选择 H2 单元格，输入“5000”；选择 J2 单元格，输入制单人为“王娟”；选择 K2 单元格，输入审核人为“张秀梅”；选择 L2 单元格，输入记账人为“张秀梅”。同理输入第 3 行贷方项目。如图 1-83 所示。

	A	B	C	D	E	F	G	H	I	J	K	L
1	类别编号	凭证日期	附件	摘要	科目编码	总账科目	明细科目	借方金额	贷方金额	制单人	审核人	记账人
2	记1	2022-1-2	1	提现金	1001	库存现金		5,000.00		王娟	张秀梅	张秀梅
3	记1	2022-1-2	1	提现金	100201	银行存款	工行		5,000.00	王娟	张秀梅	张秀梅

图 1-83 录入会计凭证表

（5）将光标定位在数据清单内任一单元格内，单击功能区中的“视图”—“窗口”—“冻结窗口”下拉按钮下的冻结首行命令。

（6）输入本月其他业务会计分录，调整各列到合适列宽，得到本月的会计凭证表，如图 1-84 所示。

类别编号	凭证日期	附件	摘要	科目编码	总账科目	明细科目	借方金额	贷方金额	制单人	审核人	记账人
记1	2022-1-2	1	提现金	1001	库存现金		5,000.00		王娟	张秀梅	张秀梅
记1	2022-1-2	1	提现金	100201	银行存款	工行		5,000.00	王娟	张秀梅	张秀梅
记2	2022-1-3	2	购B材料	140302	原材料	B材料	250,000.00		王娟	张秀梅	张秀梅
记2	2022-1-3	2	购B材料	22210201	应交税费	应交增值税（进项税额）	32,500.00		王娟	张秀梅	张秀梅
记2	2022-1-3	2	购B材料	112301	预付账款	永胜公司		282,500.00	王娟	张秀梅	张秀梅
记3	2022-1-5	3	购A材料	140301	原材料	A材料	300,000.00		王娟	张秀梅	张秀梅
记3	2022-1-5	3	购A材料	22210201	应交税费	应交增值税（进项税额）	39,000.00		王娟	张秀梅	张秀梅
记3	2022-1-5	3	购A材料	100201	银行存款	工行		339,000.00	王娟	张秀梅	张秀梅
记4	2022-1-6	2	发工资	221101	应付职工薪酬	工资	173,762.21		王娟	张秀梅	张秀梅
记4	2022-1-6	2	发工资	100201	银行存款	工行		173,762.21	王娟	张秀梅	张秀梅
记5	2022-1-10	3	交税	222101	应交税费	未交增值税	90,950.00		王娟	张秀梅	张秀梅
记5	2022-1-10	3	交税	222103	应交税费	应交企业所得税	12,000.00		王娟	张秀梅	张秀梅
记5	2022-1-10	3	交税	222104	应交税费	应交城建税	6,366.50		王娟	张秀梅	张秀梅
记5	2022-1-10	3	交税	222105	应交税费	应交教育费附加	2,728.50		王娟	张秀梅	张秀梅
记5	2022-1-10	3	交税	222106	应交税费	应交地方教育费附加	1,819.00		王娟	张秀梅	张秀梅
记5	2022-1-10	3	交税	222107	应交税费	应交土地使用税	12,000.00		王娟	张秀梅	张秀梅
记5	2022-1-10	3	交税	222108	应交税费	应交个人所得税	127.05		王娟	张秀梅	张秀梅
记5	2022-1-10	3	交税	100202	银行存款	建行		125,991.05	王娟	张秀梅	张秀梅
记6	2022-1-11	2	向长城公司销售甲产品，款已收	100201	银行存款	工行	813,600.00		王娟	张秀梅	张秀梅
记6	2022-1-11	2	向长城公司销售甲产品，款已收	600101	主营业务收入	甲产品		720,000.00	王娟	张秀梅	张秀梅
记6	2022-1-11	2	向长城公司销售甲产品，款已收	22210202	应交税费	应交增值税（销项税额）		93,600.00	王娟	张秀梅	张秀梅
记7	2022-1-12	2	向北海公司销售甲产品，款未收	112203	应收账款	北海公司	406,800.00		王娟	张秀梅	张秀梅
记7	2022-1-12	2	向北海公司销售甲产品，款未收	600101	主营业务收入	甲产品		360,000.00	王娟	张秀梅	张秀梅
记7	2022-1-12	2	向北海公司销售甲产品，款未收	22210202	应交税费	应交增值税（销项税额）		46,800.00	王娟	张秀梅	张秀梅
记8	2022-1-15	1	预收长城公司货款	100201	银行存款	工行	140,000.00		王娟	张秀梅	张秀梅
记8	2022-1-15	1	预收长城公司货款	2205	合同负债			140,000.00	王娟	张秀梅	张秀梅
记9	2022-1-18	1	支付办公费	660202	管理费用	办公费	880.00		王娟	张秀梅	张秀梅
记9	2022-1-18	1	支付办公费	1001	库存现金			880.00	王娟	张秀梅	张秀梅
记10	2022-1-21	3	向北海公司销售乙产品，款未收	1473	合同资产		226,000.00		王娟	张秀梅	张秀梅
记10	2022-1-21	3	向北海公司销售乙产品，款未收	600102	主营业务收入	乙产品		200,000.00	王娟	张秀梅	张秀梅
记10	2022-1-21	3	向北海公司销售乙产品，款未收	22210202	应交税费	应交增值税（销项税额）		26,000.00	王娟	张秀梅	张秀梅
记11	2022-1-23	3	财务部购激光打印机一台	1601	固定资产		5,000.00		王娟	张秀梅	张秀梅
记11	2022-1-23	3	财务部购激光打印机一台	22210201	应交税费	应交增值税（进项税额）	650.00		王娟	张秀梅	张秀梅
记11	2022-1-23	3	财务部购激光打印机一台	100201	银行存款	工行		5,650.00	王娟	张秀梅	张秀梅
记12	2022-1-24	3	孙立全报销差旅费	660203	管理费用	差旅费	980.00		王娟	张秀梅	张秀梅
记12	2022-1-24	3	孙立全报销差旅费	1001	库存现金		20.00		王娟	张秀梅	张秀梅
记12	2022-1-24	3	孙立全报销差旅费	122101	其他应收款	孙立全		1,000.00	王娟	张秀梅	张秀梅
记13	2022-1-26	1	取得短期借款	100201	银行存款	工行	100,000.00		王娟	张秀梅	张秀梅
记13	2022-1-26	1	取得短期借款	2101	短期借款			100,000.00	王娟	张秀梅	张秀梅
记14	2022-1-30	1	归还长期借款本金及利息	660301	财务费用	利息费用	20,000.00		王娟	张秀梅	张秀梅
记14	2022-1-30	1	归还长期借款本金及利息	2501	长期借款		200,000.00		王娟	张秀梅	张秀梅
记14	2022-1-30	1	归还长期借款本金及利息	100201	银行存款	工行		220,000.00	王娟	张秀梅	张秀梅
记15	2022-1-30	2	收到现金股利	100201	银行存款	工行	800.00		王娟	张秀梅	张秀梅
记15	2022-1-30	2	收到现金股利	1131	应收股利			800.00	王娟	张秀梅	张秀梅
记16	2022-1-31	5	生产领料	500101	生产成本	甲产品	300,000.00		王娟	张秀梅	张秀梅
记16	2022-1-31	5	生产领料	500102	生产成本	乙产品	350,000.00		王娟	张秀梅	张秀梅
记16	2022-1-31	5	生产领料	140301	原材料	A材料		350,000.00	王娟	张秀梅	张秀梅
记16	2022-1-31	5	生产领料	140302	原材料	B材料		300,000.00	王娟	张秀梅	张秀梅
记17	2022-1-31	10	产品入库	140501	库存商品	甲产品	120,000.00		王娟	张秀梅	张秀梅
记17	2022-1-31	10	产品入库	140502	库存商品	乙产品	200,000.00		王娟	张秀梅	张秀梅
记17	2022-1-31	10	产品入库	500101	生产成本	甲产品		120,000.00	王娟	张秀梅	张秀梅
记17	2022-1-31	10	产品入库	500102	生产成本	乙产品		200,000.00	王娟	张秀梅	张秀梅
记18	2022-1-31	5	结转销售成本	640101	主营业务成本	甲产品	600,000.00		王娟	张秀梅	张秀梅
记18	2022-1-31	5	结转销售成本	640102	主营业务成本	乙产品	120,000.00		王娟	张秀梅	张秀梅
记18	2022-1-31	5	结转销售成本	140501	库存商品	甲产品		600,000.00	王娟	张秀梅	张秀梅
记18	2022-1-31	5	结转销售成本	140502	库存商品	乙产品		120,000.00	王娟	张秀梅	张秀梅
记19	2022-1-31	0	结转损益	600101	主营业务收入	甲产品	1,080,000.00		王娟	张秀梅	张秀梅
记19	2022-1-31	0	结转损益	600102	主营业务收入	乙产品	200,000.00		王娟	张秀梅	张秀梅
记19	2022-1-31	0	结转损益	4103	本年利润			1,280,000.00	王娟	张秀梅	张秀梅
记19	2022-1-31	0	结转损益	4103	本年利润		741,860.00		王娟	张秀梅	张秀梅
记19	2022-1-31	0	结转损益	640101	主营业务成本	甲产品		600,000.00	王娟	张秀梅	张秀梅
记19	2022-1-31	0	结转损益	640102	主营业务成本	乙产品		120,000.00	王娟	张秀梅	张秀梅
记19	2022-1-31	0	结转损益	660202	管理费用	办公费		880.00	王娟	张秀梅	张秀梅
记19	2022-1-31	0	结转损益	660203	管理费用	差旅费		980.00	王娟	张秀梅	张秀梅
记19	2022-1-31	0	结转损益	660301	财务费用	利息费用		20,000.00	王娟	张秀梅	张秀梅

图 1-84 会计凭证表

实战演练

1. 根据项目 6 会计综合实训资料，在“综合实训—总账及报表”工作簿内完成会计科目表、总账科目表、末级科目表、期初科目余额表、凭证模板及会计凭证表的创建。

2. 根据教材配套实战演练资料，完成西方公司的会计科目表、总账科目表、末级科目表、期初科目余额表、凭证模板及会计凭证表的编制。

项目 2

Excel 在账务处理中的应用——账簿

教学目标

知识目标

- 熟悉手工会计账簿的种类及记账方法
- 掌握 Excel 2010 数据筛选的种类及方法
- 掌握 Excel 2010 数据透视表
- 熟练掌握 Excel 2010 中公式的使用方法
- 熟练掌握 Excel 2010 中 IF、VLOOKUP、IFERROR、ABS 等函数的使用方法

动画

项目 2 概述

能力目标

- 学会使用 Excel 建立库存现金日记账、银行存款日记账
- 学会使用 Excel 建立总账科目汇总表
- 学会使用 Excel 建立明细科目汇总表
- 学会使用 Excel 建立总账科目余额表
- 学会使用 Excel 建立明细科目余额表

素养目标

- 培养学生严谨细致、一丝不苟的工作作风
- 培养学生诚实守信、不做假账的职业精神
- 培养学生分析问题、解决问题的动手能力
- 培养学生勤于思考、永攀高峰的进取精神

学习导图

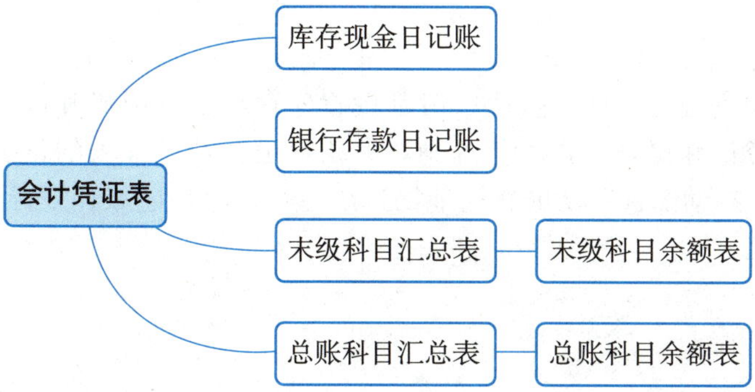

在手工会计核算中，企业设置两类账簿：明细账和总账。明细账是根据审核无误的记账凭证及原始凭证逐笔登记的；总账的登记需分两步（以企业通常采用的科目汇总表核算形式为例）：第一步根据记账凭证定期编制科目汇总表，第二步根据科目汇总表登记总账。同一张记账凭证会在不同会计人员之间转抄，这种重复性的劳动任务重，且容易出错。用 Excel 可以轻松实现从会计凭证表到账簿的自动化处理。

利用 Excel 进行账簿业务的处理，李悦设计操作步骤如下：

第一步　生成日记账；

第二步　生成科目汇总表；

第三步　编制科目余额表。

任务 1　生成日记账

【任务效果图】

类别编号	凭证日期	附件	摘要	科目编码	总账科目	明细科目	借方金额	贷方金额
记1	2022-1-2	1	提现金	1001	库存现金		5,000.00	
记9	2022-1-18	1	支付办公费	1001	库存现金			880.00
记12	2022-1-24	3	孙立全报销差旅费	1001	库存现金		20.00	

图 2-1　库存现金日记账（最终效果）

类别编号	凭证日期	附件	摘要	科目编码	总账科目	明细科目	借方金额
记1	2022-1-2	1	提现金	100201	银行存款	工行	
记3	2022-1-5	3	购A材料	100201	银行存款	工行	
记4	2022-1-6	2	发工资	100201	银行存款	工行	
记6	2022-1-11	2	向长城公司销售甲产品，款已收	100201	银行存款	工行	813,600.00
记8	2022-1-15	1	预收长城公司货款	100201	银行存款	工行	140,000.00
记11	2022-1-23	3	财务部购激光打印机一台	100201	银行存款	工行	
记13	2022-1-26	1	取得短期借款	100201	银行存款	工行	100,000.00
记14	2022-1-30	1	归还长期借款本金及利息	100201	银行存款	工行	
记15	2022-1-30	2	收到现金股利	100201	银行存款	工行	800.00

图 2-2　银行存款日记账—工行（最终效果）

类别编号	凭证日期	附件	摘要	科目编码	总账科目	明细科目	借方金额	贷方金额
记5	2022-1-10	3	交税	100202	银行存款	建行		125,991.05

图 2-3　银行存款日记账—建行（最终效果）

【任务分析】

为了加强货币资金的管理，企业一般都设置库存现金日记账和银行存款日记账，并由出纳人员负责登记和保管。在本任务中，只要保证会计凭证表的正确性和完整性，即可通过 Excel 的“自动筛选”功能轻松地筛选出库存现金日记账和银行存款日记账。

【任务实施】

任务 1.1　生成库存现金日记账

操作步骤如下：

(1) 打开“总账及报表 2201.xlsx”工作簿，单击“插入工作表”按钮，增加一新工作表。双击新建的工作表的标签，将工作表重命名为“库存现金日记账”，如图 2-4 所示。

图 2-4　新建“库存现金日记账”工作表

(2) 打开“会计凭证表”工作表，选择数据清单内的任一单元格。

(3) 单击功能区中的“数据”—“排序和筛选”—“筛选”命令，在工作表的每一个表头字段的右侧出现一个下拉箭头，即打开“自动筛选”窗口。

(4) 单击“科目编码”列右侧下拉三角按钮，打开下拉菜单，取消“全选”复选框，再只选择“1001”复选框，如图 2-5 所示，单击“确定”按钮。

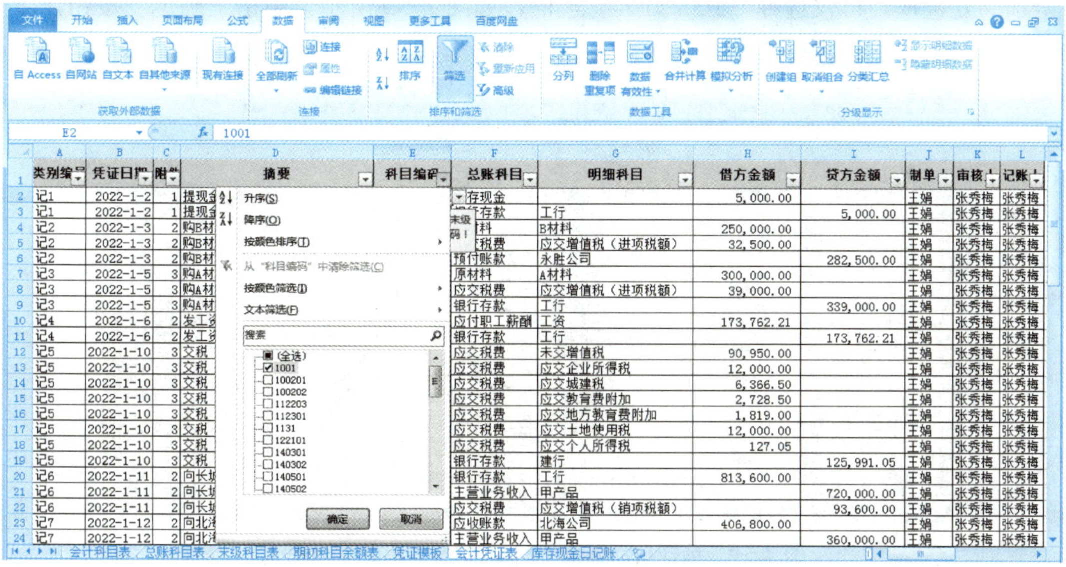

图 2-5　选择自动筛选“科目编码”下的“1001”

(5) 筛选后的“库存现金日记账”如图 2-6 所示。选择 1:37 行，单击右键，选择“复制”命令。

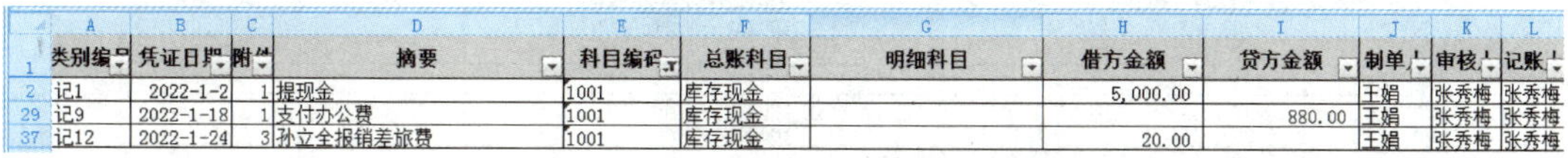

	类别编号	凭证日期	附件	摘要	科目编码	总账科目	明细科目	借方金额	贷方金额	制单	审核	记账
2	记1	2022-1-2	1	提现金	1001	库存现金		5,000.00		王娟	张秀梅	张秀梅
29	记9	2022-1-18	1	支付办公费	1001	库存现金			880.00	王娟	张秀梅	张秀梅
37	记12	2022-1-24	3	孙立全报销差旅费	1001	库存现金		20.00		王娟	张秀梅	张秀梅

图 2-6　筛选后的“库存现金日记账”

(6) 选择“库存现金日记账”工作表 A1 单元格，单击右键，选择执行“粘贴”命令。删除 J:L 列，适当调整列宽，即可筛选出“库存现金日记账”，如图 2－7 所示。

类别编号	凭证日期	附件	摘要	科目编码	总账科目	明细科目	借方金额	贷方金额
记1	2022-1-2	1	提现金	1001	库存现金		5,000.00	
记9	2022-1-18	1	支付办公费	1001	库存现金			880.00
记12	2022-1-24	3	孙立全报销差旅费	1001	库存现金		20.00	

图 2－7　库存现金日记账

任务 1.2　生成银行存款日记账

操作步骤如下：

（1）打开“总账及报表 2201.xlsx”工作簿，单击“插入工作表”按钮，新建名为“银行存款日记账—工行”的新工作表；再单击“插入工作表”按钮，新建名为“银行存款日记账—建行”的新工作表。如图 2－8 所示。

图 2－8　新建的“银行存款日记账—建行”工作表

（2）切换到“会计凭证表”工作表，单击“科目编码”列右侧下拉三角按钮，取消“全选”复选框，再仅选择“100201”复选框，如图 2－9 所示，单击“确定”按钮。

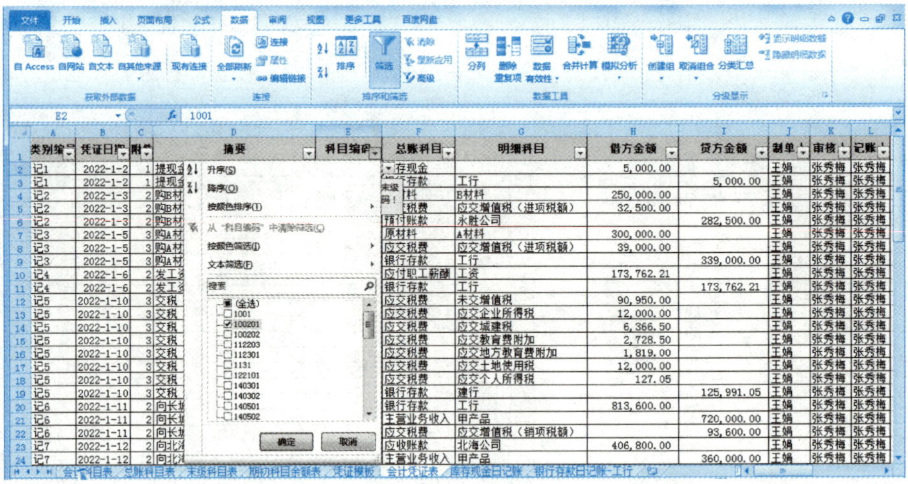

图 2－9　选择自动筛选“科目编码”下的“100201”

（3）将筛选出的工作表复制到“银行存款日记账—工行”内，删除 J:L 列，适当调整列宽，即可筛选出“银行存款日记账—工行”，如图 2－10 所示。

类别编号	凭证日期	附件	摘要	科目编码	总账科目	明细科目	借方金额	贷方金额
记1	2022-1-2	1	提现金	100201	银行存款	工行		5,000.00
记3	2022-1-5	3	购A材料	100201	银行存款	工行		339,000.00
记4	2022-1-6	2	发工资	100201	银行存款	工行		173,762.21
记6	2022-1-11	2	向长城公司销售甲产品，款已收	100201	银行存款	工行	813,600.00	
记8	2022-1-15	1	预收长城公司货款	100201	银行存款	工行	140,000.00	
记11	2022-1-23	3	财务部购激光打印机一台	100201	银行存款	工行		5,650.00
记13	2022-1-26	1	取得短期借款	100201	银行存款	工行	100,000.00	
记14	2022-1-30	1	归还长期借款本金及利息	100201	银行存款	工行		220,000.00
记15	2022-1-30	2	收到现金股利	100201	银行存款	工行	800.00	

图 2－10　银行存款日记账—工行

（4）同理，筛选出“银行存款日记账—建行”，如图 2－11 所示。

类别编号	凭证日期	附件	摘要	科目编码	总账科目	明细科目	借方金额	贷方金额
记5	2022-1-10	3	交税	100202	银行存款	建行		125,991.05

图 2－11　银行存款日记账—建行

（5）切换到“会计凭证表”工作表，再单击一次功能区中的“数据”—“排序和筛选”—“筛选”命令，取消“自动筛选”窗口。

任务 2　生成科目汇总表

【任务效果图】

科目编码	总账科目	明细科目	求和项:借方金额	求和项:贷方金额
1001	库存现金		5,020.00	880.00
100201	银行存款	工行	1,054,400.00	743,412.21
100202	银行存款	建行		125,991.05
112203	应收账款	北海公司	406,800.00	
112301	预付账款	永胜公司		282,500.00
1131	应收股利			800.00
122101	其他应收款	孙立全		1,000.00
140301	原材料	A材料	300,000.00	350,000.00
140302	原材料	B材料	250,000.00	300,000.00
140501	库存商品	甲产品	120,000.00	600,000.00
140502	库存商品	乙产品	200,000.00	120,000.00
1473	合同资产		226,000.00	
1601	固定资产		5,000.00	
2101	短期借款			100,000.00
2205	合同负债			140,000.00
221101	应付职工薪酬	工资	173,762.21	
222101	应交税费	未交增值税	90,950.00	
22210201	应交税费	应交增值税（进项税额）	72,150.00	
22210202	应交税费	应交增值税（销项税额）		166,400.00
222103	应交税费	应交企业所得税	12,000.00	
222104	应交税费	应交城建税	6,366.50	
222105	应交税费	应交教育费附加	2,728.50	
222106	应交税费	应交地方教育费附加	1,819.00	
222107	应交税费	应交土地使用税	12,000.00	
222108	应交税费	应交个人所得税	127.05	
2501	长期借款		200,000.00	
4103	本年利润		741,860.00	1,280,000.00
500101	生产成本	甲产品	300,000.00	120,000.00
500102	生产成本	乙产品	350,000.00	200,000.00
600101	主营业务收入	甲产品	1,080,000.00	1,080,000.00
600102	主营业务收入	乙产品	200,000.00	200,000.00
640101	主营业务成本	甲产品	600,000.00	600,000.00
640102	主营业务成本	乙产品	120,000.00	120,000.00
660202	管理费用	办公费	880.00	880.00
660203	管理费用	差旅费	980.00	980.00
660301	财务费用	利息费用	20,000.00	20,000.00
总计			**6,552,843.26**	**6,552,843.26**

库存现金日记账　银行存款日记账-工行　银行存款日记账-建行　末级科目汇总表　总账科目汇总表

图 2－12　末级科目汇总表（最终效果）

	A	B	C
1			
2			
3	总账科目	求和项:借方金额	求和项:贷方金额
4	库存现金	5,020.00	880.00
5	银行存款	1,054,400.00	869,403.26
6	应收账款	406,800.00	
7	预付账款		282,500.00
8	应收股利		800.00
9	其他应收款		1,000.00
10	原材料	550,000.00	650,000.00
11	库存商品	320,000.00	720,000.00
12	合同资产	226,000.00	
13	固定资产	5,000.00	
14	短期借款		100,000.00
15	合同负债		140,000.00
16	应付职工薪酬	173,762.21	
17	应交税费	198,141.05	166,400.00
18	长期借款	200,000.00	
19	本年利润	741,860.00	1,280,000.00
20	生产成本	650,000.00	320,000.00
21	主营业务收入	1,280,000.00	1,280,000.00
22	主营业务成本	720,000.00	720,000.00
23	管理费用	1,860.00	1,860.00
24	财务费用	20,000.00	20,000.00
25	总计	6,552,843.26	6,552,843.26
26			

末级科目汇总表 | 总账科目汇总表 | 末级科目余额表

图 2-13　总账科目汇总表（最终效果）

【任务分析】

科目汇总表亦称记账凭证汇总表，它是定期对全部记账凭证进行汇总，按各个账户列示其借方发生额和贷方发生额的一种汇总凭证。手工编制科目汇总表的工作强度大，既费时费力又容易出错，特别是对业务量较多的企业。而在 Excel 中，可以运用数据透视表功能轻松、快捷、准确地生成科目汇总表。

李悦翻阅了众多已出版的有关“Excel 在财务会计中的应用”教材，发现普遍存在的问题是资产负债表各项目的填列只根据总账科目余额计算，没有涉及相关明细科目余额，与会计实务工作相悖。为了使资产负债表的取数更准确，李悦进行了若干次尝试和改进，最终完美地将明细科目嵌入整个账务处理系统（前面的会计科目表、会计凭证表已做好调整）。在本任务中，不仅需要生成总账科目汇总表，还要生成末级科目汇总表。

因此，李悦设计本任务包括两部分：

（1）生成末级科目汇总表；

（2）生成总账科目汇总表。

本任务用到的知识主要是数据透视表。

【任务实施】

任务 2.1　生成末级科目汇总表

操作步骤如下：

（1）选择“会计凭证表”工作表数据清单内任一单元格，单击功能区中的“插入”—“表格”—“数据透视表”右侧的下拉菜单，选择“数据透视表”命令 数据透视表(T)。

(2) 弹出“创建数据透视表”对话框，如图 2－14 所示。设置选择区域为“会计凭证表!＄A＄1:＄L＄66”，选择放置数据透视表的位置为“新工作表”，单击“确定”按钮。

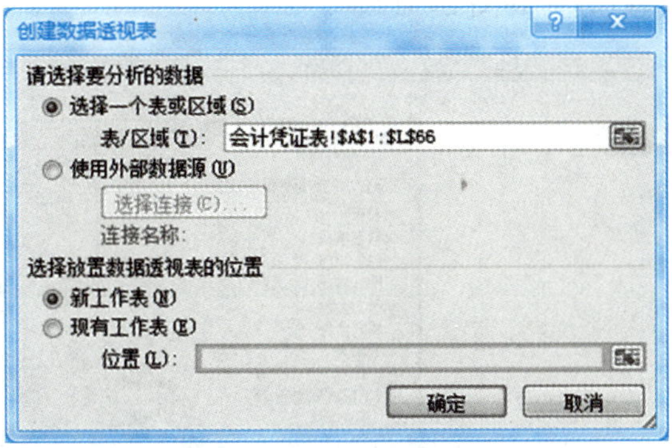

图 2－14　“创建数据透视表”对话框

注： 若在建立数据透视表前，选择会计凭证表的数据清单内任一单元格，则默认的选择区域即为“会计凭证表!＄A＄1:＄L＄66”，正是我们所需要的。若不合适，则可以单击图 2－14 中“表/区域”后的文本框，根据需要重新选择相应的数据区域。

(3) Excel 2010 自动在新建的工作表上建立了一张空白数据透视表，如图 2－15 所示。

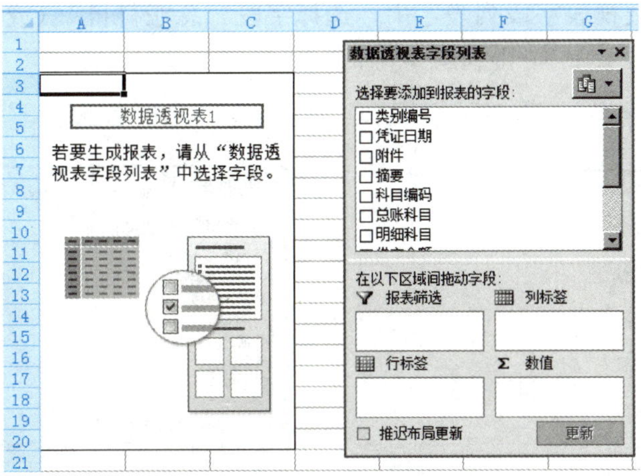

图 2－15　新建的空白数据透视表

(4) 单击功能区中的“数据透视表工具”—“设计”—“数据透视表样式”—“数据透视表样式浅色 16”图标，如图 2－16 所示。

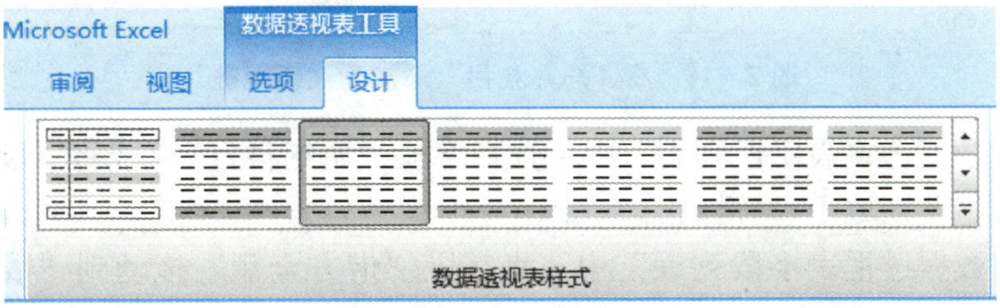

图 2－16　数据透视表样式

注： Excel 2010 中生成的数据透视表是没有网格线的，为了看起来美观，在此先预设一种显示模板。

（5）在“数据透视表字段列表”中，选择字段“科目编码”（或将字段“科目编码”拖动到“行标签”区域中），得到图 2-17。

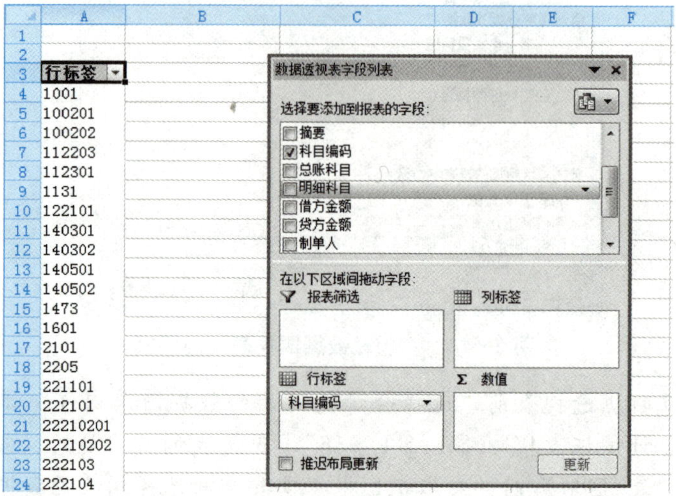

图 2-17　将“科目编码”添加到“行标签”

（6）在“数据透视表字段列表”中，选择字段“总账科目”（或将字段“总账科目”拖动到“行标签”区域中），得到图 2-18。

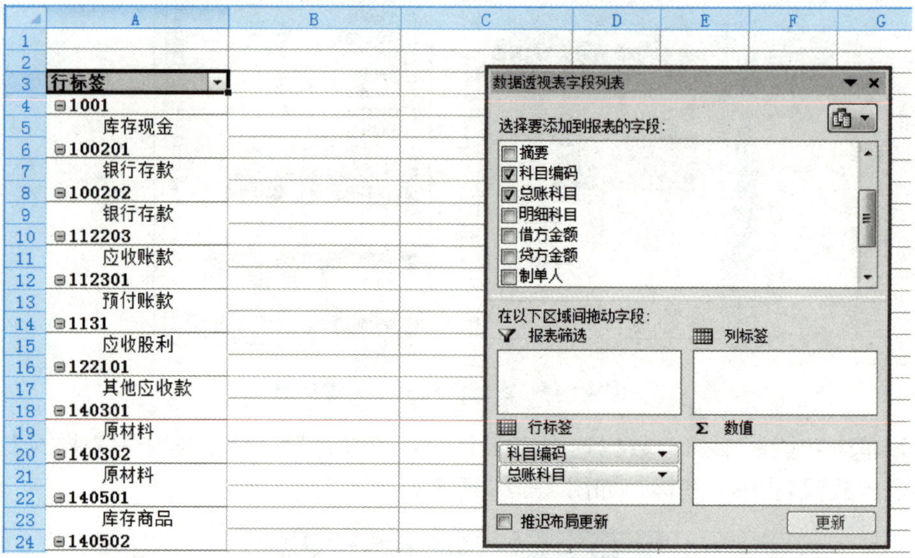

图 2-18　将“总账科目”添加到“行标签”

（7）在“数据透视表字段列表”中，选择字段“明细科目”（或将字段“明细科目”拖动到“行标签”区域中），得到图 2-19。

（8）在“数据透视表字段列表”中，将字段“借方金额”拖动到“数值”区域中，得到图 2-20。

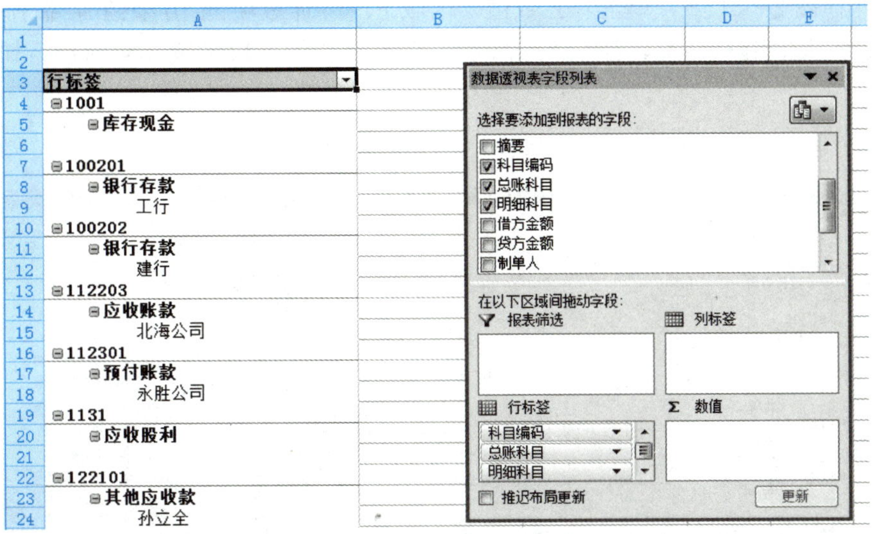

图 2-19　将“明细科目”添加到“行标签”

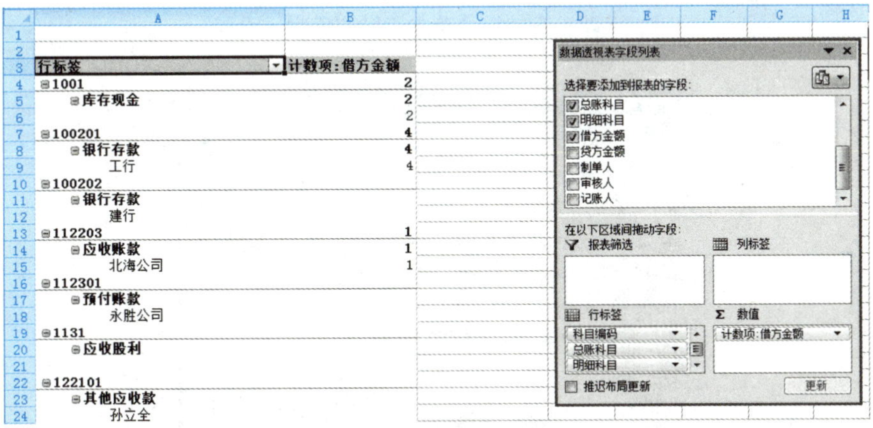

图 2-20　将“借方金额”添加到“数值”

(9) 在“数据透视表字段列表”中，将字段“贷方金额”拖动到“数值”区域中，得到图 2-21。

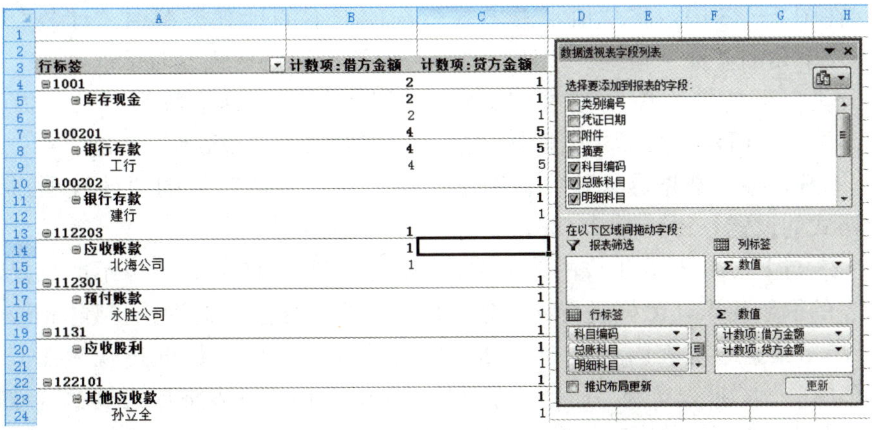

图 2-21　将“贷方金额”添加到“数值”

（10）在图 2－21 中，单击“∑数值”区域下的“计数项:借方金额”，在弹出的快捷菜单中选择“值字段设置”，如图 2－22 所示。打开“值字段设置”对话框，如图 2－23 所示。

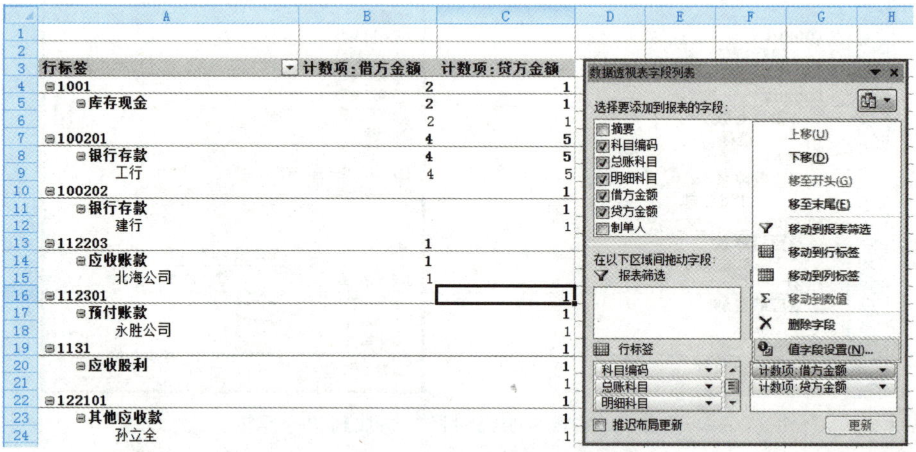

图 2－22　在快捷菜单中选择“值字段设置”

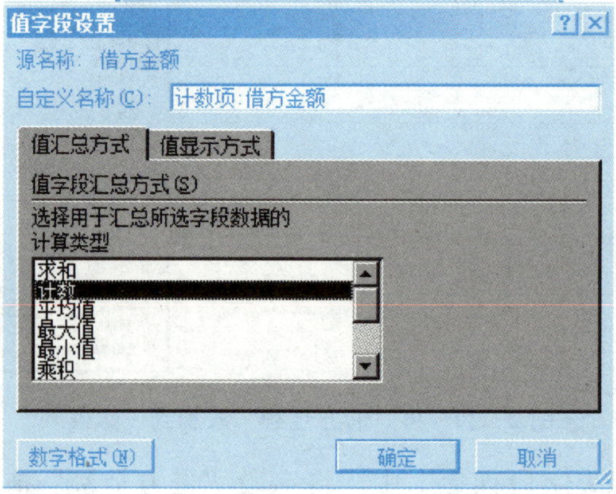

图 2－23　“值字段设置”对话框

（11）在图 2－23 中，将“值汇总方式”选项卡下的计算类型由“计数”改为“求和”。单击左下角的“数字格式”按钮，打开“设置单元格格式”对话框。

在“分类”下的文本框内选择“会计专用”，右侧小数位数为“2”，货币符号为“无”，如图 2－24 所示。最后单击两次“确定”按钮退出，得到图 2－25。

（12）同理，在“数据透视表字段列表”中，对“数值”下的“计数项:贷方金额”进行相应格式的设置，得到图 2－26。

图 2－26 与 Excel 2003 生成的数据透视表格式有很大的差异，也不能满足后面末级科目余额表的取数要求，怎样进行显示格式的调整呢？接下来的操作步骤如下：

（13）单击数据透视表内任一单元格，单击功能区中的“数据透视表工具”—“设计”—“布局”—“报表布局”命令，在下拉菜单中选择“以表格形式显示”，如图 2－27 所示，得到图 2－28。

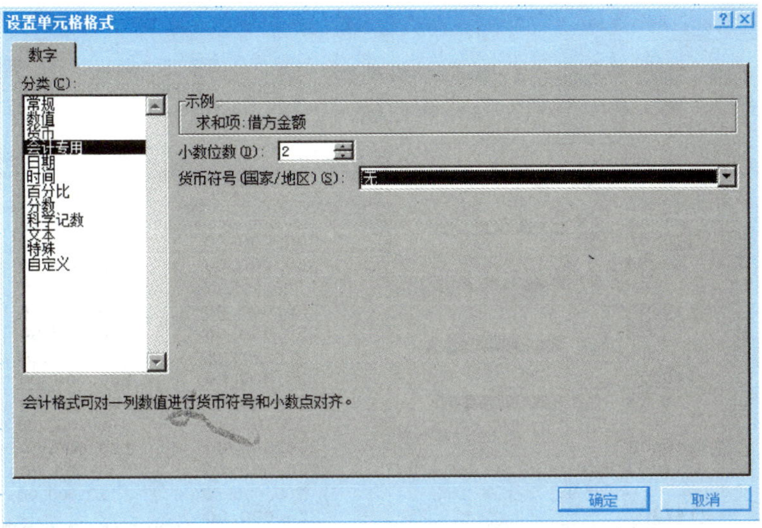

图 2-24　设置“借方金额”数字格式

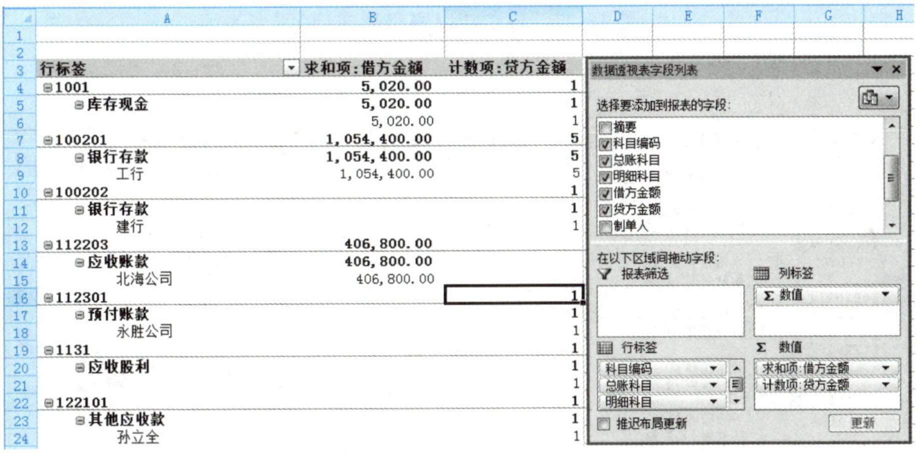

行标签	求和项:借方金额	计数项:贷方金额
⊟1001	5,020.00	1
⊟库存现金	5,020.00	1
	5,020.00	1
⊟100201	1,054,400.00	5
⊟银行存款	1,054,400.00	5
工行	1,054,400.00	5
⊟100202		1
⊟银行存款		1
建行		1
⊟112203	406,800.00	
⊟应收账款	406,800.00	
北海公司	406,800.00	
⊟112301		1
⊟预付账款		1
永胜公司		1
⊟1131		1
⊟应收股利		1
		1
⊟122101		1
⊟其他应收款		1
孙立全		1

图 2-25　设置好“借方金额”后的数据透视表

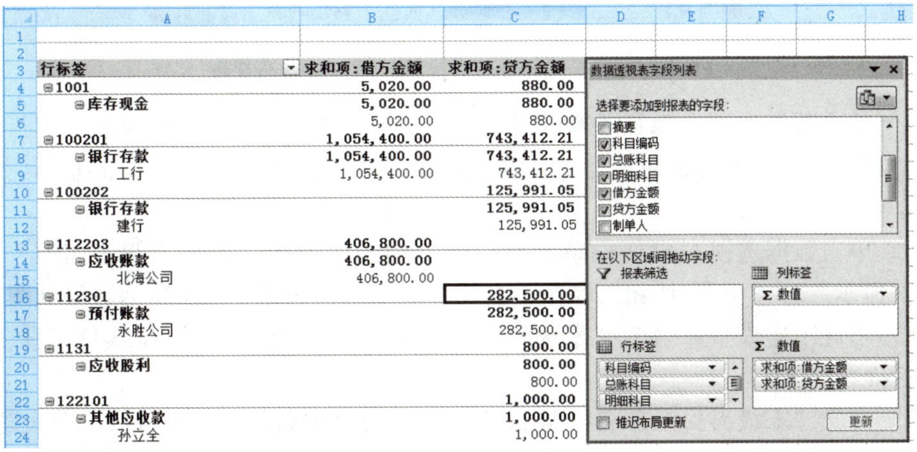

行标签	求和项:借方金额	求和项:贷方金额
⊟1001	5,020.00	880.00
⊟库存现金	5,020.00	880.00
	5,020.00	880.00
⊟100201	1,054,400.00	743,412.21
⊟银行存款	1,054,400.00	743,412.21
工行	1,054,400.00	743,412.21
⊟100202		125,991.05
⊟银行存款		125,991.05
建行		125,991.05
⊟112203	406,800.00	
⊟应收账款	406,800.00	
北海公司	406,800.00	
⊟112301		282,500.00
⊟预付账款		282,500.00
永胜公司		282,500.00
⊟1131		800.00
⊟应收股利		800.00
		800.00
⊟122101		1,000.00
⊟其他应收款		1,000.00
孙立全		1,000.00

图 2-26　生成的末级科目汇总表

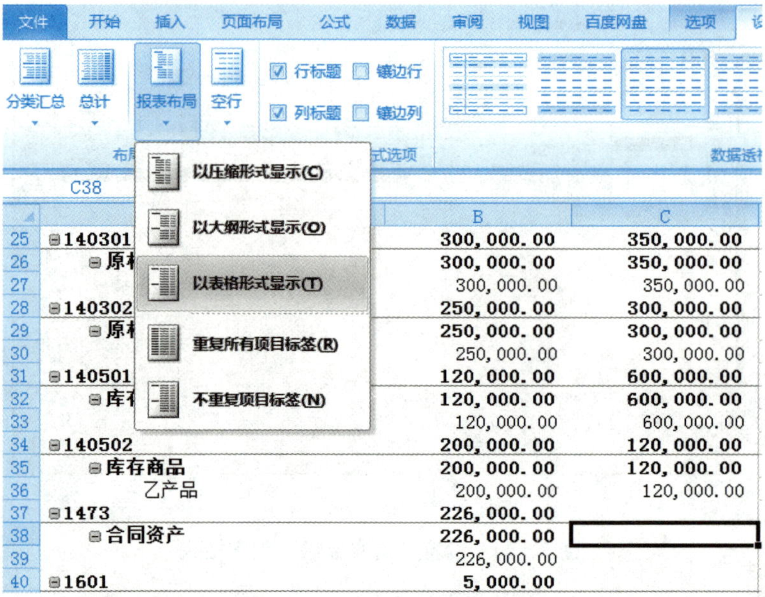

图 2-27　设置“以表格形式显示”

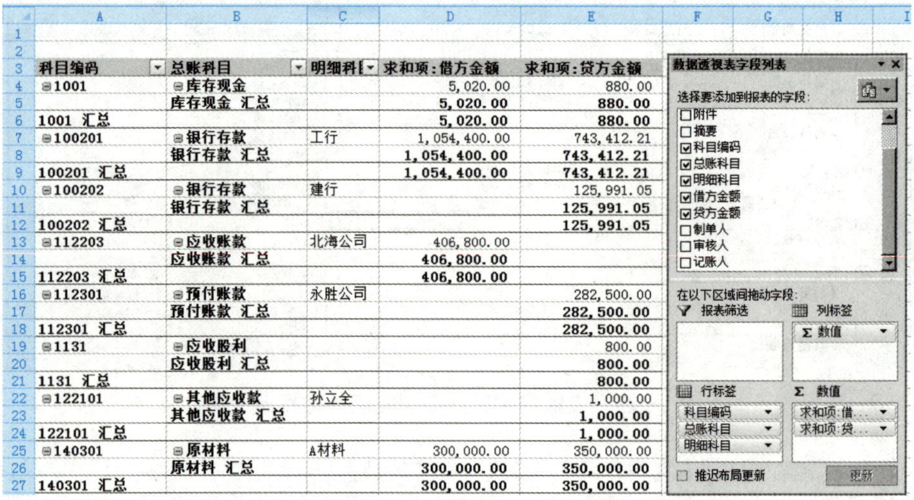

图 2-28　“以表格形式显示”后的数据透视表

（14）单击数据透视表内任一单元格，单击功能区中的“数据透视表工具”—“设计”—“布局”—“分类汇总”命令，在下拉菜单中选择“不显示分类汇总”，如图 2-29 所示，得到图 2-30。

（15）单击数据透视表内任一单元格，单击功能区中的“数据透视表工具”—“选项”—“显示”—“+/-按钮”命令，去掉分级显示，如图 2-31 所示，得到图 2-32。

（16）将此工作表重命名为“末级科目汇总表”，并移到“银行存款日记账—建行”工作表后面。

（17）定义“末级科目汇总表！A3：E40”区域为范围名称“末级科目汇总表”。

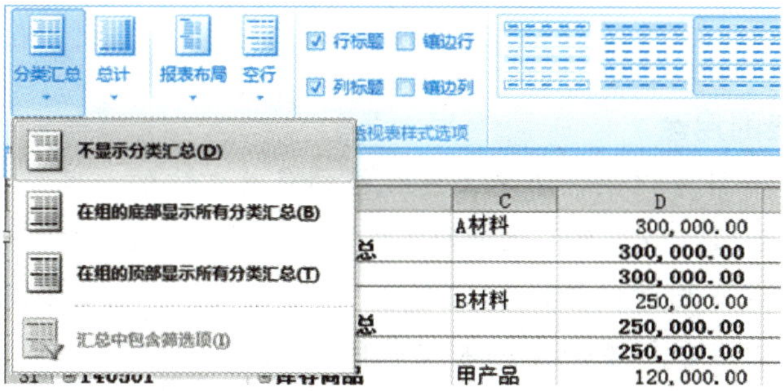

图 2-29 设置“不显示分类汇总”

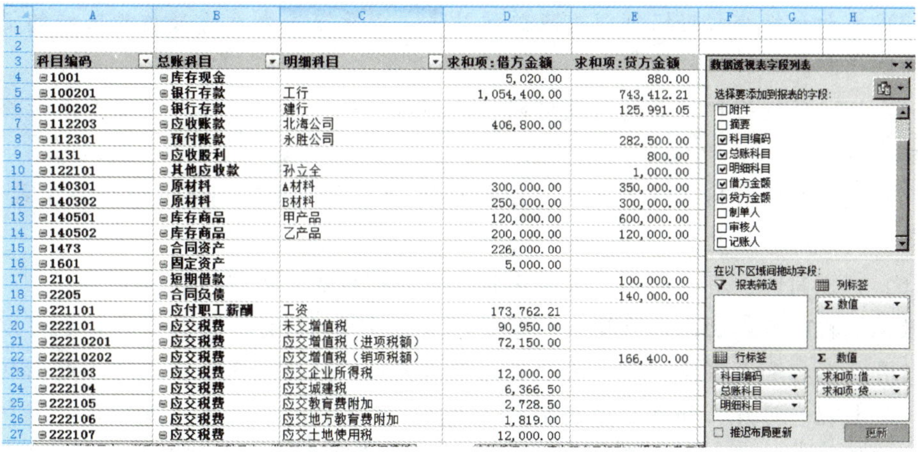

	科目编码	总账科目	明细科目	求和项:借方金额	求和项:贷方金额
4	⊟1001	⊟库存现金		5,020.00	880.00
5	⊟100201	⊟银行存款	工行	1,054,400.00	743,412.21
6	⊟100202	⊟银行存款	建行		125,991.05
7	⊟112203	⊟应收账款	北海公司	406,800.00	
8	⊟112301	⊟预付账款	永胜公司		282,500.00
9	⊟1131	⊟应收股利			800.00
10	⊟122101	⊟其他应收款	孙立全		1,000.00
11	⊟140301	⊟原材料	A材料	300,000.00	350,000.00
12	⊟140302	⊟原材料	B材料	250,000.00	300,000.00
13	⊟140501	⊟库存商品	甲产品	120,000.00	600,000.00
14	⊟140502	⊟库存商品	乙产品	200,000.00	120,000.00
15	⊟1473	⊟合同资产		226,000.00	
16	⊟1601	⊟固定资产		5,000.00	
17	⊟2101	⊟短期借款			100,000.00
18	⊟2205	⊟合同负债			140,000.00
19	⊟221101	⊟应付职工薪酬	工资	173,762.21	
20	⊟222101	⊟应交税费	未交增值税	90,950.00	
21	⊟22210201	⊟应交税费	应交增值税（进项税额）	72,150.00	
22	⊟22210202	⊟应交税费	应交增值税（销项税额）		166,400.00
23	⊟222103	⊟应交税费	应交企业所得税	12,000.00	
24	⊟222104	⊟应交税费	应交城建税	6,366.50	
25	⊟222105	⊟应交税费	应交教育费附加	2,728.50	
26	⊟222106	⊟应交税费	应交地方教育费附加	1,819.00	
27	⊟222107	⊟应交税费	应交土地使用税	12,000.00	

图 2-30 设置“不显示分类汇总”后的末级科目汇总表

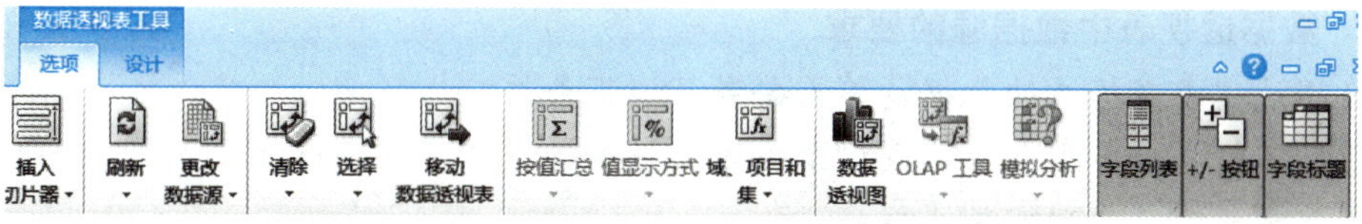

图 2-31 取消“+/-按钮”的分级显示

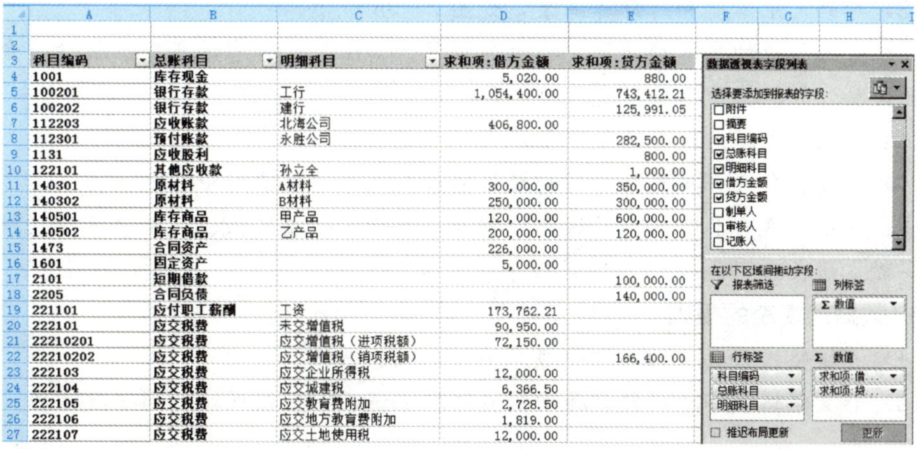

	科目编码	总账科目	明细科目	求和项:借方金额	求和项:贷方金额
4	1001	库存现金		5,020.00	880.00
5	100201	银行存款	工行	1,054,400.00	743,412.21
6	100202	银行存款	建行		125,991.05
7	112203	应收账款	北海公司	406,800.00	
8	112301	预付账款	永胜公司		282,500.00
9	1131	应收股利			800.00
10	122101	其他应收款	孙立全		1,000.00
11	140301	原材料	A材料	300,000.00	350,000.00
12	140302	原材料	B材料	250,000.00	300,000.00
13	140501	库存商品	甲产品	120,000.00	600,000.00
14	140502	库存商品	乙产品	200,000.00	120,000.00
15	1473	合同资产		226,000.00	
16	1601	固定资产		5,000.00	
17	2101	短期借款			100,000.00
18	2205	合同负债			140,000.00
19	221101	应付职工薪酬	工资	173,762.21	
20	222101	应交税费	未交增值税	90,950.00	
21	22210201	应交税费	应交增值税（进项税额）	72,150.00	
22	22210202	应交税费	应交增值税（销项税额）		166,400.00
23	222103	应交税费	应交企业所得税	12,000.00	
24	222104	应交税费	应交城建税	6,366.50	
25	222105	应交税费	应交教育费附加	2,728.50	
26	222106	应交税费	应交地方教育费附加	1,819.00	
27	222107	应交税费	应交土地使用税	12,000.00	

图 2-32 取消“+/-按钮”后的数据透视表

知识链接

微课视频 2－1

数据透视表

1. 数据透视表的用途

数据透视表是一种可以快速汇总大量数据的交互式方法，可用于深入分析数值数据，回答有关数据的一些预料之外的问题。数据透视表专门针对以下用途设计：

（1）以多种用户友好的方式查询大量数据。

（2）分类汇总和聚合数值数据，按类别和子类别汇总数据，以及创建自定义计算和公式。

（3）展开和折叠数据级别以重点关注结果，以及深入查看感兴趣的区域的汇总数据的详细信息。

（4）可以通过将行移动到列或将列移动到行（也称为“透视”），查看源数据的不同汇总。

（5）通过对最有用、最有趣的一组数据执行筛选、排序、分组和条件格式设置，可以重点关注所需信息。

（6）提供简明、有吸引力并且带有批注的联机报表或打印报表。

数据透视表可以动态地改变版面布置，以便按照不同方式分析数据，也可以重新安排行号、列标和页字段。每一次改变版面布置时，数据透视表会立即按照新的布置重新计算数据。另外，如果原始数据发生更改，数据透视表也可以进行更新。

数据透视表的用途有很多，但最基本、最常用的是“分类汇总”，所以当我们需要对一个流水账式的明细表进行分类汇总时，就需要使用数据透视表。

2. 数据透视表中数据源的要求

数据透视表数据源的数据清单需要满足以下条件：

（1）不能包含多层表头，或记录中多次插入标题行，仅保留字段名所在行的表头即可，其余删除，且列字段名唯一。

（2）数据记录中不能带空行或空列。

（3）原始记录不能和行计算混杂，如图 2－33 所示。

（4）数据源中的文本型数字要转换为数值。如图 2－33 中的单价、数量、金额必须为数值型，并且数值后面不允许有单位。

（5）数据源中不能包含重复记录。

（6）不要包含合并单元格。所需数据要放在一个数据清单中。

注： 一张透视表共有四个区域，分别是：页标签字段区域、行标签字段区域、列标签字段区域、数据区域。

3. 数据透视表的规则

（1）字段格式为数值的字段一般只拖动到数据区域。

（2）非数值格式字段一般只拖动到页字段区域、行字段区域、列字段区域。

销售日期	订单编号	地区	城市	产品名称	单价	数量	金额	销售人员
2018/7/4	10248	华东	北京	牛肉	25.60	2	51.20	徐健
2018/7/5	10249	华东	济南	茶叶	59.70	6	358.20	谢丽
2018/7/8	10251	华北	南京	牛肉	19.10	15	286.50	陈玉梅
2018/7/8	10250	华北	秦皇岛	花生	2.50	30	75.00	谢丽
2018/7/9	10252	华北	长春	牛肉	19.20	22	422.40	刘军
2018/7/10	10253	华中	长治	牛肉	17.20	21	361.20	谢丽
2018/7/11	10254	华北	武汉	海苔	24.40	24	585.60	刘军
2018/7/12	10255	华东	北京	鸡肉	16.70	9	150.30	何林
2018/7/15	10256	华东	济南	茶叶	54.00	8	432.00	何林
2018/7/16	10257	华东	上海	花生	2.30	17	39.10	谢丽
2018/7/17	10258	华东	济南	鸡肉	17.80	17	302.60	谢丽
2018/7/18	10259	华东	北京	酸奶	6.40	13	83.20	刘军
2018/7/19	10261	华东	上海	大米	1.50	11	16.50	刘军
小计								
2018/7/19	10260	华北	北京	牛肉	25.20	5	126.00	徐健
2018/7/22	10262	华东	上海	牛肉	17.60	9	158.40	谢丽
2018/7/23	10263	华北	北京	鸡肉	19.00	23	437.00	谢丽
2018/7/24	10264	华北	北京	酸奶	7.90	5	39.50	陈玉梅
2018/7/25	10265	华中	武汉	牛肉	25.10	19	476.90	何林
2018/7/26	10266	华北	北京	小米	2.50	5	12.50	何林
2018/7/29	10267	华东	上海	鸡肉	17.20	6	103.20	徐健
2018/7/30	10268	华东	青岛	花生	2.90	11	31.90	刘军
2018/7/31	10269	华东	青岛	酸奶	8.40	15	126.00	黄艳

图 2－33　数据透视表数据清单

（3）非数值格式字段如果拖动到数据区域只有一种情况，那就是对字段内明细进行计数统计，这时“值字段设置”汇总方式为计数。

（4）页字段区域、行字段区域、列字段区域三个区域可以有多个字段；行字段区域、列字段区域一般都是级次高的字段放在上面（左面），这样会好看些；页字段区域字段顺序随意。

（5）同一个字段可以拖动到数据区域多次，可以同时统计计数、求和、平均值等。

“行字段”“列字段”可理解为二维，即在一个平面；“页字段”可理解为第三维，即在另一个平面。这也是“透视”两字的特殊含义，类似于画图画时的立体透视效果。

示例：查看每个销售人员的销售总金额以及销售总数量。

可以做出如图 2－34 所示的数据透视表。

	值	
销售人员	求和项:金额	求和项:数量
陈玉梅	326	20
何林	1071.7	41
黄艳	126	15
刘军	1139.6	81
谢丽	1731.5	123
徐健	280.4	13
总计	**4675.2**	**293**

图 2－34　数据透视表

任务 2.2　生成总账科目汇总表

在手工会计核算中，企业一般根据总账科目汇总表登记总账。在 Excel 2010 中，生成总账科目汇总表的方法与末级科目汇总表类似，也是以会计凭证表为数据源，运用数据透视表自动生成。

一、探索一

操作步骤与任务 2.1 类同，执行第（1）～（6）步及第（8）～（15）步，得到图 2－35。

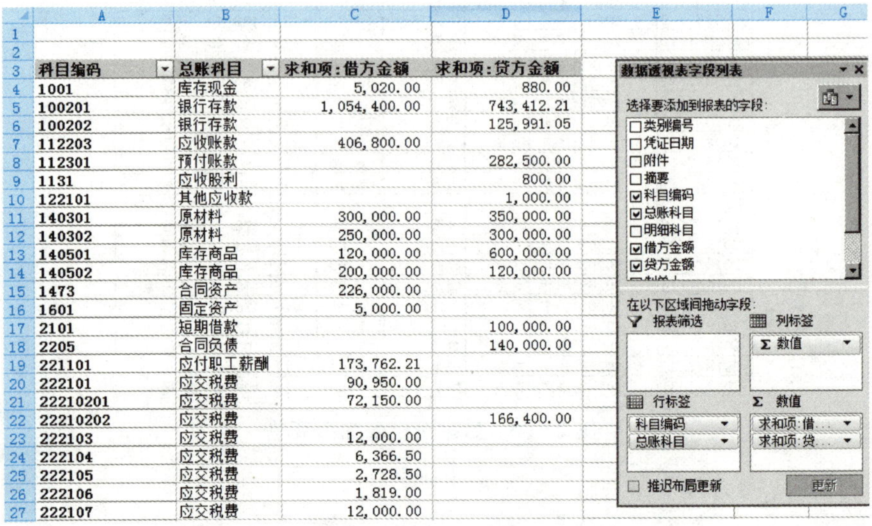

科目编码	总账科目	求和项：借方金额	求和项：贷方金额
1001	库存现金	5,020.00	880.00
100201	银行存款	1,054,400.00	743,412.21
100202	银行存款		125,991.05
112203	应收账款	406,800.00	
112301	预付账款		282,500.00
1131	应收股利		800.00
122101	其他应收款		1,000.00
140301	原材料	300,000.00	350,000.00
140302	原材料	250,000.00	300,000.00
140501	库存商品	120,000.00	600,000.00
140502	库存商品	200,000.00	120,000.00
1473	合同资产	226,000.00	
1601	固定资产	5,000.00	
2101	短期借款		100,000.00
2205	合同负债		140,000.00
221101	应付职工薪酬	173,762.21	
222101	应交税费	90,950.00	
22210201	应交税费	72,150.00	
22210202	应交税费		166,400.00
222103	应交税费	12,000.00	
222104	应交税费	6,366.50	
222105	应交税费	2,728.50	
222106	应交税费	1,819.00	
222107	应交税费	12,000.00	

图 2－35　探索一生成的“总账科目汇总表”

从图 2－35 可以看出，有的总账科目被分成多行，如图中的银行存款、原材料、库存商品等，这不符合总账科目汇总表的要求。

二、探索二

接探索一，在图 2－35 中，删除“选择要添加到报表的字段”中对“科目编码”字段的复选，得到图 2－36。

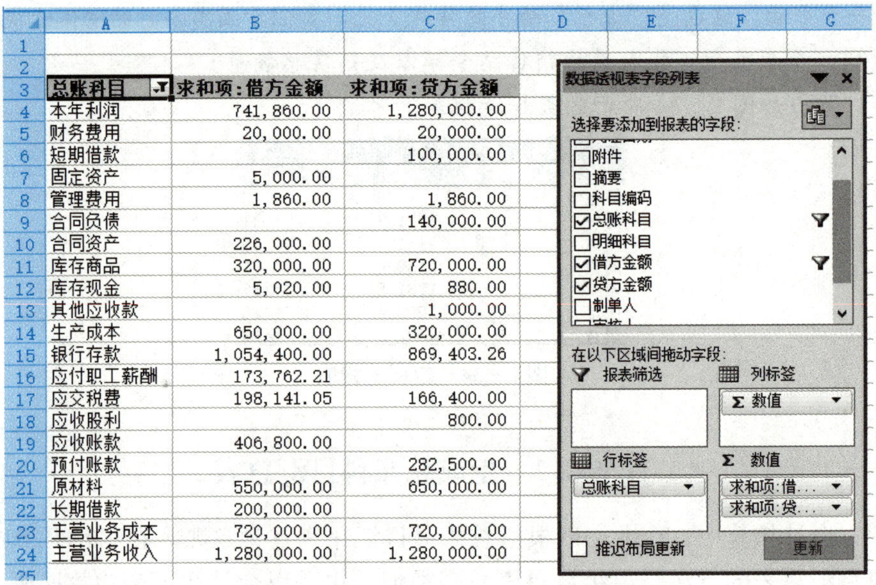

总账科目	求和项：借方金额	求和项：贷方金额
本年利润	741,860.00	1,280,000.00
财务费用	20,000.00	20,000.00
短期借款		100,000.00
固定资产	5,000.00	
管理费用	1,860.00	1,860.00
合同负债		140,000.00
合同资产	226,000.00	
库存商品	320,000.00	720,000.00
库存现金	5,020.00	880.00
其他应收款		1,000.00
生产成本	650,000.00	320,000.00
银行存款	1,054,400.00	869,403.26
应付职工薪酬	173,762.21	
应交税费	198,141.05	166,400.00
应收股利		800.00
应收账款	406,800.00	
预付账款		282,500.00
原材料	550,000.00	650,000.00
长期借款	200,000.00	
主营业务成本	720,000.00	720,000.00
主营业务收入	1,280,000.00	1,280,000.00

图 2－36　探索二生成的“总账科目汇总表”

图 2－36 是按“总账科目”对本期发生额进行了正确的汇总，但不符合科目编码次序。李悦经过若干次尝试，发现先添加按“科目编码”对“总账科目”进行排序的新序列，再把探索二生成“总账科目汇总表”的“总账科目”字段按新序列进行排序，即可得到按“科目编码”对“总账科目”进行正确排序的“总账科目汇总表”。

三、探索三（正确方法）

1. 添加按“科目编码”对“总账科目”进行排序的新序列

操作步骤如下：

（1）单击“文件”菜单下的“选项”命令 选项，打开“Excel 选项”对话框，如图 2－37 所示。在“高级”选项卡下，选择“编辑自定义列表”命令。打开“自定义序列”对话框，如图 2－38 所示。

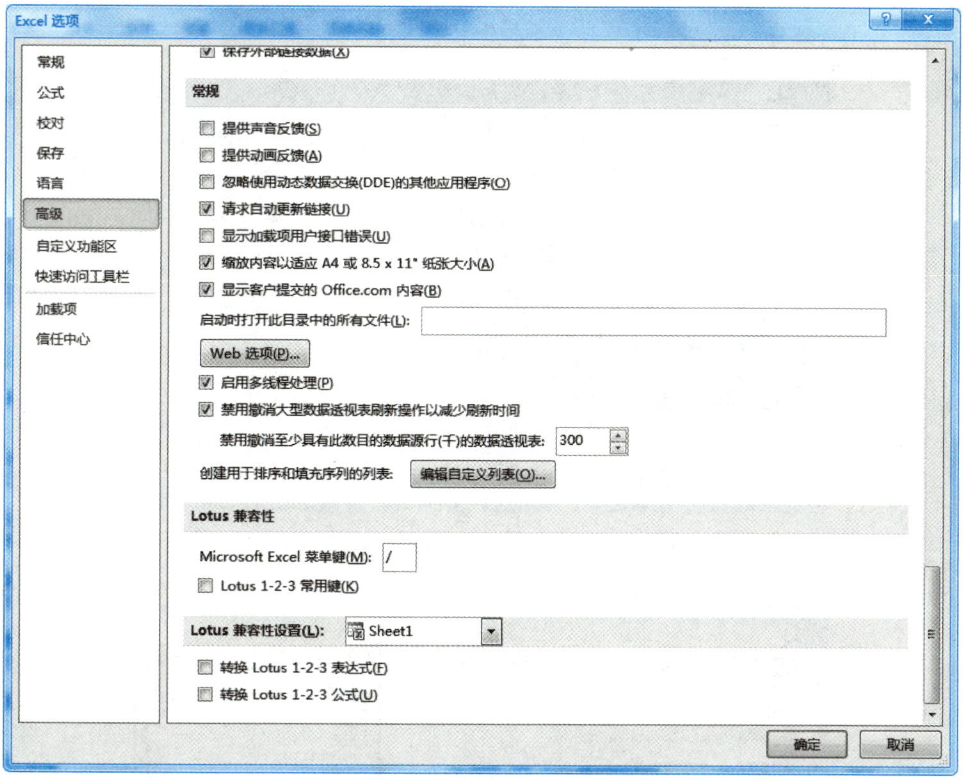

图 2－37 选择“编辑自定义列表”命令

（2）单击“导入”按钮左侧的文本框，选择输入“总账科目表！$B$2：$B$60”，单击“导入”按钮，得到图 2－39，单击“确定”按钮退出。

2. “总账科目”字段按新序列进行排列

操作步骤如下：

（1）接探索二，打开生成透视表的“总账科目”字段右侧下拉三角按钮，选择“其他排序选项(M)…”命令，如图 2－40 所示。弹出“排序(总账科目)”对话框，选择“其他选项(R)…”按钮，如图 2－41 所示。

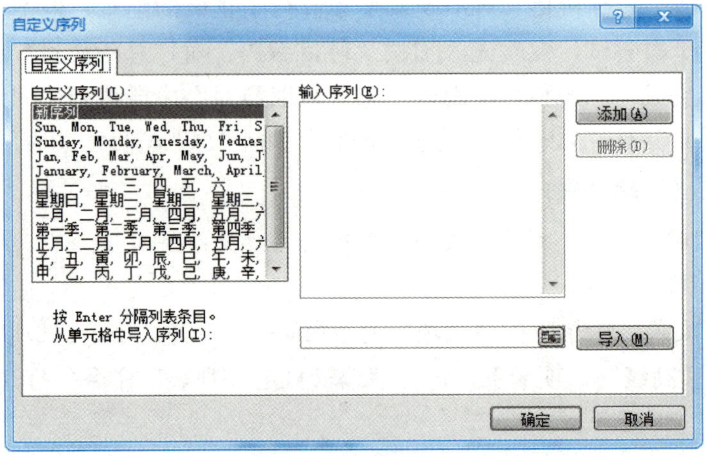

图 2-38 “自定义序列”对话框

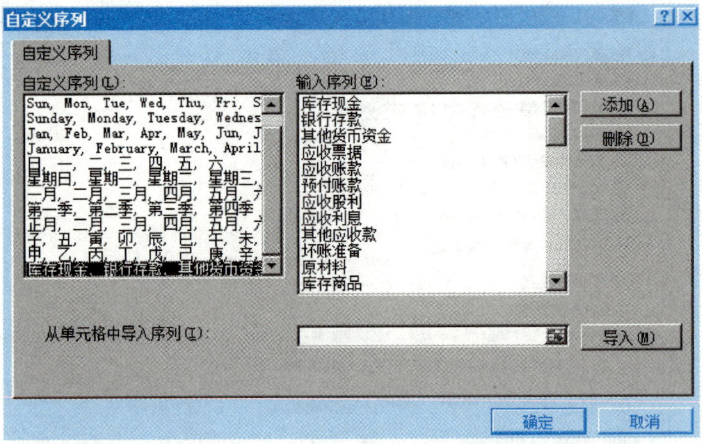

图 2-39 导入“总账科目”生成的序列

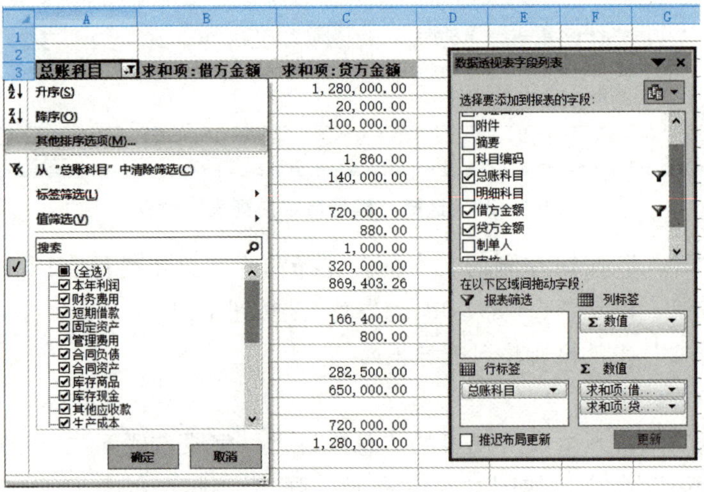

图 2-40 选择“其他排序选项…”命令

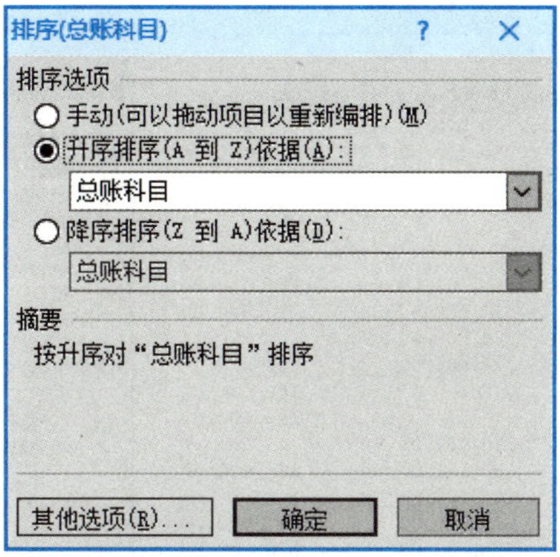

图 2-41　选择“其他选项…”按钮

（2）弹出“其他排序选项（总账科目）”对话框，取消“自动排序”下面的复选框，选择“主关键字排序次序”下面的下拉三角按钮，选择最后一项，即生成的新序列，单击“确定”按钮，如图 2-42 所示。

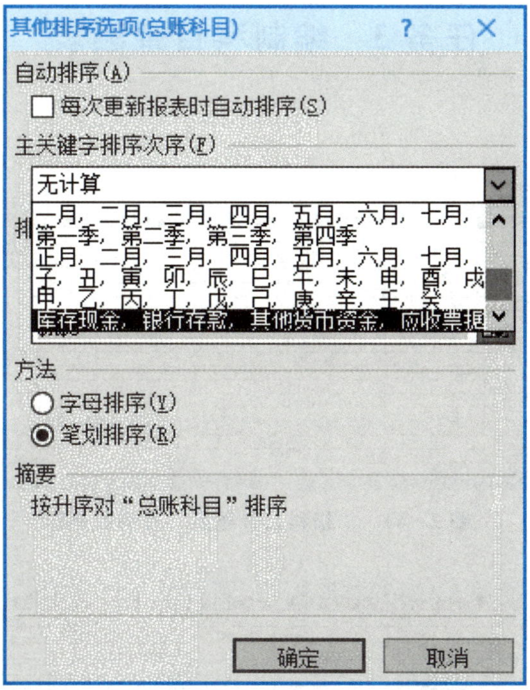

图 2-42　按新定义的总账科目顺序进行排序

（3）最后得到正确的总账科目汇总表，如图 2-43 所示。

（4）将当前工作表定义为“总账科目汇总表”，移动到“末级科目汇总表”之后。

（5）定义“总账科目汇总表!A3:C25”区域为范围名称“总账科目汇总表”。

总账科目	求和项：借方金额	求和项：贷方金额
库存现金	5,020.00	880.00
银行存款	1,054,400.00	869,403.26
应收账款	406,800.00	
预付账款		282,500.00
应收股利		800.00
其他应收款		1,000.00
原材料	550,000.00	650,000.00
库存商品	320,000.00	720,000.00
合同资产	226,000.00	
固定资产	5,000.00	
短期借款		100,000.00
合同负债		140,000.00
应付职工薪酬	173,762.21	
应交税费	198,141.05	166,400.00
长期借款	200,000.00	
本年利润	741,860.00	1,280,000.00
生产成本	650,000.00	320,000.00
主营业务收入	1,280,000.00	1,280,000.00
主营业务成本	720,000.00	720,000.00
管理费用	1,860.00	1,860.00
财务费用	20,000.00	20,000.00
总计	6,552,843.26	6,552,843.26

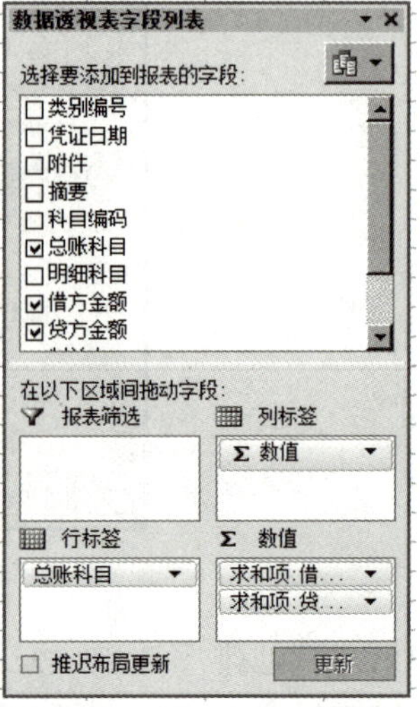

图 2-43　正确的总账科目汇总表

任务 3　编制科目余额表

【任务效果图】

科目编码	总账科目	明细科目	期初借方余额	期初贷方余额	本期借方发生额	本期贷方发生额	期末借方余额	期末贷方余额
1001	库存现金		2,328.00	-	5,020.00	880.00	6,468.00	-
100201	银行存款	工行	269,935.27	-	1,054,400.00	743,412.21	580,923.06	-
100202	银行存款	建行	146,170.00	-	-	125,991.05	20,178.95	-
1012	其他货币资金		200,000.00	-	-	-	200,000.00	-
1121	应收票据		-	-	-	-	-	-
112201	应收账款	长城公司	-	-	-	-	-	-
112202	应收账款	南通公司	157,000.00	-	-	-	157,000.00	-
112203	应收账款	北海公司	-	-	406,800.00	-	406,800.00	-
112301	预付账款	永胜公司	10,000.00	-	-	282,500.00	-	272,500.00
1131	应收股利		800.00	-	-	800.00	-	-
1132	应收利息		-	-	-	-	-	-
122101	其他应收款	孙立全	1,000.00	-	-	1,000.00	-	-
122102	其他应收款	其他	600.00	-	-	-	600.00	-
1231	坏账准备		-	1,570.00	-	-	-	1,570.00
140301	原材料	A材料	118,000.00	-	300,000.00	350,000.00	68,000.00	-
140302	原材料	B材料	115,000.00	-	250,000.00	300,000.00	65,000.00	-
140303	原材料	C材料	6,000.00	-	-	-	6,000.00	-
140304	原材料	D材料	2,000.00	-	-	-	2,000.00	-

凭证模板 会计凭证表 库存现金日记账 银行存款日记账-工行 银行存款日记账-建行 末级科目汇总表 总账科目汇总表 末级科目余额表 总账科目余额表

图 2-44　末级科目余额表（最终效果）

科目编码	总账科目	期初借方余额	期初贷方余额	本期借方发生额	本期贷方发生额	期末借方余额	期末贷方余额
1001	库存现金	2,328.00	-	5,020.00	880.00	6,468.00	-
1002	银行存款	416,105.27	-	1,054,400.00	869,403.26	601,102.01	-
1012	其他货币资金	200,000.00	-	-	-	200,000.00	-
1121	应收票据	-	-	-	-	-	-
1122	应收账款	157,000.00	-	406,800.00	-	563,800.00	-
1123	预付账款	10,000.00	-	-	282,500.00	-	272,500.00
1131	应收股利	800.00	-	-	800.00	-	-
1132	应收利息	-	-	-	-	-	-
1221	其他应收款	1,600.00	-	-	1,000.00	600.00	-
1231	坏账准备	-	1,570.00	-	-	-	1,570.00
1403	原材料	241,000.00	-	550,000.00	650,000.00	141,000.00	-
1405	库存商品	593,523.32	-	320,000.00	720,000.00	193,523.32	-
1473	合同资产	-	-	226,000.00	-	226,000.00	-
1474	合同资产减值准备	-	-	-	-	-	-
1475	合同履约成本	-	-	-	-	-	-
1476	合同履约成本减值准备	-	-	-	-	-	-
1477	合同取得成本	-	-	-	-	-	-
1478	合同取得成本减值准备	-	-	-	-	-	-

库存现金日记账 银行存款日记账-工行 银行存款日记账-建行 末级科目汇总表 总账科目汇总表 末级科目余额表 总账科目余额表

图 2-45　总账科目余额表（最终效果）

【任务分析】

在会计实务中，资产负债表的取数不但需要总账科目余额，还涉及相关明细科目余额。因此，要编制正确的资产负债表，不仅需要编制总账科目余额表，还要编制末级科目余额表。

因此，李悦设计本任务包括两部分：

（1）编制末级科目余额表；

（2）编制总账科目余额表。

本任务用到的知识主要有 VLOOKUP 函数、IF 函数、IFERROR 函数和 ABS 函数。

【任务实施】

任务 3.1 编制末级科目余额表

“末级科目余额表”是在“期初科目余额表”和“末级科目汇总表”的基础上编制的，其内容包括期初借方余额、期初贷方余额、本期借方发生额、本期贷方发生额、期末借方余额、期末贷方余额六部分。

一、定义格式

操作步骤如下：

（1）打开“总账及报表 2201.xlsx”工作簿，单击“插入工作表”按钮，增加名为“末级科目余额表”的新工作表。

（2）复制“末级科目表!A1:C107”到“末级科目余额表!A1:C107”。

（3）打开“末级科目余额表”工作表，分别在 D1:I1 中输入“期初借方余额”“期初贷方余额”“本期借方发生额”“本期贷方发生额”“期末借方余额”“期末贷方余额”。用格式刷把 D1:I1 刷成和 A1 相同的格式。

（4）选择 D:I 列，打开“设置单元格格式”对话框，设置“数字”格式为“会计专用”，小数位数为“2”，货币符号为“无”；设置“字体”为“宋体”，字号为“12”。

二、定义期初余额公式

操作步骤如下：

（1）定义“期初借方余额”公式。

选择 D2 单元格，输入下列公式：

D2=VLOOKUP(A2,期初科目余额表,4,0)

公式含义：在范围名称“期初科目余额表”的首列查找“A2”单元格内的科目编码，找到后返回该行与范围名称“期初科目余额表”第 4 列交叉点的值，即查找到末级科目编码对应的“期初借方余额”。

（2）定义“期初贷方余额”公式。

选择 E2 单元格，输入下列公式：

E2=VLOOKUP(A2,期初科目余额表,5,0)

公式含义：在范围名称“期初科目余额表”的首列查找“A2”单元格内的科目编码，找到后返回该行与范围名称“期初科目余额表”第5列交叉点的值，即查找到末级科目编码对应的“期初贷方余额”。

（3）用填充柄把D2:E2的公式向下复制到D107:E107。

三、定义本期发生额公式

操作步骤如下：

方法一　VLOOKUP函数精确查找法（出现“#N/A”错误）

（1）定义“本期借方发生额”公式。

选择F2单元格，输入下列公式：

F2=VLOOKUP(A2,末级科目汇总表,4,0)

公式含义：在范围名称“末级科目汇总表”的首列查找“A2”单元格内的“科目编码”，找到后返回该行与范围名称“末级科目汇总表”第4列交叉点的值，即查找到末级科目编码对应的“本期借方发生额”。

（2）定义“本期贷方发生额”公式。

选择G2单元格，输入下列公式：

G2=VLOOKUP(A2,末级科目汇总表,5,0)

此公式的含义为：在范围名称“末级科目汇总表”的首列查找“A2”单元格内的“科目编码”，找到后返回该行与范围名称“末级科目汇总表”第5列交叉点的值，即查找到末级科目编码对应的“本期贷方发生额”。

用填充柄把F2:G2的公式向下复制到F107:G107。

这时，会出现“#N/A”错误，如图2-46所示。

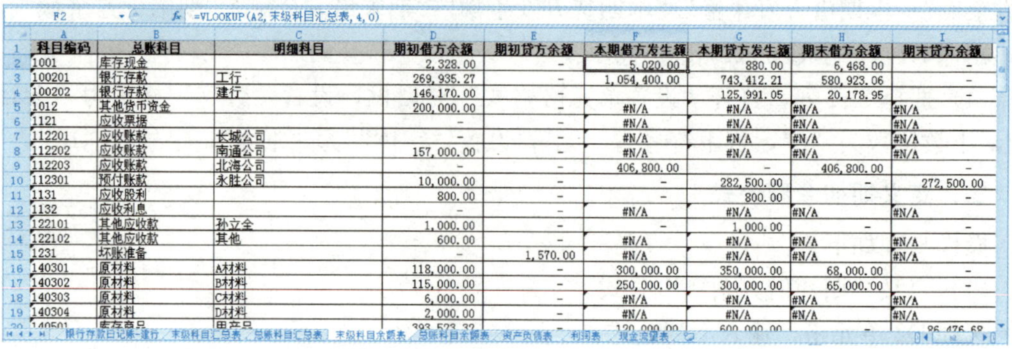

F2　=VLOOKUP(A2,末级科目汇总表,4,0)

	A	B	C	D	E	F	G	H	I
1	科目编码	总账科目	明细科目	期初借方余额	期初贷方余额	本期借方发生额	本期贷方发生额	期末借方余额	期末贷方余额
2	1001	库存现金		2,328.00	-	5,020.00	880.00	6,468.00	-
3	100201	银行存款	工行	269,935.27	-	1,054,400.00	743,412.21	580,923.06	-
4	100202	银行存款	建行	146,170.00	-	-	125,991.05	20,178.95	-
5	1012	其他货币资金		200,000.00	-	#N/A	#N/A	#N/A	#N/A
6	1121	应收票据		-	-	#N/A	#N/A	#N/A	#N/A
7	112201	应收账款	长城公司	-	-	#N/A	#N/A	#N/A	#N/A
8	112202	应收账款	南通公司	157,000.00	-	#N/A	#N/A	#N/A	#N/A
9	112203	应收账款	北海公司	-	-	406,800.00	-	406,800.00	-
10	112301	预付账款	永胜公司	10,000.00	-	-	282,500.00	-	272,500.00
11	1131	应收股利		800.00	-	-	800.00	-	-
12	1132	应收利息		-	-	#N/A	#N/A	#N/A	#N/A
13	122101	其他应收款	孙立全	1,000.00	-	-	1,000.00	-	-
14	122102	其他应收款	其他	600.00	-	#N/A	#N/A	#N/A	#N/A
15	1231	坏账准备		-	1,570.00	#N/A	#N/A	#N/A	#N/A
16	140301	原材料	A材料	118,000.00	-	300,000.00	350,000.00	68,000.00	-
17	140302	原材料	B材料	115,000.00	-	250,000.00	300,000.00	65,000.00	-
18	140303	原材料	C材料	6,000.00	-	#N/A	#N/A	#N/A	#N/A
19	140304	原材料	D材料	2,000.00	-	#N/A	#N/A	#N/A	#N/A
20	140501	库存商品	甲产品	393,523.32	-	120,000.00	600,000.00	-	86,476.68

银行存款日记账-建行　末级科目汇总表　总账科目汇总表　末级科目余额表　总账科目余额表　资产负债表　利润表　现金流量表

图2-46　公式出现“#N/A”错误

原因分析：当有的末级科目本期没有发生额时，找不到相关的值，即发生“#N/A”错误。如何改进呢？

方法二　修正后的VLOOKUP函数精确查找法

（1）定义“本期借方发生额”公式。

选择F2单元格，输入下列公式：

F2＝IFERROR(VLOOKUP(A2,末级科目汇总表,4,0),0)

公式含义：首先判断“VLOOKUP(A2,末级科目汇总表,4,0)”是否出现错误，如果出现错误，则说明该科目本期没有借方发生额，即定义其值为“0”，否则，取“VLOOKUP(A2,末级科目汇总表,4,0)”的值。

公式经过调整，不会再出现“#N/A”错误。

(2) 定义“本期贷方发生额”公式。

与定义“本期借方发生额”的公式的操作方法类似，最终定义“本期贷方发生额”的公式为：

G2＝IFERROR(VLOOKUP(A2,末级科目汇总表,5,0),0)

公式含义：首先判断“VLOOKUP(A2,末级科目汇总表,5,0)”是否出现错误，如果是，则说明该科目本期没有贷方发生额，即定义其值为“0”，否则，取“VLOOKUP(A2,末级科目汇总表,5,0)”的值。

(3) 用填充柄把 F2:G2 的公式向下复制到 F107:G107。

四、定义期末余额公式

操作步骤如下：

(1) 定义“期末借方余额”公式。

选择 H2 单元格，输入下列公式：

H2＝IF(D2－E2＋F2－G2＞0,D2－E2＋F2－G2,0)

公式含义：首先判断“D2－E2＋F2－G2”的值是否大于“0”，如果是，说明是借方余额，则取“D2－E2＋F2－G2”的值，否则，取值为“0”。

(2) 定义“期末贷方余额”公式。

选择 I2 单元格，输入下列公式：

I2＝IF(D2－E2＋F2－G2＜0,ABS(D2－E2＋F2－G2),0)

公式含义：首先判断“D2－E2＋F2－G2”的值是否小于“0”，如果是，说明是贷方余额，则取“D2－E2＋F2－G2”的绝对值，否则，取值为“0”。

用填充柄把 H2:I2 的公式向下复制到 H107:I107。

五、试算平衡检查

要达到末级科目余额表的试算平衡，需要满足下列要求：

(1) 全部末级科目的期初借方余额合计等于期初贷方余额合计，即 D108＝E108。

(2) 全部末级科目的本期借方发生额合计等于本期贷方发生额合计，即 F108＝G108。

(3) 全部末级科目的期末借方余额合计等于期末贷方余额合计，即 H108＝I108。

操作步骤如下：

(1) 选择 A108:C108 单元格，设置其格式为跨列居中。在合并后的单元格内输入文本“合计”。

(2) 选择 D108 单元格，单击功能区中的“开始”—“编辑”下的自动求和按钮

Σ 自动求和 ▾，设置公式为“=SUM(D2:D107)”，向右复制到 I108。

（3）最后，设置边框为所有框线 田 所有框线(A) 。

知识链接

1. IFERROR 函数

IFERROR 函数属于逻辑类函数。

功能：如果公式的计算结果错误，则返回指定的值；否则返回公式的结果。

语法：=IFERROR(Value,Value_if_error)

使用 IFERROR 函数可捕获和处理公式中的错误，可处理以下错误类型：#N/A、#VALUE!、#REF!、#DIV/0!、#NUM!、#NAME? 或 #NULL!。

示例：用 IFERROR 函数对错误值进行修正，当出现“#DIV/0!”错误时，提示“错误”，如图 2-47 所示。

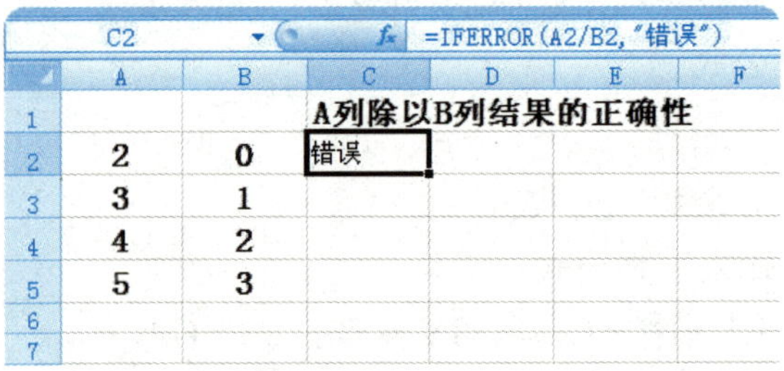

图 2-47　公式出现“#DIV/0!”错误的修正

2. ABS 函数

ABS 函数属于数学与三角函数。

功能：返回数字的绝对值。

语法：=ABS(Number)

Number 参数可以是任意有效的数值表达式。

示例：ABS(−1)=ABS(1)=1。

任务 3.2　编制总账科目余额表

“总账科目余额表”是编制资产负债表和利润表的重要数据源，它是在“期初科目余额表”和“总账科目汇总表”的基础上编制的。与“末级科目余额表”类似，其内容也包括期初借方余额、期初贷方余额、本期借方发生额、本期贷方发生额、期末借方余额、期末贷方余额六部分。

一、定义格式

操作步骤如下：

（1）单击“末级科目余额表”后面的“插入工作表”按钮，增加一个新工作表，双击新建的工作表标签，将工作表重命名为“总账科目余额表”。

（2）复制区域“总账科目表!A:B”到区域“总账科目余额表!A:B”。

（3）分别在C1:H1中输入“期初借方余额”“期初贷方余额”“本期借方发生额”“本期贷方发生额”“期末借方余额”“期末贷方余额”。用格式刷把C1:H1刷成和A1相同的格式。

（4）选择C:H列，打开“设置单元格格式”对话框，设置“数字”格式为“会计专用”，小数位数为“2”，货币符号为“无”；设置“字体”为“宋体”，字号为“12”。

二、定义期初余额公式

操作步骤如下：

（1）定义“期初借方余额”公式。

选择C2单元格，输入下列公式：

C2=VLOOKUP(A2,期初科目余额表,4,0)

公式含义：在范围名称“期初科目余额表”的首列查找“A2”单元格内的科目编码，找到后返回该行与范围名称“期初科目余额表”第4列交叉点的值，即查找到总账科目编码对应的“期初借方余额”。

（2）定义“期初贷方余额”公式。

选择D2单元格，输入下列公式：

D2=VLOOKUP(A2,期初科目余额表,5,0)

（3）用填充柄把C2:D2的公式向下复制。

三、定义本期发生额公式

（1）定义“本期借方发生额”公式。

选择E2单元格，输入下列公式：

E2=IFERROR(VLOOKUP(B2,总账科目汇总表,2,0),0)

公式含义：首先判断“VLOOKUP(B2,总账科目汇总表,2,0)”是否出现错误，如果出现错误，则说明该科目本期没有借方发生额，即定义其值为“0”，否则，取“VLOOKUP(B2,总账科目汇总表,2,0)”的值。

其中“VLOOKUP(B2,总账科目汇总表,2,0)”表示在范围名称“总账科目汇总表”的首列查找“B2”单元格内的“总账科目”，找到后返回该行与范围名称“总账科目汇总表”第2列交叉点的值，即查找到“总账科目”对应的“本期借方发生额”。

特别说明：因为总账科目汇总表的首列是“总账科目”，所以在上面的VLOOKUP函数中，第一个参数也即查找值是“B2”单元格内的“总账科目”，而非“A2”单元格内的“科目编码”，这是与末级科目汇总表不同之处，下同。

（2）定义“本期贷方发生额”公式。

选择F2单元格，输入下列公式：

F2=IFERROR(VLOOKUP(B2,总账科目汇总表,3,0),0)

公式含义：首先判断“VLOOKUP(B2,总账科目汇总表,3,0)”是否出现错误，如果是，则说明该科目本期没有贷方发生额，即定义其值为“0”，否则，取“VLOOKUP(B2,总账科目汇总表,3,0)”的值。

（3）用填充柄把 E2:F2 的公式向下复制。

四、定义期末余额公式

（1）定义“总账科目余额表”的“期末借方余额”公式。

选择 G2 单元格，输入下列公式：

G2=IF(C2−D2+E2−F2>0,C2−D2+E2−F2,0)

公式含义：首先判断“C2−D2+E2−F2”的值是否大于“0”，如果是，说明是借方余额，则取“C2−D2+E2−F2”的值，否则，取值为“0”。

（2）定义“总账科目余额表”的“期末贷方余额”公式。

选择 H2 单元格，输入下列公式：

H2=IF(C2−D2+E2−F2<0,ABS(C2−D2+E2−F2),0)

公式含义：首先判断“C2−D2+E2−F2”的值是否小于“0”，如果是，说明是贷方余额，则取“C2−D2+E2−F2”的绝对值，否则，取值为“0”。

（3）用填充柄把 G2:H2 的公式向下复制。

五、试算平衡检查

要达到总账科目余额表的试算平衡，需要满足下列要求：

（1）全部总账科目的期初借方余额合计等于期初贷方余额合计，即 C62=D62；

（2）全部总账科目的本期借方发生额合计等于本期贷方发生额合计，即 E62=F62；

（3）全部总账科目的期末借方余额合计等于期末贷方余额合计，即 G62=H62。

操作步骤如下：

（1）选择 A62:B62 单元格，设置其格式为跨列居中。在合并后的单元格内输入文本“合计”。

（2）选择 C62 单元格，单击功能区中的“公式”—“函数库”下的自动求和按钮 ∑ 自动求和，设置公式为“= SUM(C2:C62)”，向右复制到 H62。

（3）最后，设置边框为所有框线 田 所有框线(A)。

实战演练

1. 根据项目 6 会计综合实训资料，在“综合实训—总账及报表”工作簿中，通过筛选功能生成库存现金日记账和银行存款日记账，运用数据透视表生成末级科目汇总表和总账科目汇总表，最后编制末级科目余额表和总账科目余额表。

2. 接项目 1，结合教材配套实战演练资料，完成西方公司的日记账、末级科目汇总表、总账科目汇总表、末级科目余额表和总账科目余额表的编制。

项目 3

Excel 在账务处理中的应用——报表

教学目标

知识目标

- 了解会计报表的种类
- 掌握资产负债表的编制原理及方法
- 掌握利润表的编制原理及方法
- 掌握现金流量表的编制原理及方法
- 掌握跨工作表数据的取数方法

能力目标

- 学会使用 Excel 建立资产负债表
- 学会使用 Excel 建立利润表
- 学会使用 Excel 建立现金流量表

素质目标

- 引导学生树立正确的人生观和价值观
- 培养学生团队合作精神和管理协调能力
- 培养学生爱岗敬业、诚实守信的职业道德
- 培养学生勤于思考、精益求精的学习精神

动画

项目 3 概述

学习导图

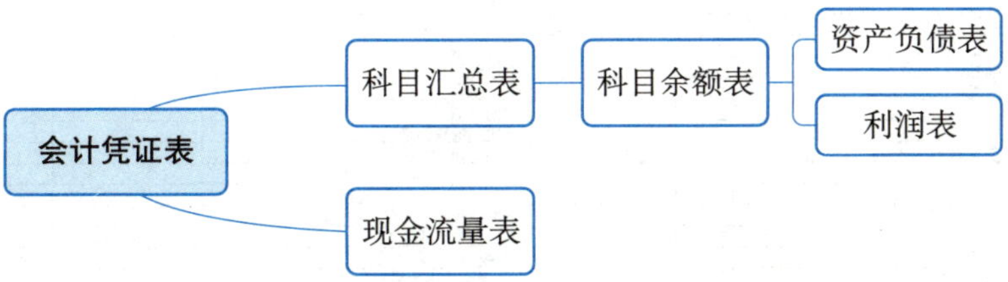

财务报表，亦称会计报表，是根据会计记录，经过汇总整理之后，对企业的经营成果和财务状况进行综合反映的一种书面文件。企业日常发生的会计事项，按照一定的会计处理程序和方法，已经在有关凭证、账簿中进行了全面、连续、系统的记录和反映。但这些日常记录所提供的资料是比较分散的，不能集中而概括地说明企业经济活动的全

貌。因此，只有系统地整理这些资料，并据此编制财务报表，才能向有关方面提供对决策有用的信息。财务报表是提供会计信息的载体，是会计信息经过系统地加工和处理的最终产物。

自 2021 年 1 月 1 日起，所有执行企业会计准则的企业都必须使用新收入准则进行收入的确认。新收入准则增加的会计科目包括：合同资产、合同负债、合同履约成本及相应减值准备、合同取得成本及相应减值准备、应收退货成本等。根据财政部《关于修订印发 2019 年度一般企业财务报表格式的通知》（财会〔2019〕6 号）的规定，本项目按新的报表格式对三大会计报表的相关项目进行了调整，在任务实施过程中将新变动及新增项目等进行了详细的说明，实现了新资产负债表、新利润表、新现金流量表各项目公式的准确设置。

利用 Excel 进行报表业务的处理，实施步骤如下：

第一步　编制资产负债表；

第二步　编制利润表；

第三步　编制现金流量表。

任务 1　编制资产负债表

【任务效果图】

	A	B	C	D	E	F
1	资产负债表					
2	编制单位：东方有限责任公司			2022年1月31日		单位：元
3	资产	期末余额	上年年末余额	负债和所有者权益（或股东权益）	期末余额	上年年末余额
4	流动资产：			流动负债：		
5	货币资金	807,570.01	（略）	短期借款	100,000.00	（略）
6	交易性金融资产			交易性金融负债		
7	衍生金融资产			衍生金融负债		
8	应收票据	-		应付票据		
9	应收账款	562,230.00		应付账款	855,000.00	
10	应收款项融资			预收款项	-	
11	预付款项	-		合同负债	140,000.00	
12	其他应收款	600.00		应付职工薪酬	-	
13	存货	664,523.32		应交税费	94,250.00	
14	合同资产	226,000.00		其他应付款	10,500.00	
15	持有待售资产			持有待售负债		
16	一年内到期的非流动资产			一年内到期的非流动负债	-	
17	其他流动资产			其他流动负债		
18	流动资产合计	2,260,923.33		流动负债合计	1,199,750.00	
19	非流动资产：			非流动负债：		
20	债权投资			长期借款	-	
21	其他债权投资			应付债券		
22	长期应收款			其中：优先股		
23	长期股权投资	200,000.00		永续债		
24	其他权益工具投资			租赁负债		
25	其他非流动金融资产			长期应付款		
26	投资性房地产			预计负债		
27	固定资产	3,874,515.98		递延收益		
28	在建工程	-		递延所得税负债		
29	生产性生物资产			其他非流动负债		
30	油气资产			非流动负债合计	-	
31	无形资产	1,593,400.00		负债合计	1,199,750.00	
32	开发支出			所有者权益（或股东权益）：		
33	商誉			实收资本（或股本）	5,000,000.00	
34	长期待摊费用			其他权益工具		
35	递延所得税资产			其中：优先股		
36	其他非流动资产			永续债		
37	非流动资产合计	5,667,915.98		资本公积		
38				减：库存股		
39				其他综合收益		
40				专项储备		
41				盈余公积	90,813.57	
42				未分配利润	1,638,275.74	
43				所有者权益（或股东权益）合计	6,729,089.31	
44	资产总计	7,928,839.31		负债和所有者权益（或股东权益）总计	7,928,839.31	

图 3-1　资产负债表（最终效果）

【任务分析】

资产负债表是反映企业在某一特定日期全部资产、负债和所有者权益情况的会计报表，是静态会计报表。它是企业会计报表中的主要报表。

资产负债表根据“资产＝负债＋所有者权益”这一会计恒等式编制而成。我国企业会计准则规定，资产负债表一律采用账户式结构，即左边列示资产，右边列示负债和所有者权益。

本任务我们将根据前面的会计信息资料，编制东方公司2022年1月的资产负债表。

【任务实施】

任务1.1　设置资产负债表的格式

新资产负债表的报表项目做了较大的调整，有归并项目，也有增加项目，最核心的变化是归并原有项目。

新资产负债表增加及归并项目主要有：

(1) 增加“合同资产”“合同负债”项目；

(2)“应收利息”及“应收股利”项目归并至“其他应收款”项目；

(3)“固定资产清理”项目归并至“固定资产”项目；

(4)“工程物资”项目归并至“在建工程”项目；

(5)“应付利息”及“应付股利”项目归并至“其他应付款”项目；

(6)“专项应付款”项目归并至“长期应付款”项目。

操作步骤如下：

(1) 打开“总账及报表2201.xlsx”工作簿，单击“插入工作表”按钮，增加一个新工作表，将新工作表重命名为“资产负债表”。

(2) 打开“资产负债表”工作表，输入表格标题、表头信息，并根据当前实际情况输入资产负债表的各个项目。

(3) 对建立的表格进行文字字体设置、对齐方式设置、数字格式设置（会计专用）、边框设置、特定区域底纹设置等，得到设置好格式的资产负债表，如图3-2所示。

任务1.2　填制资产负债表

资产负债表的数据来自总账科目余额表和末级科目余额表。本任务是在项目2完成的总账科目余额表和末级科目余额表基础上，根据公式自动计算填制资产负债表。

资产负债表各项目的数据来源方式有以下几种：

(1) 根据总账科目余额填列。例如：短期借款、资本公积等项目。

(2) 根据明细账科目余额计算填列。例如：应收账款、应付账款、预付款项、预收款项、开发支出、应付职工薪酬、未分配利润等项目。

(3) 根据总账科目和明细账科目余额分析计算填列。例如：长期借款项目。

	A	B	C	D	E	F
1	资产负债表					
2	编制单位：东方有限责任公司			2022年1月31日		单位：元
3	资产	期末余额	上年年末余额	负债和所有者权益（或股东权益）	期末余额	上年年末余额
4	流动资产：			流动负债：		
5	货币资金			短期借款		
6	交易性金融资产			交易性金融负债		
7	衍生金融资产			衍生金融负债		
8	应收票据			应付票据		
9	应收账款			应付账款		
10	应收款项融资			预收款项		
11	预付款项			合同负债		
12	其他应收款			应付职工薪酬		
13	存货			应交税费		
14	合同资产			其他应付款		
15	持有待售资产			持有待售负债		
16	一年内到期的非流动资产			一年内到期的非流动负债		
17	其他流动资产			其他流动负债		
18	流动资产合计			流动负债合计		
19	非流动资产：			非流动负债：		
20	债权投资			长期借款		
21	其他债权投资			应付债券		
22	长期应收款			其中：优先股		
23	长期股权投资			永续债		
24	其他权益工具投资			租赁负债		
25	其他非流动金融资产			长期应付款		
26	投资性房地产			预计负债		
27	固定资产			递延收益		
28	在建工程			递延所得税负债		
29	生产性生物资产			其他非流动负债		
30	油气资产			非流动负债合计		
31	无形资产			负债合计		
32	开发支出			所有者权益（或股东权益）：		
33	商誉			实收资本（或股本）		
34	长期待摊费用			其他权益工具		
35	递延所得税资产			其中：优先股		
36	其他非流动资产			永续债		
37	非流动资产合计			资本公积		
38				减：库存股		
39				其他综合收益		
40				专项储备		
41				盈余公积		
42				未分配利润		
43				所有者权益（或股东权益）合计		
44	资产总计			负债和所有者权益（或股东权益）总计		

图 3－2　资产负债表格式

（4）根据有关账户余额减去备抵项目后的净额填列。例如：应收票据、应收账款、长期股权投资、在建工程、投资性房地产、固定资产、无形资产等项目。

（5）综合运用上述填列方法分析填列。例如：存货项目。

依照项目数据来源方式，可以采用数据链接直接引用方式引用科目余额表等工作表的相关数据进行资产负债表的编制，也可以采用 SUMIF 函数和 VLOOKUP 函数等函数间接调用科目余额表等其他工作表的相关数据进行资产负债表的编制。

资产负债表各项目均需填列“年初余额”和“期末余额”两栏。资产负债表的“年初余额”栏内各项数字，应根据上年年末资产负债表的“期末余额”栏内所列数字填列，本任务不再详细列示。下面重点介绍“期末余额”栏内各项目的填列方法。

一、计算“流动资产”类项目的“期末余额”

操作步骤如下：

1. 计算“货币资金”项目的“期末余额”

（1）打开“总账及报表 2201. xlsx”工作簿下的“资产负债表”工作表，选中 B5 单元格，输入“＝”。

(2) 切换到“总账科目余额表”工作表中，选择 G2、G3、G4 相加，如图 3－3 所示。

SUM　=总账科目余额表!G2+总账科目余额表!G3+总账科目余额表!G4

	A	B	C	D	E	F	G	H
1	科目编码	总账科目	期初借方余额	期初贷方余额	本期借方发生额	本期贷方发生额	期末借方余额	期末贷方余额
2	1001	库存现金	2,328.00	-	5,020.00	880.00	6,468.00	-
3	1002	银行存款	416,105.27	-	1,054,400.00	869,403.26	601,102.01	-
4	1012	其他货币资金	200,000.00	-	-	-	200,000.00	-

图 3－3　总账科目余额表

按“Enter”键，即可计算出“货币资金”项目的“期末余额”，如图 3－4 所示。

B5　=总账科目余额表!G2+总账科目余额表!G3+总账科目余额表!G4

	A	B	C	D	E	F
1	资产负债表					
2	编制单位：东方有限责任公司			2022年1月31日		单位：元
3	资产	期末余额	上年年末余额	负债和所有者权益（或股东权益）	期末余额	上年年末余额
4	流动资产：			流动负债：		
5	货币资金	807,570.01		短期借款		

图 3－4　计算“货币资金”项目的“期末余额”

2. 计算“应收票据”项目的“期末余额”

“应收票据”项目的“期末余额”应根据总账科目余额表计算填列。即：

“应收票据”项目“期末余额”＝应收票据总账科目的期末余额－对应收票据计提的坏账准备期末贷方余额

选中 B8 单元格，在公式编辑栏中输入公式：

＝总账科目余额表!G5

按“Enter”键，即可计算出“应收票据”项目的“期末余额”，如图 3－5 所示。

B8　=总账科目余额表!G5

	A	B	C	D	E	F
1	资产负债表					
2	编制单位：东方有限责任公司			2022年1月31日		单位：元
3	资产	期末余额	上年年末余额	负债和所有者权益（或股东权益）	期末余额	上年年末余额
4	流动资产：			流动负债：		
5	货币资金	807,570.01		短期借款		
6	交易性金融资产			交易性金融负债		
7	衍生金融资产			衍生金融负债		
8	应收票据	-		应付票据		

图 3－5　计算“应收票据”项目的“期末余额”

3. 计算“应收账款”项目的“期末余额”

“应收账款”项目的“期末余额”应根据末级科目余额表计算填列。即：

“应收账款”项目“期末余额”＝应收账款各明细科目期末借方余额合计＋预收账款各明细科目期末借方余额合计－对应收账款计提的坏账准备的期末贷方余额

方法一　直接引用法

选中 B9 单元格，在公式编辑栏中输入公式：

=末级科目余额表!H7+末级科目余额表!H8+末级科目余额表!H9+末级科目余额表!H45−末级科目余额表!I15

按“Enter”键，即可计算出“应收账款”项目的“期末余额”，如图3－6所示。

B9　=末级科目余额表!H7+末级科目余额表!H8+末级科目余额表!H9+末级科目余额表!H45-末级科目余额表!I15

	A	B	C	D	E	F
1				资产负债表		
2	编制单位：东方有限责任公司			2022年1月31日		单位：元
3	资产	期末余额	上年年末余额	负债和所有者权益（或股东权益）	期末余额	上年年末余额
4	流动资产：			流动负债：		
5	货币资金	807,570.01		短期借款	100,000.00	
6	交易性金融资产			交易性金融负债		
7	衍生金融资产			衍生金融负债		
8	应收票据	-		应付票据		
9	应收账款	562,230.00		应付账款	855,000.00	

图3－6　计算“应收账款”项目的“期末余额”（直接引用法）

方法二　SUMIF函数间接调用法

选中B9单元格，在公式编辑栏中输入公式：

=SUMIF(末级科目余额表!B:B,"应收账款",末级科目余额表!H:H)+SUMIF(末级科目余额表!B:B,"预收账款",末级科目余额表!H:H)−末级科目余额表!I15

按“Enter”键，即可计算出“应收账款”项目的“期末余额”，如图3－7所示。

注：方法二利用SUMIF函数间接调用“末级科目余额表”的相关数据进行公式的定义，下面“预付款项”“应付账款”“预收款项”等项目的公式设置类同。

B9　=SUMIF(末级科目余额表!B:B,"应收账款",末级科目余额表!H:H)+SUMIF(末级科目余额表!B:B,"预收账款",末级科目余额表!H:H)-末级科目余额表!I15

	A	B	C	D	E	F
1				资产负债表		
2	编制单位：东方有限责任公司			2022年1月31日		单位：元
3	资产	期末余额	上年年末余额	负债和所有者权益（或股东权益）	期末余额	上年年末余额
4	流动资产：			流动负债：		
5	货币资金	807,570.01		短期借款		
6	交易性金融资产			交易性金融负债		
7	衍生金融资产			衍生金融负债		
8	应收票据	-		应付票据		
9	应收账款	562,230.00		应付账款		

图3－7　计算“应收账款”项目的“期末余额”（SUMIF函数间接调用法）

4. 计算“预付款项”项目的“期末余额”

“预付款项”项目的“期末余额”应根据末级科目余额表计算填列。即：

“预付款项”项目“期末余额”=预付账款各明细科目的期末借方余额合计+应付账款各明细科目的期末借方余额合计−对预付账款计提的坏账准备的期末贷方余额

注：本案例中未对“预付账款”科目计提坏账准备。

方法一　直接引用法

选中B11单元格，在公式编辑栏中输入公式：

=末级科目余额表!H10+末级科目余额表!H42+末级科目余额表!H43+末级科

目余额表!H44

按“Enter”键，即可计算出“预付款项”项目的“期末余额”，如图 3－8 所示。

B11　=末级科目余额表!H10+末级科目余额表!H42+末级科目余额表!H43+末级科目余额表!H44

资产负债表					
编制单位：东方有限责任公司		2022年1月31日		单位：元	
资产	期末余额	上年年末余额	负债和所有者权益（或股东权益）	期末余额	上年年末余额
流动资产：			流动负债：		
货币资金	807,570.01		短期借款	100,000.00	
交易性金融资产			交易性金融负债		
衍生金融资产			衍生金融负债		
应收票据	-		应付票据		
应收账款	562,230.00		应付账款	855,000.00	
应收款项融资			预收款项	-	
预付款项	-		合同负债	140,000.00	

图 3－8　计算“预付款项”项目的“期末余额”（直接引用法）

方法二　SUMIF 函数间接调用法

选中 B11 单元格，在公式编辑栏中输入公式：

＝SUMIF(末级科目余额表!B:B,"应付账款",末级科目余额表!H:H)＋SUMIF(末级科目余额表!B:B,"预付账款",末级科目余额表!H:H)

按“Enter”键，即可计算出“预付款项”项目的“期末余额”，如图 3－9 所示。

B11　=SUMIF(末级科目余额表!B:B,"应付账款",末级科目余额表!H:H)+SUMIF(末级科目余额表!B:B,"预付账款",末级科目余额表!H:H)

资产负债表					
编制单位：东方有限责任公司		2022年1月31日		单位：元	
资产	期末余额	上年年末余额	负债和所有者权益（或股东权益）	期末余额	上年年末余额
流动资产：			流动负债：		
货币资金	807,570.01		短期借款		
交易性金融资产			交易性金融负债		
衍生金融资产			衍生金融负债		
应收票据	-		应付票据		
应收账款	562,230.00		应付账款		
应收款项融资			预收款项		
预付款项	-		合同负债		

图 3－9　计算“预付款项”项目的“期末余额”（SUMIF 函数间接调用法）

5. 计算“其他应收款”项目的“期末余额”

“其他应收款”项目的“期末余额”应根据总账科目余额表中几个项目的合计数减去相应的备抵科目后的金额填列。即：

“其他应收款”项目“期末余额”＝应收利息总账科目的期末余额＋应收股利总账科目的期末余额＋其他应收款总账科目的期末余额－对应收利息、应收股利、其他应收款计提的坏账准备的期末贷方余额

注：本案例中未对“应收利息”“应收股利”“其他应收款”科目计提坏账准备。

选中 B12 单元格，在公式编辑栏中输入公式：

＝总账科目余额表!G8＋总账科目余额表!G9＋总账科目余额表!G10

按“Enter”键，即可计算出“其他应收款”项目的“期末余额”，如图 3－10 所示。

B12　=总账科目余额表!G8+总账科目余额表!G9+总账科目余额表!G10

	A	B	C	D	E	F
1	资产负债表					
2	编制单位：东方有限责任公司			2022年1月31日		单位：元
3	资产	期末余额	上年年末余额	负债和所有者权益（或股东权益）	期末余额	上年年末余额
4	流动资产：			流动负债：		
5	货币资金	807,570.01		短期借款		
6	交易性金融资产			交易性金融负债		
7	衍生金融资产			衍生金融负债		
8	应收票据	-		应付票据		
9	应收账款	562,230.00		应付账款		
10	应收款项融资			预收款项		
11	预付款项	-		合同负债		
12	其他应收款	600.00		应付职工薪酬		

图 3－10　计算“其他应收款”项目的“期末余额”

6. 计算“存货”项目的“期末余额”

“存货”项目的“期末余额”应根据总账科目余额表中几个项目的合计数减去相应的备抵科目后的金额填列。即：

“存货”项目“期末余额”＝原材料总账科目的期末余额＋库存商品总账科目的期末余额＋生产成本总账科目的期末余额＋制造费用总账科目的期末余额－存货跌价准备期末贷方余额

注： 本案例中，存货的其他科目如“周转材料”“低值易耗品”“委托加工物资”等均没有余额，“存货跌价准备”科目也没有余额。

选中 B13 单元格，在公式编辑栏中输入公式：

＝总账科目余额表!G12＋总账科目余额表!G13＋总账科目余额表!G47＋总账科目余额表!G48

按“Enter”键，即可计算出“存货”项目的“期末余额”，如图 3－11 所示。

B13　=总账科目余额表!G12+总账科目余额表!G13+总账科目余额表!G47+总账科目余额表!G48

	A	B	C	D	E	F
1	资产负债表					
2	编制单位：东方有限责任公司			2022年1月31日		单位：元
3	资产	期末余额	上年年末余额	负债和所有者权益（或股东权益）	期末余额	上年年末余额
4	流动资产：			流动负债：		
5	货币资金	807,570.01		短期借款		
6	交易性金融资产			交易性金融负债		
7	衍生金融资产			衍生金融负债		
8	应收票据	-		应付票据		
9	应收账款	562,230.00		应付账款		
10	应收款项融资			预收款项		
11	预付款项	-		合同负债		
12	其他应收款	600.00		应付职工薪酬		
13	存货	664,523.32		应交税费		

图 3－11　计算“存货”项目的“期末余额”

7. 计算“合同资产”项目的“期末余额

“合同资产”项目应根据“合同资产”科目、“合同负债”科目的相关明细科目的期末余额分析填列。同一合同下的合同资产和合同负债应当以净额列示，其中净额为借方余额的，应当根据其流动性在“合同资产”或“其他非流动资产”项目中填列，已计提减值准备的，还应减去“合同资产减值准备”科目中相关的期末余额后的金额填列；其中净额为贷方余额的，应当根据其流动性在“合同负债”或“其他非流动负债”项目中填列。

选中B14单元格，在公式编辑栏中输入公式：

＝末级科目余额表!H22－总账科目余额表!H15

按“Enter”键，即可计算出“合同资产”项目的“期末余额”，如图3－12所示。

B14　　fx　=末级科目余额表!H22-总账科目余额表!H15

	A	B	C	D	E	F
1	资产负债表					
2	编制单位：东方有限责任公司			2022年1月31日		单位：元
3	资产	期末余额	上年年末余额	负债和所有者权益（或股东权益）	期末余额	上年年末余额
4	流动资产：			流动负债：		
5	货币资金	807,570.01		短期借款		
6	交易性金融资产			交易性金融负债		
7	衍生金融资产			衍生金融负债		
8	应收票据	-		应付票据		
9	应收账款	562,230.00		应付账款		
10	应收款项融资			预收款项		
11	预付款项	-		合同负债		
12	其他应收款	600.00		应付职工薪酬		
13	存货	664,523.32		应交税费		
14	合同资产	226,000.00		其他应付款		

图3－12　计算“合同资产”项目的“期末余额”

注：本案例假定不存在同一合同下的合同资产和合同负债。

8. 计算“流动资产合计”项目的“期末余额”

选中B18单元格，在公式编辑栏中输入公式：

＝SUM(B5：B17)

按“Enter”键，即可计算出“流动资产合计”项目的“期末余额”，如图3－13所示。

B18　　fx　=SUM(B5:B17)

	A	B	C	D	E	F
1	资产负债表					
2	编制单位：东方有限责任公司			2022年1月31日		单位：元
3	资产	期末余额	上年年末余额	负债和所有者权益（或股东权益）	期末余额	上年年末余额
4	流动资产：			流动负债：		
5	货币资金	807,570.01		短期借款		
6	交易性金融资产			交易性金融负债		
7	衍生金融资产			衍生金融负债		
8	应收票据	-		应付票据		
9	应收账款	562,230.00		应付账款		
10	应收款项融资			预收款项		
11	预付款项	-		合同负债		
12	其他应收款	600.00		应付职工薪酬		
13	存货	664,523.32		应交税费		
14	合同资产	226,000.00		其他应付款		
15	持有待售资产			持有待售负债		
16	一年内到期的非流动资产			一年内到期的非流动负债		
17	其他流动资产			其他流动负债		
18	流动资产合计	2,260,923.33		流动负债合计		

图3－13　计算“流动资产合计”项目的“期末余额”

二、计算“非流动资产”类项目的“期末余额”

操作步骤如下：

1. 计算“长期股权投资”项目的“期末余额”

选中 B23 单元格，在公式编辑栏中输入公式：

＝总账科目余额表!G21－总账科目余额表!H22

按“Enter”键，即可计算出“长期股权投资”项目的“期末余额”，如图 3－14 所示。

B23 fx =总账科目余额表!G21-总账科目余额表!H22

	A	B	C	D	E	F
19	非流动资产：			非流动负债：		
20	债权投资			长期借款		
21	其他债权投资			应付债券		
22	长期应收款			其中：优先股		
23	长期股权投资	200,000.00		永续债		

图 3－14　计算“长期股权投资”项目的“期末余额”

2. 计算“固定资产”项目的“期末余额”

“固定资产”项目的“期末余额”应根据总账科目余额表中“固定资产”科目的余额，减去“累计折旧”和“固定资产减值准备”科目的余额后的金额，以及“固定资产清理”科目的余额填列。即：

“固定资产”项目“期末余额”＝固定资产总账科目的期末借方余额－累计折旧总账科目的期末贷方余额－固定资产减值准备总账科目的期末贷方余额＋固定资产清理总账科目的期末借方余额

选中 B27 单元格，在公式编辑栏中输入公式：

＝总账科目余额表!G23－总账科目余额表!H24－总账科目余额表!H25＋总账科目余额表!G28

按“Enter”键，即可计算出“固定资产”项目的“期末余额”，如图 3－15 所示。

B27 fx =总账科目余额表!G23-总账科目余额表!H24-总账科目余额表!H25+总账科目余额表!G28

	A	B	C	D	E	F
19	非流动资产：			非流动负债：		
20	债权投资			长期借款		
21	其他债权投资			应付债券		
22	长期应收款			其中：优先股		
23	长期股权投资	200,000.00		永续债		
24	其他权益工具投资			租赁负债		
25	其他非流动金融资产			长期应付款		
26	投资性房地产			预计负债		
27	固定资产	3,874,515.98		递延收益		

图 3－15　计算“固定资产”项目的“期末余额”

3. 计算“在建工程”项目的“期末余额”

“在建工程”项目的“期末余额”应根据总账科目余额表中“在建工程”科目的余额，减去“在建工程减值准备”科目的余额后的金额，以及“工程物资”科目的余额，减去“工程物资减值准备”科目的余额后的金额填列。即：

“在建工程”项目“期末余额”＝在建工程总账科目的期末借方余额－在建工

程减值准备总账科目的期末贷方余额＋工程物资总账科目的期末借方余额－工程物资减值准备总账科目的期末贷方余额

注：本案例中“在建工程减值准备”及“工程物资减值准备”科目均没有余额，因此“在建工程”项目只根据“在建工程”和“工程物资”科目的金额填列。

选中B28单元格，在公式编辑栏中输入公式：

＝总账科目余额表!G26＋总账科目余额表!G27

按“Enter”键，即可计算出“在建工程”项目的“期末余额”，如图3－16所示。

B28　　=总账科目余额表!G26+总账科目余额表!G27

	A	B	C	D	E	F
19	非流动资产：			非流动负债：		
20	债权投资			长期借款		
21	其他债权投资			应付债券		
22	长期应收款			其中：优先股		
23	长期股权投资	200,000.00		永续债		
24	其他权益工具投资			租赁负债		
25	其他非流动金融资产			长期应付款		
26	投资性房地产			预计负债		
27	固定资产	3,874,515.98		递延收益		
28	在建工程	-		递延所得税负债		

图3－16　计算“在建工程”项目的“期末余额”

4. 计算“无形资产”项目的“期末余额”

选中B31单元格，在公式编辑栏中输入公式：

＝总账科目余额表!G29－总账科目余额表!H30－总账科目余额表!H31

按“Enter”键，即可计算出“无形资产”项目的“期末余额”，如图3－17所示。

B31　　=总账科目余额表!G29-总账科目余额表!H30-总账科目余额表!H31

	A	B	C	D	E	F
19	非流动资产：			非流动负债：		
20	债权投资			长期借款		
21	其他债权投资			应付债券		
22	长期应收款			其中：优先股		
23	长期股权投资	200,000.00		永续债		
24	其他权益工具投资			租赁负债		
25	其他非流动金融资产			长期应付款		
26	投资性房地产			预计负债		
27	固定资产	3,874,515.98		递延收益		
28	在建工程	-		递延所得税负债		
29	生产性生物资产			其他非流动负债		
30	油气资产			非流动负债合计		
31	无形资产	1,593,400.00		负债合计		

图3－17　计算“无形资产”项目的“期末余额”

5. 计算“非流动资产合计”项目的“期末余额”

选中B37单元格，在公式编辑栏中输入公式：

＝SUM(B20:B36)

按“Enter”键，即可计算出“非流动资产合计”项目的“期末余额”，如图3－18所示。

6. 计算“资产总计”项目的“期末余额”

选中B44单元格，在公式编辑栏中输入公式：

＝B18＋B37

按“Enter”键，即可计算出“资产总计”项目的“期末余额”，如图3－19所示。

B37 =SUM(B20:B36)

	A	B	C	D	E	F
19	非流动资产：			非流动负债：		
20	债权投资			长期借款		
21	其他债权投资			应付债券		
22	长期应收款			其中：优先股		
23	长期股权投资	200,000.00		永续债		
24	其他权益工具投资			租赁负债		
25	其他非流动金融资产			长期应付款		
26	投资性房地产			预计负债		
27	固定资产	3,874,515.98		递延收益		
28	在建工程	-		递延所得税负债		
29	生产性生物资产			其他非流动负债		
30	油气资产			非流动负债合计		
31	无形资产	1,593,400.00		负债合计		
32	开发支出			所有者权益（或股东权益）：		
33	商誉			实收资本（或股本）		
34	长期待摊费用			其他权益工具		
35	递延所得税资产			其中：优先股		
36	其他非流动资产			永续债		
37	非流动资产合计	5,667,915.98		资本公积		

图 3-18 计算“非流动资产合计”项目的“期末余额”

B44 =B18+B37

	A	B	C	D	E	F
18	流动资产合计	2,260,923.33		流动负债合计		
19	非流动资产：			非流动负债：		
20	债权投资			长期借款		
21	其他债权投资			应付债券		
22	长期应收款			其中：优先股		
23	长期股权投资	200,000.00		永续债		
24	其他权益工具投资			租赁负债		
25	其他非流动金融资产			长期应付款		
26	投资性房地产			预计负债		
27	固定资产	3,874,515.98		递延收益		
28	在建工程	-		递延所得税负债		
29	生产性生物资产			其他非流动负债		
30	油气资产			非流动负债合计		
31	无形资产	1,593,400.00		负债合计		
32	开发支出			所有者权益（或股东权益）：		
33	商誉			实收资本（或股本）		
34	长期待摊费用			其他权益工具		
35	递延所得税资产			其中：优先股		
36	其他非流动资产			永续债		
37	非流动资产合计	5,667,915.98		资本公积		
38				减：库存股		
39				其他综合收益		
40				专项储备		
41				盈余公积		
42				未分配利润		
43				所有者权益（或股东权益）合计		
44	资产总计	7,928,839.31		负债和所有者权益（或股东权益）总计		

图 3-19 计算“资产总计”项目的“期末余额”

三、计算“流动负债”类项目的“期末余额”

操作步骤如下：

1. 计算“短期借款”项目的“期末余额”

选中 E5 单元格，在公式编辑栏中输入公式：

=总账科目余额表!H33

按“Enter”键，即可计算出“短期借款”项目的“期末余额”，如图 3-20 所示。

2. 计算“应付票据”项目的“期末余额”

“应付票据”项目的“期末余额”应根据总账科目余额表填列。即：

“应付票据”项目“期末余额”=应付票据总账科目的期末贷方余额

注：本案例中“应付票据”科目没有余额，故此处公式定义略。

E5 =总账科目余额表!H33

	D	E	F
3	负债和所有者权益（或股东权益）	期末余额	上年年末余额
4	流动负债：		
5	短期借款	100,000.00	

图 3-20 计算“短期借款”项目的“期末余额”

3. 计算“应付账款”项目的“期末余额”

“应付账款”项目的“期末余额”应根据末级科目余额表计算填列。即：

“应付账款”项目“期末余额”＝应付账款各明细科目期末贷方余额合计＋预付账款各明细科目期末贷方余额合计

方法一 **直接引用法**

选中 E9 单元格，在公式编辑栏中输入公式：

＝末级科目余额表!I42＋末级科目余额表!I43＋末级科目余额表!I44＋末级科目余额表!I10

按“Enter”键，即可计算出“应付账款”项目的“期末余额”，如图 3-21 所示。

E9 =末级科目余额表!I42+末级科目余额表!I43+末级科目余额表!I44+末级科目余额表!I10

	A	B	C	D	E	F
1	资产负债表					
2	编制单位：东方有限责任公司			2022年1月31日		单位：元
3	资产	期末余额	上年年末余额	负债和所有者权益（或股东权益）	期末余额	上年年末余额
4	流动资产：			流动负债：		
5	货币资金	807,570.01		短期借款	100,000.00	
6	交易性金融资产			交易性金融负债		
7	衍生金融资产			衍生金融负债		
8	应收票据	-		应付票据		
9	应收账款	562,230.00		应付账款	855,000.00	

图 3-21 计算“应付账款”项目的“期末余额”（直接引用法）

方法二 **SUMIF 函数间接调用法**

选中 E9 单元格，在公式编辑栏中输入公式：

＝SUMIF(末级科目余额表!B:B,"应付账款",末级科目余额表!I:I)＋SUMIF(末级科目余额表!B:B,"预付账款",末级科目余额表!I:I)

按“Enter”键，即可计算出“应付款项”项目的“期末余额”，如图 3-22 所示。

E9 =SUMIF(末级科目余额表!B:B,"应付账款",末级科目余额表!I:I)
+SUMIF(末级科目余额表!B:B,"预付账款",末级科目余额表!I:I)

	A	B	C	D	E	F
1	资产负债表					
2	编制单位：东方有限责任公司			2022年1月31日		单位：元
3	资产	期末余额	上年年末余额	负债和所有者权益（或股东权益）	期末余额	上年年末余额
4	流动资产：			流动负债：		
5	货币资金	807,570.01		短期借款	100,000.00	
6	交易性金融资产			交易性金融负债		
7	衍生金融资产			衍生金融负债		
8	应收票据	-		应付票据		
9	应收账款	562,230.00		应付账款	855,000.00	

图 3-22 计算“应付账款”项目的“期末余额”（SUMIF 函数间接调用法）

4. 计算“预收款项”项目的“期末余额”

“预收款项”项目的“期末余额”应根据末级科目余额表计算填列。即：

“预收款项”项目“期末余额”＝预收账款各明细科目的期末贷方余额合计＋应收账款各明细科目的期末贷方余额合计

方法一　直接引用法

选中 E10 单元格，在公式编辑栏中输入公式：

=末级科目余额表!I7+末级科目余额表!I8+末级科目余额表!I9+末级科目余额表!I45

按“Enter”键，即可计算出“预收款项”项目的“期末余额”，如图 3-23 所示。

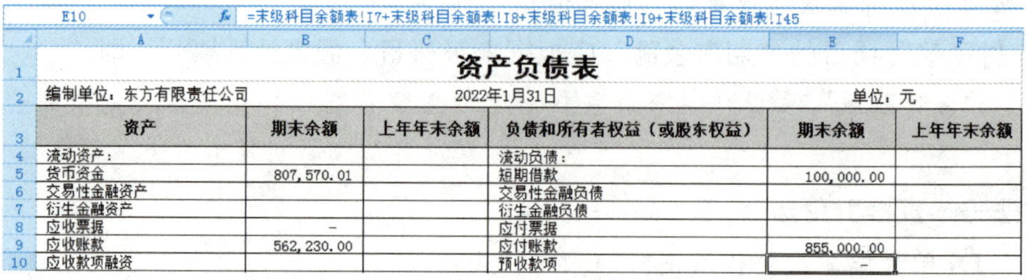

E10　=末级科目余额表!I7+末级科目余额表!I8+末级科目余额表!I9+末级科目余额表!I45

	A	B	C	D	E	F
1	资产负债表					
2	编制单位：东方有限责任公司		2022年1月31日			单位：元
3	资产	期末余额	上年年末余额	负债和所有者权益（或股东权益）	期末余额	上年年末余额
4	流动资产：			流动负债：		
5	货币资金	807,570.01		短期借款	100,000.00	
6	交易性金融资产			交易性金融负债		
7	衍生金融资产			衍生金融负债		
8	应收票据	-		应付票据		
9	应收账款	562,230.00		应付账款	855,000.00	
10	应收款项融资			预收款项	-	

图 3-23　计算“预收款项”项目的“期末余额”（直接引用法）

方法二　SUMIF 函数间接调用法

选中 E10 单元格，在公式编辑栏中输入公式：

=SUMIF(末级科目余额表!B:B,"应收账款",末级科目余额表!I:I)+SUMIF(末级科目余额表!B:B,"预收账款",末级科目余额表!I:I)

按“Enter”键，即可计算出“预收款项”项目的“期末余额”，如图 3-24 所示。

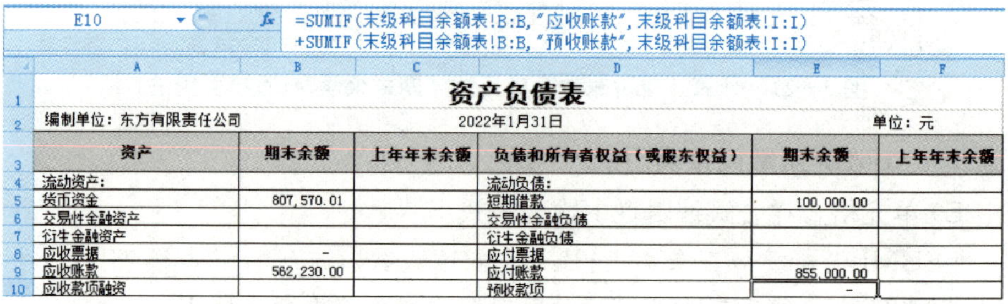

E10　=SUMIF(末级科目余额表!B:B,"应收账款",末级科目余额表!I:I)+SUMIF(末级科目余额表!B:B,"预收账款",末级科目余额表!I:I)

	A	B	C	D	E	F
1	资产负债表					
2	编制单位：东方有限责任公司		2022年1月31日			单位：元
3	资产	期末余额	上年年末余额	负债和所有者权益（或股东权益）	期末余额	上年年末余额
4	流动资产：			流动负债：		
5	货币资金	807,570.01		短期借款	100,000.00	
6	交易性金融资产			交易性金融负债		
7	衍生金融资产			衍生金融负债		
8	应收票据	-		应付票据		
9	应收账款	562,230.00		应付账款	855,000.00	
10	应收款项融资			预收款项	-	

图 3-24　计算“预收款项”项目的“期末余额”（SUMIF 函数间接调用法）

5. 计算“合同负债”项目的“期末余额”

选中 E11 单元格，在公式编辑栏中输入公式：

=末级科目余额表!I46

按“Enter”键，即可计算出“合同负债”项目的“期末余额”，如图 3-25 所示。

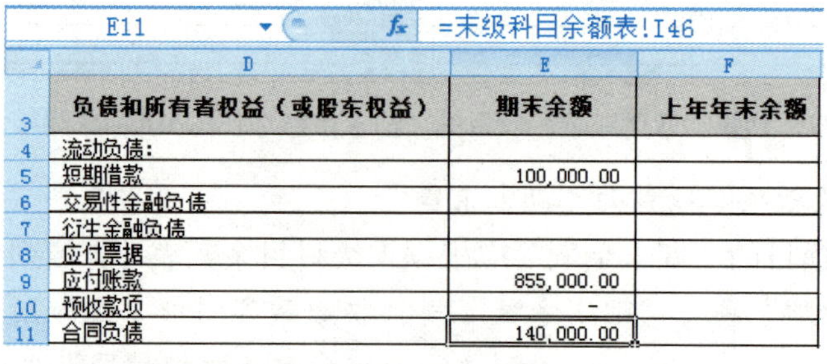

E11　=末级科目余额表!I46

	D	E	F
3	负债和所有者权益（或股东权益）	期末余额	上年年末余额
4	流动负债：		
5	短期借款	100,000.00	
6	交易性金融负债		
7	衍生金融负债		
8	应付票据		
9	应付账款	855,000.00	
10	预收款项	-	
11	合同负债	140,000.00	

图 3-25　计算“合同负债”项目的“期末余额”

6. 计算“应付职工薪酬”项目的“期末余额”

“应付职工薪酬”项目的“期末余额”应根据末级科目余额表中“工资”“福利费”“社会保险费”“住房公积金”“工会经费”“职工教育经费”等项目的合计数填列。

选中 E12 单元格，在公式编辑栏中输入公式：

=SUM(末级科目余额表!I47:I52)

按“Enter”键，即可计算出“应付职工薪酬”项目的“期末余额”，如图 3-26 所示。

E12　fx　=SUM(末级科目余额表!I47:I52)

	D	E	F
3	负债和所有者权益（或股东权益）	期末余额	上年年末余额
4	流动负债:		
5	短期借款	100,000.00	
6	交易性金融负债		
7	衍生金融负债		
8	应付票据		
9	应付账款	855,000.00	
10	预收款项	-	
11	合同负债	140,000.00	
12	应付职工薪酬	-	

图 3-26　计算“应付职工薪酬”项目的“期末余额”

7. 计算“应交税费”项目的“期末余额”

选中 E13 单元格，在公式编辑栏中输入公式：

=总账科目余额表!H38

按“Enter”键，即可计算出“应交税费”项目的“期末余额”，如图 3-27 所示。

E13　fx　=总账科目余额表!H38

	D	E	F
3	负债和所有者权益（或股东权益）	期末余额	上年年末余额
4	流动负债:		
5	短期借款	100,000.00	
6	交易性金融负债		
7	衍生金融负债		
8	应付票据		
9	应付账款	855,000.00	
10	预收款项	-	
11	合同负债	140,000.00	
12	应付职工薪酬	-	
13	应交税费	94,250.00	

图 3-27　计算“应交税费”项目的“期末余额”

8. 计算“其他应付款”项目的“期末余额”

“其他应付款”项目的“期末余额”应根据总账科目余额表中几个项目的合计数填列。即：

“其他应付款”项目“期末余额”=应付利息总账科目的期末余额+应付股利总账科目的期末余额+其他应付款总账科目的期末余额

选中 E14 单元格，在公式编辑栏中输入公式：

=总账科目余额表!H39+总账科目余额表!H40+总账科目余额表!H41

按“Enter”键，即可计算出“其他应付款”项目的“期末余额”，如图 3-28 所示。

E14　=总账科目余额表!H39+总账科目余额表!H40+总账科目余额表!H41

	C	D	E	F
3	上年年末余额	负债和所有者权益（或股东权益）	期末余额	上年年末余额
4		流动负债：		
5		短期借款	100,000.00	
6		交易性金融负债		
7		衍生金融负债		
8		应付票据		
9		应付账款	855,000.00	
10		预收款项	-	
11		合同负债	140,000.00	
12		应付职工薪酬	-	
13		应交税费	94,250.00	
14		其他应付款	10,500.00	

图3-28　计算“其他应付款”项目的“期末余额”

9. 计算“一年内到期的非流动负债”项目的“期末余额”

选中E16单元格，在公式编辑栏中输入公式：

=0

按“Enter”键，即可计算出“一年内到期的非流动负债”项目的“期末余额”，如图3-29所示。

E16　=0

	D	E	F
3	负债和所有者权益（或股东权益）	期末余额	上年年末余额
4	流动负债：		
5	短期借款	100,000.00	
6	交易性金融负债		
7	衍生金融负债		
8	应付票据		
9	应付账款	855,000.00	
10	预收款项	-	
11	合同负债	140,000.00	
12	应付职工薪酬	-	
13	应交税费	94,250.00	
14	其他应付款	10,500.00	
15	持有待售负债		
16	一年内到期的非流动负债	-	

图3-29　计算“一年内到期的非流动负债”项目的“期末余额”

注：本案例中的“长期借款”于2022年1月30日归还，因此该笔借款在计算年初余额的时候，应归类为“一年内到期的非流动负债”；1月30日归还后，该公司期末“长期借款”科目无余额，期末“一年内到期的非流动负债”科目无余额，因此这里“一年内到期的非流动负债”项目的“期末余额”栏内为零。

10. 计算“流动负债合计”项目的“期末余额”

选中E18单元格，在公式编辑栏中输入公式：

=SUM(E5:E17)

按“Enter”键，即可计算出“流动负债合计”项目的“期末余额”，如图3-30所示。

四、计算“非流动负债”类项目的“期末余额”

操作步骤如下：

1. 计算“长期借款”项目的“期末余额”

“长期借款”项目的“期末余额”应根据总账科目余额表和末级科目余额表计算填列。即：

E18 =SUM(E5:E17)

	D	E	F
3	负债和所有者权益（或股东权益）	期末余额	上年年末余额
4	流动负债：		
5	短期借款	100,000.00	
6	交易性金融负债		
7	衍生金融负债		
8	应付票据		
9	应付账款	855,000.00	
10	预收款项	-	
11	合同负债	140,000.00	
12	应付职工薪酬	-	
13	应交税费	94,250.00	
14	其他应付款	10,500.00	
15	持有待售负债		
16	一年内到期的非流动负债	-	
17	其他流动负债		
18	流动负债合计	1,199,750.00	

图 3-30　计算“流动负债合计”项目的“期末余额”

“长期借款”项目“期末余额”＝长期借款总账科目的期末贷方余额－长期借款明细科目中将于一年内到期的长期借款的期末贷方余额

选中 E20 单元格，在公式编辑栏中输入公式：

＝总账科目余额表!H42

按“Enter”键，即可计算出“长期借款”项目的“期末余额”，如图 3-31 所示。

E20 =总账科目余额表!H42

	D	E	F
19	非流动负债：		
20	长期借款	-	

图 3-31　计算“长期借款”项目的“期末余额”

注： 本例中，长期借款明细科目中将于一年内到期的长期借款已于 2022 年 1 月 30 日归还，因此计算期末余额时，长期借款明细科目中将于一年内到期的长期借款没有余额，只根据总账科目的余额填列。

2. 计算“非流动负债合计”项目的“期末余额”

选中 E30 单元格，在公式编辑栏中输入公式：

＝SUM(E20:E21)＋SUM(E24:E29)

按“Enter”键，即可计算出“非流动负债合计”项目的“期末余额”，如图 3-32 所示。

E30 =SUM(E20:E21)+SUM(E24:E29)

	D	E	F
19	非流动负债：		
20	长期借款	-	
21	应付债券		
22	其中：优先股		
23	永续债		
24	租赁负债		
25	长期应付款		
26	预计负债		
27	递延收益		
28	递延所得税负债		
29	其他非流动负债		
30	非流动负债合计	-	

图 3-32　计算“非流动负债合计”项目的“期末余额”

3. 计算“负债合计”项目的“期末余额”

选中 E31 单元格，在公式编辑栏中输入公式：

=E18+E30

按“Enter”键，即可计算出“负债合计”项目的“期末余额”，如图 3-33 所示。

E31 | fx =E18+E30

	D	E	F
18	流动负债合计	1,199,750.00	
19	非流动负债：		
20	长期借款	-	
21	应付债券		
22	其中：优先股		
23	永续债		
24	租赁负债		
25	长期应付款		
26	预计负债		
27	递延收益		
28	递延所得税负债		
29	其他非流动负债		
30	非流动负债合计	-	
31	负债合计	1,199,750.00	

图 3-33　计算“负债合计”项目的“期末余额”

五、计算“所有者权益”类项目的“期末余额”

操作步骤如下：

1. 计算“实收资本（或股本）”项目的“期末余额”

选中 E33 单元格，在公式编辑栏中输入公式：

=总账科目余额表!H43

按“Enter”键，即可计算出“实收资本（或股本）”项目的“期末余额”，如图 3-34 所示。

E33 | fx =总账科目余额表!H43

	D	E	F
32	所有者权益（或股东权益）：		
33	实收资本（或股本）	5,000,000.00	

图 3-34　计算“实收资本（或股本）”项目的“期末余额”

2. 计算“盈余公积”项目的“期末余额”

选中 E41 单元格，在公式编辑栏中输入公式：

=总账科目余额表!H44

按“Enter”键，即可计算出“盈余公积”项目的“期末余额”，如图 3-35 所示。

E41 | fx =总账科目余额表!H44

	D	E	F
32	所有者权益（或股东权益）：		
33	实收资本（或股本）	5,000,000.00	
34	其他权益工具		
35	其中：优先股		
36	永续债		
37	资本公积		
38	减：库存股		
39	其他综合收益		
40	专项储备		
41	盈余公积	90,813.57	

图 3-35　计算“盈余公积”项目的“期末余额”

3. 计算“未分配利润”项目的“期末余额”

选中 E42 单元格，在公式编辑栏中输入公式：

=总账科目余额表!H45+末级科目余额表!I74

按“Enter”键，即可计算出“未分配利润”项目的“期末余额”，如图 3-36 所示。

E42 fx =总账科目余额表!H45+末级科目余额表!I74

	D	E	F
32	所有者权益（或股东权益）:		
33	实收资本（或股本）	5,000,000.00	
34	其他权益工具		
35	其中：优先股		
36	永续债		
37	资本公积		
38	减:库存股		
39	其他综合收益		
40	专项储备		
41	盈余公积	90,813.57	
42	未分配利润	1,638,275.74	

图 3-36 计算“未分配利润”项目的“期末余额”

4. 计算“所有者权益合计”项目的“期末余额”

选中 E43 单元格，在公式编辑栏中输入公式：

=E33+E34+E37-E38+E39+E40+E41+E42

按“Enter”键，即可计算出“所有者权益合计”项目的“期末余额”，如图 3-37 所示。

E43 fx =E33+E34+E37-E38+E39+E40+E41+E42

	D	E	F
32	所有者权益（或股东权益）:		
33	实收资本（或股本）	5,000,000.00	
34	其他权益工具		
35	其中：优先股		
36	永续债		
37	资本公积		
38	减:库存股		
39	其他综合收益		
40	专项储备		
41	盈余公积	90,813.57	
42	未分配利润	1,638,275.74	
43	所有者权益（或股东权益）合计	6,729,089.31	

图 3-37 计算“所有者权益合计”项目的“期末余额”

5. 计算“负债和所有者权益总计”项目的“期末余额”

选中 E44 单元格，在公式编辑栏中输入公式：

=E31+E43

按“Enter”键，即可计算出“负债和所有者权益总计”项目的“期末余额”，如图 3-38 所示。

最终得到资产负债表，如图 3-39 所示。

思考：上述公式能否采用 VLOOKUP 函数定义？如能，怎样定义公式？比较二者的优缺点。

E44　　=E31+E43

	D	E	F
31	负债合计	1,199,750.00	
32	所有者权益（或股东权益）：		
33	实收资本（或股本）	5,000,000.00	
34	其他权益工具		
35	其中：优先股		
36	永续债		
37	资本公积		
38	减:库存股		
39	其他综合收益		
40	专项储备		
41	盈余公积	90,813.57	
42	未分配利润	1,638,275.74	
43	所有者权益（或股东权益）合计	6,729,089.31	
44	负债和所有者权益（或股东权益）总计	7,928,839.31	

图 3-38　计算“负债和所有者权益总计”项目的“期末余额”

	A	B	C	D	E	F
1	资产负债表					
2	编制单位：东方有限责任公司		2022年1月31日		单位：元	
3	资产	期末余额	上年年末余额	负债和所有者权益（或股东权益）	期末余额	上年年末余额
4	流动资产：			流动负债：		
5	货币资金	807,570.01	（略）	短期借款	100,000.00	（略）
6	交易性金融资产			交易性金融负债		
7	衍生金融资产			衍生金融负债		
8	应收票据	-		应付票据		
9	应收账款	562,230.00		应付账款	855,000.00	
10	应收款项融资			预收款项	-	
11	预付款项	-		合同负债	140,000.00	
12	其他应收款	600.00		应付职工薪酬	-	
13	存货	664,523.32		应交税费	94,250.00	
14	合同资产	226,000.00		其他应付款	10,500.00	
15	持有待售资产			持有待售负债		
16	一年内到期的非流动资产			一年内到期的非流动负债	-	
17	其他流动资产			其他流动负债		
18	流动资产合计	2,260,923.33		流动负债合计	1,199,750.00	
19	非流动资产：			非流动负债：		
20	债权投资			长期借款	-	
21	其他债权投资			应付债券		
22	长期应收款			其中：优先股		
23	长期股权投资	200,000.00		永续债		
24	其他权益工具投资			租赁负债		
25	其他非流动金融资产			长期应付款		
26	投资性房地产			预计负债		
27	固定资产	3,874,515.98		递延收益		
28	在建工程	-		递延所得税负债		
29	生产性生物资产			其他非流动负债		
30	油气资产			非流动负债合计	-	
31	无形资产	1,593,400.00		负债合计	1,199,750.00	
32	开发支出			所有者权益（或股东权益）：		
33	商誉			实收资本（或股本）	5,000,000.00	
34	长期待摊费用			其他权益工具		
35	递延所得税资产			其中：优先股		
36	其他非流动资产			永续债		
37	非流动资产合计	5,667,915.98		资本公积		
38				减:库存股		
39				其他综合收益		
40				专项储备		
41				盈余公积	90,813.57	
42				未分配利润	1,638,275.74	
43				所有者权益（或股东权益）合计	6,729,089.31	
44	资产总计	7,928,839.31		负债和所有者权益（或股东权益）总计	7,928,839.31	

图 3-39　资产负债表

任务 2　编制利润表

【任务效果图】

	A	B	C
1	利润表		
2	编制单位：东方有限责任公司　　2022年1月		单位：元
3	项 目	本期金额	上期金额
4	一、营业收入	1,280,000.00	（略）
5	减：营业成本	720,000.00	
6	税金及附加	-	
7	销售费用	-	
8	管理费用	1,860.00	
9	研发费用	-	
10	财务费用	20,000.00	
11	其中：利息费用	20,000.00	
12	利息收入	-	
13	加：其他收益		
14	投资收益（损失以“-”填列）		
15	其中：对联营企业和合营企业的投资收益		
16	以摊余成本计量的金融资产终止确认收益（损失以“-”填列）		
17	净敞口套期收益（损失以“-”填列）		
18	公允价值变动收益（损失以“-”填列）		
19	资产减值损失（损失以“-”填列）	-	
20	信用减值损失（损失以“-”填列）	-	
21	资产处置收益（损失以“-”填列）		
22	二、营业利润（亏损以“-”填列）	538,140.00	
23	加：营业外收入	-	
24	减：营业外支出	-	
25	三、利润总额（亏损总额以“-”填列）	538,140.00	
26	减：所得税费用	-	
27	四、净利润（净亏损以“-”填列）	538,140.00	
28	（一）持续经营净利润（净亏损以“-”填列）	538,140.00	
29	（二）终止经营净利润（净亏损以“-”填列）		

图 3-40　利润表（最终效果）

【任务分析】

利润表，又称为损益表，是反映企业在一定会计期间经营成果的会计报表。利润表根据“收入－费用＝利润”这一会计恒等式编制，它全面揭示了企业在某一特定时期实现的各种收入，发生的各种费用、成本或支出，以及企业实现的利润或发生的亏损情况。利润表也是企业会计报表中的主要报表。

利润表格式可分为单步式和多步式两种，我国企业会计准则规定，利润表一律采用多步式结构。

【任务实施】

任务 2.1　设置利润表的格式

新利润表的报表项目做了较大调整，核心变化是增加分拆项目，并对部分项目的先后顺序进行调整。

分拆及调整项目主要包括：

（1）从“管理费用”项目中分拆“研发费用”项目。

（2）在“财务费用”项目中分拆“利息费用”和“利息收入”明细项目。

（3）增加“加：资产减值损失（损失以“－”号填列）”项目。

（4）将“减：资产减值损失”调整为“加：资产减值损失（损失以“－”号填列）”。

（5）“其他收益”项目、“资产处置收益”项目、“营业外收入”项目、“营业外支出”项目核算内容调整。

操作步骤如下：

（1）打开“总账及报表2201.xlsx”工作簿，单击“插入工作表”按钮，增加一个新工作表，将新工作表重命名为“利润表”。

（2）打开“利润表”工作表，输入表格标题、表头信息，并根据当前实际情况输入利润表的各个项目。

（3）对建立的表格进行文字字体设置、对齐方式设置、数字格式设置（会计专用）、边框设置、特定区域底纹设置等，得到设置好格式的利润表，如图3－41所示。

	A	B	C
1	利润表		
2	编制单位：东方有限责任公司　　2022年1月		单位：元
3	项　目	本期金额	上期金额
4	一、营业收入		
5	减：营业成本		
6	税金及附加		
7	销售费用		
8	管理费用		
9	研发费用		
10	财务费用		
11	其中：利息费用		
12	利息收入		
13	加：其他收益		
14	投资收益（损失以“-”填列）		
15	其中：对联营企业和合营企业的投资收益		
16	以摊余成本计量的金融资产终止确认收益（损失以“-”填列）		
17	净敞口套期收益（损失以“-”填列）		
18	公允价值变动收益（损失以“-”填列）		
19	资产减值损失（损失以“-”填列）		
20	信用减值损失（损失以“-”填列）		
21	资产处置收益（损失以“-”填列）		
22	二、营业利润（亏损以“-”填列）		
23	加：营业外收入		
24	减：营业外支出		
25	三、利润总额（亏损总额以“-”填列）		
26	减：所得税费用		
27	四、净利润（净亏损以“-”填列）		
28	（一）持续经营净利润（净亏损以“-”填列）		
29	（二）终止经营净利润（净亏损以“-”填列）		

图3－41　利润表格式

任务2.2　填制利润表

利润表的数据也来自总账科目余额表和末级科目余额表。本任务是在编制完成的总账科目余额表及末级科目余额表的基础上，根据公式自动计算填制利润表。

一、“本期金额”的填制

操作步骤如下：

1. 计算“营业收入”项目的“本期金额”

打开“总账及报表2201.xlsx”工作簿中的“利润表”工作表，选中B4单元格，在公式编辑栏中输入公式：

=总账科目余额表!F49+总账科目余额表!F50

按“Enter”键，即可计算出“营业收入”项目的“本期金额”，即可如图3-42所示。

B4　=总账科目余额表!F49+总账科目余额表!F50

	A	B	C
1	利润表		
2	编制单位：东方有限责任公司　　2022年1月		单位：元
3	项　目	本期金额	上期金额
4	一、营业收入	1,280,000.00	

图3-42　计算“营业收入”项目的“本期金额”

2. 计算“营业成本”项目的“本期金额”

选中B5单元格，在公式编辑栏中输入公式：

B5=总账科目余额表!E52+总账科目余额表!E53

按“Enter”键，即可计算出“营业成本”项目的“本期金额”，如图3-43所示。

B5　=总账科目余额表!E52+总账科目余额表!E53

	A	B	C
1	利润表		
2	编制单位：东方有限责任公司　　2022年1月		单位：元
3	项　目	本期金额	上期金额
4	一、营业收入	1,280,000.00	
5	减：营业成本	720,000.00	

图3-43　计算“营业成本”项目的“本期金额”

3. 计算“税金及附加”项目的“本期金额”

选中B6单元格，在公式编辑栏中输入公式：

B6=总账科目余额表!E54

按“Enter”键，即可计算出“税金及附加”项目的“本期金额”，如图3-44所示。

B6　=总账科目余额表!E54

	A	B	C
1	利润表		
2	编制单位：东方有限责任公司　　2022年1月		单位：元
3	项　目	本期金额	上期金额
4	一、营业收入	1,280,000.00	
5	减：营业成本	720,000.00	
6	税金及附加	-	

图3-44　计算“税金及附加”项目的“本期金额”

4. 计算“销售费用”项目的“本期金额”

选中B7单元格，在公式编辑栏中输入公式：

B7=总账科目余额表!E55

按“Enter”键，即可计算出“销售费用”项目的“本期金额”，如图3-45所示。

B7 =总账科目余额表!E55

	A	B	C
1	利润表		
2	编制单位：东方有限责任公司　　2022年1月		单位：元
3	项　目	本期金额	上期金额
4	一、营业收入	1,280,000.00	
5	减：营业成本	720,000.00	
6	税金及附加	-	
7	销售费用	-	

图3-45　计算“销售费用”项目的“本期金额”

5. 计算“管理费用”项目的“本期金额”

选中B8单元格，在公式编辑栏中输入公式：

B8＝总账科目余额表!E56－末级科目余额表!F100

按“Enter”键，即可计算出“管理费用”项目的“本期金额”，如图3-46所示。

B8 =总账科目余额表!E56-末级科目余额表!F100

	A	B	C
1	利润表		
2	编制单位：东方有限责任公司　　2022年1月		单位：元
3	项　目	本期金额	上期金额
4	一、营业收入	1,280,000.00	
5	减：营业成本	720,000.00	
6	税金及附加	-	
7	销售费用	-	
8	管理费用	1,860.00	

图3-46　计算“管理费用”项目的“本期金额”

6. 计算“研发费用”项目的“本期金额”

“研发费用”项目，反映了企业进行研究与开发过程中发生的费用化支出，以及计入管理费用的自行开发无形资产的摊销。该项目应根据“管理费用”科目下的“研究费用”明细科目的发生额，以及“管理费用”科目下的“无形资产摊销”明细科目的发生额分析填列。

注：本案例中，无形资产是土地使用权，其摊销费不属于研发费用的范畴。

选中B9单元格，在公式编辑栏中输入公式：

B9＝末级科目余额表!F100

按“Enter”键，即可计算出“研发费用”项目的“本期金额”，如图3-47所示。

B9 =末级科目余额表!F100

	A	B	C
1	利润表		
2	编制单位：东方有限责任公司　　2022年1月		单位：元
3	项　目	本期金额	上期金额
4	一、营业收入	1,280,000.00	
5	减：营业成本	720,000.00	
6	税金及附加	-	
7	销售费用	-	
8	管理费用	1,860.00	
9	研发费用	-	

图3-47　计算“研发费用”项目的“本期金额”

7. 计算“财务费用”项目的“本期金额”

（1）“财务费用”项目。

选中 B10 单元格，在公式编辑栏中输入公式：

B10＝总账科目余额表!E57

按“Enter”键，即可计算出“财务费用”，如图 3－48 所示。

B10　=总账科目余额表!E57

	A	B	C
1	利润表		
2	编制单位：东方有限责任公司　2022年1月		单位：元
3	项　目	本期金额	上期金额
4	一、营业收入	1,280,000.00	
5	减：营业成本	720,000.00	
6	税金及附加	-	
7	销售费用	-	
8	管理费用	1,860.00	
9	研发费用	-	
10	财务费用	20,000.00	

图 3－48　计算“财务费用”项目的“本期金额”

（2）“利息费用”项目。

“利息费用”项目，应根据末级科目余额表中“财务费用”科目下的“利息费用”明细科目的发生额分析填列。

选中 B11 单元格，在公式编辑栏中输入公式：

B11＝末级科目余额表!F102

按“Enter”键，即可计算出“利息费用”，如图 3－49 所示。

B11　=末级科目余额表!F102

	A	B	C
1	利润表		
2	编制单位：东方有限责任公司　2022年1月		单位：元
3	项　目	本期金额	上期金额
4	一、营业收入	1,280,000.00	
5	减：营业成本	720,000.00	
6	税金及附加	-	
7	销售费用	-	
8	管理费用	1,860.00	
9	研发费用	-	
10	财务费用	20,000.00	
11	其中：利息费用	20,000.00	

图 3－49　计算“利息费用”项目的“本期金额”

（3）“利息收入”项目。

“利息收入”项目，应根据末级科目余额表中“财务费用”科目下的“利息收入”明细科目的发生额分析填列。

选中 B12 单元格，在公式编辑栏中输入公式：

B12＝末级科目余额表!G103

按“Enter”键，即可计算出“利息收入”，如图 3－50 所示。

8. 计算“资产减值损失”项目的“本期金额”

选中 B19 单元格，在公式编辑栏中输入公式：

B12 =末级科目余额表!G103

	A	B	C
1	利润表		
2	编制单位：东方有限责任公司　　2022年1月		单位：元
3	项　目	本期金额	上期金额
4	一、营业收入	1,280,000.00	
5	减：营业成本	720,000.00	
6	税金及附加	-	
7	销售费用	-	
8	管理费用	1,860.00	
9	研发费用	-	
10	财务费用	20,000.00	
11	其中：利息费用	20,000.00	
12	利息收入	-	

图 3-50　计算“利息收入”项目的“本期金额”

B19＝－总账科目余额表!E58

按“Enter”键，即可计算出“资产减值损失”项目的“本期金额”，如图 3-51 所示。

B19 =-总账科目余额表!E58

	A	B	C
1	利润表		
2	编制单位：东方有限责任公司　　2022年1月		单位：元
3	项　目	本期金额	上期金额
4	一、营业收入	1,280,000.00	
5	减：营业成本	720,000.00	
6	税金及附加	-	
7	销售费用	-	
8	管理费用	1,860.00	
9	研发费用	-	
10	财务费用	20,000.00	
11	其中：利息费用	20,000.00	
12	利息收入	-	
13	加：其他收益		
14	投资收益（损失以“－”填列）		
15	其中：对联营企业和合营企业的投资收益		
16	以摊余成本计量的金融资产终止确认收益（损失以“－”填列）		
17	净敞口套期收益（损失以“－”填列）		
18	公允价值变动收益（损失以“－”填列）		
19	资产减值损失（损失以“－”填列）	-	

图 3-51　计算“资产减值损失”项目的“本期金额”

9. 计算“信用减值损失”项目的“本期金额”

选中 B20 单元格，在公式编辑栏中输入公式：

B20＝－总账科目余额表!E59

按“Enter”键，即可计算出“信用减值损失”项目的“本期金额”，如图 3-52 所示。

10. 计算“营业利润”项目的“本期金额”

选中 B22 单元格，在公式编辑栏中输入公式：

B22＝B4－B5－B6－B7－B8－B9－B10＋B13＋B14＋B17＋B18＋B19＋B20＋B21

按“Enter”键，即可计算出“营业利润”项目的“本期金额”，如图 3-53 所示。

11. 计算“营业外收入”项目的“本期金额”

选中 B23 单元格，在公式编辑栏中输入公式：

B20　=-总账科目余额表!E59

	A	B	C
1	利润表		
2	编制单位：东方有限责任公司　2022年1月		单位：元
3	项 目	本期金额	上期金额
4	一、营业收入	1,280,000.00	（略）
5	减：营业成本	720,000.00	
6	税金及附加	-	
7	销售费用	-	
8	管理费用	1,860.00	
9	研发费用	-	
10	财务费用	20,000.00	
11	其中：利息费用	20,000.00	
12	利息收入	-	
13	加：其他收益		
14	投资收益（损失以“-”填列）		
15	其中：对联营企业和合营企业的投资收益		
16	以摊余成本计量的金融资产终止确认收益（损失以“-”填列）		
17	净敞口套期收益（损失以“-”填列）		
18	公允价值变动收益（损失以“-”填列）		
19	资产减值损失（损失以“-”填列）	-	
20	信用减值损失（损失以“-”填列）	-	

图 3-52　计算“信用减值损失”项目的“本期金额”

B22　=B4-B5-B6-B7-B8-B9-B10+B13+B14+B17+B18+B19+B20+B21

	A	B	C
1	利润表		
2	编制单位：东方有限责任公司　2022年1月		单位：元
3	项 目	本期金额	上期金额
4	一、营业收入	1,280,000.00	（略）
5	减：营业成本	720,000.00	
6	税金及附加	-	
7	销售费用	-	
8	管理费用	1,860.00	
9	研发费用	-	
10	财务费用	20,000.00	
11	其中：利息费用	20,000.00	
12	利息收入	-	
13	加：其他收益		
14	投资收益（损失以“-”填列）		
15	其中：对联营企业和合营企业的投资收益		
16	以摊余成本计量的金融资产终止确认收益（损失以“-”填列）		
17	净敞口套期收益（损失以“-”填列）		
18	公允价值变动收益（损失以“-”填列）		
19	资产减值损失（损失以“-”填列）	-	
20	信用减值损失（损失以“-”填列）	-	
21	资产处置收益（损失以“-”填列）		
22	二、营业利润（亏损以“-”填列）	538,140.00	

图 3-53　计算“营业利润”项目的“本期金额”

B23＝总账科目余额表!F51

按“Enter”键，即可计算出“营业外收入”项目的“本期金额”，如图 3-54 所示。

12. 计算“营业外支出”项目的“本期金额”

选中 B24 单元格，在公式编辑栏中输入公式：

B24＝总账科目余额表!E60

按“Enter”键，即可计算出“营业外支出”项目的“本期金额”，如图 3-55 所示。

13. 计算“利润总额”项目的“本期金额”

选中 B25 单元格，在公式编辑栏中输入公式：

B25＝B22＋B23－B24

B23 fx =总账科目余额表!F51

	A	B	C
1	利润表		
2	编制单位：东方有限责任公司 2022年1月		单位：元
3	项 目	本期金额	上期金额
4	一、营业收入	1,280,000.00	（略）
5	减：营业成本	720,000.00	
6	税金及附加	-	
7	销售费用	-	
8	管理费用	1,860.00	
9	研发费用	-	
10	财务费用	20,000.00	
11	其中：利息费用	20,000.00	
12	利息收入	-	
13	加：其他收益		
14	投资收益（损失以“-”填列）		
15	其中：对联营企业和合营企业的投资收益		
16	以摊余成本计量的金融资产终止确认收益（损失以“-”填列）		
17	净敞口套期收益（损失以“-”填列）		
18	公允价值变动收益（损失以“-”填列）		
19	资产减值损失（损失以“-”填列）	-	
20	信用减值损失（损失以“-”填列）	-	
21	资产处置收益（损失以“-”填列）		
22	二、营业利润（亏损以“-”填列）	538,140.00	
23	加：营业外收入	-	

图 3-54 计算“营业外收入”项目的“本期金额”

B24 fx =总账科目余额表!E60

	A	B	C
1	利润表		
2	编制单位：东方有限责任公司 2022年1月		单位：元
3	项 目	本期金额	上期金额
4	一、营业收入	1,280,000.00	（略）
5	减：营业成本	720,000.00	
6	税金及附加	-	
7	销售费用	-	
8	管理费用	1,860.00	
9	研发费用	-	
10	财务费用	20,000.00	
11	其中：利息费用	20,000.00	
12	利息收入	-	
13	加：其他收益		
14	投资收益（损失以“-”填列）		
15	其中：对联营企业和合营企业的投资收益		
16	以摊余成本计量的金融资产终止确认收益（损失以“-”填列）		
17	净敞口套期收益（损失以“-”填列）		
18	公允价值变动收益（损失以“-”填列）		
19	资产减值损失（损失以“-”填列）	-	
20	信用减值损失（损失以“-”填列）	-	
21	资产处置收益（损失以“-”填列）		
22	二、营业利润（亏损以“-”填列）	538,140.00	
23	加：营业外收入	-	
24	减：营业外支出	-	

图 3-55 计算“营业外支出”项目的“本期金额”

按“Enter”键，即可计算出“利润总额”项目的“本期金额”，如图 3-56 所示。

14. 计算“所得税费用”项目的“本期金额”

选中 B26 单元格，在公式编辑栏中输入公式：

B26=总账科目余额表!E61

按“Enter”键，即可计算出“所得税费用”项目的“本期金额”，如图 3-57 所示。

15. 计算“净利润”项目的“本期金额”

（1）“持续经营净利润”项目。

B25 f_x =B22+B23-B24

	A	B	C
1	利润表		
2	编制单位：东方有限责任公司 2022年1月		单位：元
3	项 目	本期金额	上期金额
4	一、营业收入	1,280,000.00	（略）
5	减：营业成本	720,000.00	
6	税金及附加	-	
7	销售费用	-	
8	管理费用	1,860.00	
9	研发费用	-	
10	财务费用	20,000.00	
11	其中：利息费用	20,000.00	
12	利息收入	-	
13	加：其他收益		
14	投资收益（损失以“-”填列）		
15	其中：对联营企业和合营企业的投资收益		
16	以摊余成本计量的金融资产终止确认收益（损失以“-”填列）		
17	净敞口套期收益（损失以“-”填列）		
18	公允价值变动收益（损失以“-”填列）		
19	资产减值损失（损失以“-”填列）	-	
20	信用减值损失（损失以“-”填列）	-	
21	资产处置收益（损失以“-”填列）		
22	二、营业利润（亏损以“-”填列）	538,140.00	
23	加：营业外收入	-	
24	减：营业外支出	-	
25	三、利润总额（亏损总额以“-”填列）	538,140.00	

图 3-56 计算“利润总额”项目的“本期金额”

B26 f_x =总账科目余额表!E61

	A	B	C
1	利润表		
2	编制单位：东方有限责任公司 2022年1月		单位：元
3	项 目	本期金额	上期金额
4	一、营业收入	1,280,000.00	（略）
5	减：营业成本	720,000.00	
6	税金及附加	-	
7	销售费用	-	
8	管理费用	1,860.00	
9	研发费用	-	
10	财务费用	20,000.00	
11	其中：利息费用	20,000.00	
12	利息收入	-	
13	加：其他收益		
14	投资收益（损失以“-”填列）		
15	其中：对联营企业和合营企业的投资收益		
16	以摊余成本计量的金融资产终止确认收益（损失以“-”填列）		
17	净敞口套期收益（损失以“-”填列）		
18	公允价值变动收益（损失以“-”填列）		
19	资产减值损失（损失以“-”填列）	-	
20	信用减值损失（损失以“-”填列）	-	
21	资产处置收益（损失以“-”填列）		
22	二、营业利润（亏损以“-”填列）	538,140.00	
23	加：营业外收入	-	
24	减：营业外支出	-	
25	三、利润总额（亏损总额以“-”填列）	538,140.00	
26	减：所得税费用	-	

图 3-57 计算“所得税费用”项目的“本期金额”

选中 B28 单元格，在公式编辑栏中输入公式：

B28＝B27

按“Enter”键，即可计算出“持续经营净利润”，如图 3-58 所示。

注：由于本例中未涉及终止经营的相关问题，因此，此处“持续经营净利润”的金额等于“净利润”的金额。

（2）“净利润”项目。

选中 B27 单元格，在公式编辑栏中输入公式：

B27＝B25－B26

B28 f_x =B27

	A	B	C
1	利润表		
2	编制单位：东方有限责任公司　　2022年1月		单位：元
3	项　目	本期金额	上期金额
4	一、营业收入	1,280,000.00	（略）
5	减：营业成本	720,000.00	
6	税金及附加	-	
7	销售费用	-	
8	管理费用	1,860.00	
9	研发费用	-	
10	财务费用	20,000.00	
11	其中：利息费用	20,000.00	
12	利息收入	-	
13	加：其他收益		
14	投资收益（损失以“-”填列）		
15	其中：对联营企业和合营企业的投资收益		
16	以摊余成本计量的金融资产终止确认收益（损失以“-”填列）		
17	净敞口套期收益（损失以“-”填列）		
18	公允价值变动收益（损失以“-”填列）		
19	资产减值损失（损失以“-”填列）	-	
20	信用减值损失（损失以“-”填列）	-	
21	资产处置收益（损失以“-”填列）		
22	二、营业利润（亏损以“-”填列）	538,140.00	
23	加：营业外收入	-	
24	减：营业外支出	-	
25	三、利润总额（亏损总额以“-”填列）	538,140.00	
26	减：所得税费用	-	
27	四、净利润（净亏损以“-”填列）	538,140.00	
28	（一）持续经营净利润（净亏损以“-”填列）	538,140.00	
29	（二）终止经营净利润（净亏损以“-”填列）		

图 3-58　计算“持续经营净利润”项目的“本期金额”

按“Enter”键，即可计算出“净利润”，如图 3-59 所示。

B27 f_x =B25-B26

	A	B	C
1	利润表		
2	编制单位：东方有限责任公司　　2022年1月		单位：元
3	项　目	本期金额	上期金额
4	一、营业收入	1,280,000.00	（略）
5	减：营业成本	720,000.00	
6	税金及附加	-	
7	销售费用	-	
8	管理费用	1,860.00	
9	研发费用	-	
10	财务费用	20,000.00	
11	其中：利息费用	20,000.00	
12	利息收入	-	
13	加：其他收益		
14	投资收益（损失以“-”填列）		
15	其中：对联营企业和合营企业的投资收益		
16	以摊余成本计量的金融资产终止确认收益（损失以“-”填列）		
17	净敞口套期收益（损失以“-”填列）		
18	公允价值变动收益（损失以“-”填列）		
19	资产减值损失（损失以“-”填列）	-	
20	信用减值损失（损失以“-”填列）	-	
21	资产处置收益（损失以“-”填列）		
22	二、营业利润（亏损以“-”填列）	538,140.00	
23	加：营业外收入	-	
24	减：营业外支出	-	
25	三、利润总额（亏损总额以“-”填列）	538,140.00	
26	减：所得税费用	-	
27	四、净利润（净亏损以“-”填列）	538,140.00	
28	（一）持续经营净利润（净亏损以“-”填列）	538,140.00	
29	（二）终止经营净利润（净亏损以“-”填列）		

图 3-59　计算“净利润”项目的“本期金额”

二、“上期金额”的填制

利润表中的“上期金额”栏内各项数字，应根据上年该期利润表的“本期金额”栏内所列数字填列。这样需要建立上年该期利润表与本月利润表的链接，进行数据的调用。

本案例的启用日期是 2022 年 1 月，因此“上期金额”等于 2021 年 1 月利润表中的“本期金额”数，此处数据略。

思考：上述公式如采用 SUMIF 函数定义，能否实现？如能，怎样定义公式？

多学一招

如何显示出单元格的公式？

如果想在单元格中显示出应用的公式，其方法是：单击功能区中的“公式”—“公式审核”—“显示公式”按钮，如图 3－60 所示，即可显示出工作表中所有的公式。再次单击“显示公式”按钮，即可取消公式的显示。

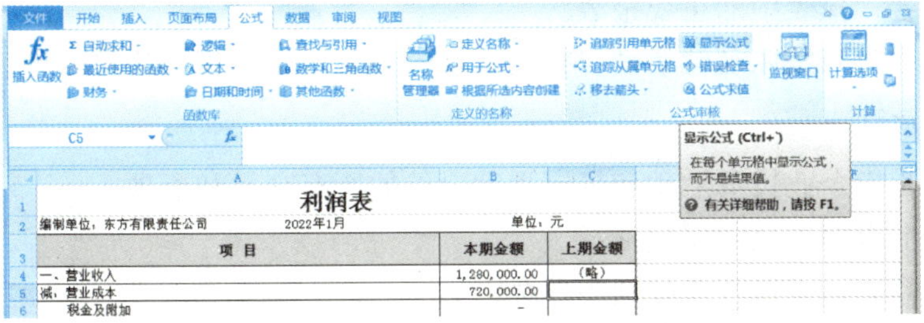

图 3－60　设置“显示公式”

任务 3　编制现金流量表

【任务效果图】

	A	B	C
1	现 金 流 量 表		
2	编制单位：东方有限责任公司　　2022年1月		单位：元
3	项目	本期金额	上期金额
4	一、经营活动产生的现金流量：		
5	销售商品、提供劳务收到现金	953,600.00	（略）
6	收到的税费返还	-	
7	收到其他与经营活动有关的现金	20.00	
8	经营活动现金流入小计	953,620.00	
9	购买商品、接受劳务支付的现金	339,000.00	
10	支付给职工以及为职工支付的现金	173,762.21	
11	支付的各项税费	125,991.05	
12	支付其他与经营活动有关的现金	880.00	
13	经营活动现金流出小计	639,633.26	
14	经营活动产生的现金流量净额	313,986.74	
15	二、投资活动产生的现金流量：		
16	收回投资收到的现金	-	
17	取得投资收益收到的现金	800.00	
18	处置固定资产、无形资产和其他长期资产收回的现金净额	-	
19	处置子公司及其他营业单位收到的现金净额	-	
20	收到其他与投资活动有关的现金	-	
21	投资活动现金流入小计	800.00	
22	购建固定资产、无形资产和其他长期资产支付的现金	5,650.00	
23	投资支付的现金	-	
24	取得子公司及其他营业单位支付的现金净额	-	
25	支付其他与投资活动有关的现金	-	
26	投资活动现金流出小计	5,650.00	
27	投资活动产生的现金流量净额	-4,850.00	
28	三、筹资活动产生的现金流量：		
29	吸收投资收到的现金	-	
30	取得借款收到的现金	100,000.00	
31	收到其他与筹资活动有关的现金	-	
32	筹资活动现金流入小计	100,000.00	
33	偿还债务支付的现金	220,000.00	
34	分配股利、利润或偿付利息支付的现金	-	
35	支付其他与筹资活动有关的现金	-	
36	筹资活动现金流出小计	220,000.00	
37	筹资活动产生的现金流量净额	-120,000.00	
38	四、汇率变动对现金及现金等价物的影响		
39	五、现金及现金等价物净增加额	189,136.74	
40	加：期初现金及现金等价物余额	618,433.27	
41	六、期末现金及现金等价物余额	807,570.01	

图 3－61　现金流量表（最终效果）

【任务分析】

资产负债表和利润表均是建立在权责发生制的基础上的，即使没有发生现金交易，收入和费用也在其发生时就得到确认。而现金流量表是建立在收付实现制的基础上的，只承认现金变化的交易。

现金流量表是反映企业一定会计期间现金和现金等价物流入和流出的报表。现金流量表也是企业会计报表中的主要报表。

现金流量表应当按照经营活动、投资活动、筹资活动的现金流量分类、分项列示。

一、经营活动

经营活动是指企业投资活动和筹资活动以外的所有交易和事项。

经营活动流入的现金主要包括：

（1）销售商品、提供劳务收到的现金；

（2）收到的税费返还；

（3）收到其他与经营活动有关的现金。

经营活动流出的现金主要包括：

（1）购买商品、接受劳务支付的现金；

（2）支付给职工以及为职工支付的现金；

（3）支付的各项税费；

（4）支付其他与经营活动有关的现金。

二、投资活动

投资活动是指企业长期资产的构建和不包括现金等价物范围内的投资及其处置活动。这里所说的投资活动，既包括实物资产投资，又包括金融资产投资。

投资活动流入的现金主要包括：

（1）收回投资收到的现金；

（2）取得投资收益收到的现金；

（3）处置固定资产、无形资产和其他长期资产收回的现金净额；

（4）处置子公司及其他营业单位收到的现金净额；

（5）收到其他与投资活动有关的现金。

投资活动流出的现金主要包括：

（1）购建固定资产、无形资产和其他长期资产支付的现金；

（2）投资支付的现金；

（3）取得子公司及其他营业单位支付的现金净额；

（4）支付其他与投资活动有关的现金。

三、筹资活动

筹资活动是指导致企业资本及债务规模和构成发生变动的活动。这里所说的资本，既包括实收资本，也包括资本溢价；这里所说的债务，指对外举债，包括向银行借款、发行债券以及偿还债务等。应付账款、应付票据等商业应付款属于经营活动，而不属于筹资活动。

筹资活动流入的现金主要包括：

（1）吸收投资收到的现金；

（2）取得借款收到的现金；

（3）收到其他与筹资活动有关的现金。

筹资活动流出的现金主要包括：

（1）偿还债务支付的现金；

（2）分配股利、利润或偿付利息支付的现金；

（3）支付其他与筹资活动有关的现金。

编制现金流量表的方法有多种，其传统方法主要有工作底稿法和 T 型账户法等，传统方法的工作任务繁重，而且难度较大。下面介绍在 Excel 中直接在会计凭证表的基础上，通过增加“现金流量分类”辅助列提取现金流量数据来编制现金流量表的方法。

【任务实施】

任务 3.1　设置会计凭证表对应的现金流量分类

一、输入现金流量项目

切换到“会计凭证表”工作表，增加 M 列为“现金流量分类”，在 O 列输入“现金流量项目”，如图 3 - 62 所示。

	H	I	J	K	L	M	N	O
1	借方金额	贷方金额	制单人	审核人	记账人	现金流量分类		现金流量项目
2	5,000.00		王娟	张秀梅	张秀梅		借贷平衡!	销售商品、提供劳务收到现金
3		5,000.00	王娟	张秀梅	张秀梅			收到的税费返还
4	250,000.00		王娟	张秀梅	张秀梅			收到其他与经营活动有关的现金
5	32,500.00		王娟	张秀梅	张秀梅			购买商品、接受劳务支付的现金
6		282,500.00	王娟	张秀梅	张秀梅			支付给职工以及为职工支付的现金
7	300,000.00		王娟	张秀梅	张秀梅			支付的各项税费
8	39,000.00		王娟	张秀梅	张秀梅			支付其他与经营活动有关的现金
9		339,000.00	王娟	张秀梅	张秀梅			收回投资收到的现金
10	173,762.21		王娟	张秀梅	张秀梅			取得投资收益收到的现金
11		173,762.21	王娟	张秀梅	张秀梅			处置固定资产、无形资产和其他长期资产收回的现金净额
12	90,950.00		王娟	张秀梅	张秀梅			处置子公司及其他营业单位收到的现金净额
13	12,000.00		王娟	张秀梅	张秀梅			收到其他与投资活动有关的现金
14	6,366.50		王娟	张秀梅	张秀梅			购建固定资产、无形资产和其他长期资产支付的现金
15	2,728.50		王娟	张秀梅	张秀梅			投资支付的现金
16	1,819.00		王娟	张秀梅	张秀梅			取得子公司及其他营业单位支付的现金净额
17	12,000.00		王娟	张秀梅	张秀梅			支付其他与投资活动有关的现金
18	127.05		王娟	张秀梅	张秀梅			吸收投资收到的现金
19		125,991.05	王娟	张秀梅	张秀梅			收到其他与筹资活动有关的现金
20	813,600.00		王娟	张秀梅	张秀梅			偿还债务支付的现金
21		720,000.00	王娟	张秀梅	张秀梅			分配股利、利润或偿付利息支付的现金
22		93,600.00	王娟	张秀梅	张秀梅			支付其他与筹资活动有关的现金

图 3 - 62　输入现金流量项目

二、定义名称“现金流量项目”

选中 O2:O22 单元格区域，在名称框内输入名称“现金流量项目”，如图 3 - 63 所示。

三、建立现金流量分类选择序列

操作步骤如下：

（1）选中 M 列“现金流量分类”单元格区域，单击功能区中的“数据”—“数据工具”—“数据有效性”右侧的下拉三角按钮，选择“数据有效性”命令。打开“数据有效性”对话框，在“允许”下拉菜单中选择“序列”，设置来源为“＝现金流量项目”，

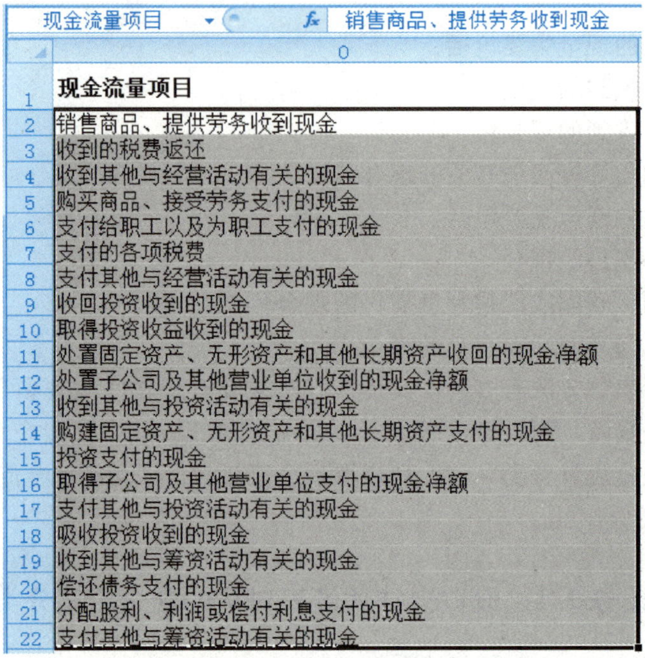

图 3-63　定义名称“现金流量项目”

如图 3-64 所示。

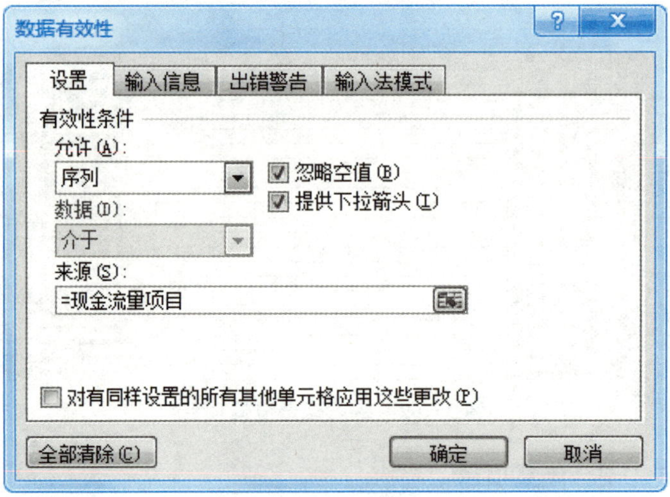

图 3-64　设置“现金流量分类”的数据有效性

（2）设置完成后，选中“现金流量分类”列任意单元格，则会出现下拉按钮，可以从中选择现金流量分类，如图 3-65 所示。

四、选择现金流量分类

操作步骤如下：

（1）把光标定位在会计凭证表数据清单内任一单元格，单击功能区中的“数据”—“排序和筛选”—“筛选”命令。数据清单的每个标题栏右侧则会出现下拉按钮，进入

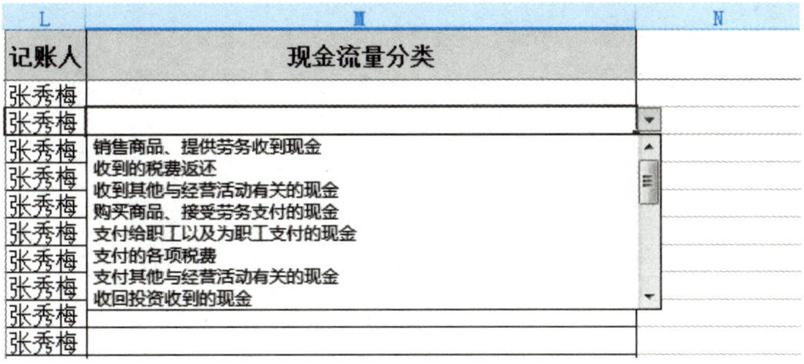

图 3-65 “现金流量项目”序列

“自动筛选”状态，如图 3-66 所示。

	摘要	科目编码	总账科目	明细科目	借方金额	贷方金额	制单人	审核人	记账人	现金流量分类
2	提现金	1001	库存现金		5,000.00		王娟	张秀梅	张秀梅	
3	提现金	100201	银行存款	工行		5,000.00	王娟	张秀梅	张秀梅	
4	购B材料	140302	原材料	B材料	250,000.00		王娟	张秀梅	张秀梅	
5	购B材料	22210201	应交税费	应交增值税（进项税额）	32,500.00		王娟	张秀梅	张秀梅	
6	购B材料	112301	预付账款	永胜公司		282,500.00	王娟	张秀梅	张秀梅	
7	购A材料	140301	原材料	A材料	300,000.00		王娟	张秀梅	张秀梅	
8	购A材料	22210201	应交税费	应交增值税（进项税额）	39,000.00		王娟	张秀梅	张秀梅	

图 3-66 会计凭证表的“自动筛选”

（2）单击“总账科目”右侧的下拉三角按钮，在下面的筛选框内，只选择“库存现金”和“银行存款”，如图 3-67 所示。打开筛选后的窗口，如图 3-68 所示。

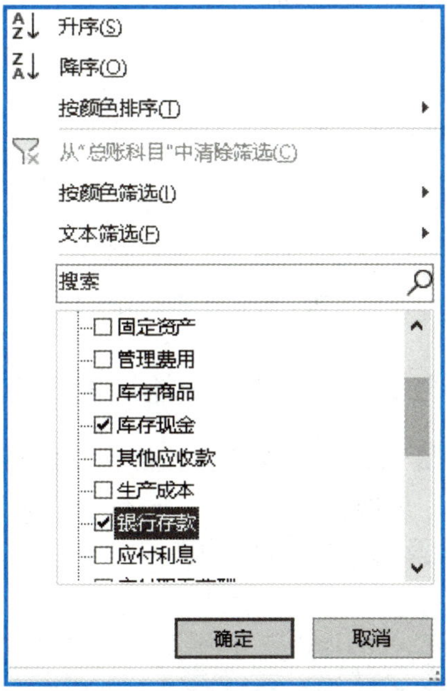

图 3-67 只选择“库存现金”和“银行存款”

（3）根据摘要信息从下拉菜单中选择现金流量分类。M9 单元格对应的摘要信息为“购 A 材料”，其对应的现金流量分类应该为“购买商品、接受劳务支付的现金”。因此，选中 M9 单元格，在下拉序列中选择“购买商品、接受劳务支付的现金”项目，如图 3-69 所示。

	D	E	F	G	H	I	J	K	L	M
1	摘要	科目编码	总账科目	明细科目	借方金额	贷方金额	制单人	审核人	记账人	现金流量分类
2	提现金	1001	库存现金		5,000.00		王娟	张秀梅	张秀梅	
3	提现金	100201	银行存款	工行		5,000.00	王娟	张秀梅	张秀梅	
9	购A材料	100201	银行存款	工行		339,000.00	王娟	张秀梅	张秀梅	
11	发工资	100201	银行存款	工行		173,762.21	王娟	张秀梅	张秀梅	
19	交税	100202	银行存款	建行		125,991.05	王娟	张秀梅	张秀梅	
20	向长城公司销售甲产品，款已收	100201	银行存款	工行	813,600.00		王娟	张秀梅	张秀梅	
26	预收长城公司货款	100201	银行存款	工行	140,000.00		王娟	张秀梅	张秀梅	
29	支付办公费	1001	库存现金			880.00	王娟	张秀梅	张秀梅	
35	财务部购激光打印机一台	100201	银行存款	工行		5,650.00	王娟	张秀梅	张秀梅	
37	孙立全报销差旅费	1001	库存现金		20.00		王娟	张秀梅	张秀梅	
39	取得短期借款	100201	银行存款	工行	100,000.00		王娟	张秀梅	张秀梅	
43	归还长期借款本金及利息	100201	银行存款	工行		220,000.00	王娟	张秀梅	张秀梅	
44	收到现金股利	100201	银行存款	工行	800.00		王娟	张秀梅	张秀梅	

图 3-68　筛选出涉及货币资金的会计凭证

	D	E	F	G	H	I	J	K	L	M	
1	摘要	科目编码	总账科目	明细科目	借方金额	贷方金额	制单	审核	记账	现金流量分类	
2	提现金	1001	库存现金		5,000.00		王娟	张秀梅	张秀梅		借贷
3	提现金	100201	银行存款	工行		5,000.00	王娟	张秀梅	张秀梅		
9	购A材料	100201	银行存款	工行		339,000.00	王娟	张秀梅	张秀梅	购买商品、接受劳务支付的现金	
11	发工资	100201	银行存款	工行		173,762.21	王娟	张秀梅	张秀梅		
19	交税	100202	银行存款	建行		125,991.05	王娟	张秀梅	张秀梅		
20	向长城公司销售甲产品，款已收	100201	银行存款	工行	813,600.00		王娟	张秀梅	张秀梅		
26	预收长城公司货款	100201	银行存款	工行	140,000.00		王娟	张秀梅	张秀梅		
29	支付办公费	1001	库存现金			880.00	王娟	张秀梅	张秀梅		
35	财务部购激光打印机一台	100201	银行存款	工行		5,650.00	王娟	张秀梅	张秀梅		
37	孙立全报销差旅费	1001	库存现金		20.00		王娟	张秀梅	张秀梅		
39	取得短期借款	100201	银行存款	工行	100,000.00		王娟	张秀梅	张秀梅		
43	归还长期借款本金及利息	100201	银行存款	工行		220,000.00	王娟	张秀梅	张秀梅		
44	收到现金股利	100201	银行存款	工行	800.00		王娟	张秀梅	张秀梅		

购买商品、接受劳务支付的现金
支付给职工以及为职工支付的现金
支付的各项税费
支付其他与经营活动有关的现金
收回投资收到的现金
取得投资收益收到的现金
处置固定资产、无形资产和其他长期资产收
处置子公司及其他营业单位收到的现金净额

图 3-69　选择对应的“现金流量项目”

注：第 2 行和第 3 行“提现金”是现金自会计主体流进、流出的业务，不构成现金流量，因此 M2 和 M3 单元格不需要输入。

（4）按相同的方法设置其他现金流量分类，如图 3-70 所示。

	D	E	F	G	H	I	J	K	L	M
1	摘要	科目编码	总账科目	明细科目	借方金额	贷方金额	制单人	审核人	记账人	现金流量分类
2	提现金	1001	库存现金		5,000.00		王娟	张秀梅	张秀梅	
3	提现金	100201	银行存款	工行		5,000.00	王娟	张秀梅	张秀梅	
9	购A材料	100201	银行存款	工行		339,000.00	王娟	张秀梅	张秀梅	购买商品、接受劳务支付的现金
11	发工资	100201	银行存款	工行		173,762.21	王娟	张秀梅	张秀梅	支付给职工以及为职工支付的现金
19	交税	100202	银行存款	建行		125,991.05	王娟	张秀梅	张秀梅	支付的各项税费
20	向长城公司销售甲产品，款已收	100201	银行存款	工行	813,600.00		王娟	张秀梅	张秀梅	销售商品、提供劳务收到现金
26	预收长城公司货款	100201	银行存款	工行	140,000.00		王娟	张秀梅	张秀梅	销售商品、提供劳务收到现金
29	支付办公费	1001	库存现金			880.00	王娟	张秀梅	张秀梅	支付其他与经营活动有关的现金
35	财务部购激光打印机一台	100201	银行存款	工行		5,650.00	王娟	张秀梅	张秀梅	购建固定资产、无形资产和其他长期资产支付的现金
37	孙立全报销差旅费	1001	库存现金		20.00		王娟	张秀梅	张秀梅	收到其他与经营活动有关的现金
39	取得短期借款	100201	银行存款	工行	100,000.00		王娟	张秀梅	张秀梅	取得借款收到的现金
43	归还长期借款本金及利息	100201	银行存款	工行		220,000.00	王娟	张秀梅	张秀梅	偿还债务支付的现金
44	收到现金股利	100201	银行存款	工行	800.00		王娟	张秀梅	张秀梅	取得投资收益收到的现金

图 3-70　现金流量项目的设置

任务 3.2　设置现金流量表的格式

新现金流量表的报表项目也做了不少调整，核心变化是在原报表的最后一行“五、现金及现金等价物净增加额”后面又增加两行：一行是“加：期初现金及现金等价物余额”，一行是“六、期末现金及现金等价物余额”。

操作步骤如下：

（1）打开“总账及报表 2201. xlsx”工作簿，单击“插入工作表”按钮，增加一个新工作表，将新工作表重命名为“现金流量表”。

（2）打开“现金流量表”工作表，输入表格标题、表头信息，并根据当前实际情况输入现金流量表的各个项目。

（3）对建立的表格进行文字字体设置、对齐方式设置、数字格式设置（会计专用）、边框设置、特定区域底纹设置等，得到设置好格式的现金流量表，如图 3-71 所示。

	A	B	C
1	现 金 流 量 表		
2	编制单位：东方有限责任公司　　　2022年1月		单位：元
3	项目	本期金额	上期金额
4	一、经营活动产生的现金流量：		
5	销售商品、提供劳务收到现金		（略）
6	收到的税费返还		
7	收到其他与经营活动有关的现金		
8	经营活动现金流入小计		
9	购买商品、接受劳务支付的现金		
10	支付给职工以及为职工支付的现金		
11	支付的各项税费		
12	支付其他与经营活动有关的现金		
13	经营活动现金流出小计		
14	经营活动产生的现金流量净额		
15	二、投资活动产生的现金流量：		
16	收回投资收到的现金		
17	取得投资收益收到的现金		
18	处置固定资产、无形资产和其他长期资产收回的现金净额		
19	处置子公司及其他营业单位收到的现金净额		
20	收到其他与投资活动有关的现金		
21	投资活动现金流入小计		
22	购建固定资产、无形资产和其他长期资产支付的现金		
23	投资支付的现金		
24	取得子公司及其他营业单位支付的现金净额		
25	支付其他与投资活动有关的现金		
26	投资活动现金流出小计		
27	投资活动产生的现金流量净额		
28	三、筹资活动产生的现金流量：		
29	吸收投资收到的现金		
30	取得借款收到的现金		
31	收到其他与筹资活动有关的现金		
32	筹资活动现金流入小计		
33	偿还债务支付的现金		
34	分配股利、利润或偿付利息支付的现金		
35	支付其他与筹资活动有关的现金		
36	筹资活动现金流出小计		
37	筹资活动产生的现金流量净额		
38	四、汇率变动对现金及现金等价物的影响		
39	五、现金及现金等价物净增加额		
40	加：期初现金及现金等价物余额		
41	六、期末现金及现金等价物余额		

图 3-71　现金流量表格式

任务 3.3　填制现金流量表

现金流量表的数据来自会计凭证表，在建立好的“现金流量项目”基础上，可以根据公式自动计算填制现金流量表。

操作步骤如下所述。

一、计算“经营活动产生的现金流量”分类中现金流入项目金额

（1）打开“总账及报表 2201. xlsx”工作簿中的“现金流量表”工作表，选中 B5 单元格，输入公式：

＝SUMIF(会计凭证表!M:M,A5,会计凭证表!H:H)

按“Enter”键即可从“会计凭证表”工作表中计算得到“销售商品、提供劳务收到现金”项目的金额，如图 3－72 所示。

B5 =SUMIF(会计凭证表!M:M,A5,会计凭证表!H:H)

	A	B	C
1	现 金 流 量 表		
2	编制单位：东方有限责任公司　　2022年1月		单位：元
3	项目	本期金额	上期金额
4	一、经营活动产生的现金流量：		
5	销售商品、提供劳务收到现金	953,600.00	

图 3－72　计算“销售商品、提供劳务收到现金”项目金额

（2）选中 B5 单元格，拖拉填充控制点向下填充到 B7 单元格，即可计算出“经营活动产生的现金流量”分类中其他现金流入项目金额，如图 3－73 所示。

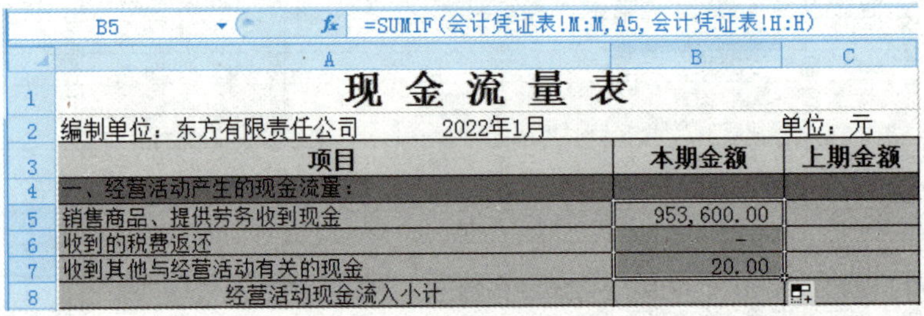

B5 =SUMIF(会计凭证表!M:M,A5,会计凭证表!H:H)

	A	B	C
1	现 金 流 量 表		
2	编制单位：东方有限责任公司　　2022年1月		单位：元
3	项目	本期金额	上期金额
4	一、经营活动产生的现金流量：		
5	销售商品、提供劳务收到现金	953,600.00	
6	收到的税费返还	-	
7	收到其他与经营活动有关的现金	20.00	
8	经营活动现金流入小计		

图 3－73　计算“经营活动产生的现金流量”分类中其他现金流入项目金额

二、计算“经营活动产生的现金流量”分类现金流入小计金额

选中 B8 单元格，输入公式：

＝SUM(B5:B7)

按“Enter”键即可计算出“经营活动产生的现金流量”分类现金流入小计金额，如图 3－74 所示。

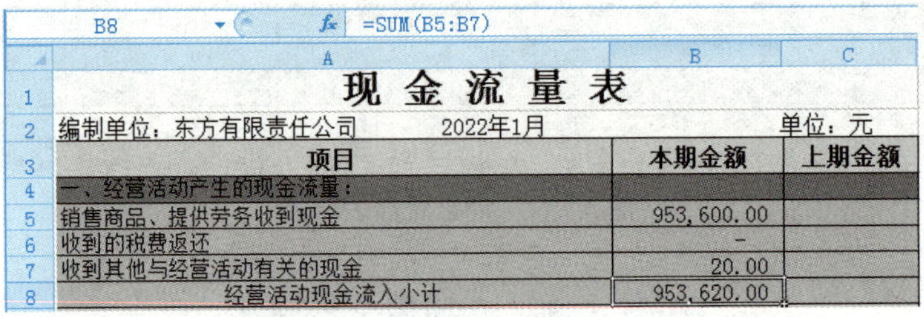

B8 =SUM(B5:B7)

	A	B	C
1	现 金 流 量 表		
2	编制单位：东方有限责任公司　　2022年1月		单位：元
3	项目	本期金额	上期金额
4	一、经营活动产生的现金流量：		
5	销售商品、提供劳务收到现金	953,600.00	
6	收到的税费返还	-	
7	收到其他与经营活动有关的现金	20.00	
8	经营活动现金流入小计	953,620.00	

图 3－74　计算“经营活动产生的现金流量”分类现金流入小计金额

三、计算“经营活动产生的现金流量”分类中现金流出项目金额

（1）选中 B9 单元格，输入公式：

＝SUMIF(会计凭证表!M:M,A9,会计凭证表!I:I)

按“Enter”键即可从“会计凭证表”工作表中计算得到“购买商品、接受劳务支付的现金”项目的金额，如图 3－75 所示。

（2）选中 B9 单元格，拖拉填充控制点向下填充到 B12 单元格，即可计算出“经营活动产生的现金流量”分类中其他现金流出项目金额，如图 3－76 所示。

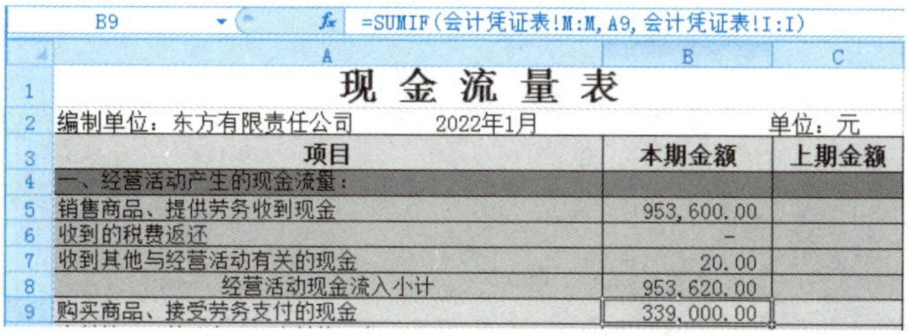

B9　=SUMIF(会计凭证表!M:M,A9,会计凭证表!I:I)

	A	B	C
1	现 金 流 量 表		
2	编制单位：东方有限责任公司　2022年1月		单位：元
3	项目	本期金额	上期金额
4	一、经营活动产生的现金流量：		
5	销售商品、提供劳务收到现金	953,600.00	
6	收到的税费返还	-	
7	收到其他与经营活动有关的现金	20.00	
8	经营活动现金流入小计	953,620.00	
9	购买商品、接受劳务支付的现金	339,000.00	

图 3-75　计算“购买商品、接受劳务支付的现金”项目金额

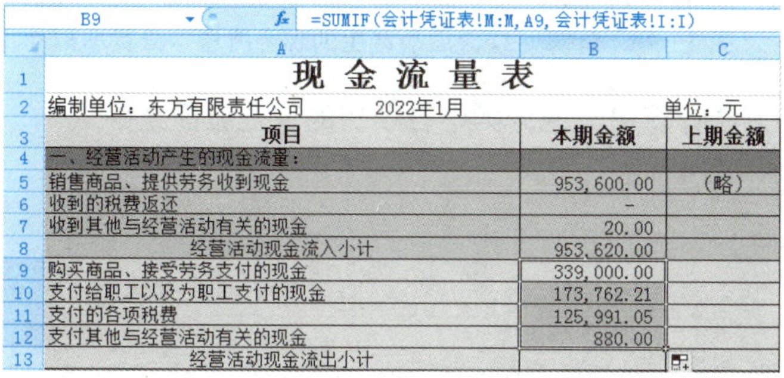

B9　=SUMIF(会计凭证表!M:M,A9,会计凭证表!I:I)

	A	B	C
1	现 金 流 量 表		
2	编制单位：东方有限责任公司　2022年1月		单位：元
3	项目	本期金额	上期金额
4	一、经营活动产生的现金流量：		
5	销售商品、提供劳务收到现金	953,600.00	（略）
6	收到的税费返还	-	
7	收到其他与经营活动有关的现金	20.00	
8	经营活动现金流入小计	953,620.00	
9	购买商品、接受劳务支付的现金	339,000.00	
10	支付给职工以及为职工支付的现金	173,762.21	
11	支付的各项税费	125,991.05	
12	支付其他与经营活动有关的现金	880.00	
13	经营活动现金流出小计		

图 3-76　计算“经营活动产生的现金流量”分类中其他现金流出项目金额

四、计算“经营活动产生的现金流量”分类现金流出小计金额

选中 B13 单元格，输入公式：

=SUM(B9:B12)

按“Enter”键即可计算出“经营活动产生的现金流量”分类现金流出小计金额，如图 3-77 所示。

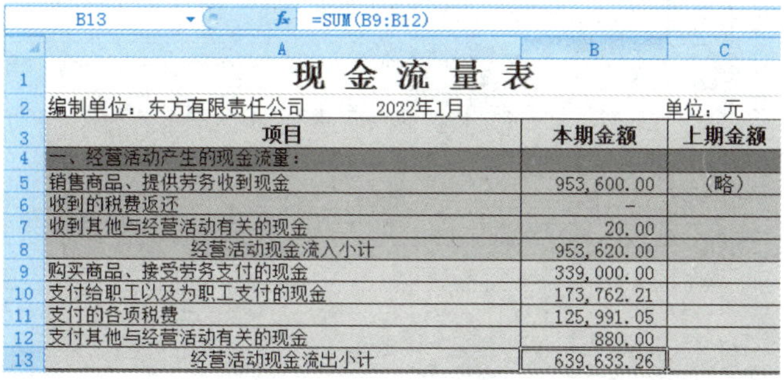

B13　=SUM(B9:B12)

	A	B	C
1	现 金 流 量 表		
2	编制单位：东方有限责任公司　2022年1月		单位：元
3	项目	本期金额	上期金额
4	一、经营活动产生的现金流量：		
5	销售商品、提供劳务收到现金	953,600.00	（略）
6	收到的税费返还	-	
7	收到其他与经营活动有关的现金	20.00	
8	经营活动现金流入小计	953,620.00	
9	购买商品、接受劳务支付的现金	339,000.00	
10	支付给职工以及为职工支付的现金	173,762.21	
11	支付的各项税费	125,991.05	
12	支付其他与经营活动有关的现金	880.00	
13	经营活动现金流出小计	639,633.26	

图 3-77　计算“经营活动产生的现金流量”分类现金流出小计金额

五、计算“经营活动产生的现金流量”分类净额

选中 B14 单元格，输入公式：

=B8－B13

按“Enter”键即可计算出“经营活动产生的现金流量”分类中的净额，如图 3-78 所示。

B14 fx =B8-B13

	A	B	C
1	现 金 流 量 表		
2	编制单位：东方有限责任公司　　2022年1月		单位：元
3	项目	本期金额	上期金额
4	一、经营活动产生的现金流量：		
5	销售商品、提供劳务收到现金	953,600.00	（略）
6	收到的税费返还	-	
7	收到其他与经营活动有关的现金	20.00	
8	经营活动现金流入小计	953,620.00	
9	购买商品、接受劳务支付的现金	339,000.00	
10	支付给职工以及为职工支付的现金	173,762.21	
11	支付的各项税费	125,991.05	
12	支付其他与经营活动有关的现金	880.00	
13	经营活动现金流出小计	639,633.26	
14	经营活动产生的现金流量净额	313,986.74	

图 3-78　计算“经营活动产生的现金流量”分类净额

六、按相同的方法计算出其他分类中各项目的现金流量金额

计算结果如图 3-79 所示。

	A	B	C
1	现 金 流 量 表		
2	编制单位：东方有限责任公司　　2022年1月		单位：元
3	项目	本期金额	上期金额
4	一、经营活动产生的现金流量：		
5	销售商品、提供劳务收到现金	953,600.00	
6	收到的税费返还	-	
7	收到其他与经营活动有关的现金	20.00	
8	经营活动现金流入小计	953,620.00	
9	购买商品、接受劳务支付的现金	339,000.00	
10	支付给职工以及为职工支付的现金	173,762.21	
11	支付的各项税费	125,991.05	
12	支付其他与经营活动有关的现金	880.00	
13	经营活动现金流出小计	639,633.26	
14	经营活动产生的现金流量净额	313,986.74	
15	二、投资活动产生的现金流量：		
16	收回投资收到的现金	-	
17	取得投资收益收到的现金	800.00	
18	处置固定资产、无形资产和其他长期资产收回的现金净额	-	
19	处置子公司及其他营业单位收到的现金净额	-	
20	收到其他与投资活动有关的现金	-	
21	投资活动现金流入小计	800.00	
22	购建固定资产、无形资产和其他长期资产支付的现金	5,650.00	
23	投资支付的现金	-	
24	取得子公司及其他营业单位支付的现金净额	-	
25	支付其他与投资活动有关的现金	-	
26	投资活动现金流出小计	5,650.00	
27	投资活动产生的现金流量净额	-4,850.00	
28	三、筹资活动产生的现金流量：		
29	吸收投资收到的现金	-	
30	取得借款收到的现金	100,000.00	
31	收到其他与筹资活动有关的现金	-	
32	筹资活动现金流入小计	100,000.00	
33	偿还债务支付的现金	220,000.00	
34	分配股利、利润或偿付利息支付的现金	-	
35	支付其他与筹资活动有关的现金	-	
36	筹资活动现金流出小计	220,000.00	
37	筹资活动产生的现金流量净额	-120,000.00	
38	四、汇率变动对现金及现金等价物的影响		

图 3-79　计算其他分类中各项目的现金流量金额

七、计算“现金及现金等价物净增加额”项目的现金流量金额

选中 B39 单元格，输入公式：

=B14+B27+B37

按“Enter”键即可计算出“现金及现金等价物净增加额”项目的现金流量金额，如图 3-80 所示。

B39 =B14+B27+B37

	A	B	C
1	现 金 流 量 表		
2	编制单位：东方有限责任公司 2022年1月		单位：元
3	项目	本期金额	上期金额
4	一、经营活动产生的现金流量：		
5	销售商品、提供劳务收到现金	953,600.00	
6	收到的税费返还	-	
7	收到其他与经营活动有关的现金	20.00	
8	经营活动现金流入小计	953,620.00	
9	购买商品、接受劳务支付的现金	339,000.00	
10	支付给职工以及为职工支付的现金	173,762.21	
11	支付的各项税费	125,991.05	
12	支付其他与经营活动有关的现金	880.00	
13	经营活动现金流出小计	639,633.26	
14	经营活动产生的现金流量净额	313,986.74	
15	二、投资活动产生的现金流量：		
16	收回投资收到的现金	-	
17	取得投资收益收到的现金	800.00	
18	处置固定资产、无形资产和其他长期资产收回的现金净额	-	
19	处置子公司及其他营业单位收到的现金净额	-	
20	收到其他与投资活动有关的现金	-	
21	投资活动现金流入小计	800.00	
22	购建固定资产、无形资产和其他长期资产支付的现金	5,650.00	
23	投资支付的现金	-	
24	取得子公司及其他营业单位支付的现金净额	-	
25	支付其他与投资活动有关的现金	-	
26	投资活动现金流出小计	5,650.00	
27	投资活动产生的现金流量净额	-4,850.00	
28	三、筹资活动产生的现金流量：		
29	吸收投资收到的现金	-	
30	取得借款收到的现金	100,000.00	
31	收到其他与筹资活动有关的现金	-	
32	筹资活动现金流入小计	100,000.00	
33	偿还债务支付的现金	220,000.00	
34	分配股利、利润或偿付利息支付的现金	-	
35	支付其他与筹资活动有关的现金	-	
36	筹资活动现金流出小计	220,000.00	
37	筹资活动产生的现金流量净额	-120,000.00	
38	四、汇率变动对现金及现金等价物的影响		
39	五、现金及现金等价物净增加额	189,136.74	

图 3-80 计算“现金及现金等价物净增加额”项目的金额

选中 B40 单元格，输入公式：

=总账科目余额表!C2+总账科目余额表!C3+总账科目余额表!C4

按“Enter”键即可计算出“期初现金及现金等价物余额”项目的现金流量金额，如图 3-81 所示。

B40 =总账科目余额表!C2+总账科目余额表!C3+总账科目余额表!C4

	A	B	C	G
35	支付其他与筹资活动有关的现金	-		
36	筹资活动现金流出小计	220,000.00		
37	筹资活动产生的现金流量净额	-120,000.00		
38	四、汇率变动对现金及现金等价物的影响			
39	五、现金及现金等价物净增加额	189,136.74		
40	加：期初现金及现金等价物余额	618,433.27		
41	六、期末现金及现金等价物余额			

图 3-81 计算“期初现金及现金等价物余额”项目的金额

八、计算“期末现金及现金等价物余额”项目的现金流量金额

选中 B41 单元格，输入公式：

=B39+B40

按“Enter”键即可计算出“期末现金及现金等价物余额”项目的现金流量金额，如图 3-82 所示。

最终得到现金流量表，如图 3-83 所示。

B41 f_x =B39+B40

	A	B	C
35	支付其他与筹资活动有关的现金	-	
36	筹资活动现金流出小计	220,000.00	
37	筹资活动产生的现金流量净额	-120,000.00	
38	四、汇率变动对现金及现金等价物的影响		
39	五、现金及现金等价物净增加额	189,136.74	
40	加：期初现金及现金等价物余额	618,433.27	
41	六、期末现金及现金等价物余额	807,570.01	

图 3-82 计算“期末现金及现金等价物余额”项目的金额

	A	B	C
1	现 金 流 量 表		
2	编制单位：东方有限责任公司 2022年1月		单位：元
3	项目	本期金额	上期金额
4	一、经营活动产生的现金流量：		
5	销售商品、提供劳务收到现金	953,600.00	（略）
6	收到的税费返还	-	
7	收到其他与经营活动有关的现金	20.00	
8	经营活动现金流入小计	953,620.00	
9	购买商品、接受劳务支付的现金	339,000.00	
10	支付给职工以及为职工支付的现金	173,762.21	
11	支付的各项税费	125,991.05	
12	支付其他与经营活动有关的现金	880.00	
13	经营活动现金流出小计	639,633.26	
14	经营活动产生的现金流量净额	313,986.74	
15	二、投资活动产生的现金流量：		
16	收回投资收到的现金	-	
17	取得投资收益收到的现金	800.00	
18	处置固定资产、无形资产和其他长期资产收回的现金净额	-	
19	处置子公司及其他营业单位收到的现金净额	-	
20	收到其他与投资活动有关的现金	-	
21	投资活动现金流入小计	800.00	
22	购建固定资产、无形资产和其他长期资产支付的现金	5,650.00	
23	投资支付的现金	-	
24	取得子公司及其他营业单位支付的现金净额	-	
25	支付其他与投资活动有关的现金	-	
26	投资活动现金流出小计	5,650.00	
27	投资活动产生的现金流量净额	-4,850.00	
28	三、筹资活动产生的现金流量：		
29	吸收投资收到的现金	-	
30	取得借款收到的现金	100,000.00	
31	收到其他与筹资活动有关的现金	-	
32	筹资活动现金流入小计	100,000.00	
33	偿还债务支付的现金	220,000.00	
34	分配股利、利润或偿付利息支付的现金	-	
35	支付其他与筹资活动有关的现金	-	
36	筹资活动现金流出小计	220,000.00	
37	筹资活动产生的现金流量净额	-120,000.00	
38	四、汇率变动对现金及现金等价物的影响		
39	五、现金及现金等价物净增加额	189,136.74	
40	加：期初现金及现金等价物余额	618,433.27	
41	六、期末现金及现金等价物余额	807,570.01	

图 3-83 完整的现金流量表

实战演练

1. 根据项目 6 会计综合实训资料，在“综合实训—总账及报表”工作簿内完成资产负债表、利润表、现金流量表的编制。

2. 接项目 2，根据教材配套实战演练资料，完成西方公司资产负债表、利润表、现金流量表的编制。

模块二

工资管理

【背景资料】

完成了基于 Excel 账务处理模块的电算化工作之后，李悦深刻体会到 Excel 电算化的快速和高效，同时他的工作也得到了领导们的一致认可。但李悦并不满足，为了随时了解职工工资情况，及时对工资数据进行汇总分析，便于公司薪酬控制与管理，2022 年 2 月李悦开始尝试用 Excel 设计东方公司的工资管理系统。他首先整理出与工资管理模块相关的部门设置、公司岗位设置、员工基本信息等，具体如下：

东方公司现设 8 个部门，包括：行政部、财务部、技术部、采购部、销售部、生产一车间、生产二车间、生产三车间。职工类别有 6 类，包括：总经理、部门经理、管理人员、采购人员、销售人员、生产人员。员工人数有 25 名。

公司具体工资项目的发放情况及有关规定如下：

1. 基本工资

东方公司 2022 年 1 月职工的基本工资见表 0－2－1。

表 0－2－1　东方公司员工基本工资表　　单位：元

员工编号	员工姓名	所属部门	职工类别	基本工资
001	马东	行政部	总经理	5 000
002	毛羽	行政部	管理人员	3 600
003	刘杰	行政部	管理人员	3 200
004	张峰	技术部	部门经理	4 500
005	孙祥	技术部	管理人员	4 000
006	刘东	采购部	部门经理	4 200
007	李飞	采购部	采购人员	3 500
008	文凯	采购部	采购人员	3 500
009	李明	销售部	部门经理	4 200
010	李建东	销售部	销售人员	3 500
011	钟一民	销售部	销售人员	3 500
012	张秀梅	财务部	部门经理	4 200

续表

员工编号	员工姓名	所属部门	职工类别	基本工资
013	王娟	财务部	管理人员	3 500
014	李悦	财务部	管理人员	3 000
015	马明	生产一车间	部门经理	4 000
016	魏红	生产一车间	生产人员	3 400
017	董刚	生产一车间	生产人员	3 400
018	夏海	生产一车间	生产人员	3 400
019	郑明	生产二车间	部门经理	4 000
020	马勋	生产二车间	生产人员	3 400
021	吴思	生产二车间	生产人员	3 400
022	李宇春	生产二车间	生产人员	3 400
023	刘善明	生产三车间	部门经理	4 000
024	余明	生产三车间	生产人员	3 400
025	郭芙	生产三车间	生产人员	3 400

2. 岗位工资

岗位工资是根据职工类别设置的，具体规定见表0－2－2。

表0－2－2　岗位工资标准　　单位：元

职工类别	岗位工资
总经理	4 000
部门经理	3 500
管理人员	3 000
采购人员	2 500
销售人员	2 000
生产人员	2 500

3. 绩效工资

绩效工资根据员工所在部门的不同而有所差别，具体规定见表0－2－3。

表0－2－3　绩效工资标准　　单位：元

所属部门	绩效工资
行政部	2 000
财务部	1 500
技术部	2 000
采购部	1 500
销售部	2 500
生产一车间	1 500
生产二车间	1 500
生产三车间	1 500

4. 四险一金

东方公司四险一金的计算基数是“应发工资”项目，四险一金缴费比例见表0－2－4。

表 0-2-4　四险一金缴费比例

	个人	单位
养老保险	8%	18%
医疗保险	2%	7%
失业保险	0.3%	0.7%
工伤保险	—	0.8%
住房公积金	6%	6%

注：四险一金是指养老保险、医疗保险、失业保险、工伤保险和住房公积金。其中，养老保险、医疗保险和失业保险三种社会保险和住房公积金是由企业和个人共同承担，工伤保险完全是由企业承担的，个人不需要缴纳。各地四险一金的缴费比例可根据实际情况进行调整。

5. 个人所得税

依据新个税要求，东方公司实行按月预缴、年终汇算清缴个人所得税。应纳税所得额的计算公式为：

综合所得累计预扣预缴应纳税所得额＝累计收入－累计减除费用－累计专项扣除－累计专项附加扣除

注 1：上式中的“减除费用”指每人每月减除 5 000 元的生计费。

注 2：“专项扣除”指基本养老保险、基本医疗保险、失业保险和住房公积金等个人承担部分。

注 3：假定东方公司职工没有涉及工资、薪金所得之外的劳务报酬所得、稿酬所得和特许权使用费所得，且 2022 年度各个月份，每位职工的应发工资、专项扣除和专项附加扣除金额都不发生变化。

2022 年 2 月东方公司职工的专项附加扣除资料见表 0-2-5。

表 0-2-5　专项附加扣除表　　单位：元

员工编号	员工姓名	所属部门	职工类别	婴幼儿照护	子女教育	继续教育	大病医疗	住房贷款利息	住房租金	赡养老人	合计
001	马东	行政部	总经理		500					1 000	1 500
002	毛羽	行政部	管理人员		1 000					1 000	2 000
003	刘杰	行政部	管理人员		500					2 000	2 500
004	张峰	技术部	部门经理							1 000	1 000
005	孙祥	技术部	管理人员		500	400				1 000	1 900
006	刘东	采购部	部门经理		500			1 000			1 500
007	李飞	采购部	采购人员							1 000	1 000
008	文凯	采购部	采购人员		500					2 000	2 500
009	李明	销售部	部门经理							1 000	1 000
010	李建东	销售部	销售人员		500			1 000		1 000	2 500
011	钟一民	销售部	销售人员		1 000					1 000	2 000
012	张秀梅	财务部	部门经理		500						500
013	王娟	财务部	管理人员		500	400				1 000	1 900
014	李悦	财务部	管理人员							2 000	2 000

续表

员工编号	员工姓名	所属部门	职工类别	婴幼儿照护	子女教育	继续教育	大病医疗	住房贷款利息	住房租金	赡养老人	合计
015	马明	生产一车间	部门经理		500			1 000		1 000	2 500
016	魏红	生产一车间	生产人员		500					1 000	1 500
017	董刚	生产一车间	生产人员	1 000						1 000	2 000
018	夏海	生产一车间	生产人员		500				800	1 000	2 300
019	郑明	生产二车间	部门经理		500					1 000	1 500
020	马勋	生产二车间	生产人员	500	500			1 000			2 000
021	吴思	生产二车间	生产人员		500					1 000	1 500
022	李宇春	生产二车间	生产人员							2 000	2 000
023	刘善明	生产三车间	部门经理		1 000					1 000	2 000
024	余明	生产三车间	生产人员		500					1 000	1 500
025	郭芙	生产三车间	生产人员							1 000	1 000

新个人所得税预扣率见表0-2-6。

表0-2-6　个人所得税预扣率表（综合所得）　　单位：元

级数	含税级距	税率	速算扣除数
1	不超过36 000元部分	3%	0
2	超过36 000元至144 000元的部分	10%	2 520
3	超过144 000元至300 000元的部分	20%	16 920
4	超过300 000元至420 000元的部分	25%	31 920
5	超过420 000元至660 000元的部分	30%	52 920
6	超过660 000元至960 000元的部分	35%	85 920
7	超过960 000元的部分	45%	181 920

项目 4

Excel 在工资管理中的应用

教学目标

知识目标

- 了解工资核算的业务处理流程
- 掌握工资项目的组成及计算方法
- 熟练掌握 IF 函数、OR 函数等函数的使用方法

能力目标

- 学会使用 Excel 设置工资项目公式的能力
- 学会使用 Excel 筛选功能进行工资数据查询的能力
- 学会使用 Excel 数据透视表进行工资数据分析的能力

素养目标

- 培养学生严谨细致的工作态度
- 培养学生诚信纳税的爱国精神
- 培养学生勤于思考的学习习惯
- 培养学生自主学习的学习能力

动画

项目 4 概述

学习导图

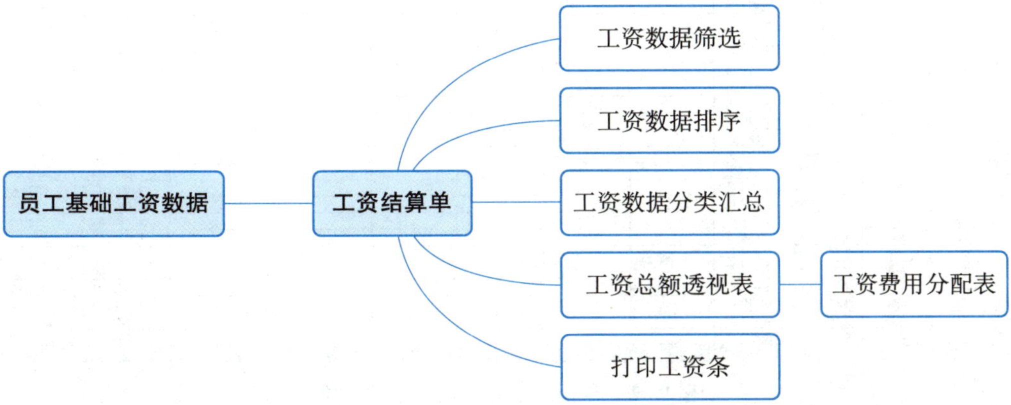

利用 Excel 进行工资业务的处理，李悦设计操作步骤如下：

第一步　录入员工基础工资数据；
第二步　编制工资结算单；
第三步　工资数据的查询与统计分析；
第四步　编制工资费用分配表；
第五步　打印工资条。

任务1　录入员工基础工资数据

【任务效果图】

东方公司员工基本工资表

员工编号	员工姓名	所属部门	职工类别	基本工资
001	马东	行政部	总经理	5,000.00
002	毛羽	行政部	管理人员	3,600.00
003	刘杰	行政部	管理人员	3,200.00
004	张峰	技术部	部门经理	4,500.00
005	孙祥	技术部	管理人员	4,000.00
006	刘东	采购部	部门经理	4,200.00
007	李飞	采购部	采购人员	3,500.00
008	文凯	采购部	采购人员	3,500.00
009	李明	销售部	部门经理	4,200.00
010	李建东	销售部	销售人员	3,500.00
011	钟一民	销售部	销售人员	3,500.00
012	张秀梅	财务部	部门经理	4,200.00
013	王娟	财务部	管理人员	3,500.00
014	李悦	财务部	管理人员	3,000.00
015	马明	生产一车间	部门经理	4,000.00
016	魏红	生产一车间	生产人员	3,400.00
017	董刚	生产一车间	生产人员	3,400.00
018	夏海	生产一车间	生产人员	3,400.00
019	郑明	生产二车间	部门经理	4,000.00
020	马勋	生产二车间	生产人员	3,400.00
021	吴思	生产二车间	生产人员	3,400.00
022	李宇春	生产二车间	生产人员	3,400.00
023	刘善明	生产三车间	部门经理	4,000.00
024	余明	生产三车间	生产人员	3,400.00
025	郭芙	生产三车间	生产人员	3,400.00

岗位工资标准

职工类别	岗位工资
总经理	4,000.00
部门经理	3,500.00
管理人员	3,000.00
采购人员	2,500.00
销售人员	2,000.00
生产人员	2,500.00

绩效工资标准

所属部门	绩效工资
行政部	2,000.00
财务部	1,500.00
技术部	2,000.00
采购部	1,500.00
销售部	2,500.00
生产一车间	1,500.00
生产二车间	1,500.00
生产三车间	1,500.00

基本工资信息表　专项附加扣除表　工资结算单　工资总额透视表　工资费用分配表　工资条

图4-1　基本工资信息表（最终效果）

员工编号	员工姓名	所属部门	职工类别	婴幼儿照护	子女教育	继续教育	大病医疗	住房贷款利息	住房租金	赡养老人	合计
001	马东	行政部	总经理		500.00					1,000.00	1,500.00
002	毛羽	行政部	管理人员		1,000.00					1,000.00	2,000.00
003	刘杰	行政部	管理人员		500.00					2,000.00	2,500.00
004	张峰	技术部	部门经理							1,000.00	1,000.00
005	孙祥	技术部	管理人员		500.00	400.00				1,000.00	1,900.00
006	刘东	采购部	部门经理		500.00			1,000.00			1,500.00
007	李飞	采购部	采购人员							1,000.00	1,000.00
008	文凯	采购部	采购人员		500.00					2,000.00	2,500.00
009	李明	销售部	部门经理							1,000.00	1,000.00
010	李建东	销售部	销售人员		500.00			1,000.00		1,000.00	2,500.00
011	钟一民	销售部	销售人员		1,000.00					1,000.00	2,000.00
012	张秀梅	财务部	部门经理		500.00						500.00
013	王娟	财务部	管理人员		500.00	400.00				1,000.00	1,900.00
014	李悦	财务部	管理人员							2,000.00	2,000.00
015	马明	生产一车间	部门经理		500.00			1,000.00		1,000.00	2,500.00
016	魏红	生产一车间	生产人员		500.00					1,000.00	1,500.00
017	董刚	生产一车间	生产人员	1,000.00						1,000.00	2,000.00
018	夏海	生产一车间	生产人员		500.00				800.00	1,000.00	2,300.00
019	郑明	生产二车间	部门经理		500.00					1,000.00	1,500.00
020	马勋	生产二车间	生产人员	500.00	500.00			1,000.00			2,000.00
021	吴思	生产二车间	生产人员		500.00					1,000.00	1,500.00
022	李宇春	生产二车间	生产人员							2,000.00	2,000.00
023	刘善明	生产三车间	部门经理		1,000.00					1,000.00	2,000.00
024	余明	生产三车间	生产人员		500.00					1,000.00	1,500.00
025	郭芙	生产三车间	生产人员							1,000.00	1,000.00

基本工资信息表　专项附加扣除表　工资结算单　工资总额透视表　工资费用分配表　工资条　打印工资条

图4-2　专项附加扣除表（最终效果）

【任务分析】

工资的发放是每个职工都关心的问题，很多人只知道自己每个月的工资是多少，但是不清楚是怎么计算出来的。要想了解工资的计算，需要清楚工资表中包括哪些基本工资项目，它们的数据来源是什么，以及计算公式是怎样定义的。

录入员工基础工资数据是建立工资管理系统的第一步，李悦设计本任务包括两部分：

（1）建立东方公司“基本工资信息表”；

（2）建立东方公司“专项附加扣除表”。

本任务用到的知识主要有设置单元格格式、记录单。

【任务实施】

任务 1.1　建立基本工资信息表

本任务基本工资信息表主要包括“基本工资信息表”“岗位工资标准”和“绩效工资标准”三个子表，为后面的工资表中工资项目的计算提供依据。下面先建立“基本工资信息表”。

一、定义基本工资信息表格式

操作步骤如下：

（1）打开 Excel 2010，新建空白工作簿，并另存为“D:\东方公司\工资管理2202.xlsx”。

（2）双击工作表标签 Sheet1，工作表重命名为“基本工资信息表”。

（3）选择 A1 单元格，输入工作表标题“东方公司员工基本工资表”。

（4）选中单元格 A1:E1，设置字体为“宋体”，字号为“12”，加粗。选择对齐方式为“跨列居中”。

（5）在 A2 至 E2 单元格内分别录入“员工编号”“员工姓名”“所属部门”“职工类别”“基本工资”项目，设置其字体为“宋体”，字号为“12”，加粗，黄色底纹。设置 A 至 E 列对齐方式为水平对齐“居中”和垂直对齐“居中”。

（6）设置“员工编号”所在 A 列的格式为“文本”类型，设置“基本工资”所在 E 列的格式为“会计专用”类型，小数位数为“2”，货币符号为“无”。

二、定义单元格的有效性

为了输入方便并防止出错，可对某些数据列添加有效性控制。

操作步骤如下：

1. 对“所属部门”所在列添加有效性控制

（1）选择 C 列，单击功能区中的“数据”—“数据工具”—“数据有效性”按钮，打开“数据有效性”对话框。

（2）在“设置”选项卡中的“允许”下拉列表框中选择“序列”选项；在“来源”框中输入“行政部,财务部,技术部,采购部,销售部,生产一车间,生产二车间,生产三车间”。

注：输入上面的逗号时需切换为英文半角状态。

（3）最后单击“确定”按钮，则完成对“所属部门”数据有效性的设置，如图4-3所示。

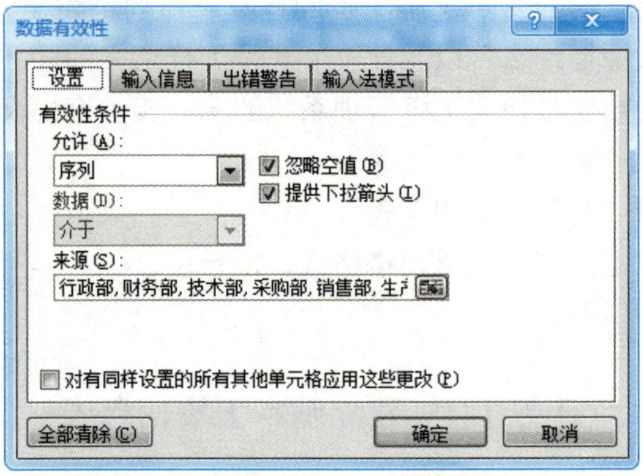

图4-3　设置“所属部门”数据有效性

2. 对“职工类别”所在列添加有效性控制

同理，设置D列的数据有效性为序列“总经理,部门经理,管理人员,采购人员,销售人员,生产人员”。

三、录入基本工资信息表

方法一　直接输入法

根据表0-2-1中所给数据分别录入“员工编号”“员工姓名”“所属部门”“职工类别”“基本工资”数据，完成前8条记录后的效果如图4-4所示。

	A	B	C	D	E
1	东方公司员工基本工资表				
2	员工编号	员工姓名	所属部门	职工类别	基本工资
3	001	马东	行政部	总经理	5,000.00
4	002	毛羽	行政部	管理人员	3,600.00
5	003	刘杰	行政部	管理人员	3,200.00
6	004	张峰	技术部	部门经理	4,500.00
7	005	孙祥	技术部	管理人员	4,000.00
8	006	刘东	采购部	部门经理	4,200.00
9	007	李飞	采购部	采购人员	3,500.00
10	008	文凯	采购部	采购人员	3,500.00

图4-4　基本工资信息表（部分）

方法二　记录单输入法

Excel会将数据清单当成数据库来处理，对数据清单的各种编辑操作常用到“记录单”。通过“记录单”功能不仅可以进行数据的录入工作，还可以实现数据的添加、删除、修改和查询操作。

操作步骤如下：

（1）将鼠标指针移动到将要输入新数据的单元格A11，然后单击“记录单”功能按钮，打开“记录单”对话框，如图4-5所示。

（2）在“记录单”对话框的左侧列出了数据库结构的内容，其中每一项内容对应一个文本框，用户只需在文本框中输入数据的内容即可。

（3）每输入一条记录后单击“新建”按钮即可接着输入下一条记录，如图 4－6 所示，单击“关闭”按钮即可完成记录的输入。

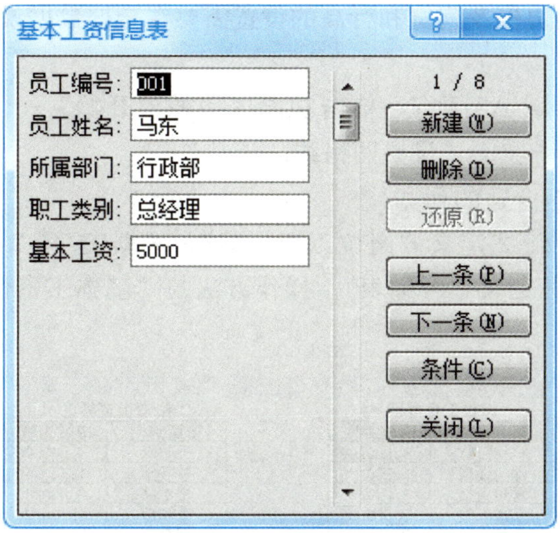

图 4－5 “记录单”对话框

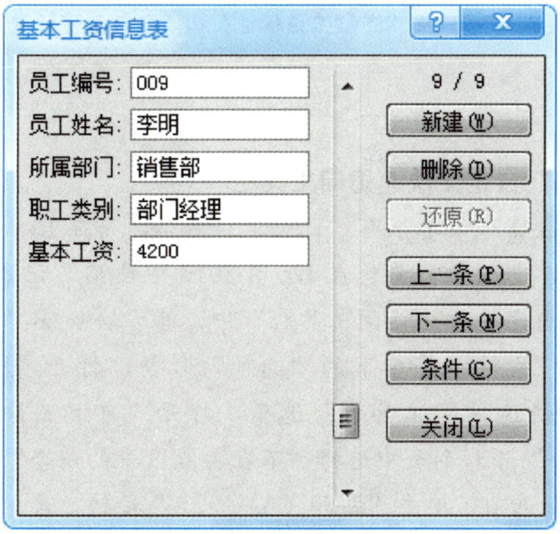

图 4－6 “记录单”新建记录

（4）如果用户对输入的数据进行修改，可以先选定数据表中的任意单元格，再单击“记录单”功能按钮，通过单击“上一条”或“下一条”按钮，或者拖动滚动条来进行记录定位。选定要修改的记录后，对其进行修改。

（5）如果需要删除某条记录，在选定某条记录后，单击“记录单”对话框中的“删除”按钮即可。

注： 通过“记录单”命令删除的记录不可恢复。

（6）完成东方公司所有员工基本工资信息录入工作后，关闭“记录单”对话框。

四、美化工作表

本案例中，工作表标题及列标题的美化（字体、字号、底纹等操作）在录入数据的过程中已经完成，表格边框及列宽和行高的设置需要在全部数据录入完成后进行。

操作步骤如下：

（1）选择单元格区域 A2:E27，单击功能区中的“开始”—“字体”—“边框”—“所有框线”按钮 所有框线(A)，设置网格线。

（2）调整 A:E 列至合适的列宽。

同理，根据表 0-2-2 定义“岗位工资标准”，根据表 0-2-3 定义“绩效工资标准”，根据当月请假情况定义“考勤表”。操作方法与“基本工资信息表”类同，效果图如图 4-7 所示。

G	H	I	J	K
岗位工资标准			绩效工资标准	
职工类别	岗位工资		所属部门	绩效工资
总经理	4,000.00		行政部	2,000.00
部门经理	3,500.00		财务部	1,500.00
管理人员	3,000.00		技术部	2,000.00
采购人员	2,500.00		采购部	1,500.00
销售人员	2,000.00		销售部	2,500.00
生产人员	2,500.00		生产一车间	1,500.00
			生产二车间	1,500.00
			生产三车间	1,500.00

图 4-7　定义“岗位工资标准”和“绩效工资标准”

知识链接

1. 设置“记录单”自定义快速访问工具栏

在 Excel 2003“数据”菜单下有“记录单”命令，而在 Excel 2010 的“数据”功能区中找不到“记录单”按钮。要想在 Excel 2010 中使用“记录单”，需要先将“记录单”命令添加到“自定义快速访问工具栏”中，其方法如下：

单击 Excel 2010“文件”菜单下的“选项”命令，打开“Excel 选项”对话框。在左侧窗格中选择“快速访问工具栏”选项，打开“自定义快速访问工具栏”，在“从下列位置选择命令”下拉列表中选择“不在功能区中的命令”选项，从下面的列表框中选择“记录单…”选项，单击“添加（A）>>”按钮，再单击“确定”按钮，则“记录单”功能按钮即被添加到“自定义快速访问工具栏”内，如图 4-8 所示。

注： 在功能区右击，打开快捷菜单，如图 4-9 所示。选择其中的“自定义快速访问工具栏”，同样也可以打开如图 4-8 所示窗口。

2. 在工作表中输入数据常见情况处理

（1）如果要在单元格中输入文本型数据，只需要在输入的数字之前先输入一个单引号，这样 Excel 就会把该数字作为文本处理。

（2）如果要在两行文字之间换行（单元格内换行），只需要在换行位置的两个字之间使用组合键“Alt+Enter”。

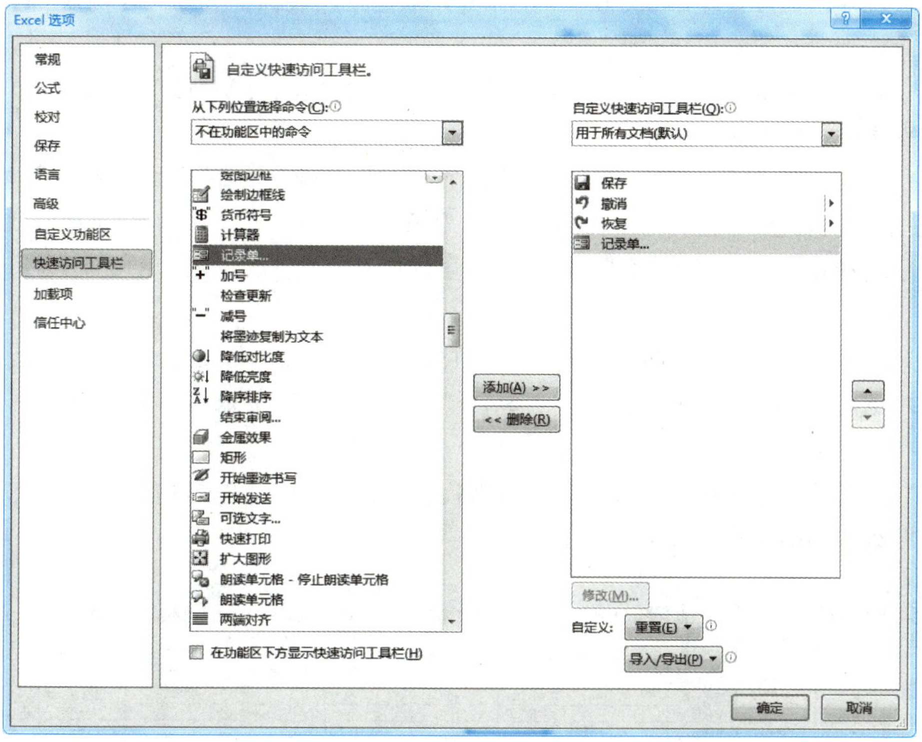

图 4-8　设置“记录单”自定义快速访问工具栏

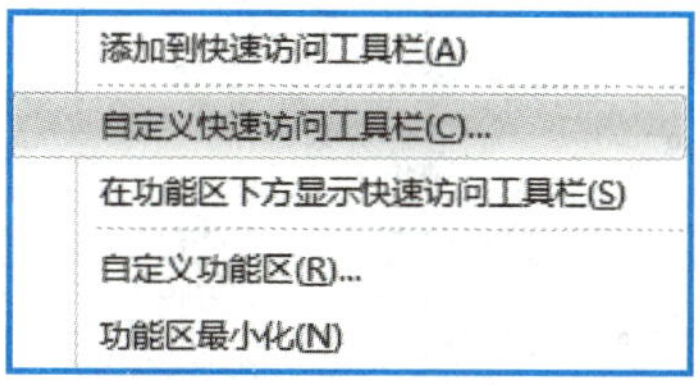

图 4-9　定义“自定义快速访问工具栏”快捷菜单

(3) 如果要将左边单元格的内容填充至指定的单元格，可按组合键“Ctrl+R”；如果要将上方单元格的内容填充至指定的单元格，可按组合键“Ctrl+D”。

(4) 在输入分数时，为了避免将输入的分数视为日期，需要在输入分数之前先输入“0”，再输入一个空格，然后输入分数。例如：要在单元格 A4 中输入分数“1/10”，则先输入“0”，再输入一个空格，然后输入“1/10”，最后按“Enter”键。

任务 1.2　建立专项附加扣除表

本任务是根据东方公司职工个人提供的“婴幼儿照护”“子女教育”“继续教育”“大病医疗”“住房贷款利息”“住房租金”“赡养老人”七项专项附加扣除信息建立专项附加扣除表。

操作步骤如下：

（1）打开“工资管理 2202. xlsx”工作簿，双击工作表标签 Sheet2，输入一个新的工作表，命名为“专项附加扣除表”。

（2）复制“基本工资信息表!A:D”到“专项附加扣除表!A:D”。

（3）选中“专项附加扣除表”工作表，删除第一行。

（4）在 E1:L1 单元格内分别输入“婴幼儿照护”“子女教育”“继续教育”“大病医疗”“住房贷款利息”“住房租金”“赡养老人”和“合计”。

（5）选择 E:L 列，设置数字格式为“会计专用”，小数位数为“2”，货币符号为“无”。

（6）按照表 0－2－5 的内容输入每位职工七项专项附加扣除的信息。

（7）定义 L2 单元格的公式为“＝SUM(E2:K2)”，向下拖拉填充柄复制到 L26 单元格。

（8）选择单元格区域 E1:L26，设置网格线为所有框线 田 所有框线(A)。

最后结果如图 4－10 所示。

	A	B	C	D	E	F	G	H	I	J	K	L
1	员工编号	员工姓名	所属部门	职工类别	婴幼儿照护	子女教育	继续教育	大病医疗	住房贷款利息	住房租金	赡养老人	合计
2	001	马东	行政部	总经理		500.00					1,000.00	1,500.00
3	002	毛羽	行政部	管理人员		1,000.00					1,000.00	2,000.00
4	003	刘杰	行政部	管理人员		500.00					2,000.00	2,500.00
5	004	张峰	技术部	部门经理							1,000.00	1,000.00
6	005	孙祥	技术部	管理人员		500.00	400.00				1,000.00	1,900.00
7	006	刘东	采购部	部门经理		500.00			1,000.00			1,500.00
8	007	李飞	采购部	采购人员							1,000.00	1,000.00
9	008	文凯	采购部	采购人员		500.00					2,000.00	2,500.00
10	009	李明	销售部	部门经理							1,000.00	1,000.00
11	010	李建东	销售部	销售人员		500.00			1,000.00		1,000.00	2,500.00
12	011	钟一民	销售部	销售人员		1,000.00					1,000.00	2,000.00
13	012	张秀梅	财务部	部门经理		500.00						500.00
14	013	王娟	财务部	管理人员		500.00	400.00				1,000.00	1,900.00
15	014	李悦	财务部	管理人员							2,000.00	2,000.00
16	015	马明	生产一车间	部门经理		500.00			1,000.00		1,000.00	2,500.00
17	016	魏红	生产一车间	生产人员		500.00					1,000.00	1,500.00
18	017	董刚	生产一车间	生产人员	1,000.00						1,000.00	2,000.00
19	018	夏海	生产一车间	生产人员		500.00				800.00	1,000.00	2,300.00
20	019	郑明	生产二车间	部门经理		500.00					1,000.00	1,500.00
21	020	马勋	生产二车间	生产人员	500.00	500.00			1,000.00			2,000.00
22	021	吴思	生产二车间	生产人员		500.00					1,000.00	1,500.00
23	022	李宇春	生产二车间	生产人员							2,000.00	2,000.00
24	023	刘善明	生产三车间	部门经理		1,000.00					1,000.00	2,000.00
25	024	余明	生产三车间	生产人员		500.00					1,000.00	1,500.00
26	025	郭芙	生产三车间	生产人员							1,000.00	1,000.00

基本工资信息表 专项附加扣除表 Sheet3

图 4－10 专项附加扣除表

知识链接

个税专项附加扣除是指新个人所得税法规定的婴幼儿照护、子女教育、继续教育、大病医疗、住房贷款利息、住房租金和赡养老人七项专项附加扣除。相关规定如下：

1. 婴幼儿照护专项附加扣除

2022 年 3 月 28 日，中国政府网发布《国务院关于设立 3 岁以下婴幼儿照护个人所得税专项附加扣除的通知》，纳税人照护 3 岁以下婴幼儿子女的相关支出，按照每个婴幼儿每月 1 000 元的标准定额扣除，自 2022 年 1 月 1 日起实施。可选择由夫妻一方按扣除标准的 100%扣除，也可选择由夫妻双方分别按扣除标准的 50%扣除。

2. 子女教育专项附加扣除

纳税人子女处于学前教育阶段或者接受全日制学历教育的相关支出，学前教育阶段从子女年满3周岁算起，按照每个子女每月1 000元的标准定额扣除。

3. 继续教育专项附加扣除

纳税人在中国境内接受学历（学位）继续教育的支出，在学历（学位）教育期间按照每月400元定额扣除。

同一学历（学位）继续教育的扣除期限不能超过48个月。

纳税人接受技能人员职业资格继续教育、专业技术人员职业资格继续教育的支出，在取得相关证书的当年，按照3 600元定额扣除。

4. 大病医疗专项附加扣除

在一个纳税年度内，纳税人发生的与基本医保相关的医药费用支出，扣除医保报销后个人负担（指医保目录范围内的自付部分）累计超过15 000元的部分，由纳税人在办理年度汇算清缴时，在80 000元限额内据实扣除。

5. 住房贷款利息专项附加扣除

纳税人本人或者配偶单独或者共同使用商业银行或者住房公积金个人住房贷款为本人或者其配偶购买中国境内住房，发生的首套住房贷款利息支出，在实际发生贷款利息的年度，按照每月1 000元的标准定额扣除，扣除期限最长不超过240个月。纳税人只能享受一次首套住房贷款的利息扣除。

6. 住房租金专项附加扣除

纳税人在主要工作城市没有自有住房而发生的住房租金支出，可以按照以下标准定额扣除：

（1）直辖市、省会（首府）城市、计划单列市以及国务院确定的其他城市，扣除标准为每月1 500元；

（2）除第一项所列城市以外，市辖区户籍人口超过100万的城市，扣除标准为每月1 100元；市辖区户籍人口不超过100万的城市，扣除标准为每月800元。

纳税人的配偶在纳税人的主要工作城市有自有住房的，视同纳税人在主要工作城市有自有住房。

市辖区户籍人口，以国家统计局公布的数据为准。

7. 赡养老人专项附加扣除

纳税人赡养60岁（含）以上父母的，按照每月2 000元标准定额扣除，其中，独生子女按每人每月2 000元标准扣除，非独生子女与其兄弟姐妹分摊每月2 000元的扣除额度。

任务 2　编制工资结算单

【任务效果图】

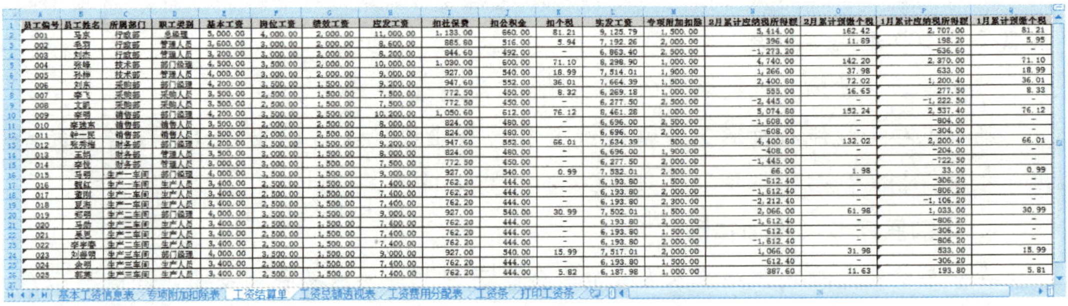

员工编号	员工姓名	所属部门	职工类别	基本工资	岗位工资	绩效工资	应发工资	扣社保费	扣公积金	扣个税	实发工资	专项附加扣除	2月累计应纳税所得额	2月累计预缴个税	1月累计应纳税所得额	1月累计预缴个税
001	马东	行政部	总经理	5,000.00	4,000.00	2,000.00	11,000.00	1,133.00	660.00	81.21	9,125.79	1,500.00	5,414.00	162.42	2,707.00	81.21
002	毛羽	行政部	管理人员	3,600.00	3,000.00	2,000.00	8,600.00	885.80	516.00	5.94	7,192.26	2,000.00	396.40	11.89	198.20	5.95
003	刘杰	行政部	管理人员	3,200.00	3,000.00	2,000.00	8,200.00	844.60	492.00	-	6,863.40	2,500.00	-1,273.20	-	-636.60	-
004	张锋	技术部	部门经理	4,500.00	3,500.00	2,000.00	10,000.00	1,030.00	600.00	71.10	8,298.90	1,000.00	4,740.00	142.20	2,370.00	71.10
005	孙铮	技术部	管理人员	4,000.00	3,000.00	2,000.00	9,000.00	927.00	540.00	18.99	7,514.01	1,900.00	1,266.00	37.98	633.00	18.99
006	刘东	采购部	部门经理	4,200.00	3,500.00	1,500.00	9,200.00	947.60	552.00	36.01	7,664.39	1,500.00	2,400.80	72.02	1,200.40	36.01
007	李飞	采购部	采购人员	3,500.00	2,500.00	1,500.00	7,500.00	772.50	450.00	8.32	6,269.18	1,000.00	555.00	16.65	277.50	8.33
008	文凯	采购部	采购人员	3,500.00	2,500.00	1,500.00	7,500.00	772.50	450.00	-	6,277.50	2,500.00	-2,445.00	-	-1,222.50	-
009	李明	销售部	部门经理	4,200.00	3,500.00	2,500.00	10,200.00	1,050.60	612.00	76.12	8,461.28	1,000.00	5,074.80	152.24	2,537.40	76.12
010	李建东	销售部	销售人员	3,500.00	2,000.00	2,500.00	8,000.00	824.00	480.00	-	6,696.00	2,500.00	-1,608.00	-	-804.00	-
011	钟一民	销售部	销售人员	3,500.00	2,000.00	2,500.00	8,000.00	824.00	480.00	-	6,696.00	2,000.00	-608.00	-	-304.00	-
012	张秀梅	财务部	部门经理	4,200.00	3,500.00	1,500.00	9,200.00	947.60	552.00	66.01	7,634.39	500.00	4,400.80	132.02	2,200.40	66.01
013	王娟	财务部	管理人员	3,500.00	3,000.00	1,500.00	8,000.00	824.00	480.00	-	6,696.00	1,900.00	-408.00	-	-204.00	-
014	李悦	财务部	管理人员	3,000.00	3,000.00	1,500.00	7,500.00	772.50	450.00	-	6,277.50	2,000.00	-1,445.00	-	-722.50	-
015	马明	生产一车间	部门经理	4,000.00	3,500.00	1,500.00	9,000.00	927.00	540.00	0.99	7,532.01	2,500.00	66.00	1.98	33.00	0.99
016	魏红	生产一车间	生产人员	3,400.00	2,500.00	1,500.00	7,400.00	762.20	444.00	-	6,193.80	1,500.00	-612.40	-	-306.20	-
017	董刚	生产一车间	生产人员	3,400.00	2,500.00	1,500.00	7,400.00	762.20	444.00	-	6,193.80	2,000.00	-1,612.40	-	-806.20	-
018	夏涛	生产一车间	生产人员	3,400.00	2,500.00	1,500.00	7,400.00	762.20	444.00	-	6,193.80	2,300.00	-2,212.40	-	-1,106.20	-
019	郑明	生产二车间	部门经理	4,000.00	3,500.00	1,500.00	9,000.00	927.00	540.00	30.99	7,502.01	1,500.00	2,066.00	61.98	1,033.00	30.99
020	马勋	生产二车间	生产人员	3,400.00	2,500.00	1,500.00	7,400.00	762.20	444.00	-	6,193.80	2,000.00	-1,612.40	-	-806.20	-
021	吴思	生产二车间	生产人员	3,400.00	2,500.00	1,500.00	7,400.00	762.20	444.00	-	6,193.80	1,500.00	-612.40	-	-306.20	-
022	李学季	生产二车间	生产人员	3,400.00	2,500.00	1,500.00	7,400.00	762.20	444.00	-	6,193.80	2,000.00	-1,612.40	-	-806.20	-
023	刘晓明	生产三车间	部门经理	4,000.00	3,500.00	1,500.00	9,000.00	927.00	540.00	15.99	7,517.01	2,000.00	1,066.00	31.98	533.00	15.99
024	余明	生产三车间	生产人员	3,400.00	2,500.00	1,500.00	7,400.00	762.20	444.00	-	6,193.80	1,500.00	-612.40	-	-306.20	-
025	郭美	生产三车间	生产人员	3,400.00	2,500.00	1,500.00	7,400.00	762.20	444.00	5.82	6,187.98	1,000.00	387.60	11.63	193.80	5.81

图 4-11　工资结算单（最终效果）

【任务分析】

企业与职工进行工资结算时，需要编制工资结算凭证，即工资结算单（也称工资表）。

李悦设计本任务包括以下两部分：

（1）设置工资结算单格式；

（2）设置工资项目。

本任务用到的知识主要有 IF 函数、OR 函数及 ROUND 函数等。

【任务实施】

任务 2.1　设置工资结算单格式

结合相关资料，李悦设计东方公司的工资结算单不仅包括基本工资信息表中的工资项目，还包括“岗位工资”“绩效工资”“应发工资”“扣社保费”“扣公积金”“扣个税”及“实发工资”等工资项目。

操作步骤如下：

（1）打开“工资管理 2202. xlsx”工作簿，双击工作表标签 Sheet3，将 Sheet3 命名为“工资结算单”。

（2）复制“基本工资信息表!A:E”列到“工资结算单!A:E”工作表，选中“工资结算单”工作表，删除第 1 行。

（3）选中单元格 F1:Q1，依次输入工资项目名称：“岗位工资”“绩效工资”“应发工资”“扣社保费”“扣公积金”“扣个税”“实发工资”“专项附加扣除”“2 月累计应纳税所得额”“2 月累计预缴个税”“1 月累计应纳税所得额”和“1 月累计预缴个税”。使用格式刷，复制单元格 A1:E1 的格式到单元格 F1:Q1，如图 4-12 所示。

F	G	H	I	J	K	L	M	N	O	P	Q
岗位工资	绩效工资	应发工资	扣社保费	扣公积金	扣个税	实发工资	专项附加扣除	2月累计应纳税所得额	2月累计预缴个税	1月累计应纳税所得额	1月累计预缴个税

图 4-12　“工资结算单”表头设置

（4）设置 F:Q 列的数字格式为“会计专用”类型，小数位数为“2”，货币符号为“无”。

（5）选择单元格区域 A2:Q26，设置网格线为所有框线 田 所有框线(A)。结果如图 4-13 所示。

	A	B	C	D	E	F	G	H	I	J	K	L	M	N	O	P	Q
1	员工编号	员工姓名	所属部门	职工类别	基本工资	岗位工资	绩效工资	应发工资	扣社保费	扣公积金	扣个税	实发工资	专项附加扣除	2月累计应纳税所得额	2月累计预缴个税	1月累计应纳税所得额	1月累计预缴个税
2	001	马东	行政部	总经理	5,000.00												
3	002	毛羽	行政部	管理人员	3,600.00												
4	003	刘杰	行政部	管理人员	3,200.00												
5	004	张峰	技术部	部门经理	4,500.00												
6	005	孙梓	技术部	管理人员	4,000.00												
7	006	刘东	采购部	部门经理	4,200.00												
8	007	李飞	采购部	采购人员	3,500.00												
9	008	文凯	采购部	采购人员	3,500.00												
10	009	李明	销售部	部门经理	4,200.00												
11	010	李建东	销售部	销售人员	3,500.00												
12	011	钟一民	销售部	销售人员	3,500.00												
13	012	张秀梅	财务部	部门经理	4,200.00												
14	013	王娟	财务部	管理人员	3,500.00												
15	014	李悦	财务部	管理人员	3,000.00												
16	015	马明	生产一车间	部门经理	4,000.00												
17	016	魏红	生产一车间	生产人员	3,400.00												
18	017	董刚	生产一车间	生产人员	3,400.00												
19	018	夏海	生产一车间	生产人员	3,400.00												
20	019	郑明	生产二车间	部门经理	4,000.00												
21	020	马勋	生产二车间	生产人员	3,400.00												
22	021	吴思	生产二车间	生产人员	3,400.00												
23	022	李宇春	生产二车间	生产人员	3,400.00												
24	023	刘善明	生产三车间	部门经理	4,000.00												
25	024	余琴	生产三车间	生产人员	3,400.00												
26	025	郭美	生产三车间	生产人员	3,400.00												

图 4-13　“工资结算单”格式

任务 2.2　设置工资项目

本任务主要包括应发工资的计算、代扣款项的计算和实发工资的计算。其中，重难点是新个人所得税法中累计预扣法“扣个税”的计算。

李悦设置相关工资项目公式如下：

一、设置“岗位工资”项目

根据公司规定，“岗位工资”是根据“职工类别”的不同来设置的，具体要求见表 0-2-2“岗位工资标准”。

操作步骤如下：

选择单元格 F2，单击功能区中的“公式”—“插入函数”按钮 fx 插入函数，打开“插入函数”对话框，选择常用函数下的 IF 函数，单击“确定”按钮。设置 IF 函数嵌套的参数，如图 4-14 所示。

F2　fx　=IF(D2="总经理",4000,IF(D2="部门经理",3500,IF(D2="管理人员",3000,IF(D2="销售人员",2000,2500))))

	A	B	C	D	E	F
1	员工编号	员工姓名	所属部门	职工类别	基本工资	岗位工资
2	001	马东	行政部	总经理	5,000.00	4,000.00

图 4-14　IF 函数中的参数设置

公式含义：

如果 D2 单元格的值为“总经理”，则返回值为“4000”，否则又有 4 种情况，所以在第 3 个参数里继续单击 IF 函数做进一步判断；如果 D2 单元格的值为“部门经理”，则返回值为“3500”，如果不是，则继续单击 IF 函数进行判断；如果 D2 单元格的值为“管理人员”，则返回值为“3000”，如果不是，则继续单击 IF 函数进行判断；如果 D2 单元格的值为“销售人员”，则返回值为“2000”，如果不是，则 IF 函数值为“2500”。

注： IF 函数参数中的引号需在半角状态下输入；在公式栏输入公式时可同时按 Alt 键和 Enter 键换行。

二、设置“绩效工资”项目

根据公司规定，绩效工资是依据公司和各部门的效益决定的，具体要求见表 0－2－3“绩效工资标准”。

操作步骤如下：

选择单元格 G2，公式设置为“＝IF(OR(C2＝"行政部",C2＝"技术部"),2000,IF(C2＝"销售部",2500,1500))”。结果如图 4－15 所示。

G2　　=IF(OR(C2="行政部",C2="技术部"),2000,IF(C2="销售部",2500,1500))

	A	B	C	D	E	F	G	H
1	员工编号	员工姓名	所属部门	职工类别	基本工资	岗位工资	绩效工资	应发工资
2	001	马东	行政部	总经理	5,000.00	4,000.00	2,000.00	

图 4－15　设置“绩效工资”项目

三、设置“应发工资”项目

“应发工资”项目的计算公式为：

应发工资＝基本工资＋岗位工资＋绩效工资

操作步骤如下：

选择单元格 H2，公式设置为“＝E2＋F2＋G2”。结果如图 4－16 所示。

H2　　=E2+F2+G2

	A	B	C	D	E	F	G	H
1	员工编号	员工姓名	所属部门	职工类别	基本工资	岗位工资	绩效工资	应发工资
2	001	马东	行政部	总经理	5,000.00	4,000.00	2,000.00	11,000.00

图 4－16　设置“应发工资”项目

四、设置“扣社保费”项目

根据公司规定，“扣社保费”的计算基数是“应发工资”项目。四项社会保险费中，基本养老保险费个人缴费比例为 8%，基本医疗保险费个人缴费比例为 2%，失业保险费个人缴费比例为 0.3%，合计 10.3%。

“扣社保费”项目的计算公式为：

扣社保费＝应发工资×10.3%

操作步骤如下：

选择单元格 I2，公式设置为“＝H2＊0.103”。结果如图 4－17 所示。

I2　　=H2*0.103

	G	H	I
1	绩效工资	应发工资	扣社保费
2	2,000.00	11,000.00	1,133.00

图 4－17　设置“扣社保费”项目

五、设置“扣公积金”项目

根据公司规定，“扣公积金”的计算基数也是“应发工资”项目。住房公积金个人缴费比例为6%。

“扣公积金”项目的计算公式为：

扣公积金＝应发工资×6%

操作步骤如下：

选择单元格J2，公式设置为“＝H2＊0.06”。结果如图4－18所示。

J2　=H2*0.06

	H	I	J
1	应发工资	扣社保费	扣公积金
2	11,000.00	1,133.00	660.00

图4－18　设置“扣公积金”项目

六、设置“专项附加扣除”项目

“专项附加扣除”项目的数据来自表0－2－5“专项附加扣除表”。

操作步骤如下：

选择单元格M2，公式设置为“＝专项附加扣除表!L2”。结果如图4－19所示。

M2　=专项附加扣除表!L2

	J	K	L	M
1	扣公积金	扣个税	实发工资	专项附加扣除
2	660.00	81.21	9,125.79	1,500.00

图4－19　设置“专项附加扣除”项目

注： 因为“专项附加扣除”是计算“扣个税”的辅助项目，不能在“实发工资”前扣除，所以放在工资结算单“实发工资”项目的后面。

七、设置“2月累计应纳税所得额”项目

“2月累计应纳税所得额”项目的计算公式为：

2月综合所得累计应纳税所得额＝应发工资×2－5000×2－扣社保费×2－扣公积金×2－专项附加扣除×2

操作步骤如下：

选择单元格N2，公式设置为“＝H2＊2－5000＊2－I2＊2－J2＊2－M2＊2”。结果如图4－20所示。

N2　=H2*2-5000*2-I2*2-J2*2-M2*2

	H	I	J	K	L	M	N
1	应发工资	扣社保费	扣公积金	扣个税	实发工资	专项附加扣除	2月累计应纳税所得额
2	11,000.00	1,133.00	660.00			1,500.00	5,414.00

图4－20　设置“2月累计应纳税所得额”项目

八、设置“2月累计预缴纳个税”项目

根据2月累计应纳税所得额，查找表0－2－6“个人所得税预扣率表（综合所得）”，计算2月累计预缴纳个税。

操作步骤如下：

选中单元格O2，公式设置为：

＝ROUND(IF(N2＜＝0,0,IF(N2＜＝36000,N2＊0.03,N2＊0.1－2520)),2)

结果如图 4-21 所示。

O2　　=ROUND(IF(N2<=0,0,IF(N2<=36000,N2*0.03,N2*0.1-2520)),2)

	J	K	L	M	N	O
1	扣公积金	扣个税	实发工资	专项附加扣除	2月累计应纳税所得额	2月累计预缴个税
2	660.00			1,500.00	5,414.00	162.42

图 4-21　设置“2 月累计预缴纳个税”项目

注：因为东方公司职工全年综合所得累计应纳税所得额最高值也没有超过 36 000 元，所以上面的公式只设置了两个 IF 函数的嵌套。试想，如果将上述公式设置完整，需要几个 IF 函数的嵌套？应该如何定义？

九、设置“1 月累计应纳税所得额”项目

操作步骤如下：

选择单元格 P2，公式设置为“＝H2－5000－I2－J2－M2”，结果如图 4-22 所示。

P2　　=H2-5000-I2-J2-M2

	H	I	J	K	L	M	N	O	P
1	应发工资	扣社保费	扣公积金	扣个税	实发工资	专项附加扣除	2月累计应纳税所得额	2月累计预缴个税	1月累计应纳税所得额
2	11,000.00	1,133.00	660.00			1,500.00	5,414.00	162	2,707.00

图 4-22　设置“1 月累计应纳税所得额”项目

十、设置“1 月累计预缴纳个税”项目

操作步骤如下：

选中单元格 Q2，公式设置为：

＝ROUND(IF(P2＜＝0,0,IF(P2＜＝36000,P2＊0.03,P2＊0.1－2520)),2)

结果如图 4-23 所示。

Q2　　=ROUND(IF(P2<=0,0,IF(P2<=36000,P2*0.03,P2*0.1-2520)),2)

	M	N	O	P	Q
1	专项附加扣除	2月累计应纳税所得额	2月累计预缴个税	1月累计应纳税所得额	1月累计预缴个税
2	1,500.00	5,414.00	162.42	2,707.00	81.21

图 4-23　设置“1 月累计预缴纳个税”项目

十一、设置“扣个税”项目

“扣个税”项目的计算公式为：

扣个税＝2 月累计预缴纳个税－1 月累计预缴纳个税

操作步骤如下：

选中单元格 K2，公式设置为：“＝O2－Q2”。结果如图 4-24 所示。

K2　　=O2-Q2

	K	L	M	N	O	P	Q
1	扣个税	实发工资	专项附加扣除	2月累计应纳税所得额	2月累计预缴个税	1月累计应纳税所得额	1月累计预缴个税
2	81.21		1,500.00	5,414.00	162.42	2,707.00	81.21

图 4-24　设置“扣个税”项目

十二、设置“实发工资”项目

“实发工资”项目的计算公式为：

实发工资＝应发工资－扣社保费－扣公积金－扣个税

操作步骤如下：

选择单元格 L2，公式设置为“＝H2－I2－J2－K2”。结果如图 4－25 所示。

L2 ｆx =H2-I2-J2-K2

	H	I	J	K	L
1	应发工资	扣社保费	扣公积金	扣个税	实发工资
2	11,000.00	1,133.00	660.00	81.21	9,125.79

图 4－25 设置“实发工资”项目

复制第 2 行公式至下列各行，至此，工资结算单的工资项目相关公式定义完毕。结果如图 4－26 所示。

员工编号	员工姓名	所属部门	职工类别	基本工资	岗位工资	绩效工资	应发工资	扣社保费	扣公积金	扣个税	实发工资	专项附加扣除	2月累计应纳税所得额	2月累计预缴个税	1月累计应纳税所得额	1月累计预缴个税
001	马东	行政部	总经理	5,000.00	4,000.00	2,000.00	11,000.00	1,133.00	660.00	81.21	9,125.79	1,500.00	5,414.00	162.42	2,707.00	81.21
002	毛羽	行政部	管理人员	3,600.00	3,000.00	2,000.00	8,600.00	885.80	516.00	5.94	7,192.26	2,000.00	396.40	11.89	198.20	5.95
003	刘杰	行政部	管理人员	3,200.00	3,000.00	2,000.00	8,200.00	844.60	492.00	-	6,863.40	2,500.00	-1,273.20	-	-636.60	-
004	张峰	技术部	部门经理	4,500.00	3,500.00	2,000.00	10,000.00	1,030.00	600.00	71.10	8,298.90	1,000.00	4,740.00	142.20	2,370.00	71.10
005	孙祥	技术部	管理人员	4,000.00	3,000.00	2,000.00	9,000.00	927.00	540.00	18.99	7,514.01	1,900.00	1,266.00	37.98	633.00	18.99
006	刘东	采购部	部门经理	4,200.00	3,500.00	1,500.00	9,200.00	947.60	552.00	36.01	7,664.39	1,500.00	2,400.80	72.02	1,200.40	36.01
007	李飞	采购部	采购人员	3,500.00	2,500.00	1,500.00	7,500.00	772.50	450.00	8.32	6,269.18	1,000.00	555.00	16.65	277.50	8.33
008	文凯	采购部	采购人员	3,500.00	2,500.00	1,500.00	7,500.00	772.50	450.00	-	6,277.50	2,500.00	-2,445.00	-	-1,222.50	-
009	李明	销售部	部门经理	4,200.00	3,500.00	2,500.00	10,200.00	1,050.60	612.00	76.12	8,461.28	1,000.00	5,074.80	152.24	2,537.40	76.12
010	李建东	销售部	销售人员	3,500.00	2,000.00	2,500.00	8,000.00	824.00	480.00	-	6,696.00	2,500.00	-1,608.00	-	-804.00	-
011	钟一民	销售部	销售人员	3,500.00	2,000.00	2,500.00	8,000.00	824.00	480.00	-	6,696.00	2,000.00	-608.00	-	-304.00	-
012	张秀梅	财务部	部门经理	4,200.00	3,500.00	1,500.00	9,200.00	947.60	552.00	66.01	7,634.39	500.00	4,400.80	132.02	2,200.40	66.01
013	王朗	财务部	管理人员	3,500.00	3,000.00	1,500.00	8,000.00	824.00	480.00	-	6,696.00	1,900.00	-408.00	-	-204.00	-
014	李悦	财务部	管理人员	3,000.00	3,000.00	1,500.00	7,500.00	772.50	450.00	-	6,277.50	2,000.00	-1,445.00	-	-722.50	-
015	马明	生产一车间	部门经理	4,000.00	3,500.00	1,500.00	9,000.00	927.00	540.00	0.99	7,532.01	2,500.00	66.00	1.98	33.00	0.99
016	魏红	生产一车间	生产人员	3,400.00	2,500.00	1,500.00	7,400.00	762.20	444.00	-	6,193.80	1,500.00	-612.40	-	-306.20	-
017	夏刚	生产一车间	生产人员	3,400.00	2,500.00	1,500.00	7,400.00	762.20	444.00	-	6,193.80	2,000.00	-1,612.40	-	-806.20	-
018	夏海	生产一车间	生产人员	3,400.00	2,500.00	1,500.00	7,400.00	762.20	444.00	-	6,193.80	2,300.00	-2,212.40	-	-1,106.20	-
019	郑明	生产二车间	部门经理	4,000.00	3,500.00	1,500.00	9,000.00	927.00	540.00	30.99	7,502.01	1,500.00	2,066.00	61.98	1,033.00	30.99
020	马勤	生产二车间	生产人员	3,400.00	2,500.00	1,500.00	7,400.00	762.20	444.00	-	6,193.80	2,000.00	-1,612.40	-	-806.20	-
021	吴思	生产二车间	生产人员	3,400.00	2,500.00	1,500.00	7,400.00	762.20	444.00	-	6,193.80	1,500.00	-612.40	-	-306.20	-
022	李学孝	生产二车间	生产人员	3,400.00	2,500.00	1,500.00	7,400.00	762.20	444.00	-	6,193.80	2,000.00	-1,612.40	-	-806.20	-
023	刘春明	生产三车间	部门经理	4,000.00	3,500.00	1,500.00	9,000.00	927.00	540.00	15.99	7,517.01	2,000.00	1,066.00	31.98	533.00	15.99
024	余明	生产三车间	生产人员	3,400.00	2,500.00	1,500.00	7,400.00	762.20	444.00	-	6,193.80	1,500.00	-612.40	-	-306.20	-
025	郭英	生产三车间	生产人员	3,400.00	2,500.00	1,500.00	7,400.00	762.20	444.00	5.82	6,187.98	1,000.00	387.60	11.63	193.80	5.81

基本工资信息表 专项附加扣除表 工资结算单

图 4－26 工资结算单

知识链接

1. AND 函数

AND 函数是一个逻辑函数。

功能：返回逻辑值。所有参数的逻辑值为真时返回 TRUE；只要一个参数的逻辑值为假即返回 FALSE。简言之，就是当 AND 的参数全部满足某一条件时，返回结果为 TRUE，否则为 FALSE。

语法：AND(Logical1,Logical2,…)

说明：Logical1,Logical2,…是 1 到 255 个结果为 TRUE 或 FALSE 的检测条件，检测内容可以是逻辑值、数组或引用。

微课视频 4－1

AND 函数

示例：用 AND 函数判断张静各科成绩是否都大于 80，如图 4－27 所示。

G2 ｆx =AND(D2>80,E2>80,F2>80)

	A	B	C	D	E	F	G
1	学号	姓名	性别	会计基础	经济法	高等数学	
2	1	张静	女	82	84	80	FALSE
3	2	王大力	男	79	73	85	
4	3	吴海燕	女	85	81	78	
5	4	李菲	女	73	74	70	
6	5	陈伟平	男	81	78	88	
7	6	马玉兰	女	84	81	77	

图 4－27 AND 函数

2. OR 函数

OR 函数是一个逻辑函数。

功能：返回逻辑值。在其参数组中，任何一个参数逻辑值为 TRUE，即返回 TRUE。它与 AND 函数的区别在于：AND 函数要求所有函数逻辑值均为真，结果方为真；而 OR 函数仅需其中任何一个为真即可为真。

语法：OR(Logical1,Logical2,…)

说明：Logical1,Logical2,…是 1 到 255 个结果为 TRUE 或 FALSE 的检测条件。

微课视频 4－2

OR 函数

示例：用 OR 函数判断王大力各科成绩中是否有大于 80 的，如图 4－28 所示。

G3　　=OR(D3>80,E3>80,F3>80)

	A	B	C	D	E	F	G
1	学号	姓名	性别	会计基础	经济法	高等数学	
2	1	张静	女	82	84	80	FALSE
3	2	王大力	男	79	73	85	TRUE
4	3	吴海燕	女	85	81	78	
5	4	李菲	女	73	74	70	
6	5	陈伟平	男	81	78	88	
7	6	马玉兰	女	84	81	77	

图 4－28　OR 函数

3. NOT 函数

微课视频 4－3

NOT 函数

NOT 函数是一个逻辑函数。

功能：返回逻辑值。用于对参数值求反，当要确保一个值不等于某一特定值时，可以使用 NOT 函数。简言之，就是当参数的逻辑值为 TRUE 时，NOT 函数返回的结果恰与之相反，结果为 FALSE。

语法：NOT(Logical)

说明：Logical 是可以对其进行真（TRUE）假（FALSE）判断的任何值或表达式。

示例：用 NOT 函数判断吴海燕的会计基础是否及格，如图 4－29 所示。

G4　　=NOT(D4<60)

	A	B	C	D	E	F	G
1	学号	姓名	性别	会计基础	经济法	高等数学	
2	1	张静	女	82	84	80	FALSE
3	2	王大力	男	79	73	85	TRUE
4	3	吴海燕	女	85	81	78	TRUE
5	4	李菲	女	73	74	70	
6	5	陈伟平	男	81	78	88	
7	6	马玉兰	女	84	81	77	

图 4－29　NOT 函数

4. ROUND 函数

ROUND 函数是一个数学与三角函数。

功能：按照指定的小数位数进行四舍五入计算。

语法：ROUND(Number,Num_digits)

说明：Number：要四舍五入的数值。

Num_digits：执行四舍五入时采用的位数。如果此参数大于零，则四舍五入到指定的小数位；如果此参数等于零，则四舍五入到指定的整数位；如果此参数小于零，则在小数点左侧进行四舍五入计算。

示例：用 ROUND 函数对原材料单价进行四舍五入取值，取小数点后两位，如图 4－30 所示。

微课视频 4－4

ROUND 函数

E2　=ROUND(D2,2)

	A	B	C	D	E
1	原材料	总价(元)	数量（kg）	单价	ROUND
2	面粉	856.00	140.00	6.1143	6.11
3	鸡蛋	2345.00	300.00	7.8167	7.82
4	白砂糖	2164.00	300.00	7.2133	7.21
5	花生油	8783.00	300.00	29.2767	29.28

图 4－30　ROUND 函数

5. ROUNDDOWN 函数

ROUNDDOWN 函数是一个数学与三角函数。

功能：按照指定的小数位数向下舍入。

语法：ROUNDDOWN(Number,Num_digits)

说明：Number：要向下舍入的任意实数。

Num_digits：舍入后的数字位数。如果此参数大于零，则向下舍入到指定的小数位；如果此参数等于零，则向下舍入到最接近的整数；如果此参数小于零，则在小数点左侧向下舍入运算。

微课视频 4－5

ROUNDDOWN 函数

示例：用 ROUNDDOWN 函数对原材料单价进行取值，取小数点后两位，如图 4－31 所示。

F2　=ROUNDDOWN(D2,2)

	A	B	C	D	E	F
1	原材料	总价(元)	数量（kg）	单价	ROUND	ROUNDDOWN
2	面粉	856.00	140.00	6.1143	6.11	6.11
3	鸡蛋	2345.00	300.00	7.8167	7.82	7.81
4	白砂糖	2164.00	300.00	7.2133	7.21	7.21
5	花生油	8783.00	300.00	29.2767	29.28	29.27

图 4－31　ROUNDDOWN 函数

6. ROUNDUP 函数

ROUNDUP 函数是一个数学与三角函数。

功能：按照指定的小数位数向上舍入。

语法：ROUNDUP(Number,Num_digits)

说明：Number：要向上舍入的任意实数。

微课视频 4－6

ROUNDUP 函数

Num_digits：舍入后的数字位数。如果此参数大于零，则向上舍入到指定的小数位；如果此参数等于零，则向上舍入到整数位；如果此参数小于零，则在小数点左侧向上舍入运算。

示例：用 ROUNDUP 函数对原材料单价进行取值，取小数点后两位，如图 4－32 所示。

G2　　fx　=ROUNDUP(D2, 2)

	A	B	C	D	E	F	G
1	原材料	总价(元)	数量(kg)	单价	ROUND	ROUNDDOWN	ROUNDUP
2	面粉	856.00	140.00	6.1143	6.11	6.11	6.12
3	鸡蛋	2345.00	300.00	7.8167	7.82	7.81	7.82
4	白砂糖	2164.00	300.00	7.2133	7.21	7.21	7.22
5	花生油	8783.00	300.00	29.2767	29.28	29.27	29.28

图 4－32　ROUNDUP 函数

任务 3　工资数据的查询与统计分析

【任务效果图】

员工编号	员工姓名	所属部门	职工类别	基本工资	岗位工资	绩效工资	应发工资	扣社保费	扣公积金	扣个税	实发工资	专项附加扣除	2月
004	张峰	技术部	部门经理	4,500.00	3,500.00	2,000.00	10,000.00	1,030.00	600.00	71.10	8,298.90	1,000.00	
006	刘东	采购部	部门经理	4,200.00	3,500.00	1,500.00	9,200.00	947.60	552.00	36.01	7,664.39	1,500.00	
009	李明	销售部	部门经理	4,200.00	3,500.00	2,500.00	10,200.00	1,050.60	612.00	76.12	8,461.28	1,000.00	
012	张秀梅	财务部	部门经理	4,200.00	3,500.00	1,500.00	9,200.00	947.60	552.00	66.01	7,634.39	500.00	
015	马明	生产一车间	部门经理	4,000.00	3,500.00	1,500.00	9,000.00	927.00	540.00	0.99	7,532.01	2,500.00	
019	郑明	生产二车间	部门经理	4,000.00	3,500.00	1,500.00	9,000.00	927.00	540.00	30.99	7,502.01	1,500.00	
023	刘善明	生产三车间	部门经理	4,000.00	3,500.00	1,500.00	9,000.00	927.00	540.00	15.99	7,517.01	2,000.00	
			部门经理 汇总				65,600.00				54,609.99		
007	李飞	采购部	采购人员	3,500.00	2,500.00	1,500.00	7,500.00	772.50	450.00	8.32	6,269.18	1,000.00	
008	文凯	采购部	采购人员	3,500.00	2,500.00	1,500.00	7,500.00	772.50	450.00	-	6,277.50	2,500.00	
			采购人员 汇总				15,000.00				12,546.68		
002	毛羽	行政部	管理人员	3,600.00	3,000.00	2,000.00	8,600.00	885.80	516.00	5.94	7,192.26	2,000.00	
003	刘杰	行政部	管理人员	3,200.00	3,000.00	2,000.00	8,200.00	844.60	492.00	-	6,863.40	2,500.00	
005	孙祥	技术部	管理人员	4,000.00	3,000.00	2,000.00	9,000.00	927.00	540.00	18.99	7,514.01	1,900.00	
013	王娟	财务部	管理人员	3,500.00	3,000.00	1,500.00	8,000.00	824.00	480.00	-	6,696.00	1,900.00	
014	李悦	财务部	管理人员	3,000.00	3,000.00	1,500.00	7,500.00	772.50	450.00	-	6,277.50	2,000.00	
			管理人员 汇总				41,300.00				34,543.17		
016	魏红	生产一车间	生产人员	3,400.00	2,500.00	1,500.00	7,400.00	762.20	444.00	-	6,193.80	1,500.00	
017	董刚	生产一车间	生产人员	3,400.00	2,500.00	1,500.00	7,400.00	762.20	444.00	-	6,193.80	2,000.00	
018	夏海	生产一车间	生产人员	3,400.00	2,500.00	1,500.00	7,400.00	762.20	444.00	-	6,193.80	2,300.00	
020	马勋	生产二车间	生产人员	3,400.00	2,500.00	1,500.00	7,400.00	762.20	444.00	-	6,193.80	2,000.00	
021	吴思	生产二车间	生产人员	3,400.00	2,500.00	1,500.00	7,400.00	762.20	444.00	-	6,193.80	1,500.00	
022	李宇春	生产二车间	生产人员	3,400.00	2,500.00	1,500.00	7,400.00	762.20	444.00	-	6,193.80	2,000.00	
024	余明	生产三车间	生产人员	3,400.00	2,500.00	1,500.00	7,400.00	762.20	444.00	-	6,193.80	1,500.00	
025	郭芙	生产三车间	生产人员	3,400.00	2,500.00	1,500.00	7,400.00	762.20	444.00	5.82	6,187.98	1,000.00	
			生产人员 汇总				59,200.00				49,544.58		
010	李建东	销售部	销售人员	3,500.00	2,000.00	2,500.00	8,000.00	824.00	480.00	-	6,696.00	2,500.00	
011	钟一民	销售部	销售人员	3,500.00	2,000.00	2,500.00	8,000.00	824.00	480.00	-	6,696.00	2,000.00	
			销售人员 汇总				16,000.00				13,392.00		
001	马东	行政部	总经理	5,000.00	4,000.00	2,000.00	11,000.00	1,133.00	660.00	81.21	9,125.79	1,500.00	
			总经理 汇总				11,000.00				9,125.79		
			总计				208,100.00				173,762.21		

基本工资信息表　专项附加扣除表　工资结算单

图 4－33　按“职工类别”对“实发工资”进行分类汇总（最终效果）

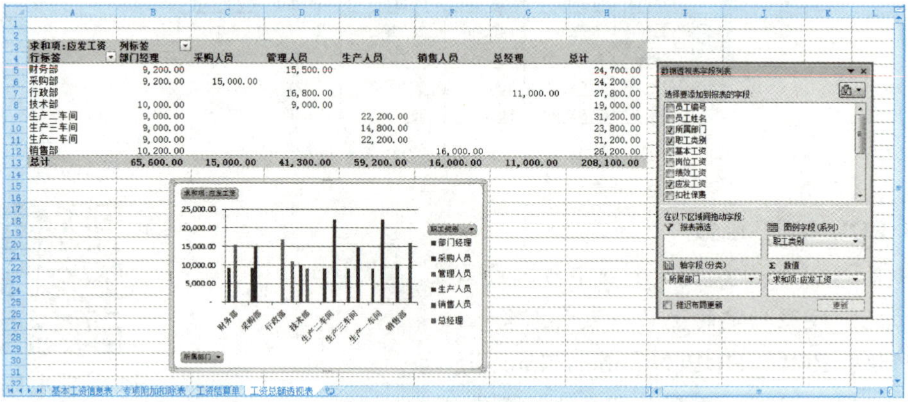

求和项:应发工资	列标签						
行标签	部门经理	采购人员	管理人员	生产人员	销售人员	总经理	总计
财务部	9,200.00		15,500.00				24,700.00
采购部	9,200.00	15,000.00					24,200.00
行政部			16,800.00			11,000.00	27,800.00
技术部	10,000.00		9,000.00				19,000.00
生产二车间	9,000.00			22,200.00			31,200.00
生产三车间	9,000.00			14,800.00			23,800.00
生产一车间	9,000.00			22,200.00			31,200.00
销售部	10,200.00				16,000.00		26,200.00
总计	65,600.00	15,000.00	41,300.00	59,200.00	16,000.00	11,000.00	208,100.00

图 4－34　工资总额数据透视表和数据透视图（最终效果）

【任务分析】

因工作需要，财务部门或薪资管理人员经常需要按不同要求查询单位职工的工资信息。本任务将利用排序、筛选功能进行工资的查询，使用数据透视表和数据透视图进行数据的简单处理和分析。

李悦设计本任务包括以下四部分：

（1）工资数据筛选；

（2）工资数据排序；

（3）工资数据分类汇总；

（4）工资数据统计分析。

【任务实施】

任务 3.1　工资数据筛选

财务数据往往是复杂的、繁多的，工作人员经常需要在密密麻麻的数据中找出一些符合条件的数据，有没有一种更加简便的方法呢？这就需要用到 Excel 的筛选功能。筛选功能可以使 Excel 工作表只显示符合条件的数据而隐藏其他数据，是一种查找数据的快速方法。

一、使用自动筛选功能查询姓名为“李明”的员工的工资情况

操作步骤如下：

（1）选择工资结算单数据清单内的任一单元格，单击功能区中的“数据”—“排序和筛选”—“筛选”按钮（筛选），进入筛选状态，在每个字段名称右侧出现一个下拉三角按钮，如图 4－35 所示。

	A	B	C	D	E	F	G	H	I	J	K	L	M	
1	员工编	员工姓	所属部门	职工类别	基本工资	岗位工资	绩效工资	应发工资	扣社保费	扣公积金	扣个税	实发工资	专项附加扣	2月累计应
2	001	马东	行政部	总经理	5,000.00	4,000.00	2,000.00	11,000.00	1,133.00	660.00	81.21	9,125.79	1,500.00	
3	002	毛羽	行政部	管理人员	3,600.00	3,000.00	2,000.00	8,600.00	885.80	516.00	5.94	7,192.26	2,000.00	
4	003	刘杰	行政部	管理人员	3,200.00	3,000.00	2,000.00	8,200.00	844.60	492.00	-	6,863.40	2,500.00	
5	004	张峰	技术部	部门经理	4,500.00	3,500.00	2,000.00	10,000.00	1,030.00	600.00	71.10	8,298.90	1,000.00	
6	005	孙祥	技术部	管理人员	4,000.00	3,000.00	2,000.00	9,000.00	927.00	540.00	18.99	7,514.01	1,900.00	
7	006	刘东	采购部	部门经理	4,200.00	3,500.00	1,500.00	9,200.00	947.60	552.00	36.01	7,664.39	1,500.00	
8	007	李飞	采购部	采购人员	3,500.00	2,500.00	1,500.00	7,500.00	772.50	450.00	8.32	6,269.18	1,000.00	
9	008	文凯	采购部	采购人员	3,500.00	2,500.00	1,500.00	7,500.00	772.50	450.00	-	6,277.50	2,500.00	
10	009	李明	销售部	部门经理	4,200.00	3,500.00	2,500.00	10,200.00	1,050.60	612.00	76.12	8,461.28	1,000.00	
11	010	李建东	销售部	销售人员	3,500.00	2,000.00	2,500.00	8,000.00	824.00	480.00	-	6,696.00	2,500.00	

基本工资信息表　专项附加扣除表　工资结算单

图 4－35　进入筛选状态

（2）单击字段名称为“员工姓名”列右侧的下拉三角按钮，出现筛选对话框，单击“文本筛选”选择框中的“全选”复选框，去掉全部对号，再重新选择“李明”复选框，如图 4－36 所示。

（3）单击“确定”按钮，结果如图 4－37 所示。

二、使用自动筛选功能查询所属部门为“采购部”的员工的工资情况

操作步骤如下：

（1）单击“所属部门”列右侧的下拉三角按钮，选择“文本筛选”右侧“等于”，如图 4－38 所示。

（2）打开“自定义自动筛选方式”对话框，选择“所属部门”为“等于”“采购部”，如图 4－39 所示。

（3）单击“确定”按钮，查询结果如图 4－40 所示。

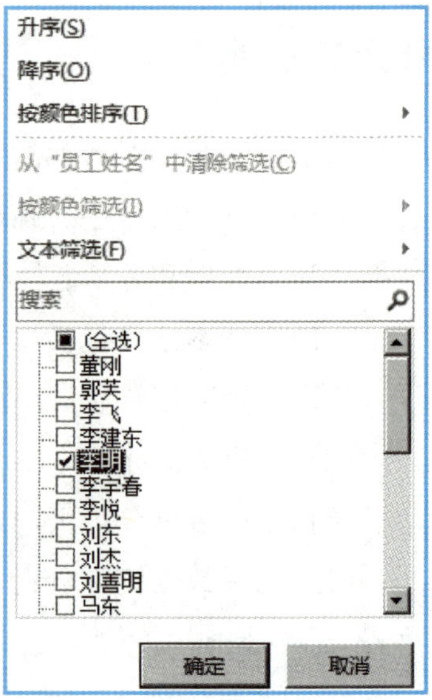

图 4－36 “文本筛选”选择框中的单选

任务 3.2 工资数据排序

排序是将数据区域中的记录，按字段名的数据值大小进行排列，从小到大排序称为升序，从大到小排序称为降序，用来排序的字段或条件称为排序关键字。

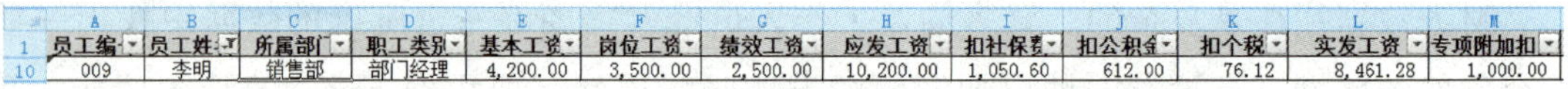

员工编	员工姓	所属部门	职工类别	基本工资	岗位工资	绩效工资	应发工资	扣社保费	扣公积金	扣个税	实发工资	专项附加扣
009	李明	销售部	部门经理	4,200.00	3,500.00	2,500.00	10,200.00	1,050.60	612.00	76.12	8,461.28	1,000.00

图 4－37 筛选结果

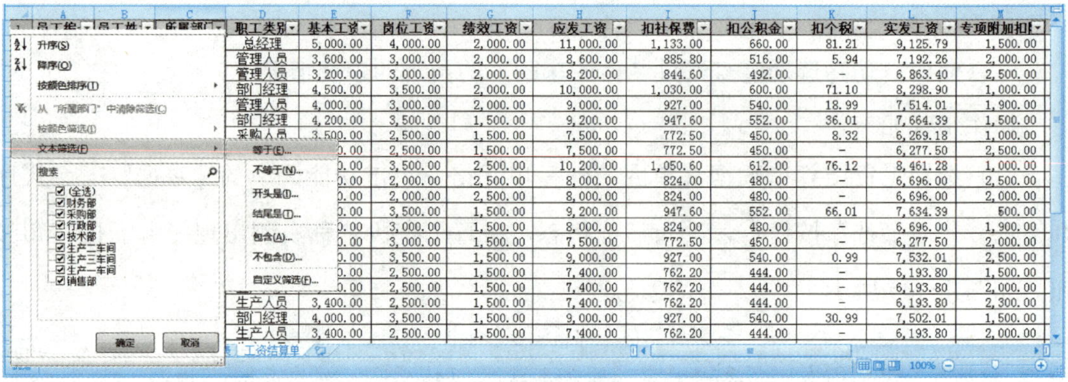

图 4－38 文本筛选

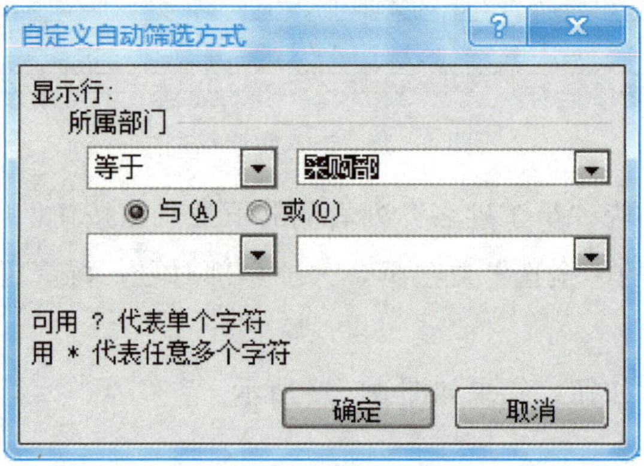

图 4－39 “自定义自动筛选方式”对话框

员工编	员工姓	所属部门	职工类别	基本工资	岗位工资	绩效工资	应发工资	扣社保费	扣公积金	扣个税	实发工资	专项附加扣
006	刘东	采购部	部门经理	4,200.00	3,500.00	1,500.00	9,200.00	947.60	552.00	36.01	7,664.39	1,500.00
007	李飞	采购部	采购人员	3,500.00	2,500.00	1,500.00	7,500.00	772.50	450.00	8.32	6,269.18	1,000.00
008	文凯	采购部	采购人员	3,500.00	2,500.00	1,500.00	7,500.00	772.50	450.00	-	6,277.50	2,500.00

图 4-40 查询结果

在 Excel 中进行排序时，数字和日期按数值大小进行排列；字母按字母顺序进行排列；汉字转化为汉语拼音，并根据首个汉字字母比较规则进行比较排序。

一、利用功能区中的“升序”按钮/“降序”按钮排序

案例 1： 利用“降序”按钮对东方公司工资结算单按“基本工资”由高到低进行降序排列。

操作步骤如下：

(1) 打开工资结算单，选择“基本工资”E 列，单击功能区中的“数据”—“排序和筛选”—“降序”按钮，如图 4-41 所示。

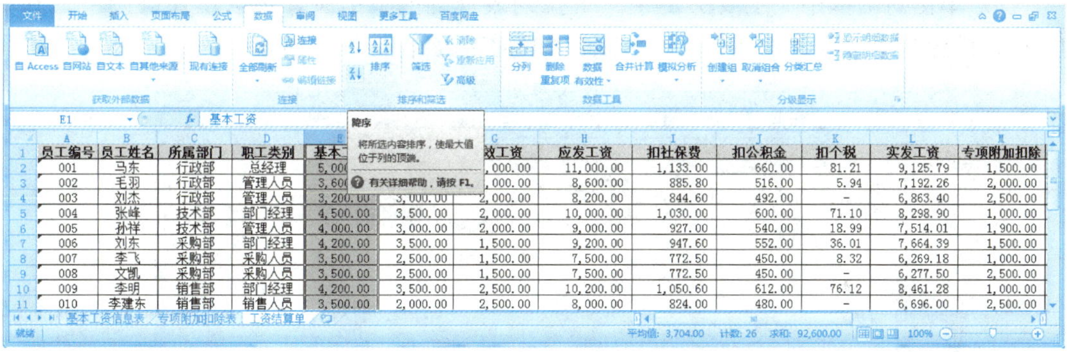

图 4-41 按“基本工资”降序

(2) 在弹出的“排序提醒”对话框中选中“扩展选定区域”单选按钮，如图 4-42 所示。

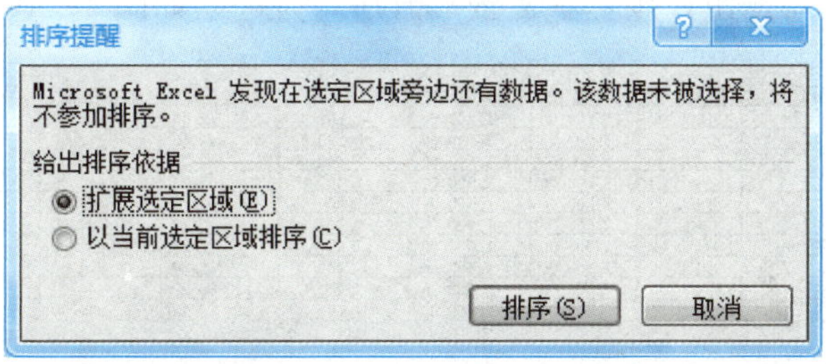

图 4-42 “排序提醒”对话框

注： 选中“扩展选定区域”单选按钮，则基本工资对应的其他列也随排序位置的变化而变化。

(3) 最后，单击“排序”按钮，排序后人员编号的顺序发生变化，前 9 条记录如图 4-43所示。

员工编号	员工姓名	所属部门	职工类别	基本工资	岗位工资	绩效工资	应发工资	扣社保费	扣公积金	扣个税	实发工资	专项附加扣除
001	马东	行政部	总经理	5,000.00	4,000.00	2,000.00	11,000.00	1,133.00	660.00	81.21	9,125.79	1,500.00
004	张峰	技术部	部门经理	4,500.00	3,500.00	2,000.00	10,000.00	1,030.00	600.00	71.10	8,298.90	1,000.00
006	刘东	采购部	部门经理	4,200.00	3,500.00	1,500.00	9,200.00	947.60	552.00	36.01	7,664.39	1,500.00
009	李明	销售部	部门经理	4,200.00	3,500.00	2,500.00	10,200.00	1,050.60	612.00	76.12	8,461.28	1,000.00
012	张秀梅	财务部	部门经理	4,200.00	3,500.00	1,500.00	9,200.00	947.60	552.00	66.01	7,634.39	500.00
005	孙祥	技术部	管理人员	4,000.00	3,000.00	2,000.00	9,000.00	927.00	540.00	18.99	7,514.01	1,900.00
015	马明	生产一车间	部门经理	4,000.00	3,500.00	1,500.00	9,000.00	927.00	540.00	0.99	7,532.01	2,500.00
019	郑明	生产二车间	部门经理	4,000.00	3,500.00	1,500.00	9,000.00	927.00	540.00	30.99	7,502.01	1,500.00
023	刘善明	生产三车间	部门经理	4,000.00	3,500.00	1,500.00	9,000.00	927.00	540.00	15.99	7,517.01	2,000.00

图 4-43 “降序”排序结果（部分）

二、利用功能区中的“排序”命令排序

案例 2：利用“排序”命令对东方公司工资结算单按“基本工资”由低到高进行升序排序。

操作步骤如下：

（1）选择数据区域中的一个单元格，单击功能区中的“数据”—“排序和筛选”—“排序”命令，弹出“排序”对话框。

（2）单击对话框中“主要关键字”下拉列表框的向下箭头，选取主要关键字“基本工资”，排序依据选择“数值”，次序选择“升序”，如图 4-44 所示。

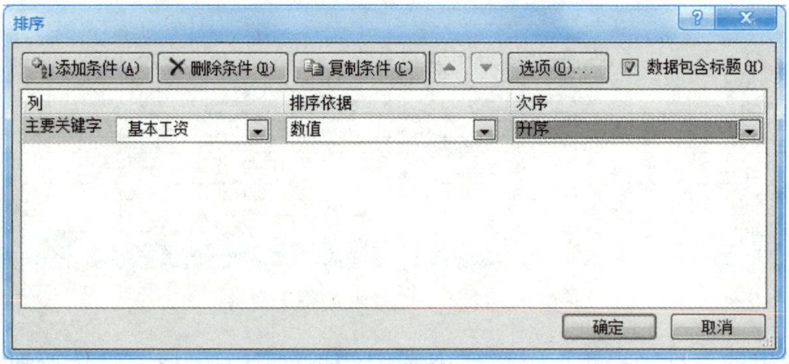

图 4-44 “排序”对话框

（3）单击“确定”按钮，按基本工资“升序”排序，如图 4-45 所示。

员工编号	员工姓名	所属部门	职工类别	基本工资	岗位工资	绩效工资	应发工资	扣社保费	扣公积金	扣个税	实发工资	专项附加扣除
014	李悦	财务部	管理人员	3,000.00	3,000.00	1,500.00	7,500.00	772.50	450.00	-	6,277.50	2,000.00
003	刘杰	行政部	管理人员	3,200.00	3,000.00	2,000.00	8,200.00	844.60	492.00	-	6,863.40	2,500.00
016	魏红	生产一车间	生产人员	3,400.00	2,500.00	1,500.00	7,400.00	762.20	444.00	-	6,193.80	1,500.00
017	董刚	生产一车间	生产人员	3,400.00	2,500.00	1,500.00	7,400.00	762.20	444.00	-	6,193.80	2,000.00
018	夏海	生产一车间	生产人员	3,400.00	2,500.00	1,500.00	7,400.00	762.20	444.00	-	6,193.80	2,300.00
020	马勋	生产二车间	生产人员	3,400.00	2,500.00	1,500.00	7,400.00	762.20	444.00	-	6,193.80	2,000.00
021	吴思	生产二车间	生产人员	3,400.00	2,500.00	1,500.00	7,400.00	762.20	444.00	-	6,193.80	1,500.00
022	李宇春	生产二车间	生产人员	3,400.00	2,500.00	1,500.00	7,400.00	762.20	444.00	-	6,193.80	2,000.00
024	余明	生产三车间	生产人员	3,400.00	2,500.00	1,500.00	7,400.00	762.20	444.00	-	6,193.80	1,500.00
025	郭芙	生产三车间	生产人员	3,400.00	2,500.00	1,500.00	7,400.00	762.20	444.00	5.82	6,187.98	1,000.00

图 4-45 “升序”排序结果（部分）

任务 3.3 工资数据分类汇总

分类汇总是 Excel 处理数据的基本技能，是指对数据清单按分类进行汇总。即先按照“分类字段”进行排序，把同一分类字段的记录放到一起，然后再对“选定汇总项”按“分类字段”进行汇总计算，“汇总方式”可以是求和、求最大最小值、统计个

数等。

当插入自动分类汇总时，Excel将分级显示数据清单，以便显示或隐藏明细数据行。

分类汇总的步骤主要分为排序以及分类汇总两个环节。

案例3：对东方公司工资结算单按“职工类别”为分类字段汇总显示实发工资的合计数。

操作步骤如下：

(1) 按“职工类别”对工作表进行升序排列，如图4-46所示。

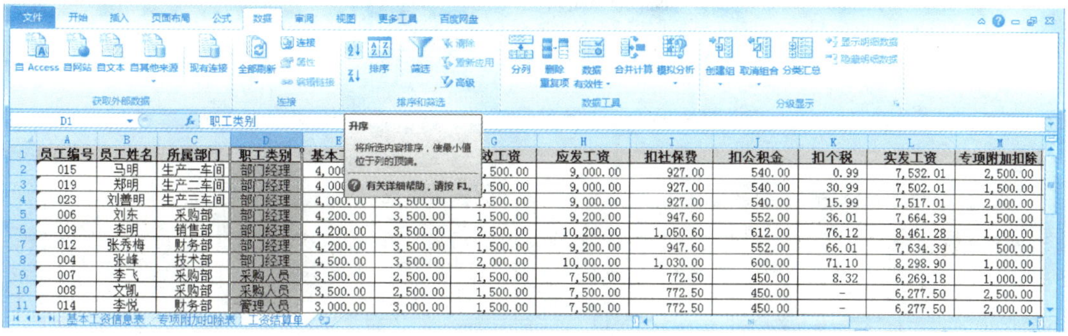

图4-46　按“职工类别”排序

注：分类汇总前，一定要先对分类字段进行排序。

(2) 选择数据清单内的任一单元格，单击功能区中的“数据”—“分级显示”—“分类汇总”，如图4-47所示，打开“分类汇总”对话框。

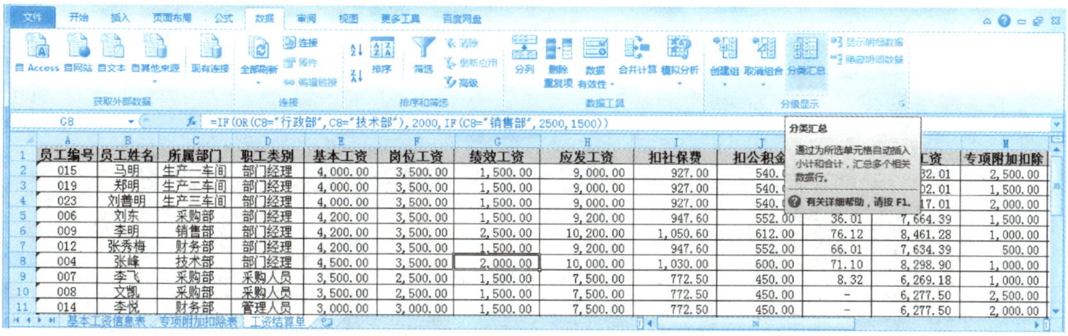

图4-47　选择“分类汇总”按钮

(3) 在“分类字段”下拉列表框中选择“职工类别”选项，在“汇总方式”下拉列表框中选择“求和”选项，在“选定汇总项”选择框中选中“实发工资”复选框，如图4-48所示。

(4) 单击“确定”按钮，分类汇总完成，如图4-49所示。

(5) 如要取消分类汇总，再执行一次单击功能区中的“数据”—“分级显示”—“分类汇总”命令操作，在打开的“分类汇总”对话框中单击“全部删除”按钮即可，如图4-50所示。

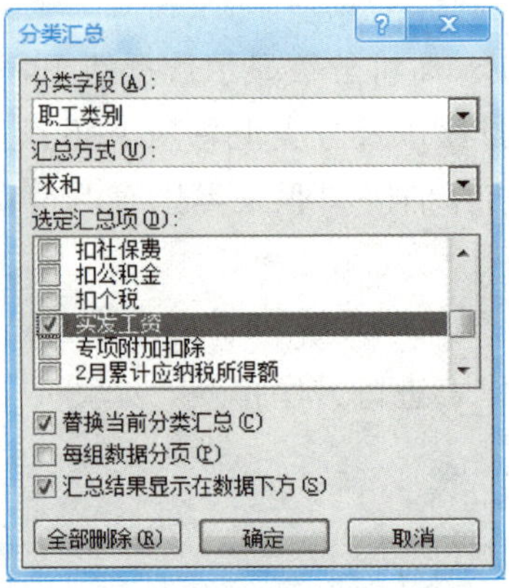

图 4-48 “分类汇总”对话框

员工编号	员工姓名	所属部门	职工类别	基本工资	岗位工资	绩效工资	应发工资	扣社保费	扣公积金	扣个税	实发工资	专项附加扣除
015	马明	生产一车间	部门经理	4,000.00	3,500.00	1,500.00	9,000.00	927.00	540.00	0.99	7,532.01	2,500.00
019	郑明	生产二车间	部门经理	4,000.00	3,500.00	1,500.00	9,000.00	927.00	540.00	30.99	7,502.01	1,500.00
023	刘善明	生产三车间	部门经理	4,000.00	3,500.00	1,500.00	9,000.00	927.00	540.00	15.99	7,517.01	2,000.00
006	刘东	采购部	部门经理	4,200.00	3,500.00	1,500.00	9,200.00	947.60	552.00	36.01	7,664.39	1,500.00
009	李明	销售部	部门经理	4,200.00	3,500.00	2,500.00	10,200.00	1,050.60	612.00	76.12	8,461.28	1,000.00
012	张秀梅	财务部	部门经理	4,200.00	3,500.00	1,500.00	9,200.00	947.60	552.00	66.01	7,634.39	500.00
004	张峰	技术部	部门经理	4,500.00	3,500.00	2,000.00	10,000.00	1,030.00	600.00	71.10	8,298.90	1,000.00
			部门经理 汇总								54,609.99	
007	李飞	采购部	采购人员	3,500.00	2,500.00	1,500.00	7,500.00	772.50	450.00	8.32	6,269.18	1,000.00
008	文凯	采购部	采购人员	3,500.00	2,500.00	1,500.00	7,500.00	772.50	450.00	-	6,277.50	2,500.00
			采购人员 汇总								12,546.68	
014	李悦	财务部	管理人员	3,000.00	3,000.00	1,500.00	7,500.00	772.50	450.00	-	6,277.50	2,000.00
003	刘杰	行政部	管理人员	3,200.00	3,000.00	2,000.00	8,200.00	844.60	492.00	-	6,863.40	2,500.00
013	王娟	财务部	管理人员	3,500.00	3,000.00	1,500.00	8,000.00	824.00	480.00	-	6,696.00	1,900.00
002	毛羽	行政部	管理人员	3,600.00	3,000.00	2,000.00	8,600.00	885.80	516.00	5.94	7,192.26	2,000.00
005	孙祥	技术部	管理人员	4,000.00	3,000.00	2,000.00	9,000.00	927.00	540.00	18.99	7,514.01	1,900.00
			管理人员 汇总								34,543.17	
016	魏红	生产一车间	生产人员	3,400.00	2,500.00	1,500.00	7,400.00	762.20	444.00	-	6,193.80	1,500.00

图 4-49 “分类汇总”结果

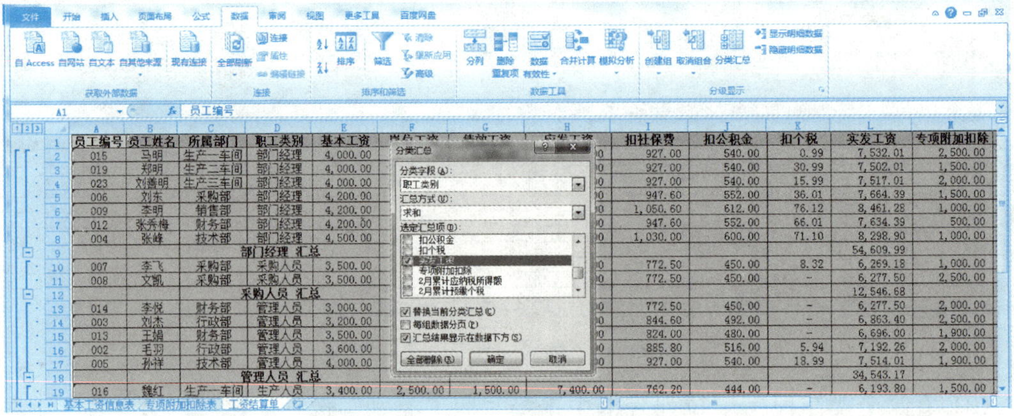

图 4-50 “分类汇总”的删除

任务 3.4 工资数据统计分析

一、利用数据透视表按员工“所属部门”和“职工类别”计算“应发工资”的汇总数

操作步骤如下：

(1) 选择工资结算单数据清单内的任一单元格，单击功能区中的“插入”—“数据透视表”命令，在弹出的“创建数据透视表”对话框中选择需要汇总的数据区域，选择

放置数据透视表的位置为“新工作表”，如图 4－51 所示。

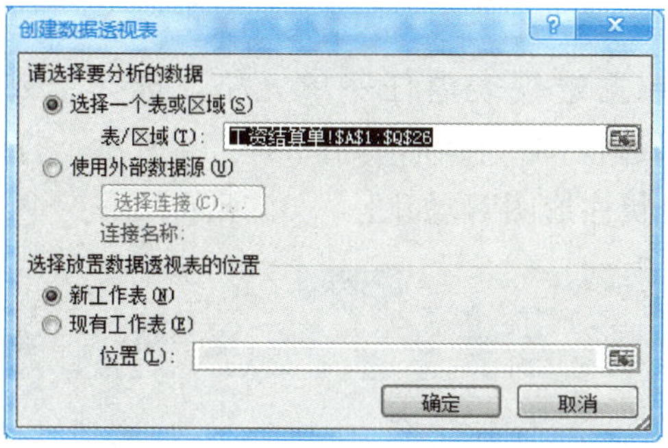

图 4－51　“创建数据透视表”对话框

（2）单击“确定”按钮，新建工作表 Sheet1，如图 4－52 所示。

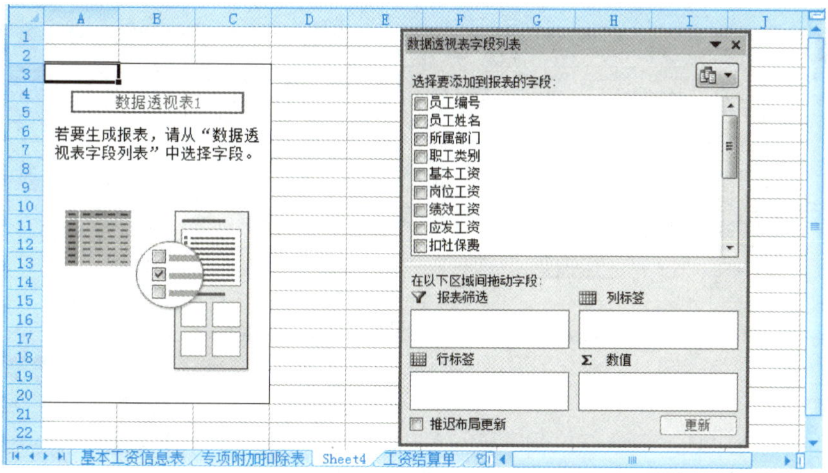

图 4－52　新建工作表

（3）将右侧的“所属部门”“职工类别”“应发工资”分别拖至下方的“行标签”“列标签”“数值”处，定义值字段设置的数字格式为“会计专用”，小数位数为“2”，货币符号为“无”，即产生“应发工资”按“所属部门”和“职工类别”所生成的数据透视表。

（4）将新建的工作表 Sheet1 更名为“工资总额透视表”，移到工资结算单后。结果如图 4－53 所示。

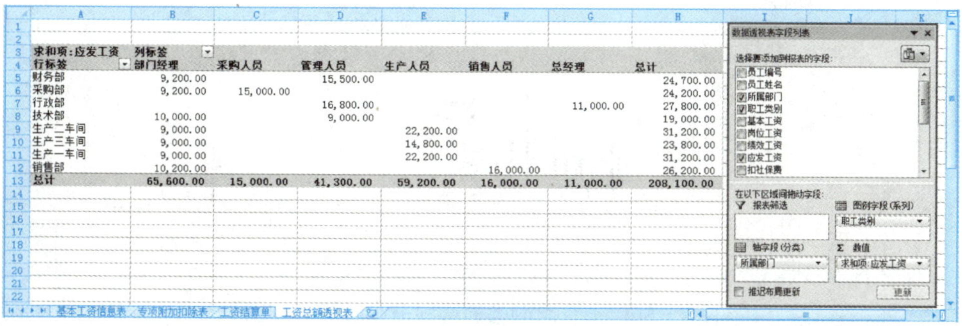

求和项:应发工资	列标签						
行标签	部门经理	采购人员	管理人员	生产人员	销售人员	总经理	总计
财务部	9, 200. 00		15, 500. 00				24, 700. 00
采购部	9, 200. 00	15, 000. 00					24, 200. 00
行政部			16, 800. 00			11, 000. 00	27, 800. 00
技术部	10, 000. 00		9, 000. 00				19, 000. 00
生产二车间	9, 000. 00			22, 200. 00			31, 200. 00
生产三车间	9, 000. 00			14, 800. 00			23, 800. 00
生产一车间	9, 000. 00			22, 200. 00			31, 200. 00
销售部	10, 200. 00				16, 000. 00		26, 200. 00
总计	65, 600. 00	15, 000. 00	41, 300. 00	59, 200. 00	16, 000. 00	11, 000. 00	208, 100. 00

图 4－53　工资总额透视表

二、在数据透视表基础上完成数据透视图

操作步骤如下：

（1）把光标定位在数据透视表内任一单元格，选择“数据透视表工具”—“选项”—“工具”—“数据透视图”按钮，如图 4-54 所示。打开“插入图表”对话框，选择“柱形图”下的“簇状柱形图”，如图 4-55 所示。

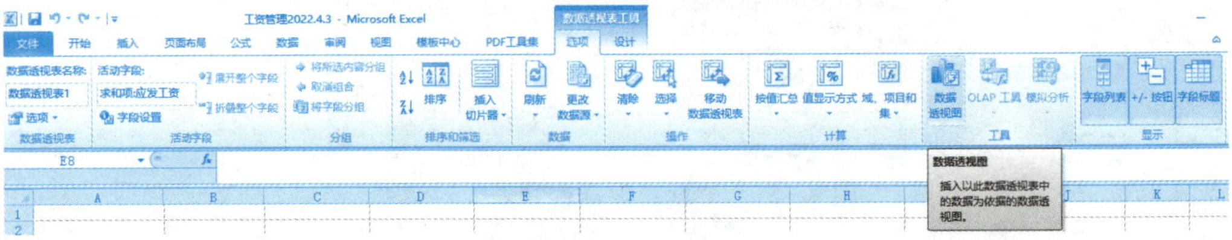

图 4-54 插入“数据透视图”按钮

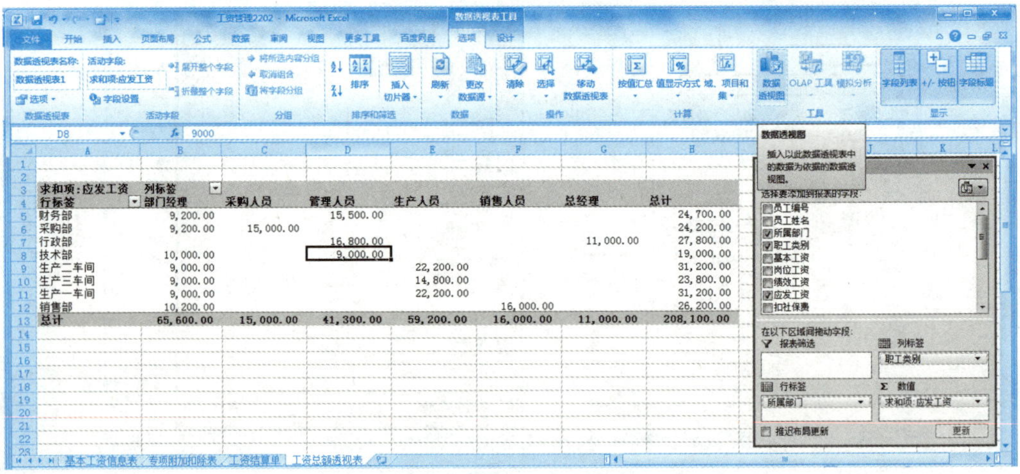

图 4-55 插入“簇状柱形图”

（2）单击“确定”按钮，结果如图 4-56 所示。

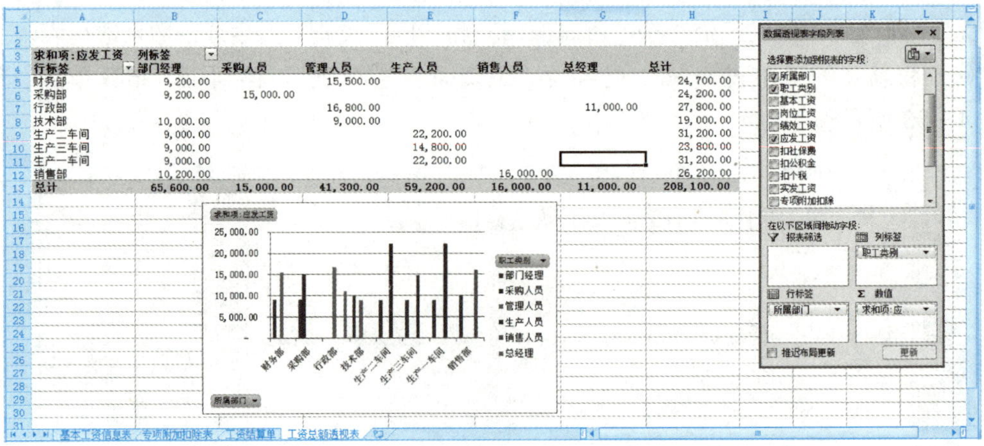

图 4-56 工资总额数据透视表和数据透视图

（3）在数据透视图的不同位置右击，出现快捷菜单，可对数据透视图的布局、位置、格式等进行调整，行列转换后的数据透视表和数据透视图如图 4－57 所示。

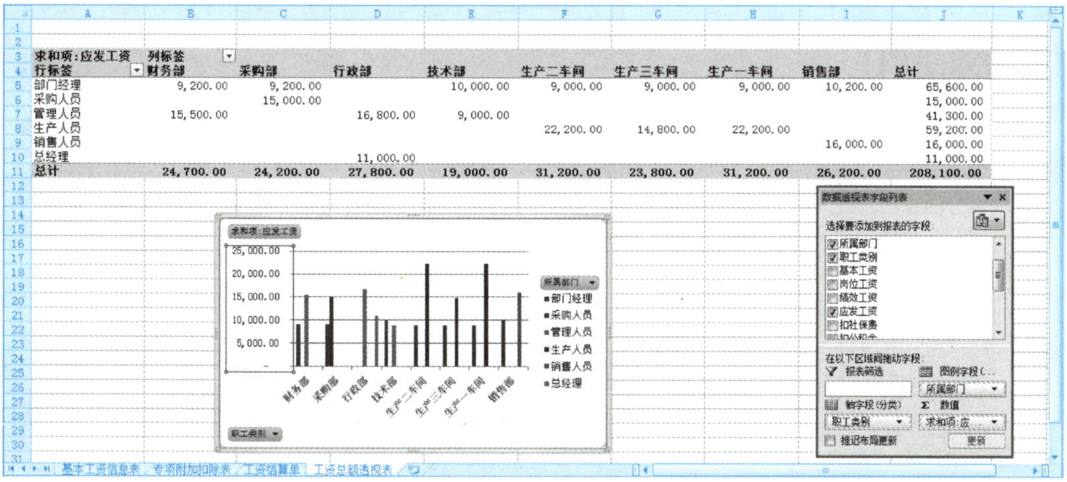

图 4－57　行列转换后的数据透视表和数据透视图

多学一招

在上面的第一步中，把光标定位在数据透视表内任一单元格，选择功能区中的“插入”—“图表”—“柱形图”按钮，在弹出的对话框中选择“簇状柱形图”，如图 4－58 所示，同样也可以根据数据透视表生成对应的数据透视图。

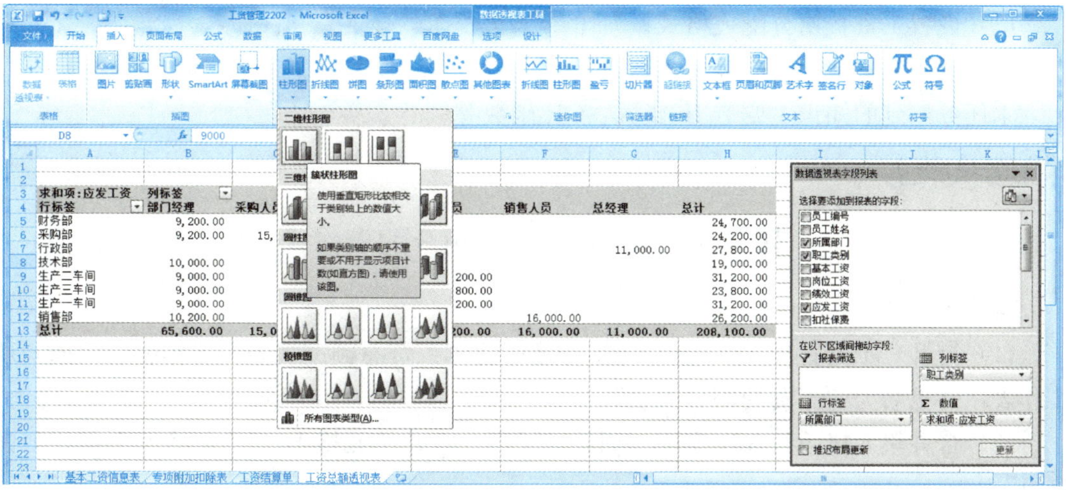

图 4－58　插入数据透视图

任务 4　编制工资费用分配表

【任务效果图】

部门	分配项目						
	工资总额	职工福利费（14%）	工会经费（2%）	职工教育经费（8%）	社会保险费（26.5%）	住房公积金（6%）	合计
行政部	27,800.00	3,892.00	556.00	2,224.00	7,367.00	1,668.00	43,507.00
财务部	24,700.00	3,458.00	494.00	1,976.00	6,545.50	1,482.00	38,655.50
技术部	19,000.00	2,660.00	380.00	1,520.00	5,035.00	1,140.00	29,735.00
采购部	24,200.00	3,388.00	484.00	1,936.00	6,413.00	1,452.00	37,873.00
销售部	26,200.00	3,668.00	524.00	2,096.00	6,943.00	1,572.00	41,003.00
生产一车间	31,200.00	4,368.00	624.00	2,496.00	8,268.00	1,872.00	48,828.00
生产二车间	31,200.00	4,368.00	624.00	2,496.00	8,268.00	1,872.00	48,828.00
生产三车间	23,800.00	3,332.00	476.00	1,904.00	6,307.00	1,428.00	37,247.00
合计	208,100.00	29,134.00	4,162.00	16,648.00	55,146.50	12,486.00	325,676.50

基本工资信息表 / 专项附加扣除表 / 工资结算单 / 工资总额透视表 / 工资费用分配表

图 4-59　工资费用分配表（最终效果）

【任务分析】

工资费用的分配是将公司本月承担的“工资总额”“三项经费”“社会保险费”和“住房公积金”按照职工所在部门进行分配，编制工资费用分配表，为生成相关工资费用凭证提供数据。

李悦设计本任务包括以下两部分：

（1）设置工资费用分配表格式；

（2）设置工资费用分配表公式。

本任务用到的知识主要有 IF 函数、OR 函数等。

【任务实施】

任务 4.1　设置工资费用分配表格式

操作步骤如下：

（1）打开“工资管理 2202.xlsx”工作簿，将“工资总额透视表”工作表后面插入新工作表，并更名为“工资费用分配表”。

（2）合并单元格 A1:A2，输入文本“部门”；合并单元格 B1:H1，输入文本“分配项目”。

（3）选中第 3 行至第 11 行，执行功能区中的“开始”—“单元格”—“格式”—“行高”。在“行高”对话框中输入“20”，单击“确定”按钮。

（4）选中 A 列，执行功能区中的“开始”—“单元格”—“格式”—“列宽”。在“列宽”对话框中输入“15”，单击“确定”按钮。选中 B:H 列，设置列宽为“13”。

（5）选中 A1:H11，设置边框为所有框线 田 所有框线(A) 。

（6）输入行列标题，并设置其格式如下：在“设置单元格格式”的“对齐”选项卡，选中“水平对齐”选项中的“居中”，选中“垂直对齐”选项中的“居中”，选中“文体控制”选项区域中的“合并单元格”复选框，如图 4－60 所示。最终效果如图 4－61 所示。

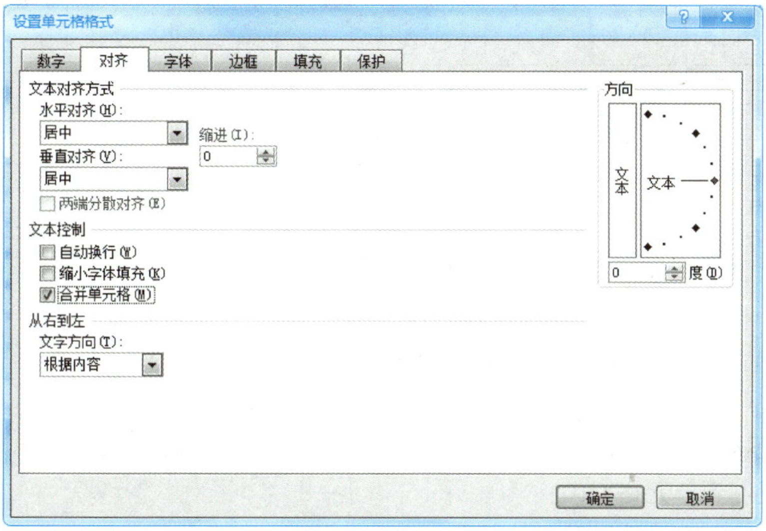

图 4－60　设置“对齐”选项卡

部门	分配项目						
	工资总额	职工福利费（14%）	工会经费（2%）	职工教育经费（8%）	社会保险费（26.5%）	住房公积金（6%）	合计
行政部							
财务部							
技术部							
采购部							
销售部							
生产一车间							
生产二车间							
生产三车间							
合计							

基本工资信息表　专项附加扣除表　工资结算单　工资总额透视表　工资费用分配表

图 4－61　“工资费用分配表”格式

任务 4.2　设置工资费用分配表公式

根据东方公司的资料，单位承担的“三项经费”占“应发工资”项目的比例分别是：职工福利费为 14%、工会经费为 2%、职工教育经费为 8%；单位承担的社会保险费占“应发工资”项目的比例分别是：养老保险 18%、医疗保险 7%、失业保险 0.7%、工伤保险 0.8%，总计 26.5%；单位承担住房公积金占“应发工资”项目的比例是 6%。

注： 各单位可按实际比例进行调整。

操作步骤如下：

（1）打开“工资费用分配表”工作表，定义“工资总额”项目计算公式。

选中单元格 B3，输入“=”，单击“工资总额透视表”，选择“行政部”对应的合计金额单元格，按“Enter”键确认之后，“工资总额透视表”的数据就会引用过来，如图4-62所示。

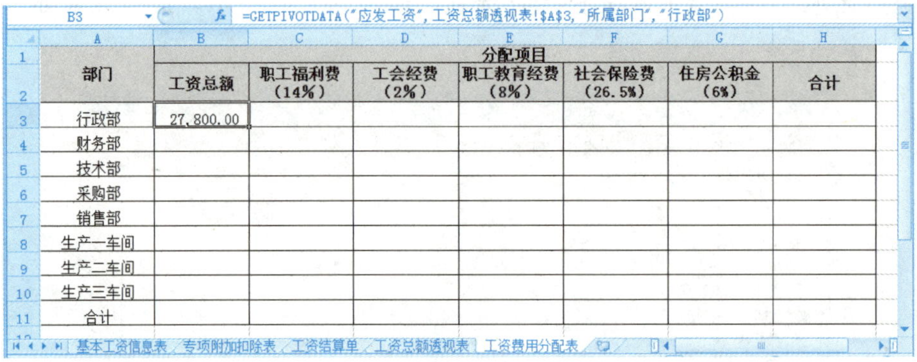

图4-62　设置B3单元格公式

同样继续完成B列其他单元格公式的输入。

（2）定义“职工福利费”项目计算公式。

选中单元格C3，输入“=B3＊0.14”，按“Enter”键确认，选择C3单元格，用填充柄把公式复制到单元格C10。

（3）定义“工会经费”项目计算公式。

选中单元格D3，输入“=B3＊0.02”，按“Enter”键确认，选择D3单元格，用填充柄把公式复制到单元格D10。

（4）定义“职工教育经费”项目计算公式。

选中单元格E3，输入“=B3＊0.08”，按“Enter”键确认，选择E3单元格，用填充柄把公式复制到单元格E10。

（5）定义“社会保险费”项目计算公式。

选中单元格F3，输入“=B3＊0.265”，按“Enter”键确认，选择F3单元格，用填充柄把公式复制到单元格F10。

（6）定义“住房公积金”项目计算公式。

选中单元格G3，输入“=B3＊0.06”，按“Enter”键确认，选择G3单元格，用填充柄把公式复制到单元格G10。

（7）定义“合计”列计算公式。

选中B3:G3单元格，单击“自动求和”按钮 Σ 自动求和 ，自动在H3单元格输入公式“=SUM(B3:G3)”，按“Enter”键确认，选择H3单元格，用填充柄把H3单元格公式复制到单元格H10。

（8）定义“合计”行计算公式。

选择B3:B10单元格，单击“自动求和”按钮 Σ 自动求和 ，自动在B11单元格输入公式“=SUM (B3:B10)”，按“Enter”键确认，用填充柄把B11单元格公式复制到单元格H11。

得到的结果如图4-63所示。

部门	分配项目						
	工资总额	职工福利费（14%）	工会经费（2%）	职工教育经费（8%）	社会保险费（26.5%）	住房公积金（6%）	合计
行政部	27,800.00	3,892.00	556.00	2,224.00	7,367.00	1,668.00	43,507.00
财务部	24,700.00	3,458.00	494.00	1,976.00	6,545.50	1,482.00	38,655.50
技术部	19,000.00	2,660.00	380.00	1,520.00	5,035.00	1,140.00	29,735.00
采购部	24,200.00	3,388.00	484.00	1,936.00	6,413.00	1,452.00	37,873.00
销售部	26,200.00	3,668.00	524.00	2,096.00	6,943.00	1,572.00	41,003.00
生产一车间	31,200.00	4,368.00	624.00	2,496.00	8,268.00	1,872.00	48,828.00
生产二车间	31,200.00	4,368.00	624.00	2,496.00	8,268.00	1,872.00	48,828.00
生产三车间	23,800.00	3,332.00	476.00	1,904.00	6,307.00	1,428.00	37,247.00
合计	208,100.00	29,134.00	4,162.00	16,648.00	55,146.50	12,486.00	325,676.50

基本工资信息表 / 专项附加扣除表 / 工资结算单 / 工资总额透视表 / 工资费用分配表

图 4-63 “工资费用分配表”计算结果

上面“工资费用分配表”中归集的工资费用分配数据，可通过公式和函数传递到账务处理模块的“会计凭证表”，从而将工资管理模块和账务处理模块链接为一体。此部分的具体操作可在综合实训中进行对应练习。

任务 5 打印工资条

【任务效果图】

员工编号	员工姓名	所属部门	职工类别	基本工资	岗位工资	绩效工资	应发工资	扣社保费	扣公积金	扣个税	实发工资	专项附加扣除
001	马东	行政部	总经理	5,000.00	4,000.00	2,000.00	11,000.00	1,133.00	660.00	81.21	9,125.79	1,500.00
员工编号	员工姓名	所属部门	职工类别	基本工资	岗位工资	绩效工资	应发工资	扣社保费	扣公积金	扣个税	实发工资	专项附加扣除
002	毛羽	行政部	管理人员	3,600.00	3,000.00	2,000.00	8,600.00	885.80	516.00	5.94	7,192.26	2,000.00
员工编号	员工姓名	所属部门	职工类别	基本工资	岗位工资	绩效工资	应发工资	扣社保费	扣公积金	扣个税	实发工资	专项附加扣除
003	刘杰	行政部	管理人员	3,200.00	3,000.00	2,000.00	8,200.00	844.60	492.00	-	6,863.40	2,500.00
员工编号	员工姓名	所属部门	职工类别	基本工资	岗位工资	绩效工资	应发工资	扣社保费	扣公积金	扣个税	实发工资	专项附加扣除
004	张峰	技术部	部门经理	4,500.00	3,500.00	2,000.00	10,000.00	1,030.00	600.00	71.10	8,298.90	1,000.00
员工编号	员工姓名	所属部门	职工类别	基本工资	岗位工资	绩效工资	应发工资	扣社保费	扣公积金	扣个税	实发工资	专项附加扣除
005	孙祥	技术部	管理人员	4,000.00	3,000.00	2,000.00	9,000.00	927.00	540.00	18.99	7,514.01	1,900.00
员工编号	员工姓名	所属部门	职工类别	基本工资	岗位工资	绩效工资	应发工资	扣社保费	扣公积金	扣个税	实发工资	专项附加扣除
006	刘东	采购部	部门经理	4,200.00	3,500.00	1,500.00	9,200.00	947.60	552.00	36.01	7,664.39	1,500.00
员工编号	员工姓名	所属部门	职工类别	基本工资	岗位工资	绩效工资	应发工资	扣社保费	扣公积金	扣个税	实发工资	专项附加扣除
007	李飞	采购部	采购人员	3,500.00	2,500.00	1,500.00	7,500.00	772.50	450.00	8.32	6,269.18	1,000.00

基本工资信息表 / 专项附加扣除表 / 工资结算单 / 工资总额透视表 / 工资费用分配表 / 工资条

图 4-64 利用排序功能生成加空行的工资条（最终效果）

【任务分析】

工资条是由职工所在单位定期发放给员工反映工资的纸条，一般是按月发放，包括工资结算单的基本内容。生成工资条的方法有很多，最直接的是使用 Excel 的复制、粘贴功能，但由于月月发放，工作比较烦琐。怎样用 Excel 快速、准确地设置并打印工资条呢？

本任务讲述打印工资条的两种快捷方法：

（1）利用排序功能生成工资条后打印；

（2）页面设置后打印工资条。

本任务用到的知识主要有排序、分页符和页面设置命令。

【任务实施】

任务 5.1　利用排序功能生成工资条后打印

操作步骤如下：

（1）新建一个工作表，命名为“工资条”，将“工资结算单”编号为 001～010 的内容复制到新表中。

（2）在数据清单后面的 R 列输入“序号”，下面依次输入 1，2，3……序列数，直到所有员工的数据均输入序列数，如图 4－65 所示。

员工编号	员工姓名	所属部门	职工类别	基本工资	岗位工资	绩效工资	应发工资	扣社保费	扣公积金	扣个税	实发工资	专项附加扣除	序号
001	马东	行政部	总经理	5,000.00	4,000.00	2,000.00	11,000.00	1,133.00	660.00	81.21	9,125.79	1,500.00	1
002	毛羽	行政部	管理人员	3,600.00	3,000.00	2,000.00	8,600.00	885.80	516.00	5.94	7,192.26	2,000.00	2
003	刘杰	行政部	管理人员	3,200.00	3,000.00	2,000.00	8,200.00	844.60	492.00	-	6,863.40	2,500.00	3
004	张峰	技术部	部门经理	4,500.00	3,500.00	2,000.00	10,000.00	1,030.00	600.00	71.10	8,298.90	1,000.00	4
005	孙祥	技术部	管理人员	4,000.00	3,000.00	2,000.00	9,000.00	927.00	540.00	18.99	7,514.01	1,900.00	5
006	刘东	采购部	部门经理	4,200.00	3,500.00	1,500.00	9,200.00	947.60	552.00	36.01	7,664.39	1,500.00	6
007	李飞	采购部	采购人员	3,500.00	2,500.00	1,500.00	7,500.00	772.50	450.00	8.32	6,269.18	1,000.00	7
008	文凯	采购部	采购人员	3,500.00	2,500.00	1,500.00	7,500.00	772.50	450.00	-	6,277.50	2,500.00	8
009	李明	销售部	部门经理	4,200.00	3,500.00	2,500.00	10,200.00	1,050.60	612.00	76.12	8,461.28	1,000.00	9
010	李建东	销售部	销售人员	3,500.00	2,000.00	2,500.00	8,000.00	824.00	480.00	-	6,696.00	2,500.00	10

图 4－65　插入“序号”列

注： 为了便于显示，上图隐藏了 N:Q 列，下同。

（3）选中第二行至第十行内容，单击右键，选择“插入”选项，即新增空行，如图 4－66 所示。

员工编号	员工姓名	所属部门	职工类别	基本工资	岗位工资	绩效工资	应发工资	扣社保费	扣公积金	扣个税	实发工资	专项附加扣除	序号
001	马东	行政部	总经理	5,000.00	4,000.00	2,000.00	11,000.00	1,133.00	660.00	81.21	9,125.79	1,500.00	1
002	毛羽	行政部	管理人员	3,600.00	3,000.00	2,000.00	8,600.00	885.80	516.00	5.94	7,192.26	2,000.00	2
003	刘杰	行政部	管理人员	3,200.00	3,000.00	2,000.00	8,200.00	844.60	492.00	-	6,863.40	2,500.00	3
004	张峰	技术部	部门经理	4,500.00	3,500.00	2,000.00	10,000.00	1,030.00	600.00	71.10	8,298.90	1,000.00	4
005	孙祥	技术部	管理人员	4,000.00	3,000.00	2,000.00	9,000.00	927.00	540.00	18.99	7,514.01	1,900.00	5
006	刘东	采购部	部门经理	4,200.00	3,500.00	1,500.00	9,200.00	947.60	552.00	36.01	7,664.39	1,500.00	6
007	李飞	采购部	采购人员	3,500.00	2,500.00	1,500.00	7,500.00	772.50	450.00	8.32	6,269.18	1,000.00	7
008	文凯	采购部	采购人员	3,500.00	2,500.00	1,500.00	7,500.00	772.50	450.00	-	6,277.50	2,500.00	8
009	李明	销售部	部门经理	4,200.00	3,500.00	2,500.00	10,200.00	1,050.60	612.00	76.12	8,461.28	1,000.00	9
010	李建东	销售部	销售人员	3,500.00	2,000.00	2,500.00	8,000.00	824.00	480.00	-	6,696.00	2,500.00	10

图 4－66　插入空行

（4）将第一行表头内容复制并粘贴在上一步所增加的空行中，如图 4－67 所示。

员工编号	员工姓名	所属部门	职工类别	基本工资	岗位工资	绩效工资	应发工资	扣社保费	扣公积金	扣个税	实发工资	专项附加扣除	序号
员工编号	员工姓名	所属部门	职工类别	基本工资	岗位工资	绩效工资	应发工资	扣社保费	扣公积金	扣个税	实发工资	专项附加扣除	序号
员工编号	员工姓名	所属部门	职工类别	基本工资	岗位工资	绩效工资	应发工资	扣社保费	扣公积金	扣个税	实发工资	专项附加扣除	序号
员工编号	员工姓名	所属部门	职工类别	基本工资	岗位工资	绩效工资	应发工资	扣社保费	扣公积金	扣个税	实发工资	专项附加扣除	序号
员工编号	员工姓名	所属部门	职工类别	基本工资	岗位工资	绩效工资	应发工资	扣社保费	扣公积金	扣个税	实发工资	专项附加扣除	序号
员工编号	员工姓名	所属部门	职工类别	基本工资	岗位工资	绩效工资	应发工资	扣社保费	扣公积金	扣个税	实发工资	专项附加扣除	序号
员工编号	员工姓名	所属部门	职工类别	基本工资	岗位工资	绩效工资	应发工资	扣社保费	扣公积金	扣个税	实发工资	专项附加扣除	序号
员工编号	员工姓名	所属部门	职工类别	基本工资	岗位工资	绩效工资	应发工资	扣社保费	扣公积金	扣个税	实发工资	专项附加扣除	序号
员工编号	员工姓名	所属部门	职工类别	基本工资	岗位工资	绩效工资	应发工资	扣社保费	扣公积金	扣个税	实发工资	专项附加扣除	序号
员工编号	员工姓名	所属部门	职工类别	基本工资	岗位工资	绩效工资	应发工资	扣社保费	扣公积金	扣个税	实发工资	专项附加扣除	序号
001	马东	行政部	总经理	5,000.00	4,000.00	2,000.00	11,000.00	1,133.00	660.00	81.21	9,125.79	1,500.00	1
002	毛羽	行政部	管理人员	3,600.00	3,000.00	2,000.00	8,600.00	885.80	516.00	5.94	7,192.26	2,000.00	2
003	刘杰	行政部	管理人员	3,200.00	3,000.00	2,000.00	8,200.00	844.60	492.00	-	6,863.40	2,500.00	3
004	张峰	技术部	部门经理	4,500.00	3,500.00	2,000.00	10,000.00	1,030.00	600.00	71.10	8,298.90	1,000.00	4
005	孙祥	技术部	管理人员	4,000.00	3,000.00	2,000.00	9,000.00	927.00	540.00	18.99	7,514.01	1,900.00	5
006	刘东	采购部	部门经理	4,200.00	3,500.00	1,500.00	9,200.00	947.60	552.00	36.01	7,664.39	1,500.00	6
007	李飞	采购部	采购人员	3,500.00	2,500.00	1,500.00	7,500.00	772.50	450.00	8.32	6,269.18	1,000.00	7
008	文凯	采购部	采购人员	3,500.00	2,500.00	1,500.00	7,500.00	772.50	450.00	-	6,277.50	2,500.00	8
009	李明	销售部	部门经理	4,200.00	3,500.00	2,500.00	10,200.00	1,050.60	612.00	76.12	8,461.28	1,000.00	9
010	李建东	销售部	销售人员	3,500.00	2,000.00	2,500.00	8,000.00	824.00	480.00	-	6,696.00	2,500.00	10

图 4－67　复制表头内容

(5) 在“序号”R 列中依次输入 1.1，2.1，3.1……，如图 4－68 所示。

(6) 按 R 列进行升序排序，生成如图 4－69 所示的工资条。

(7) 在“序号”R 列下面的空行中依次输入 1.01，2.01，3.01……，再按 R 列重新进行升序排序，即可生成加空行的工资条，删除序号列，结果如图 4－70 所示，直接打印即可。

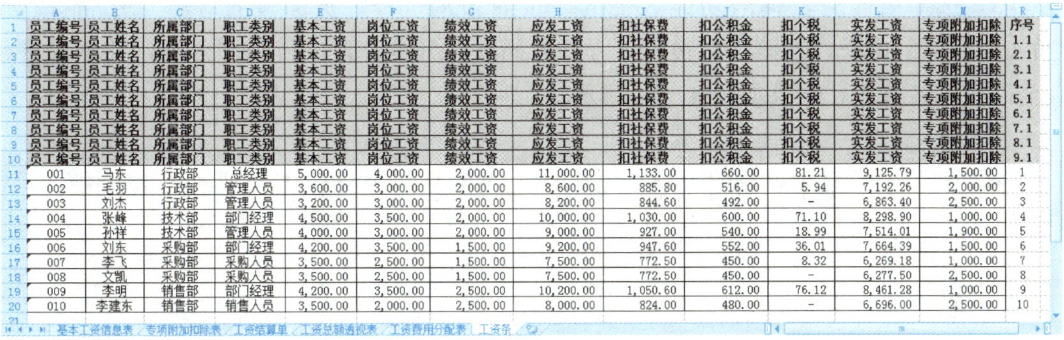

	A	B	C	D	E	F	G	H	I	J	K	L	M	R
1	员工编号	员工姓名	所属部门	职工类别	基本工资	岗位工资	绩效工资	应发工资	扣社保费	扣公积金	扣个税	实发工资	专项附加扣除	序号
2	员工编号	员工姓名	所属部门	职工类别	基本工资	岗位工资	绩效工资	应发工资	扣社保费	扣公积金	扣个税	实发工资	专项附加扣除	1.1
3	员工编号	员工姓名	所属部门	职工类别	基本工资	岗位工资	绩效工资	应发工资	扣社保费	扣公积金	扣个税	实发工资	专项附加扣除	2.1
4	员工编号	员工姓名	所属部门	职工类别	基本工资	岗位工资	绩效工资	应发工资	扣社保费	扣公积金	扣个税	实发工资	专项附加扣除	3.1
5	员工编号	员工姓名	所属部门	职工类别	基本工资	岗位工资	绩效工资	应发工资	扣社保费	扣公积金	扣个税	实发工资	专项附加扣除	4.1
6	员工编号	员工姓名	所属部门	职工类别	基本工资	岗位工资	绩效工资	应发工资	扣社保费	扣公积金	扣个税	实发工资	专项附加扣除	5.1
7	员工编号	员工姓名	所属部门	职工类别	基本工资	岗位工资	绩效工资	应发工资	扣社保费	扣公积金	扣个税	实发工资	专项附加扣除	6.1
8	员工编号	员工姓名	所属部门	职工类别	基本工资	岗位工资	绩效工资	应发工资	扣社保费	扣公积金	扣个税	实发工资	专项附加扣除	7.1
9	员工编号	员工姓名	所属部门	职工类别	基本工资	岗位工资	绩效工资	应发工资	扣社保费	扣公积金	扣个税	实发工资	专项附加扣除	8.1
10	员工编号	员工姓名	所属部门	职工类别	基本工资	岗位工资	绩效工资	应发工资	扣社保费	扣公积金	扣个税	实发工资	专项附加扣除	9.1
11	001	马东	行政部	总经理	5,000.00	4,000.00	2,000.00	11,000.00	1,133.00	660.00	81.21	9,125.79	1,500.00	1
12	002	毛羽	行政部	管理人员	3,600.00	3,000.00	2,000.00	8,600.00	885.80	516.00	5.94	7,192.26	2,000.00	2
13	003	刘杰	行政部	管理人员	3,200.00	3,000.00	2,000.00	8,200.00	844.60	492.00	-	6,863.40	2,500.00	3
14	004	张峰	技术部	部门经理	4,500.00	3,500.00	2,000.00	10,000.00	1,030.00	600.00	71.10	8,298.90	1,000.00	4
15	005	孙祥	技术部	管理人员	4,000.00	3,000.00	2,000.00	9,000.00	927.00	540.00	18.99	7,514.01	1,900.00	5
16	006	刘东	采购部	部门经理	4,200.00	3,500.00	1,500.00	9,200.00	947.60	552.00	36.01	7,664.39	1,500.00	6
17	007	李飞	采购部	采购人员	3,500.00	2,500.00	1,500.00	7,500.00	772.50	450.00	8.32	6,269.18	1,000.00	7
18	008	文凯	采购部	采购人员	3,500.00	2,500.00	1,500.00	7,500.00	772.50	450.00	-	6,277.50	2,500.00	8
19	009	李明	销售部	部门经理	4,200.00	3,500.00	2,500.00	10,200.00	1,050.60	612.00	76.12	8,461.28	1,000.00	9
20	010	李建东	销售部	销售人员	3,500.00	2,000.00	2,500.00	8,000.00	824.00	480.00	-	6,696.00	2,500.00	10

图 4－68　设置序号

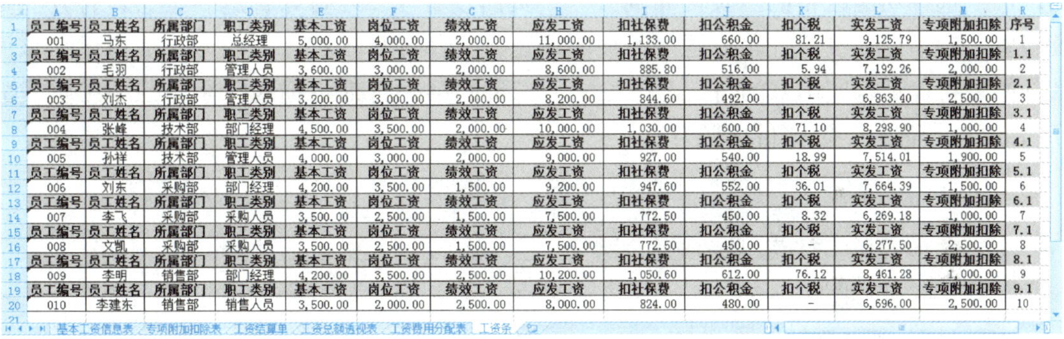

	A	B	C	D	E	F	G	H	I	J	K	L	M	R
1	员工编号	员工姓名	所属部门	职工类别	基本工资	岗位工资	绩效工资	应发工资	扣社保费	扣公积金	扣个税	实发工资	专项附加扣除	序号
2	001	马东	行政部	总经理	5,000.00	4,000.00	2,000.00	11,000.00	1,133.00	660.00	81.21	9,125.79	1,500.00	1
3	员工编号	员工姓名	所属部门	职工类别	基本工资	岗位工资	绩效工资	应发工资	扣社保费	扣公积金	扣个税	实发工资	专项附加扣除	1.1
4	002	毛羽	行政部	管理人员	3,600.00	3,000.00	2,000.00	8,600.00	885.80	516.00	5.94	7,192.26	2,000.00	2
5	员工编号	员工姓名	所属部门	职工类别	基本工资	岗位工资	绩效工资	应发工资	扣社保费	扣公积金	扣个税	实发工资	专项附加扣除	2.1
6	003	刘杰	行政部	管理人员	3,200.00	3,000.00	2,000.00	8,200.00	844.60	492.00	-	6,863.40	2,500.00	3
7	员工编号	员工姓名	所属部门	职工类别	基本工资	岗位工资	绩效工资	应发工资	扣社保费	扣公积金	扣个税	实发工资	专项附加扣除	3.1
8	004	张峰	技术部	部门经理	4,500.00	3,500.00	2,000.00	10,000.00	1,030.00	600.00	71.10	8,298.90	1,000.00	4
9	员工编号	员工姓名	所属部门	职工类别	基本工资	岗位工资	绩效工资	应发工资	扣社保费	扣公积金	扣个税	实发工资	专项附加扣除	4.1
10	005	孙祥	技术部	管理人员	4,000.00	3,000.00	2,000.00	9,000.00	927.00	540.00	18.99	7,514.01	1,900.00	5
11	员工编号	员工姓名	所属部门	职工类别	基本工资	岗位工资	绩效工资	应发工资	扣社保费	扣公积金	扣个税	实发工资	专项附加扣除	5.1
12	006	刘东	采购部	部门经理	4,200.00	3,500.00	1,500.00	9,200.00	947.60	552.00	36.01	7,664.39	1,500.00	6
13	员工编号	员工姓名	所属部门	职工类别	基本工资	岗位工资	绩效工资	应发工资	扣社保费	扣公积金	扣个税	实发工资	专项附加扣除	6.1
14	007	李飞	采购部	采购人员	3,500.00	2,500.00	1,500.00	7,500.00	772.50	450.00	8.32	6,269.18	1,000.00	7
15	员工编号	员工姓名	所属部门	职工类别	基本工资	岗位工资	绩效工资	应发工资	扣社保费	扣公积金	扣个税	实发工资	专项附加扣除	7.1
16	008	文凯	采购部	采购人员	3,500.00	2,500.00	1,500.00	7,500.00	772.50	450.00	-	6,277.50	2,500.00	8
17	员工编号	员工姓名	所属部门	职工类别	基本工资	岗位工资	绩效工资	应发工资	扣社保费	扣公积金	扣个税	实发工资	专项附加扣除	8.1
18	009	李明	销售部	部门经理	4,200.00	3,500.00	2,500.00	10,200.00	1,050.60	612.00	76.12	8,461.28	1,000.00	9
19	员工编号	员工姓名	所属部门	职工类别	基本工资	岗位工资	绩效工资	应发工资	扣社保费	扣公积金	扣个税	实发工资	专项附加扣除	9.1
20	010	李建东	销售部	销售人员	3,500.00	2,000.00	2,500.00	8,000.00	824.00	480.00	-	6,696.00	2,500.00	10

图 4－69　生成工资条

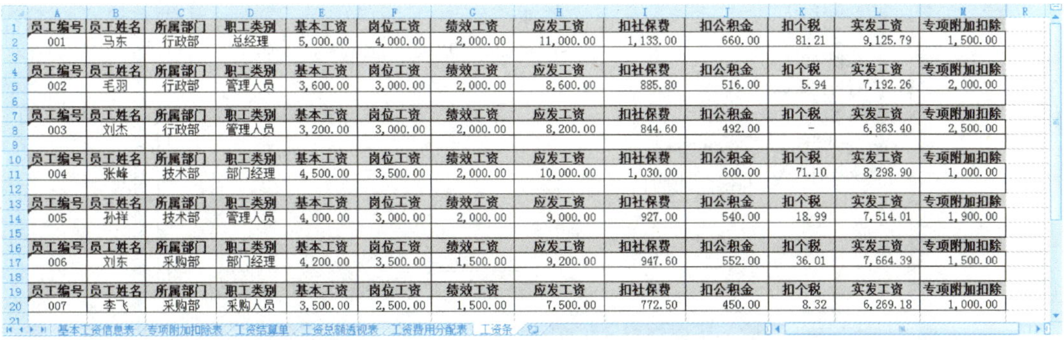

	A	B	C	D	E	F	G	H	I	J	K	L	M
1	员工编号	员工姓名	所属部门	职工类别	基本工资	岗位工资	绩效工资	应发工资	扣社保费	扣公积金	扣个税	实发工资	专项附加扣除
2	001	马东	行政部	总经理	5,000.00	4,000.00	2,000.00	11,000.00	1,133.00	660.00	81.21	9,125.79	1,500.00
3													
4	员工编号	员工姓名	所属部门	职工类别	基本工资	岗位工资	绩效工资	应发工资	扣社保费	扣公积金	扣个税	实发工资	专项附加扣除
5	002	毛羽	行政部	管理人员	3,600.00	3,000.00	2,000.00	8,600.00	885.80	516.00	5.94	7,192.26	2,000.00
6													
7	员工编号	员工姓名	所属部门	职工类别	基本工资	岗位工资	绩效工资	应发工资	扣社保费	扣公积金	扣个税	实发工资	专项附加扣除
8	003	刘杰	行政部	管理人员	3,200.00	3,000.00	2,000.00	8,200.00	844.60	492.00	-	6,863.40	2,500.00
9													
10	员工编号	员工姓名	所属部门	职工类别	基本工资	岗位工资	绩效工资	应发工资	扣社保费	扣公积金	扣个税	实发工资	专项附加扣除
11	004	张峰	技术部	部门经理	4,500.00	3,500.00	2,000.00	10,000.00	1,030.00	600.00	71.10	8,298.90	1,000.00
12													
13	员工编号	员工姓名	所属部门	职工类别	基本工资	岗位工资	绩效工资	应发工资	扣社保费	扣公积金	扣个税	实发工资	专项附加扣除
14	005	孙祥	技术部	管理人员	4,000.00	3,000.00	2,000.00	9,000.00	927.00	540.00	18.99	7,514.01	1,900.00
15													
16	员工编号	员工姓名	所属部门	职工类别	基本工资	岗位工资	绩效工资	应发工资	扣社保费	扣公积金	扣个税	实发工资	专项附加扣除
17	006	刘东	采购部	部门经理	4,200.00	3,500.00	1,500.00	9,200.00	947.60	552.00	36.01	7,664.39	1,500.00
18													
19	员工编号	员工姓名	所属部门	职工类别	基本工资	岗位工资	绩效工资	应发工资	扣社保费	扣公积金	扣个税	实发工资	专项附加扣除
20	007	李飞	采购部	采购人员	3,500.00	2,500.00	1,500.00	7,500.00	772.50	450.00	8.32	6,269.18	1,000.00

图 4－70　生成加空行的工资条

任务 5.2　页面设置后打印工资条

打印工资条的一种方法是在生成工资条（如图 4－70 所示）的基础上直接打印，另一种方法是在工资结算单的基础上进行下列设置，最后打印。

操作步骤如下：

（1）新建一个工作表，并命名为“打印工资条”。复制“工资结算单”到“打印工资条”。

（2）在“打印工资条”工作表第一行前插入空行，输入“东方公司工资发放条”，利用设置单元格命令进行字体、字号设置。

（3）选择第四行，单击功能区中的“页面布局”—“页面设置”—“分隔符”—“插入分页符”命令，从第一名员工下方开始插入行分页符，进行强制分页，并依次进行直至最后一名员工。结果如图 4－71 所示。

东方公司工资发放条

员工编号	员工姓名	所属部门	职工类别	基本工资	岗位工资	绩效工资	应发工资	扣社保费	扣公积金	扣个税	实发工资	专项附加扣除
001	马东	行政部	总经理	5,000.00	4,000.00	2,000.00	11,000.00	1,133.00	660.00	81.21	9,125.79	1,500.00
002	毛羽	行政部	管理人员	3,600.00	3,000.00	2,000.00	8,600.00	885.80	516.00	5.94	7,192.26	2,000.00
003	刘杰	行政部	管理人员	3,200.00	3,000.00	2,000.00	8,200.00	844.60	492.00	-	6,863.40	2,500.00
004	张峰	技术部	部门经理	4,500.00	3,500.00	2,000.00	10,000.00	1,030.00	600.00	71.10	8,298.90	1,000.00
005	孙祥	技术部	管理人员	4,000.00	3,000.00	2,000.00	9,000.00	927.00	540.00	18.99	7,514.01	1,900.00
006	刘东	采购部	部门经理	4,200.00	3,500.00	1,500.00	9,200.00	947.60	552.00	36.01	7,664.39	1,500.00
007	李飞	采购部	采购人员	3,500.00	2,500.00	1,500.00	7,500.00	772.50	450.00	8.32	6,269.18	1,000.00
008	文凯	采购部	采购人员	3,500.00	2,500.00	1,500.00	7,500.00	772.50	450.00	-	6,277.50	2,500.00
009	李明	销售部	部门经理	4,200.00	3,500.00	2,500.00	10,200.00	1,050.60	612.00	76.12	8,461.28	1,000.00

工资结算单 / 工资总额透视表 / 工资费用分配表 / 工资条 / 打印工资条

图 4－71　插入分页符

（4）选择功能区中的“页面布局”—“页面设置”—“打印标题”按钮，打开“页面设置”对话框，设置打印标题下的顶端标题行为“＄1：＄2”，如图 4－72 所示。该设置的结果将保证打印出来的每一名员工的工资条的第一行都为标题“东方公司工资发放条”，第二行都为工资项目标题行。

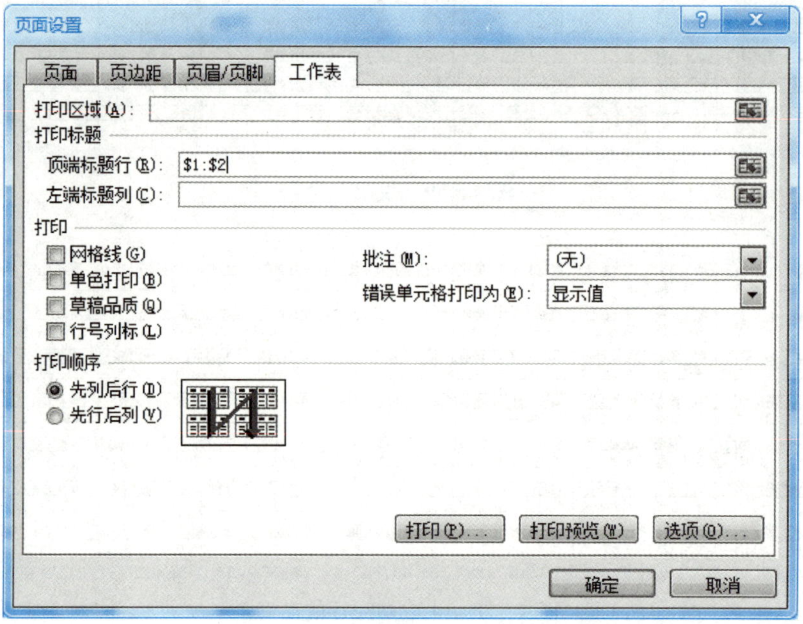

图 4－72　“页面设置”对话框

（5）打印预览。单击“文件”—“打印”命令，则屏幕中出现“打印预览”窗口，选择纸张方向为横向，如图 4－73 所示，预览后可进行打印。

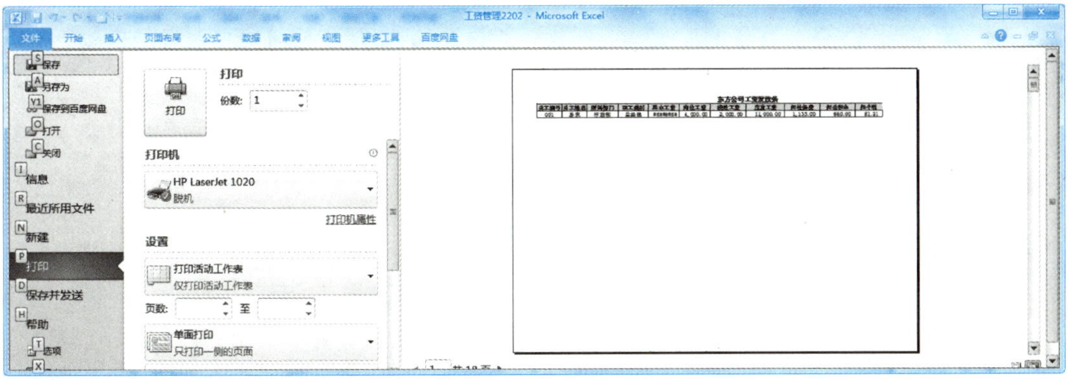

图 4-73　打印预览

实战演练

1. 根据项目 6 会计综合实训资料，在“综合实训—工资管理”工作簿内完成工资基础数据及结算单的录入、工资费用分配表的编制等；在“综合实训—总账及报表”工作簿内完成相关业务会计凭证的填制，注意工资费用分配数据在不同工作簿间的传递。

2. 根据教材配套实战演练资料，完成西方公司工资基础数据表、专项附加扣除表、工资结算单、工资费用分配表的编制。

模块三

固定资产管理

【背景资料】

李悦在用 Excel 成功地设计了东方公司账务处理模块和工资管理模块的电算化后，深受鼓舞，在领导的大力支持下，2022 年 3 月开始尝试用 Excel 对固定资产管理进行电算化设计。经过了若干次创新性研究与探索，李悦终于设计完成了基于 Excel 的固定资产管理系统。该系统可通过勾稽数据在不同工作表之间的实时传递，准确计算任意时点、任意折旧方法、任意固定资产的当月计提折旧、当月累计折旧和当月账面净值，并在此基础上进行计提折旧等数据的统计与分析，轻松地实现了固定资产管理的自动化。

3 月末，李悦着手对东方公司的固定资产账簿等资料等进行整理，得到与固定资产相关的信息如下：

东方公司设有行政部、财务部、技术部、采购部、销售部、生产一车间、生产二车间、生产三车间 8 个部门，固定资产由其使用部门负责日常维护，由财务部负责集中管理。固定资产的日常管理业务主要有：每月计提折旧、固定资产增加、固定资产调拨、固定资产减少等处理。

公司固定资产分为房屋建筑物、生产设备、运输设备、办公设备四类，净残值率都为 5%。固定资产采用的折旧方法有直线法、年数总和法、双倍余额递减法和工作量法四种，对应编号分别为 1、2、3、4，公司按折旧方法的种类对固定资产进行编号。

目前东方公司已有各类固定资产 11 项，每项固定资产都有一张卡片记录它的资产名称、类别名称、增加方式、折旧方法、折旧费用科目、固定资产原值、净残值率、净残值、使用部门、使用状况等信息。

3 月末东方公司各项固定资产基本信息见表 0－3－1。

表 0-3-1　东方公司固定资产基本信息表

资产编号	当前日期	资产名称	类别名称	增加方式	折旧方法	折旧费用科目	固定资产原值	净残值率	净残值	使用部门	使用状况	使用年限（总工作量）	开始使用日期	计提折旧月份
101	2022-3-31	办公楼	房屋建筑物	自建	直线法	管理费用	3 000 000	5%	150 000	行政部	在用	20	2019-1-1	38
102	2022-3-31	生产线 1	生产设备	购入	直线法	制造费用	400 000	5%	20 000	生产一车间	在用	10	2019-1-1	38
103	2022-3-31	生产线 2	生产设备	购入	直接法	制造费用	400 000	5%	20 000	生产二车间	在用	10	2019-1-1	38
104	2022-3-31	数控机床	生产设备	购入	直接法	制造费用	200 000	5%	10 000	生产三车间	在用	10	2019-1-1	38
105	2022-3-31	灌装设备	生产设备	购入	直线法	制造费用	100 000	5%	5 000	技术部	在用	10	2019-1-1	38
106	2022-3-31	晒图机	办公设备	购入	直线法	管理费用	255 000	5%	12 750	技术部	在用	10	2019-1-1	38
201	2022-3-31	微机 1	办公设备	购入	年数总和法	管理费用	5 000	5%	250	行政部	在用	3	2019-1-1	38
202	2022-3-31	微机 2	办公设备	购入	年数总和法	管理费用	5 000	5%	250	财务部	在用	3	2019-12-1	27
301	2022-3-31	激光打印机 1	办公设备	购入	双倍余额递减法	管理费用	6 000	5%	300	行政部	在用	5	2019-12-1	27
302	2022-3-31	激光打印机 2	办公设备	购入	双倍余额递减法	管理费用	5 000	5%	250	行政部	在用	5	2022-1-23	2
401	2022-3-31	商务车	运输设备	购入	工作量法	销售费用	300 000	5%	15 000	销售部	在用	400 000	2021-12-1	3

其中，销售部商务车为 2021 年 12 月 1 日购入，采用工作量法计提折旧，预计总行驶里程为 400 000 千米，至 3 月末已累计行驶里程为 15 000 千米（分别为第 1 个月 6 000 千米，第 2 个月 4 000 千米，第 3 个月 5 000 千米）。

项目 5
Excel 在固定资产管理中的应用

教学目标

知识目标

- 掌握固定资产管理系统的业务处理流程
- 掌握各种固定资产折旧的计算方法
- 掌握固定资产的会计核算方法

能力目标

- 学会使用 Excel 设计固定资产管理系统
- 学会 YEAR、TODAY、MONTH 等日期函数的使用方法
- 学会 SLN、SYD、DDB 等财务函数的使用方法
- 学会运用数据透视表进行固定资产折旧等数据的查询和汇总

素养目标

- 培养学生勇于探索、不断创新的工匠精神
- 培养学生认真仔细、一丝不苟的敬业精神
- 培养学生理实结合、举一反三的方法能力
- 培养学生团队合作、管理协调的职业能力

动画

项目 5 概述

学习导图

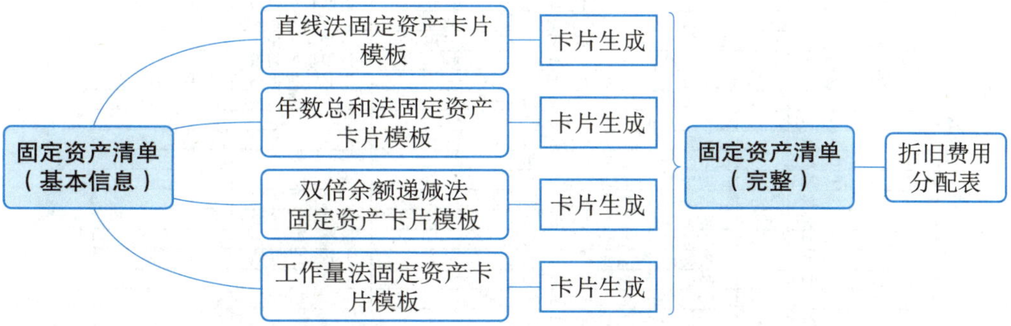

利用 Excel 进行固定资产管理业务的处理，李悦设计操作步骤如下：

第一步　录入固定资产基本信息并生成固定资产卡片；

第二步　固定资产折旧计算与分配；

第三步　固定资产变动管理；

第四步　固定资产数据的管理与分析。

注：因第四步“固定资产数据的管理与分析”用到的知识主要有筛选、排序、分类汇总等，相关操作在项目4中已经学习过，在此不再赘述。

任务1　录入固定资产基本信息并生成固定资产卡片

【任务效果图】

资产编号	当前日期	资产名称	类别名称	增加方式	折旧方法	折旧费用科目	固定资产原值	净残值率	净残值	使用部门	使用状况	使用年限（总工作量）	开始使用日期	计提折旧月份
101	2022-3-31	办公楼	房屋建筑物	自建	直线法	管理费用	3,000,000.00	5%	150,000.00	行政部	在用	20.00	2019-1-1	38
102	2022-3-31	生产线1	生产设备	购入	直线法	制造费用	400,000.00	5%	20,000.00	生产一车间	在用	10.00	2019-1-1	38
103	2022-3-31	生产线2	生产设备	购入	直线法	制造费用	400,000.00	5%	20,000.00	生产二车间	在用	10.00	2019-1-1	38
104	2022-3-31	数控机床	生产设备	购入	直线法	制造费用	200,000.00	5%	10,000.00	生产三车间	在用	10.00	2019-1-1	38
105	2022-3-31	灌装设备	生产设备	购入	直线法	制造费用	100,000.00	5%	5,000.00	技术部	在用	10.00	2019-1-1	38
106	2022-3-31	晒图机	办公设备	购入	直线法	管理费用	255,000.00	5%	12,750.00	技术部	在用	10.00	2019-1-1	38
201	2022-3-31	微机1	办公设备	购入	年数总和法	管理费用	5,000.00	5%	250.00	行政部	在用	3.00	2019-1-1	38
202	2022-3-31	微机2	办公设备	购入	年数总和法	管理费用	5,000.00	5%	250.00	财务部	在用	3.00	2019-12-1	27
301	2022-3-31	激光打印机1	办公设备	购入	双倍余额递减法	管理费用	6,000.00	5%	300.00	行政部	在用	5.00	2019-12-1	27
302	2022-3-31	激光打印机2	办公设备	购入	双倍余额递减法	管理费用	5,000.00	5%	250.00	财务部	在用	5.00	2022-1-23	2
401	2022-3-31	商务车	运输设备	购入	工作量法	销售费用	300,000.00	5%	15,000.00	销售部	在用	400,000.00	2021-12-1	3

固定资产清单 / 固定资产卡片模板 / 直线法卡片模板 / 101 / 102 / 103 / 104 / 105 / 106 / 107 / 年数总和法卡片模板 / 201 / 202 / 双倍余额递减…

图5-1　录入固定资产基本信息（最终效果）

B10　=ROUND(SLN($B$5,$F$5,$F$6)/12,2)

固定资产卡片-直线法					
资产编号				当前日期	
资产名称		类别名称			
增加方式		折旧方法		折旧费用科目	
原值		净残值率		净残值	
使用部门		使用状况		使用年限	
开始使用日期				计提折旧月份	
折旧月份	月计提折旧	累计折旧		当月计提折旧	当月累计折旧
0	0.00	0.00		0.00	#N/A
1	#VALUE!	#VALUE!			

固定资产清单 / 固定资产卡片模板 / 直线法卡片模板

图5-2　直线法固定资产卡片模板

固定资产卡片-直线法					
资产编号	101			当前日期	2022-3-31
资产名称	办公楼	类别名称		房屋建筑物	
增加方式	自建	折旧方法	直线法	折旧费用科目	管理费用
原值	3,000,000.00	净残值率	5.00%	净残值	150,000.00
使用部门	行政部	使用状况	在用	使用年限	20.00
开始使用日期		2019-1-1		计提折旧月份	38
折旧月份	月计提折旧	累计折旧		当月计提折旧	当月累计折旧
0	0.00	0.00		11,875.00	451,250.00
1	11,875.00	11,875.00			
231	11,875.00	2,743,125.00			
232	11,875.00	2,755,000.00			
233	11,875.00	2,766,875.00			
234	11,875.00	2,778,750.00			
235	11,875.00	2,790,625.00			
236	11,875.00	2,802,500.00			
237	11,875.00	2,814,375.00			
238	11,875.00	2,826,250.00			
239	11,875.00	2,838,125.00			
240	11,875.00	2,850,000.00			

固定资产清单 / 固定资产卡片模板 / 直线法卡片模板 / 101 / 102 / 103 / 104 / 10…

图5-3　直线法固定资产卡片（最终效果）

【任务分析】

本任务主要包括以下三部分：

（1）录入固定资产基本信息；

（2）设计固定资产卡片模板；

（3）生成固定资产卡片。

本任务主要复习巩固前面学过的 IF、VLOOKUP、ROUND、ROUNDUP 等函数，新学习 YEAR、TODAY、MONTH 等日期函数和 SLN、SYD、DDB 等财务函数，并做到灵活运用。

【任务实施】

任务 1.1　录入固定资产基本信息

本任务是整理核对东方公司现有固定资产的基本信息，按照统一的格式录入 Excel 工作表中。

操作步骤如下：

（1）在“D:\东方公司”文件夹下，新建名为“固定资产管理 2203. xlsx”的工作簿。

（2）打开“固定资产管理 2203. xlsx”工作簿，将 Sheet1 工作表更名为“固定资产清单”。

（3）设置第 1 行字体格式为“宋体”“加粗”“11 号”。设置 A:O 列对齐方式为水平对齐“居中”和垂直对齐“居中”。

（4）按下 Ctrl 键，选择 B 列和 N 列，设置其格式为“日期”，类型为“2001 - 3 - 14”。

（5）按下 Ctrl 键，选择 H 列、J 列、M 列，设置其格式为“数值”，小数位数为“2”，使用千位分隔符。

（6）选择 I 列，设置其格式为“百分比”，小数位数为“0”。

（7）定义公式：

J2＝H2＊I2，用填充柄复制公式至 J12。

O2＝(YEAR(B2)－YEAR(N2))＊12＋(MONTH(B2)－MONTH(N2))，用填充柄复制公式至 O12。

公式含义：“计提折旧月份”等于“当前日期”与“开始使用日期”年份差的月份数与月份差之和。

（8）依次输入表 0 - 3 - 1 各项固定资产基本信息。选择单元格区域 A1:O12，单击功能区中的“开始”—“字体”—“边框”—“所有框线”命令，设置网格线。

完成以上所有步骤后，其输入结果如图 5 - 4 所示。

任务 1.2　设计固定资产卡片模板

“固定资产卡片”是用以进行固定资产明细核算的账簿，是手工会计核算明细账簿的

资产编号	当前日期	资产名称	类别名称	增加方式	折旧方法	折旧费用科目	固定资产原值	净残值率	净残值	使用部门	使用状况	使用年限（总工作量）	开始使用日期	计提折旧月份
101	2022-3-31	办公楼	房屋建筑物	自建	直线法	管理费用	3,000,000.00	5%	150,000.00	行政部	在用	20.00	2019-1-1	38
102	2022-3-31	生产线1	生产设备	购入	直线法	制造费用	400,000.00	5%	20,000.00	生产一车间	在用	10.00	2019-1-1	38
103	2022-3-31	生产线2	生产设备	购入	直线法	制造费用	400,000.00	5%	20,000.00	生产二车间	在用	10.00	2019-1-1	38
104	2022-3-31	数控机床	生产设备	购入	直线法	制造费用	200,000.00	5%	10,000.00	生产三车间	在用	10.00	2019-1-1	38
105	2022-3-31	灌装设备	生产设备	购入	直线法	制造费用	100,000.00	5%	5,000.00	技术部	在用	10.00	2019-1-1	38
106	2022-3-31	晒图机	办公设备	购入	直线法	管理费用	255,000.00	5%	12,750.00	技术部	在用	10.00	2019-1-1	38
201	2022-3-31	微机1	办公设备	购入	年数总和法	管理费用	5,000.00	5%	250.00	行政部	在用	3.00	2019-1-1	38
202	2022-3-31	微机2	办公设备	购入	年数总和法	管理费用	5,000.00	5%	250.00	财务部	在用	3.00	2019-12-1	27
301	2022-3-31	激光打印机1	办公设备	购入	双倍余额递减法	管理费用	6,000.00	5%	300.00	行政部	在用	5.00	2019-12-1	27
302	2022-3-31	激光打印机2	办公设备	购入	双倍余额递减法	管理费用	5,000.00	5%	250.00	财务部	在用	5.00	2022-1-23	2
401	2022-3-31	商务车	运输设备	购入	工作量法	销售费用	300,000.00	5%	15,000.00	销售部	在用	400,000.00	2021-12-1	3

固定资产清单 / Sheet2 / Sheet3

图 5-4　录入固定资产基本信息

一种，按照每一项独立的固定资产分别设置。

在 Excel 固定资产管理电算化中，首先设计各种折旧方法的固定资产卡片模板，为每张固定资产卡片的自动生成做好准备。

一、设计固定资产卡片通用模板

操作步骤如下：

（1）打开“固定资产管理 2203. xlsx”工作簿，将 Sheet2 工作表更名为“固定资产卡片模板”。

（2）打开“固定资产卡片模板”工作表，输入下列固定资产卡片项目：

在 A1 中输入“固定资产卡片”；

在 A2 中输入“资产编号”，在 E2 中输入“当前日期”；

在 A3 中输入“资产名称”，在 C3 中输入“类别名称”；

在 A4 中输入“增加方式”，在 C4 中输入“折旧方法”，在 E4 中输入“折旧费用科目”；

在 A5 中输入“原值”，在 C5 中输入“净残值率”，在 E5 中输入“净残值”；

在 A6 中输入“使用部门”，在 C6 中输入“使用状况”，在 E6 中输入“使用年限”；

在 A7 中输入“开始使用日期”，在 E7 中输入“计提折旧月份”；

在 A8 中输入“折旧月份”，在 B8 中输入“月计提折旧”，在 C8 中输入“累计折旧”，在 E8 中输入“当月计提折旧”，在 F8 中输入“当月累计折旧”；

在 A9 中输入“0”；

在 A10 中输入“1”。

（3）合并单元格：

分别选择 A1:F1，B2:D2，D3:F3，B7:D7 等单元格区域，并分别进行合并单元格操作。

（4）设置单元格格式：

A1，A2:A7，C3:C6，E2，E5:E7，A8:F8 定义为文本类型，加粗；

F2，B7 定义为“日期”，选择格式为“2001-3-14”；

B5，F5:F6，B9:F10 定义为“数值”，小数位数为“2”，使用千位分隔符，且右对齐；

D5 定义为“百分比”，小数位数为“2”；

A:F 列对齐方式为水平对齐“居中”和垂直对齐“居中”。

（5）添加表格线：

选择 A2:F10，单击功能区中的“开始”—“字体”—“边框”—“所有框线”

命令。

(6) 输入公式:

F2=IF($B$2="","",VLOOKUP($B$2,固定资产清单!$A$1:$O$100,2,0))

公式含义:如果$B$2单元格为空值,则返回空值;否则通过VLOOKUP函数在“固定资产清单!$A$1:$O$100”区域精确查找“资产编号”对应的“当前日期”。基于可扩展性考虑,此处“固定资产清单!$A$1:$O$100”区域的行数大于实际行数。以下类同。

B3=IF($B$2="","",VLOOKUP($B$2,固定资产清单!$A$1:$O$100,3,0))
D3=IF($B$2="","",VLOOKUP($B$2,固定资产清单!$A$1:$O$100,4,0))
B4=IF($B$2="","",VLOOKUP($B$2,固定资产清单!$A$1:$O$100,5,0))
D4=IF($B$2="","",VLOOKUP($B$2,固定资产清单!$A$1:$O$100,6,0))
F4=IF($B$2="","",VLOOKUP($B$2,固定资产清单!$A$1:$O$100,7,0))
B5=IF($B$2="","",VLOOKUP($B$2,固定资产清单!$A$1:$O$100,8,0))
D5=IF($B$2="","",VLOOKUP($B$2,固定资产清单!$A$1:$O$100,9,0))
F5=IF($B$2="","",VLOOKUP($B$2,固定资产清单!$A$1:$O$100,10,0))
B6=IF($B$2="","",VLOOKUP($B$2,固定资产清单!$A$1:$O$100,11,0))
D6=IF($B$2="","",VLOOKUP($B$2,固定资产清单!$A$1:$O$100,12,0))
F6=IF($B$2="","",VLOOKUP($B$2,固定资产清单!$A$1:$O$100,13,0))
B7=IF($B$2="","",VLOOKUP($B$2,固定资产清单!$A$1:$O$100,14,0))
F7=IF($B$2="","",VLOOKUP($B$2,固定资产清单!$A$1:$O$100,15,0))
B9=0　C9=0　C10=C9+B10
E9=IF(ISNA(VLOOKUP($F$7,$A$9:$C$500,2,0)),0,VLOOKUP($F$7,$A$9:$C$500,2,0))

公式含义:判断函数VLOOKUP($F$7,$A$9:$C$500,2,0)是否出现“#N/A”错误,如果是,则返回0。否则取函数VLOOKUP($F$7,$A$9:$C$500,2,0)的值,即通过VLOOKUP函数在“$A$9:$C$500”区域精确查找“计提折旧月份”对应的“当月计提折旧”。

F9=VLOOKUP($F$7,$A$9:$C$500,3)

公式含义:通过VLOOKUP函数在“$A$9:$D$500”区域模糊查找“计提折旧月份”对应的“当月累计折旧”(第4个参数省略或设置为1)。特别说明:该函数一方面实现了折旧期内“计提折旧月份”对应“当月累计折旧”的正常查找;另一方面,当“计提折旧月份”超过资产最大折旧月份继续使用时,巧妙地利用VLOOKUP函数的模糊查找,返回最后一个折旧月份的“累计折旧”,即“原值-净残值”,完美地实现了与会计实务的零距离衔接。

(7) 选择第11行,单击功能区中的“视图”—“窗口”—“冻结窗格”—“冻结拆分窗格”命令。

最后得到的固定资产卡片模板结果如图5-5所示。

整体设计思路:在每项固定资产卡片中,先逐一列出全部折旧月份的“月计提折旧”

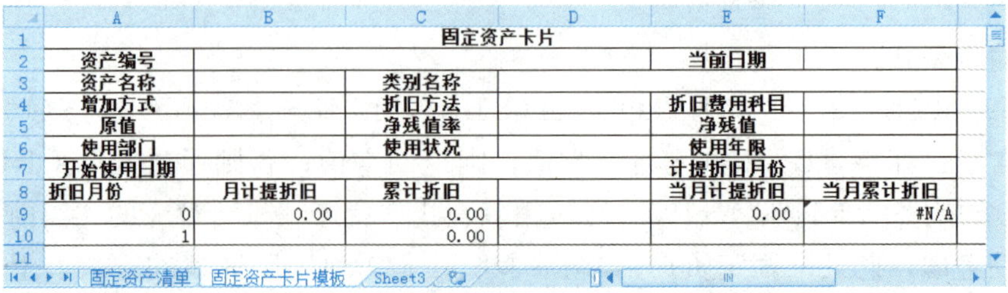

图 5－5　定义固定资产卡片模板

和“累计折旧”，然后通过 VLOOKUP 函数即可查找“计提折旧月份”对应的“当月计提折旧”和“当月累计折旧”。

二、设计不同折旧方法的固定资产卡片模板

1. 设计直线法的固定资产卡片模板

操作步骤如下：

（1）在“固定资产管理 2203. xlsx”工作簿中，打开“固定资产卡片模板”工作表。按下 Ctrl 键的同时拖动复制工作表标签到其工作表后面，将备份的工作表更名为“直线法卡片模板”，打开“直线法卡片模板”工作表。

（2）修改 A1 单元格内容为“固定资产卡片-直线法”。

（3）输入公式：

B10＝ROUND(SLN($B$5,$F$5,$F$6)/12,2)

公式含义：折旧月份为“1”的“月计提折旧”等于直线法的年折旧额除以 12，再保留四舍五入的两位小数。

其中，SLN 函数是直线法计提折旧函数。打开其“函数参数”对话框，在原始价值“Cost”框中输入“$B$5”，在净残值“Salvage”框中输入“$F$5”，在折旧周期“Life”框中输入“$F$6”。输入结果如图 5－6 所示。

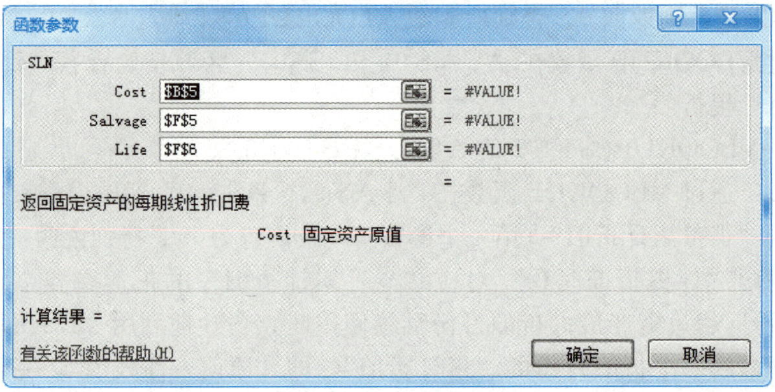

图 5－6　定义直线法计算公式

最后得到的直线法固定资产卡片模板如图 5－7 所示。

思路：直线法根据固定资产“原值”“净残值”及“使用年限”，通过 SLN 函数得到年折旧额，然后计算每一折旧月份的“月计提折旧”和“累计折旧”。

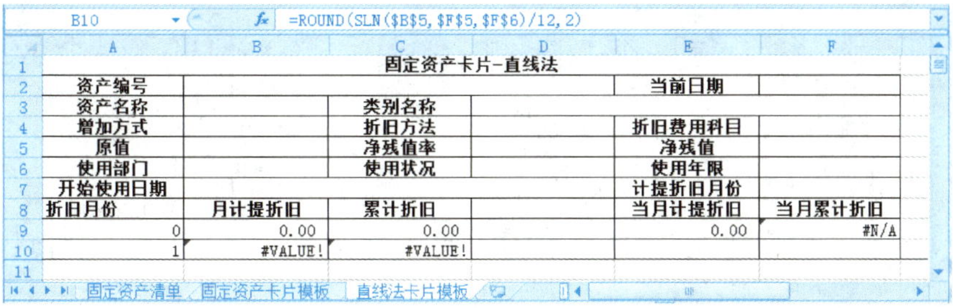

图 5-7 直线法固定资产卡片模板

2. 设计年数总和法的固定资产卡片模板

操作步骤如下：

(1) 在“固定资产管理 2203. xlsx”工作簿中，打开“固定资产卡片模板”工作表。按下 Ctrl 键的同时拖动复制工作表标签到其工作表后面，将备份的工作表更名为“年数总和法卡片模板”，打开“年数总和法卡片模板”工作表。

(2) 修改 A1 单元格内容为“固定资产卡片-年数总和法”。

(3) 输入公式：

B10=ROUND(SYD($B$5,$F$5,$F$6,ROUNDUP(A10/12,0))/12,2)

公式含义：在年数总和法中，折旧月份为“1”的“月计提折旧”等于年数总和法的期次为“1”的年折旧额除以 12，再保留四舍五入的两位小数。这里，巧妙地利用向上取整函数 ROUNDUP(A10/12,0)，实现了本行折旧月份“1”对应的折旧年度期次为“1”的计算。

其中，SYD 函数是年数总和法计提折旧函数。打开其“函数参数”对话框，在原始价值“Cost”框中输入“$B$5”，在净残值“Salvage”框中输入“$F$5”，在折旧周期“Life”框中输入“$F$6”，在期次“Per”框中输入“ROUNDUP(A10/12,0)”。输入结果如图 5-8 所示。

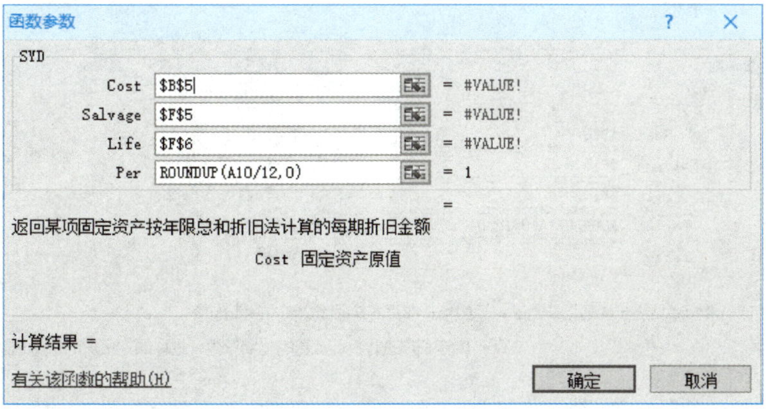

图 5-8 定义年数总和法函数参数

最后得到年数总和法卡片模板结果如图 5-9 所示。

思路： 年数总和法根据固定资产“原值”“净残值”及“使用年限”，通过 SYD 函数

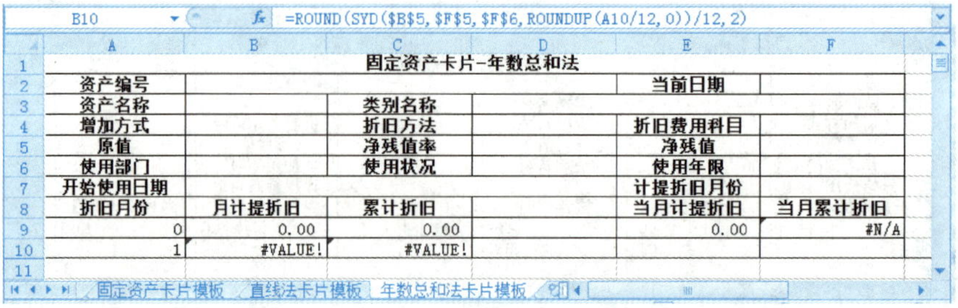

图 5-9　年数总和法的固定资产卡片模板

计算各“折旧年度”的年折旧额，继而求出各“折旧月份”的“月计提折旧”和“累计折旧”。

3. 设计双倍余额递减法的固定资产卡片模板

操作步骤如下：

（1）在“固定资产管理2203.xlsx”工作簿中，打开“固定资产卡片模板”工作表。按下Ctrl键的同时拖动复制工作表标签到其工作表后面，将备份的工作表更名为“双倍余额递减法卡片模板”。打开“双倍余额递减法卡片模板”工作表。

（2）修改A1单元格内容为：“固定资产卡片-双倍余额递减法”。

（3）输入公式：

B10=ROUND(DDB($B$5,$F$5,$F$6,ROUNDUP(A10/12,0))/12,2)

公式含义：在双倍余额递减法中，折旧月份为“1”的“月计提折旧”等于期次为“1”的年折旧额除以12，取四舍五入的两位小数。这里同样利用向上取整函数ROUNDUP(A10/12,0)，实现了本行折旧月份“1”对应的折旧年度期次为“1”的计算。

其中，DDB函数是双倍余额递减法计提折旧函数。打开其“函数参数”对话框，在原始价值“Cost”框中输入“$B$5”，在净残值“Salvage”框中输入“$F$5”，在折旧周期“Life”框中输入“$F$6”，在期次“Period”框中输入“ROUNDUP(A10/12,0)”，如图5-10所示。

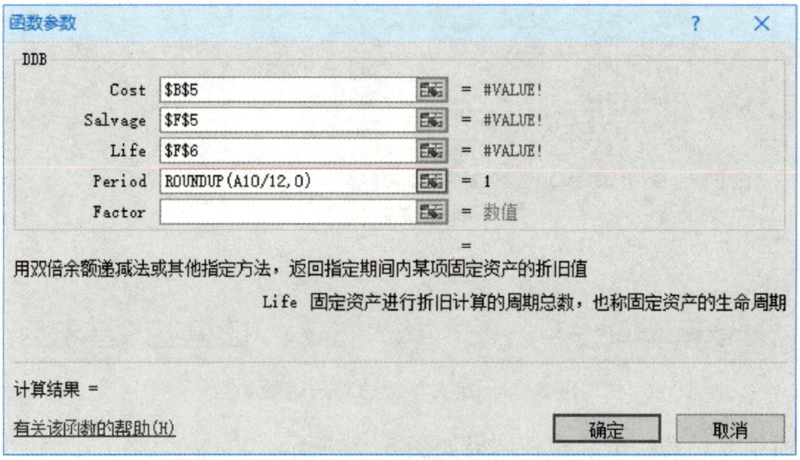

图 5-10　定义双倍余额递减法函数参数

最后得到双倍余额递减法卡片模板结果如图 5－11 所示。

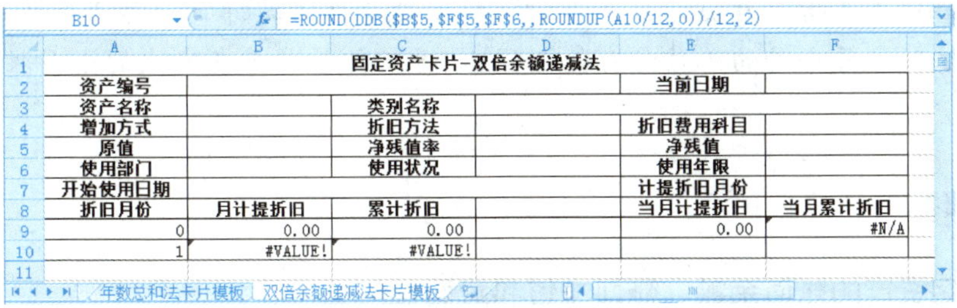
B10　=ROUND(DDB($B$5,$F$5,$F$6,,ROUNDUP(A10/12,0))/12,2)

	A	B	C	D	E	F
1	固定资产卡片-双倍余额递减法					
2	资产编号				当前日期	
3	资产名称		类别名称			
4	增加方式		折旧方法		折旧费用科目	
5	原值		净残值率		净残值	
6	使用部门		使用状况		使用年限	
7	开始使用日期				计提折旧月份	
8	折旧月份	月计提折旧	累计折旧		当月计提折旧	当月累计折旧
9	0	0.00	0.00		0.00	#N/A
10	1	#VALUE!	#VALUE!			
11						

图 5－11　双倍余额递减法的固定资产卡片模板

思路：双倍余额递减法与年数总和法相似，根据固定资产“原值”“净残值”及“使用年限”，通过 DDB 函数计算各“折旧年度”的年折旧额，然后计算各“折旧月份”的“月计提折旧”和“累计折旧”。

4. 设计工作量法的固定资产卡片模板

操作步骤如下：

（1）在“固定资产管理 2203. xlsx”工作簿中，打开“固定资产卡片模板”工作表。按下 Ctrl 键的同时拖动复制其工作表标签到“双倍余额递减法卡片模板”工作表后面，将备份的工作表更名为“工作量法卡片模板”。在“工作量法卡片模板”工作表中进行下面操作。

（2）修改下列单元格内容：

在 A1 中输入“固定资产卡片-工作量法”；

在 E6 中输入“总工作量”；

在 A8 中输入“折旧月份”；

在 B8 中输入“月工作量”；

在 C8 中输入“月计提折旧”；

在 D8 中输入“累计折旧”。

（3）输入公式：

D9＝0

C10＝B10＊ROUND((＄B＄5－＄F＄5)/＄F＄6,2)

公式含义：工作量法“月计提折旧”等于“月工作量”与单位工作量折旧额（保留四舍五入的两位小数）的乘积。

D10＝D9＋C10

最后得到工作量法卡片模板结果如图 5－12 所示。

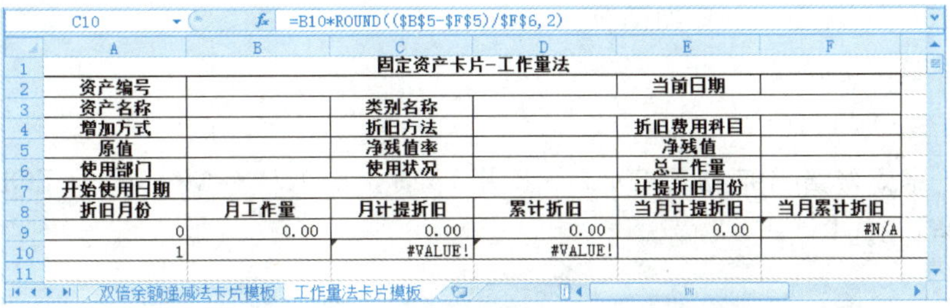
C10　=B10*ROUND(($B$5-$F$5)/$F$6,2)

	A	B	C	D	E	F
1	固定资产卡片-工作量法					
2	资产编号				当前日期	
3	资产名称		类别名称			
4	增加方式		折旧方法		折旧费用科目	
5	原值		净残值率		净残值	
6	使用部门		使用状况		总工作量	
7	开始使用日期				计提折旧月份	
8	折旧月份	月工作量	月计提折旧	累计折旧	当月计提折旧	当月累计折旧
9	0	0.00	0.00	0.00	0.00	#N/A
10	1		#VALUE!	#VALUE!		
11						

图 5－12　工作量法的固定资产卡片模板

思路：工作量法根据固定资产“原值”“净残值”及“总工作量”，求出单位工作量折旧额，然后计算各折旧月份“月工作量”对应的“月计提折旧”和“累计折旧”。运用这种折旧方法时，每个月的工作量可能不同，“月工作量”需在发生的当月按实际发生数量进行录入。

知识链接

1. 固定资产的账面余额、账面净值和账面价值

对于会计初学者来说，固定资产的账面余额、账面净值和账面价值的概念很容易混淆，它们的区别如下：

固定资产账面余额＝固定资产科目余额

固定资产账面净值＝固定资产科目余额－累计折旧科目余额＝固定资产的折余价值

固定资产账面价值＝固定资产科目余额－累计折旧科目余额－固定资产减值准备科目余额

例如，期末会计账簿显示：

固定资产科目借方余额：800 万元

累计折旧科目贷方余额：300 万元

固定资产减值准备科目贷方余额：50 万元

则：

固定资产账面余额＝800（万元）

固定资产账面净值＝800－300＝500（万元）

固定资产账面价值＝800－300－50＝450（万元）

2. 相关函数

（1）TODAY 函数。

TODAY 函数是一个日期函数。

功能：按指定的格式返回系统的当前日期。

语法：TODAY()

示例：若系统当前日期为 2022 年 3 月 15 日，输入“＝TODAY()”，则返回值为：2022－3－15。

（2）MONTH 函数。

MONTH 函数是一个日期函数。

功能：返回月份值。

语法：MONTH()

示例：若系统当前日期为 2022 年 3 月 15 日，输入“＝MONTH(TODAY())”，则返回值为：3。

(3) YEAR 函数。

YEAR 函数是一个日期函数。

功能：按指定的格式返回日期的年份值。

语法：YEAR()

示例：若系统当前日期为 2022 年 3 月 15 日，输入"＝YEAR(TODAY())"，则返回值为：2022。

(4) SLN 函数。

SLN 函数为直线法计提折旧的函数，属于财务函数。

功能：返回某项固定资产某一年的直线折旧额。

语法：SLN(Cost,Salvage,Life)

说明：Cost 表示固定资产原值；

Salvage 表示固定资产使用年限终了时的估计残值；

Life 表示固定资产进行折旧计算的周期总数，也称固定资产的生命周期。

示例：甲公司有一幢厂房，原值为 5 000 000 元，预计可使用 20 年，预计报废时的净残值率为 2%，按直线法计提折旧，计算每年的年折旧额。

一般计算：

年折旧率＝(1－净残值率)÷使用年限×100%

＝(1－2%)÷20×100%＝4.9%

年折旧额＝固定资产原值×年折旧率＝5 000 000×4.9%＝245 000(元)

利用 Excel 的 SLN 函数计算：

年折旧额＝SLN(5 000 000,5 000 000×2%,20)＝ 245 000(元)

(5) SYD 函数。

SYD 函数为年数总和法计提折旧的函数，属于财务函数。

功能：根据年数总和法或其他方法，返回某项固定资产指定期间的折旧额。

语法：SYD(Cost,Salvage,Life,Per)

说明：Cost 表示固定资产原值；

Salvage 表示固定资产使用年限终了时的估计残值；

Life 表示固定资产进行折旧计算的周期总数，也称固定资产的生命周期；

Per 表示进行折旧计算的期次，它必须和 Life 单位一致。

示例：乙公司一台机器设备的原值为 100 000 元，预计使用年限为 5 年，预计净残值为 4 000 元，按年数总和法计提折旧，计算每年的年折旧额。

一般计算：

年折旧率＝尚可使用年限/预计寿命年数总和×100%

第 1 年年折旧额＝(100 000－4 000)×5/15＝32 000(元)

第 2 年年折旧额＝(100 000－4 000)×4/15＝25 600(元)

第 3 年年折旧额＝(100 000－4 000)×3/15＝19 200(元)

第 4 年年折旧额＝(100 000－4 000)×2/15＝12 800(元)

第 5 年年折旧额＝(100 000－4 000)×1/15＝6 400(元)

利用 Excel 的 SYD 函数计算：

第 1 年年折旧额＝SYD(100 000,4 000,5,1)＝32 000(元)

第 2 年年折旧额＝SYD(100 000,4 000,5,2)＝25 600(元)

第 3 年年折旧额＝SYD(100 000,4 000,5,3)＝19 200(元)

第 4 年年折旧额＝SYD(100 000,4 000,5,4)＝12 800(元)

第 5 年年折旧额＝SYD(100 000,4 000,5,5)＝6 400(元)

（6）DDB 函数。

DDB 函数为双倍余额递减法计提折旧的函数，属于财务函数。

功能：根据双倍余额递减法或其他方法，返回某项固定资产指定期间的折旧额。

语法：DDB(Cost,Salvage,Life,Period,Factor)

说明：Cost 表示固定资产原值；

Salvage 表示固定资产使用年限终了时的估计残值；

Life 表示固定资产进行折旧计算的周期总数，也称固定资产的生命周期；

Period 表示进行折旧计算的期次，它必须和 Life 单位一致；

Factor 表示余额递减速率，是可选项，默认缺省值为 2，代表双倍余额递减，如果取值为 3，则代表三倍余额递减。

示例：丙公司一台机器设备的原值为 100 000 元，预计使用年限为 5 年，预计净残值为 4 000 元，按双倍余额递减法计提折旧，计算每年的年折旧额。

一般计算：

年折旧率＝2÷5×100%＝40%

第 1 年年折旧额＝100 000×40%＝40 000(元)

第 2 年年折旧额＝(100 000－40 000)×40%＝24 000(元)

第 3 年年折旧额＝(100 000－40 000－24 000)×40%＝14 400(元)

第 4、5 年年折旧额＝(100 000－40 000－24 000－14 400－4 000)÷2＝8 800(元)

利用 Excel 的 DDB 函数计算：

第 1 年年折旧额＝DDB(100 000,4 000,5,1)＝40 000(元)

第 2 年年折旧额＝DDB(100 000,4 000,5,2)＝24 000(元)

第 3 年年折旧额＝DDB(100 000,4 000,5,3)＝14 400(元)

第 4 年、第 5 年改为直线法计提折旧：

第 4、5 年年折旧额＝SLN（21 600，4 000，2）＝8 800（元）

注：这里第一个参数由机器设备原值减去前三年已计提折旧计算得出，即 100 000－40 000－24 000－14 400＝21 600（元）。

任务 1.3　生成固定资产卡片

设计完固定资产卡片模板后，下面按不同的折旧方法，逐一生成东方公司的每项固定资产卡片。

一、生成直线法的固定资产卡片

1. 生成资产编号为“101”的固定资产卡片

操作步骤如下：

（1）在“固定资产管理 2203. xlsx”工作簿中，打开“直线法卡片模板”工作表。按下 Ctrl 键复制工作表标签到“直线法卡片模板”后面，并将备份工作表更名为“101”。

（2）打开“101”工作表，在 B2 单元格中输入资产编号为“101”，选择 A10:F10 单元格，拖拉填充控制点至第 249 行。

（3）修改公式：

B249＝C249－C248

C249＝＄B＄5－＄F＄5

公式含义：在最后一个折旧月份，“累计折旧”等于“原值”减“净残值”，“月计提折旧”由最后一个折旧月份的“累计折旧”扣除上一折旧月份的“累计折旧”倒挤。此方法解决了最后一个折旧月份计提折旧数据的尾差问题。

生成第一张直线法固定资产卡片，如图 5 - 13 所示。

	A	B	C	D	E	F
1	固定资产卡片-直线法					
2	资产编号	101			当前日期	2022-3-31
3	资产名称	办公楼	类别名称	房屋建筑物		
4	增加方式	自建	折旧方法	直线法	折旧费用科目	管理费用
5	原值	3,000,000.00	净残值率	5.00%	净残值	150,000.00
6	使用部门	行政部	使用状况	在用	使用年限	20.00
7	开始使用日期	2019-1-1			计提折旧月份	38
8	折旧月份	月计提折旧	累计折旧		当月计提折旧	当月累计折旧
9	0	0.00	0.00		11,875.00	451,250.00
10	1	11,875.00	11,875.00			
240	231	11,875.00	2,743,125.00			
241	232	11,875.00	2,755,000.00			
242	233	11,875.00	2,766,875.00			
243	234	11,875.00	2,778,750.00			
244	235	11,875.00	2,790,625.00			
245	236	11,875.00	2,802,500.00			
246	237	11,875.00	2,814,375.00			
247	238	11,875.00	2,826,250.00			
248	239	11,875.00	2,838,125.00			
249	240	11,875.00	2,850,000.00			
250						

固定资产清单　固定资产卡片模板　直线法卡片模板　101　年数总和法卡片模板

图 5 - 13　直线法编号为“101”的固定资产卡片（部分）

注： 如果 Excel 的计算选项当前是“手工重算”，如改为“自动重算”，需执行“文件”菜单下的“选项”命令，打开 Excel 选项窗口，打开“公式”选项卡，选中“计算选项”—“工作簿计算”—“自动重算”单选按钮即可，如图 5 - 14 所示。

2. 生成资产编号为“102”的固定资产卡片

操作步骤如下：

（1）在“固定资产管理 2203. xlsx”工作簿中，打开“101”工作表。按下 Ctrl 键复制工作表标签到“101”工作表后面，并将备份工作表更名为“102”。

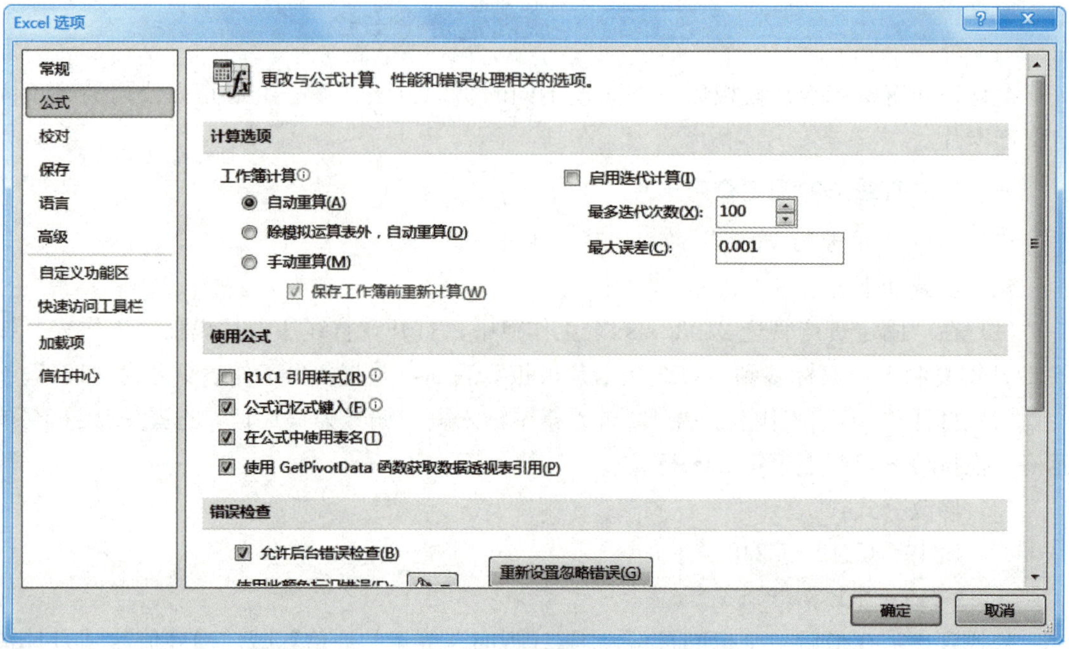

图 5-14 “自动重算”设置窗口

（2）打开“102”工作表，在 B2 单元格中输入资产编号为“102”，删除＄129：＄248 共 120 行，即可生成第二张直线法固定资产卡片，如图 5-15 所示。

	A	B	C	D	E	F
1	固定资产卡片-直线法					
2	资产编号	102			当前日期	2022-3-31
3	资产名称	生产线1	类别名称	生产设备		
4	增加方式	购入	折旧方法	直线法	折旧费用科目	制造费用
5	原值	400,000.00	净残值率	5.00%	净残值	20,000.00
6	使用部门	生产一车间	使用状况	在用	使用年限	10.00
7	开始使用日期	2019-1-1			计提折旧月份	38
8	折旧月份	月计提折旧	累计折旧		当月计提折旧	当月累计折旧
9	0	0.00	0.00		3,166.67	120,333.46
10	1	3,166.67	3,166.67			
120	111	3,166.67	351,500.37			
121	112	3,166.67	354,667.04			
122	113	3,166.67	357,833.71			
123	114	3,166.67	361,000.38			
124	115	3,166.67	364,167.05			
125	116	3,166.67	367,333.72			
126	117	3,166.67	370,500.39			
127	118	3,166.67	373,667.06			
128	119	3,166.67	376,833.73			
129	120	3,166.27	380,000.00			
130						

固定资产清单 / 固定资产卡片模板 / 直线法卡片模板 / 101 / 102 / 年数总和法卡片

图 5-15 直线法编号为“102”的固定资产卡片（部分）

资产编号为 103～106 的直线法固定资产卡片的输入类同。

二、生成年数总和法的固定资产卡片

1. 生成资产编号为“201”的固定资产卡片

操作步骤如下：

（1）在“固定资产管理 2203.xlsx”工作簿中，打开“年数总和法卡片模板”工作表。按下 Ctrl 键复制工作表标签到该工作表的后面，并将备份工作表更名为“201”。

（2）打开“201”工作表，在 B2 单元格中输入资产编号“201”，选择 A10:F10 单元格，拖拉填充控制点至第 45 行。

（3）修改公式：

B45＝C45－C44

C45＝$B$5－$F$5

公式含义：定义最后一个折旧月份的“月计提折旧”和“累计折旧”，原理同直线法。

生成第一张年数总和法固定资产卡片，如图 5－16 所示。

	A	B	C	D	E	F
1	固定资产卡片-年数总和法					
2	资产编号	201			当前日期	2022-3-31
3	资产名称	微机1	类别名称	办公设备		
4	增加方式	购入	折旧方法	年数总和法	折旧费用科目	管理费用
5	原值	5,000.00	净残值率	5.00%	净残值	250.00
6	使用部门	行政部	使用状况	在用	使用年限	3.00
7	开始使用日期	2019-1-1			计提折旧月份	38
8	折旧月份	月计提折旧	累计折旧		当月计提折旧	当月累计折旧
9	0	0.00	0.00		0.00	4,750.00
10	1	197.92	197.92			
40	31	65.97	4,420.11			
41	32	65.97	4,486.08			
42	33	65.97	4,552.05			
43	34	65.97	4,618.02			
44	35	65.97	4,683.99			
45	36	66.01	4,750.00			
46						

103　104　105　106　年数总和法卡片模板　201　双倍余额递减法卡片模板　301

图 5－16　年数总和法编号为“201”的固定资产卡片（部分）

思路： 当公式 B10＝ROUND(SYD($B$5,$F$5,$F$6,ROUNDUP(A10/12,0))/12,2)向下填充复制时，首先通过向上取整 ROUNDUP 函数自动计算本行“折旧月份”对应的“折旧年度”期次，再通过 SYD 函数计算该“折旧年度”期次对应的年折旧额，然后计算“月计提折旧”，最后用 ROUND 函数保留四舍五入的两位小数。上述方法实现了在“年数总和法”每行“折旧月份”对应“月计提折旧”数据的自动准确计算。

需要说明的是：本案例中资产的使用年限为“3”年，“计提折旧月份”为“38”，超过了资产最大折旧月份“3＊12＝36”，因此“当月计提折旧”为 0。此设计完美地实现了计算结果与会计实务的一致性。

2. 生成资产编号为“202”的固定资产卡片

操作步骤如下：

（1）在“固定资产管理 2203. xlsx”工作簿中，打开“201”工作表。按下 Ctrl 键复制工作表标签到“201”工作表后面，并将备份工作表更名为“202”。

（2）打开“201”工作表，在 B2 单元格中输入资产编号“202”。

即可生成第二张年数总和法固定资产卡片，如图 5－17 所示。

三、生成双倍余额递减法的固定资产卡片

1. 生成资产编号为“301”的固定资产卡片

操作步骤如下：

（1）在“固定资产管理 2203. xlsx”工作簿中，打开“双倍余额递减法卡片模板”工作表。按下 Ctrl 键复制工作表标签到该工作表的后面，并将备份工作表更名为“301”。

（2）打开“301”工作表，在 B2 单元格中输入资产编号“301”，选择 A10:D10 单元格，拖拉填充控制点至第 69 行。

	A	B	C	D	E	F
1	固定资产卡片-年数总和法					
2	资产编号	202			当前日期	2022-3-31
3	资产名称	微机2	类别名称	办公设备		
4	增加方式	购入	折旧方法	年数总和法	折旧费用科目	管理费用
5	原值	5,000.00	净残值率	5.00%	净残值	250.00
6	使用部门	财务部	使用状况	在用	使用年限	3.00
7	开始使用日期		2019-12-1		计提折旧月份	27
8	折旧月份	月计提折旧	累计折旧		当月计提折旧	当月累计折旧
9	0	0.00	0.00		65.97	4,156.23
10	1	197.92	197.92			
40	31	65.97	4,420.11			
41	32	65.97	4,486.08			
42	33	65.97	4,552.05			
43	34	65.97	4,618.02			
44	35	65.97	4,683.99			
45	36	66.01	4,750.00			
46						

101 / 102 / 103 / 104 / 105 / 106 / 年数总和法卡片模板 / 201 / 202 / 双倍余额递减

图 5－17　年数总和法编号为“202”的固定资产卡片（部分）

（3）修改下列单元格公式，并用填充柄复制公式至 B68。

B46＝ROUND(($D$45－$F$5)/24,2)

公式含义：定义第四、五年（扣除最后一个月）的“月计提折旧”。在“双倍余额递减法”下，固定资产使用的最后两年，折旧计算方法改为平均年限法。当前资产的折旧年限为 5 年，即从第四折旧年度起（折旧月份 37），将固定资产的账面价值减去净残值后的余额在两年（24 个月）内平均分摊。

B69＝C69－C68

C69＝$B$5－$F$5

公式含义：定义最后一个折旧月份的“月计提折旧”和“累计折旧”。

即可生成第一张双倍余额递减法固定资产卡片，如图 5－18 所示。

	A	B	C	D	E	F
1	固定资产卡片-双倍余额递减法					
2	资产编号	301			当前日期	2022-3-31
3	资产名称	激光打印机1	类别名称	办公设备	44651	44651
4	增加方式	购入	折旧方法	双倍余额递减法	折旧费用科目	管理费用
5	原值	6,000.00	净残值率	5.00%	净残值	300.00
6	使用部门	行政部	使用状况	在用	使用年限	5.00
7	开始使用日期		2019-12-1		计提折旧月份	27
8	折旧月份	月计提折旧	累计折旧		当月计提折旧	当月累计折旧
9	0	0.00	0.00		72.00	4,056.00
10	1	200.00	200.00			
60	51	41.50	5,326.50			
61	52	41.50	5,368.00			
62	53	41.50	5,409.50			
63	54	41.50	5,451.00			
64	55	41.50	5,492.50			
65	56	41.50	5,534.00			
66	57	41.50	5,575.50			
67	58	41.50	5,617.00			
68	59	41.50	5,658.50			
69	60	41.50	5,700.00			
70						

105 / 106 / 年数总和法卡片模板 / 201 / 202 / 双倍余额递减法卡片模板 / 301 / 工作

图 5－18　双倍余额递减法编号为“301”的固定资产卡片（部分）

思路： 当公式 B10＝ROUND(DDB($B$5, $F$5, $F$6, ROUNDUP(A10/12, 0))/12, 2)向下填充复制时，首先用 ROUNDUP 函数自动计算本行“折旧月份”对应的“折旧年度”期次，再通过 DDB 函数计算该“折旧年度”期次对应的年折旧，继而计算“月计提折旧”，并用 ROUND 函数保留四舍五入的两位小数。上述方法实现了“双倍余额递减法”除最后两年的折旧年度内每行“折旧月份”对应“月计提折旧”数据的自动计算，即最后两个折旧年度改为直线法，将固定资产的账面价值减去净残值平均分摊。

2. 生成资产编号为“302”的固定资产卡片

操作步骤如下：

（1）在“固定资产管理 2203. xlsx”工作簿中，打开“301”工作表。按下 Ctrl 键复制工作表标签到“301”工作表后面，并将备份工作表更名为“302”。

（2）打开“302”工作表，在 B2 单元格中输入资产编号“302”，即可生成第二张双倍余额递减法固定资产卡片，如图 5－19 所示。

	A	B	C	D	E	F
1	固定资产卡片-双倍余额递减法					
2	资产编号	302			当前日期	2022-3-31
3	资产名称	激光打印机2	类别名称	办公设备		
4	增加方式	购入	折旧方法	双倍余额递减法	折旧费用科目	管理费用
5	原值	5,000.00	净残值率	5.00%	净残值	250.00
6	使用部门	财务部	使用状况	在用	使用年限	5.00
7	开始使用日期	2022-1-23			计提折旧月份	2
8	折旧月份	月计提折旧	累计折旧		当月计提折旧	当月累计折旧
9	0	0.00	0.00		166.67	333.34
10	1	166.67	166.67			
60	51	34.58	4,438.74			
61	52	34.58	4,473.32			
62	53	34.58	4,507.90			
63	54	34.58	4,542.48			
64	55	34.58	4,577.06			
65	56	34.58	4,611.64			
66	57	34.58	4,646.22			
67	58	34.58	4,680.80			
68	59	34.58	4,715.38			
69	60	34.62	4,750.00			
70						

年数总和法卡片模板 / 201 / 202 / 双倍余额递减法卡片模板 / 301 / 302 / 工作量法

图 5－19　双倍余额递减法编号为“302”的固定资产卡片（部分）

四、生成工作量法的固定资产卡片

生成资产编号为“401”的固定资产卡片。

操作步骤如下：

（1）在“固定资产管理 2203. xlsx”工作簿中，打开“工作量法卡片模板”工作表。按下 Ctrl 键复制工作表标签到该工作表的后面，并将备份工作表更名为“401”。

（2）打开“401”工作表，在 B2 单元格中输入资产编号“401”，选择 A10:F10 单元格，拖拉填充控制点至第 12 行。

（3）下列单元格输入数据：

B10＝“6000”

B11＝“4000”

B12＝“5000”

生成第一张工作量法固定资产卡片，如图 5－20 所示。

	A	B	C	D	E	F
1	固定资产卡片-工作量法					
2	资产编号	401			当前日期	2022-3-31
3	资产名称	商务车	类别名称	运输设备		
4	增加方式	购入	折旧方法	工作量法	折旧费用科目	销售费用
5	原值	300,000.00	净残值率	5.00%	净残值	15,000.00
6	使用部门	销售部	使用状况	在用	总工作量	400,000.00
7	开始使用日期	2021-12-1			计提折旧月份	3
8	折旧月份	月工作量	月计提折旧	累计折旧	当月计提折旧	当月累计折旧
9	0	0.00	0.00	0.00	3,550.00	10,650.00
10	1	6,000.00	4,260.00	4,260.00		
11	2	4,000.00	2,840.00	7,100.00		
12	3	5,000.00	3,550.00	10,650.00		
13						

201 / 双倍余额递减法卡片模板 / 301 / 302 / 工作量法卡片模板 / 401

图 5－20　工作量法编号为“401”的固定资产卡片

任务 2　固定资产折旧计算与分配

【任务效果图】

资产编号	当前日期	资产名称	类别名称	增加方式	折旧方法	折旧费用科目	固定资产原值	净残值率	净残值	使用部门	使用状况	使用年限（总工作量）	开始使用日期	计提折旧月份	当月计提折旧	当月累计折旧	当月账面净值
101	2022-3-31	办公楼	房屋建筑物	自建	直线法	管理费用	3,000,000.00	5%	150,000.00	行政部	在用	20.00	2019-1-1	38	11,875.00	451,250.00	2,548,750.00
102	2022-3-31	生产线1	生产设备	购入	直线法	制造费用	400,000.00	5%	20,000.00	生产一车间	在用	10.00	2019-1-1	38	3,166.67	120,333.46	279,666.54
103	2022-3-31	生产线2	生产设备	购入	直线法	制造费用	400,000.00	5%	20,000.00	生产二车间	在用	10.00	2019-1-1	38	3,166.67	120,333.46	279,666.54
104	2022-3-31	数控机床	生产设备	购入	直线法	制造费用	200,000.00	5%	10,000.00	生产三车间	在用	10.00	2019-1-1	38	1,583.33	60,166.54	139,833.46
105	2022-3-31	灌装设备	生产设备	购入	直线法	制造费用	100,000.00	5%	5,000.00	技术部	在用	10.00	2019-1-1	38	791.67	30,083.46	69,916.54
106	2022-3-31	晒图机	办公设备	购入	直线法	管理费用	255,000.00	5%	12,750.00	技术部	在用	10.00	2019-1-1	38	2,018.75	76,712.50	178,287.50
201	2022-3-31	微机1	办公设备	购入	年数总和法	管理费用	5,000.00	5%	250.00	行政部	在用	3.00	2019-1-1	38	0.00	4,750.00	250.00
202	2022-3-31	微机2	办公设备	购入	年数总和法	管理费用	5,000.00	5%	250.00	财务部	在用	3.00	2019-12-1	27	65.97	4,156.23	843.77
301	2022-3-31	激光打印机1	办公设备	购入	双倍余额递减法	管理费用	6,000.00	5%	300.00	行政部	在用	5.00	2019-12-1	27	72.00	4,056.00	1,944.00
302	2022-3-31	激光打印机2	办公设备	购入	双倍余额递减法	管理费用	5,000.00	5%	250.00	财务部	在用	5.00	2022-1-23	2	166.67	333.34	4,666.66
401	2022-3-31	商务车	运输设备	购入	工作量法	销售费用	300,000.00	5%	15,000.00	销售部	在用	400,000.00	2021-12-1	3	3,550.00	10,650.00	289,350.00

固定资产清单 / 固定资产卡片模板 / 直线法卡片模板 / 101 / 102 / 103 / 104 / 105 / 106 / 年数总和法卡片模板 / 201 / 202 / 双倍余额递减法卡片模板

图 5－21　固定资产清单（最终效果）

折旧方法	(全部)							
资产编号	(全部)							
类别名称	(全部)							
求和项:当月计提折旧	列标签							
行标签	财务部	行政部	技术部	生产二车间	生产三车间	生产一车间	销售部	总计
管理费用	232.64	11,947.00	2,018.75					14,198.39
销售费用							3,550.00	3,550.00
制造费用			791.67	3,166.67	1,583.33	3,166.67		8,708.34
总计	232.64	11,947.00	2,810.42	3,166.67	1,583.33	3,166.67	3,550.00	26,456.73

折旧费用分配表 / 固定资产清单 / 固定资产卡片模板 / 直线法卡片模板 / 101 / 102 / 103 / 104 / 105 / 106

图 5－22　固定资产折旧费用分配表（最终效果）

【任务分析】

根据企业会计准则中有关规定，企业应当在固定资产的使用寿命内，按照确定的方法对应计折旧额进行系统分摊。所谓应计折旧额，是指应当计提折旧的固定资产原价扣除其预计净残值后的金额，已计提减值准备的固定资产，还应当扣除已计提的固定资产减值准备累计金额。企业应当根据固定资产的性质和使用情况，合理确定固定资产的使用寿命和预计净残值。固定资产的使用寿命、预计净残值一经确定，不得随意变更。

固定资产应当按月计提折旧，当月增加的固定资产当月不计提折旧，从下个月起计提折旧；当月减少的固定资产当月仍计提折旧，从下个月起不再计提折旧；固定资产提足折旧后不论是否继续使用，均不再计提折旧；提前报废的固定资产也不再补提折旧。

本任务包括以下两部分：

（1）固定资产折旧的计算；

（2）固定资产折旧费用的分配。

本任务用到的知识主要有数据透视表的灵活运用。

【任务实施】

任务 2.1　固定资产折旧的计算

为了便于固定资产折旧等数据的管理与分析，设计在“固定资产清单”工作表的数据清单中添加“当月计提折旧”“当月累计折旧”“当月账面净值”三个字段。在前面生成的各张“固定资产卡片”工作表中，已得到“当前日期”对应的“当月计提折旧”和“当月累计折旧”，在此通过设置公式，可将两项折旧数据自“固定资产卡片”传到“固定资产清单”。

操作步骤如下：

（1）在“固定资产管理”工作簿中，打开“固定资产清单”工作表。在 P1、Q1、R1 单元格中分别输入“当月计提折旧”“当月累计折旧”“当月账面净值”。

（2）定义“当月计提折旧”公式：

P2='101'!$E$9　P3='102'!$E$9　P4='103'!$E$9　P5='104'!$E$9

P6='105'!$E$9　P7='106'!$E$9　P8='201'!$E$9　P9='202'!$E$9

P10='301'!$E$9　P11='302'!$E$9　P12='401'!$E$9

（3）定义“当月累计折旧额”公式：

Q2='101'!$F$9　Q3='102'!$F$9　Q4='103'!$F$9　Q5='104'!$F$9

Q6='105'!$F$9　Q7='106'!$F$9　Q8='201'!$F$9　Q9='202'!$F$9

Q10='301'!$F$9　Q11='302'!$F$9　Q12='401'!$F$9

（4）定义“当月账面净值”公式，并拖拉填充控制点复制公式至 R12：

R2=H2－Q2

（5）选择 P:R 列，设置其数字格式为“数值”，小数位数为“2”，使用千位分隔符。

（6）选择 P1:R12，单击功能区中的“开始”—“字体”—“边框”—“所有框线”命令。

完成以上所有步骤后，得到完整的“固定资产清单”，结果如图 5－23 所示。

资产编号	当前日期	资产名称	类别名称	增加方式	折旧方法	折旧费用科目	固定资产原值	净残值率	净残值	使用部门	使用状况	使用年限（总工作量）	开始使用日期	计提折旧月份	当月计提折旧	当月累计折旧	当月账面净值
101	2022-3-31	办公楼	房屋建筑物	自建	直线法	管理费用	3,000,000.00	5%	150,000.00	行政部	在用	20.00	2019-1-1	38	11,875.00	451,250.00	2,548,750.00
102	2022-3-31	生产线1	生产设备	购入	直线法	制造费用	400,000.00	5%	20,000.00	生产一车间	在用	10.00	2019-1-1	38	3,166.67	120,333.46	279,666.54
103	2022-3-31	生产线2	生产设备	购入	直线法	制造费用	400,000.00	5%	20,000.00	生产二车间	在用	10.00	2019-1-1	38	3,166.67	120,333.46	279,666.54
104	2022-3-31	数控机床	生产设备	购入	直线法	制造费用	200,000.00	5%	10,000.00	生产三车间	在用	10.00	2019-1-1	38	1,583.33	60,166.54	139,833.46
105	2022-3-31	灌装设备	生产设备	购入	直线法	制造费用	100,000.00	5%	5,000.00	技术部	在用	10.00	2019-1-1	38	791.67	30,083.46	69,916.54
106	2022-3-31	晒图机	办公设备	购入	直线法	管理费用	255,000.00	5%	12,750.00	技术部	在用	10.00	2019-1-1	38	2,018.75	76,712.50	178,287.50
201	2022-3-31	微机1	办公设备	购入	年数总和法	管理费用	5,000.00	5%	250.00	行政部	在用	3.00	2019-1-1	38	0.00	4,750.00	250.00
202	2022-3-31	微机2	办公设备	购入	年数总和法	管理费用	5,000.00	5%	250.00	财务部	在用	3.00	2019-12-1	27	65.97	4,156.23	843.77
301	2022-3-31	激光打印机1	办公设备	购入	双倍余额递减法	管理费用	6,000.00	5%	300.00	行政部	在用	5.00	2019-12-1	27	72.00	4,056.00	1,944.00
302	2022-3-31	激光打印机2	办公设备	购入	双倍余额递减法	管理费用	5,000.00	5%	250.00	财务部	在用	5.00	2022-1-23	2	166.67	333.34	4,666.66
401	2022-3-31	商务车	运输设备	购入	工作量法	销售费用	300,000.00	5%	15,000.00	销售部	在用	400,000.00	2021-12-1	3	3,550.00	10,650.00	289,350.00

图 5－23　完成折旧计算后完整的“固定资产清单”

任务 2.2　固定资产折旧费用的分配

本任务是在完整的“固定资产清单”基础上，通过数据透视表快速生成固定资产“折旧费用分配表”，简便、准确地计算按不同“折旧费用科目”归集的“当月计提折旧”。

通过数据透视表来编制固定资产“折旧费用分配表”，具体操作步骤如下：

（1）在“固定资产管理 2203.xlsx”工作簿中，打开“固定资产清单”工作表，选择数据清单中的任一单元格。

（2）单击功能区中的“插入”—“表格”—“数据透视表”命令，从下拉菜单中选择“数据透视表”，打开“创建数据透视表”对话框，如图 5－24 所示。

（3）在“选择一个表或区域”选项下的“表/区域”框显示所需选择数据的范围，该范围可根据需要进行修改。在“选择放置数据透视表的位置”下选择“新工作表”选项。

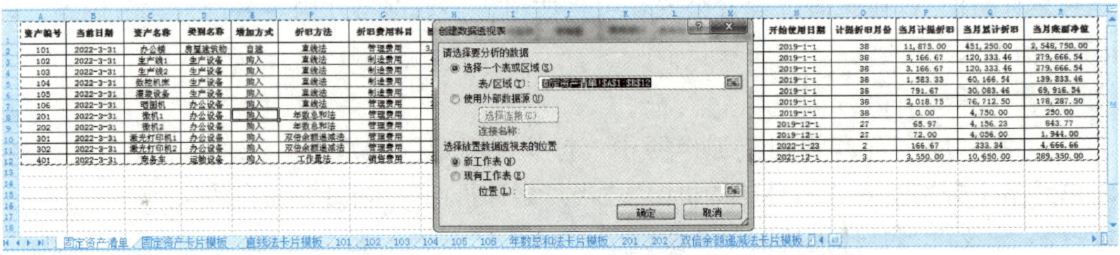

图 5-24 “创建数据透视表”对话框

（4）单击“确定”按钮，在新建 Sheet1 工作表中建立了一个空白数据透视表。

将字段“折旧方法”“资产编号”“类别名称”拖至“报表筛选”区，将“折旧费用科目”拖至“行标签”区，将“使用部门”拖至“列标签”区，将“当月计提折旧”拖至“数值”区。

（5）单击“数值”字段“当月计提折旧”下拉菜单，选择“值字段设置”命令，打开“值字段设置”对话框。选择“值汇总方式”选项卡，设置“汇总方式”为“求和”；单击“数字格式”按钮，设置“数字”类型为“数值”，小数位数为“2”，使用千位分隔符。

（6）最后得到按“折旧费用科目”汇总的数据透视表，将工作表重命名为“折旧费用分配表”，如图 5-25 所示。

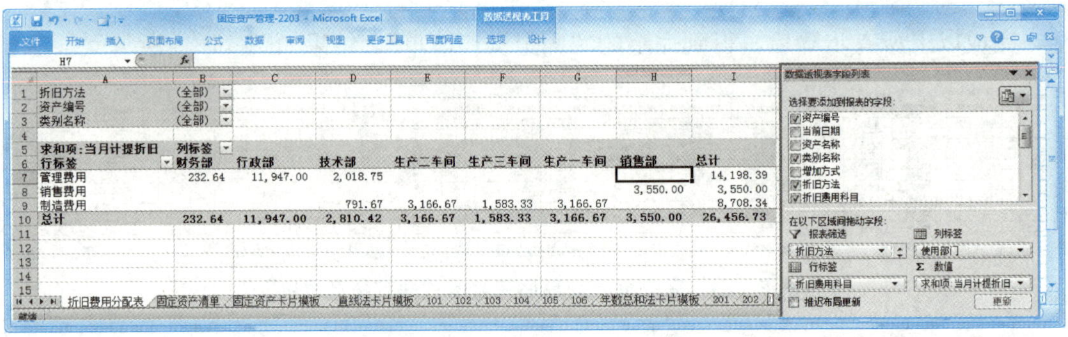

图 5-25 固定资产折旧费用分配表

注 1： 要查询不同要求下的固定资产折旧费用，可分别选择“折旧费用分配表”左上角“报表筛选”区的“折旧方法”“资产编号”“类别名称”右侧的下拉按钮进行查看。

注 2： 要从数据透视表中删除一个字段，可选择数据透视表内任意单元格，在打开的“数据透视表字段列表”中清除该字段名旁边的复选框。

注 3： 要删除数据透视表中的所有字段，可选择数据透视表内任意单元格，单击功能区中的“选项”—“操作”—“清除”按钮下的箭头，然后选择“全部清除”，如图 5-26 所示。

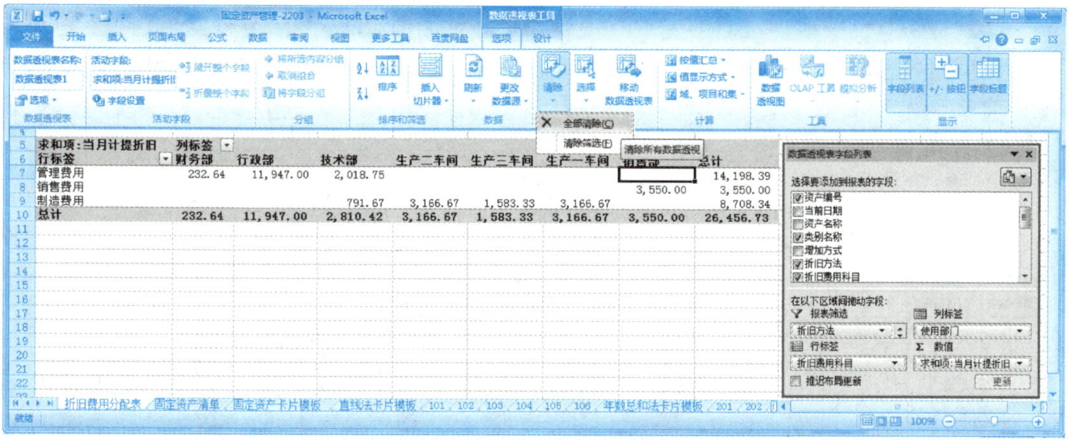

图 5-26　清除数据透视表

"折旧费用分配表"归集的固定资产折旧费用分配数据，可通过公式和函数传递到账务处理模块的"会计凭证表"，从而将固定资产管理模块和账务处理模块链接为一体。此部分的具体操作可在综合实训中进行对应练习。

至此，固定资产管理系统设计完成。在本系统中，"固定资产清单"工作表的"当前日期"项目发生变化，"计提折旧月数"项目自动计算并传递到对应固定资产卡片工作表。各固定资产卡片工作表根据变化的"计提折旧月数"，自动查找到对应的"当月计提折旧"和"当月累计折旧"，并传回"固定资产清单"工作表。最后只需刷新一下数据透视表，即可实现折旧费用分配数据的即时更新。系统通过勾稽数据在不同工作表之间实时传递，准确计算各项固定资产任意时点的当月计提折旧、当月累计折旧额和当月账面净值。在实际工作中，用 TODAY 函数替代"固定资产清单"工作表"当前日期"项目的数据录入，会使得固定资产管理自动化处理程度进一步加大。

注：为简化核算，本案例没有涉及固定资产的减值问题。

任务 3　固定资产变动管理

【任务效果图】

资产编号	当前日期	资产名称	类别名称	增加方式	折旧方法	折旧费用科目	固定资产原值	净残值率	净残值	使用部门	使用状况	使用年限(总工作量)	开始使用日期	计提折旧月份	当月计提折旧	当月累计折旧	当月账面净值
101	2022-3-31	办公楼	房屋建筑物	自建	直线法	管理费用	3,000,000.00	5%	150,000.00	行政部	在用	20.00	2019-1-1	38	11,875.00	451,250.00	2,548,750.00
102	2022-3-31	生产线1	生产设备	购入	直线法	制造费用	400,000.00	5%	20,000.00	生产一车间	在用	10.00	2019-1-1	38	3,166.67	120,333.46	279,666.54
103	2022-3-31	生产线2	生产设备	购入	直线法	制造费用	400,000.00	5%	20,000.00	生产二车间	在用	10.00	2019-1-1	38	3,166.67	120,333.46	279,666.54
104	2022-3-31	数控机床	生产设备	购入	直线法	制造费用	200,000.00	5%	10,000.00	生产三车间	在用	10.00	2019-1-1	38	1,583.33	60,166.54	139,833.46
105	2022-3-31	灌装设备	生产设备	购入	直线法	制造费用	100,000.00	5%	5,000.00	技术部	在用	10.00	2019-1-1	38	791.67	30,083.46	69,916.54
106	2022-3-31	晒图机	办公设备	购入	直线法	管理费用	255,000.00	5%	12,750.00	技术部	在用	10.00	2019-1-1	38	2,018.75	76,712.50	178,287.50
107	2022-3-31	会议桌	办公设备	购入	直线法	管理费用	255,000.00	5%	12,750.00	行政部	在用	10.00	2022-3-31	0	0.00	0.00	255,000.00
201	2022-3-31	微机1	办公设备	购入	年数总和法	管理费用	5,000.00	5%	250.00	行政部	在用	3.00	2019-1-1	38	0.00	4,750.00	250.00
202	2022-3-31	微机2	办公设备	购入	年数总和法	管理费用	5,000.00	5%	250.00	财务部	在用	3.00	2019-12-1	27	65.97	4,156.23	843.77
301	2022-3-31	激光打印机1	办公设备	购入	双倍余额递减法	管理费用	6,000.00	5%	300.00	行政部	在用	5.00	2019-12-1	27	72.00	4,056.00	1,944.00
302	2022-3-31	激光打印机2	办公设备	购入	双倍余额递减法	管理费用	5,000.00	5%	250.00	财务部	在用	5.00	2022-1-23	2	166.67	333.34	4,666.66
401	2022-3-31	商务车	运输设备	购入	工作量法	销售费用	300,000.00	5%	15,000.00	销售部	在用	400,000.00	2021-12-1	3	3,550.00	10,650.00	289,350.00

图 5-27　新增编号为"107"的固定资产后的"固定资产清单"（最终效果）

资产编号	当前日期	资产名称	类别名称	增加方式	折旧方法	折旧费用科目	固定资产原值	净残值率	净残值	使用部门	使用状况	使用年限（总工作量）	开始使用日期	计提折旧月份	当月计提折旧	当月累计折旧	当月账面净值
101	2022-4-1	办公楼	房屋建筑物	自建	直线法	管理费用	3,000,000.00	5%	150,000.00	行政部	在用	20.00	2019-1-1	39	11,875.00	463,125.00	2,536,875.00
102	2022-4-1	生产线1	生产设备	自建	直线法	制造费用	400,000.00	5%	20,000.00	生产一车间	在用	10.00	2019-1-1	39	3,166.67	123,500.13	276,499.87
103	2022-4-1	生产线2	生产设备	自建	直线法	制造费用	400,000.00	5%	20,000.00	生产二车间	在用	10.00	2019-1-1	39	3,166.67	123,500.13	276,499.87
104	2022-4-1	数控机床	生产设备	购入	直线法	制造费用	200,000.00	5%	10,000.00	生产三车间	在用	10.00	2019-1-1	39	1,583.33	61,749.87	138,250.13
105	2022-4-1	灌装设备	生产设备	购入	直线法	制造费用	100,000.00	5%	5,000.00	技术部	在用	10.00	2019-1-1	39	791.67	30,875.13	69,124.87
106	2022-4-1	晒图机	办公设备	购入	直线法	管理费用	255,000.00	5%	12,750.00	技术部	在用	10.00	2019-1-1	39	2,018.75	78,731.25	176,268.75
107	2022-4-1	会议桌	办公设备	购入	直线法	管理费用	3,000.00	5%	150.00	行政部	在用	10.00	2022-3-31	1	23.75	23.75	2,976.25
201	2022-4-1	微机1	办公设备	购入	年数总和法	管理费用	5,000.00	5%	250.00	行政部	在用	3.00	2019-1-1	39	0.00	4,750.00	250.00
202	2022-4-1	微机2	办公设备	购入	年数总和法	管理费用	5,000.00	5%	250.00	财务部	在用	3.00	2019-12-1	28	65.97	4,222.20	777.80
301	2022-4-1	激光打印机1	办公设备	调拨	双倍余额递减法	销售费用	6,000.00	5%	300.00	销售部	在用	5.00	2019-12-1	28	72.00	4,128.00	1,872.00
302	2022-4-1	激光打印机2	办公设备	购入	双倍余额递减法	管理费用	5,000.00	5%	250.00	财务部	在用	5.00	2022-1-23	3	166.67	500.01	4,499.99
401	2022-4-1	商务车	运输设备	购入	工作量法	销售费用	300,000.00	5%	15,000.00	销售部	在用	400,000.00	2021-12-1	4	3,550.00	14,200.00	285,800.00

图 5－28　调拨后的“固定资产清单”（最终效果）

资产编号	当前日期	资产名称	类别名称	增加方式	折旧方法	折旧费用科目	固定资产原值	净残值率	净残值	使用部门	使用状况	使用年限（总工作量）	开始使用日期
101	2022-4-1	办公楼	房屋建筑物	自建	直线法	管理费用	3,000,000.00	5%	150,000.00	行政部	在用	20.00	2017-1-1
102	2022-4-1	生产线1	生产设备	自建	直线法	制造费用	400,000.00	5%	20,000.00	生产一车间	在用	10.00	2017-1-1
103	2022-4-1	生产线2	生产设备	自建	直线法	制造费用	400,000.00	5%	20,000.00	生产二车间	在用	10.00	2017-1-1
104	2022-4-1	数控机床	生产设备	购入	直线法	制造费用	200,000.00	5%	10,000.00	生产三车间	在用	10.00	2017-1-1
105	2022-4-1	灌装设备	生产设备	购入	直线法	制造费用	100,000.00	5%	5,000.00	技术部	在用	10.00	2017-1-1
106	2022-4-1	晒图机	办公设备	购入	直线法	管理费用	255,000.00	5%	12,750.00	技术部	在用	10.00	2017-1-1
107	2022-4-1	会议桌	办公设备	购入	直线法	管理费用	3,000.00	5%	150.00	行政部	在用	10.00	2022-3-31
202	2022-4-1	微机2	办公设备	购入	年数总和法	管理费用	5,000.00	5%	250.00	财务部	在用	5.00	2019-12-1
301	2022-4-1	激光打印机1	办公设备	调拨	双倍余额递减法	管理费用	6,000.00	5%	300.00	行政部	在用	5.00	2019-12-1
302	2022-4-1	激光打印机2	办公设备	购入	双倍余额递减法	管理费用	5,000.00	5%	250.00	财务部	在用	5.00	2022-1-23
401	2022-4-1	商务车	运输设备	购入	工作量法	销售费用	300,000.00	5%	15,000.00	销售部	在用	400,000.00	2021-12-1

图 5－29　删除编号为“201”的固定资产后的“固定资产清单”（最终效果）

【任务分析】

本任务主要包括以下三部分：

（1）固定资产的增加；

（2）固定资产在部门间的调拨；

（3）固定资产的减少。

固定资产的增加是指通过企业自建、投资者投入、接受捐赠、直接购买、部门调拨等途径增加企业的固定资产存量。

固定资产在部门间的调拨是指资源在企业内部的优化配置。通过资产调拨，企业可以提高资产的使用效率，最大限度地发挥其使用价值。

固定资产的减少是指由于使用年限到期或其他原因无法再使用时，需要对固定资产进行清理，并注明其减少的方式。企业还可以通过对外投资、出售、部门调拨等途径减少固定资产。

本任务用到的知识仍为本项目任务 1 中所涉及的知识点，要求达到灵活应用。

【任务实施】

任务 3.1　增加固定资产

案例 1： 2022 年 3 月 31 日，东方公司行政部购入一张价值 3 000 元的会议桌，预计使用年限为 10 年，采用直线法计提折旧，残值率 5%。

操作步骤如下：

（1）在“固定资产管理 2203.xlsx”工作簿中，打开“固定资产清单”工作表。选择第 7 行编号为“106”的记录复制，选择第 8 行右击，在快捷菜单中选择“插入复制的单元格”命令。

修改下列单元格的内容：

在 A8 中输入“107”，在 C8 中输入“会议桌”，在 H8 中输入“3000”，在 K8 中输入“行政部”，在 N8 中输入“2022 - 3 - 31”。

（2）打开“106”工作表，按下 Ctrl 键复制“106”工作表标签到其后面，并将备份工作表更名为“107”。

在“107”工作表的 B2 单元格中输入资产编号为“107”，按下回车键，即可自动计算生成新增的编号为“107”的固定资产卡片，如图 5 - 30 所示。

固定资产卡片-直线法					
资产编号	107			当前日期	2022-3-31
资产名称	会议桌	类别名称	办公设备		
增加方式	购入	折旧方法	直线法	折旧费用科目	管理费用
原值	255,000.00	净残值率	5.00%	净残值	12,750.00
使用部门	行政部	使用状况	在用	使用年限	10.00
开始使用日期	2022-3-31			计提折旧月份	0
折旧月份	月计提折旧	累计折旧		当月计提折旧	当月累计折旧
0	0.00	0.00		0.00	0.00
1	2,018.75	2,018.75			
111	2,018.75	224,081.25			
112	2,018.75	226,100.00			
113	2,018.75	228,118.75			
114	2,018.75	230,137.50			
115	2,018.75	232,156.25			
116	2,018.75	234,175.00			
117	2,018.75	236,193.75			
118	2,018.75	238,212.50			
119	2,018.75	240,231.25			
120	2,018.75	242,250.00			

直线法卡片模板 / 101 / 102 / 103 / 104 / 105 / 106 / 107 / 年数总和法卡片模板

图 5 - 30　新增编号为“107”的固定资产卡片

（3）打开“固定资产清单”工作表，修改公式：

P8 ='107'! $E$9

Q8 ='107'! $F$9

R8 =H8－Q8

即可将新增的固定资产卡片的折旧数据链接到“固定资产清单”工作表中。结果如图 5 - 31 所示。

资产编号	当前日期	资产名称	类别名称	增加方式	折旧方法	折旧费用科目	固定资产原值	净残值率	净残值	使用部门	使用状况	使用年限（总工作量）	开始使用日期	计提折旧月份	当月计提折旧	当月累计折旧	当月账面净值
101	2022-3-31	办公楼	房屋建筑物	自建	直线法	管理费用	3,000,000.00	5%	150,000.00	行政部	在用	20.00	2019-1-1	38	11,875.00	451,250.00	2,548,750.00
102	2022-3-31	生产线1	生产设备	购入	直线法	制造费用	400,000.00	5%	20,000.00	生产一车间	在用	10.00	2019-1-1	38	3,166.67	120,333.46	279,666.54
103	2022-3-31	生产线2	生产设备	购入	直线法	制造费用	400,000.00	5%	20,000.00	生产二车间	在用	10.00	2019-1-1	38	3,166.67	120,333.46	279,666.54
104	2022-3-31	数控机床	生产设备	购入	直线法	制造费用	200,000.00	5%	10,000.00	生产三车间	在用	10.00	2019-1-1	38	1,583.33	60,166.54	139,833.46
105	2022-3-31	灌装设备	生产设备	购入	直线法	制造费用	100,000.00	5%	5,000.00	技术部	在用	10.00	2019-1-1	38	791.67	30,083.46	69,916.54
106	2022-3-31	晒图机	办公设备	购入	直线法	管理费用	255,000.00	5%	12,750.00	技术部	在用	10.00	2019-1-1	38	2,018.75	76,712.50	178,287.50
107	2022-3-31	会议桌	办公设备	购入	直线法	管理费用	255,000.00	5%	12,750.00	行政部	在用	10.00	2022-3-31	0	0.00	0.00	255,000.00
201	2022-3-31	微机1	办公设备	购入	年数总和法	管理费用	5,000.00	5%	250.00	行政部	在用	3.00	2019-1-1	38	0.00	4,750.00	250.00
202	2022-3-31	微机2	办公设备	购入	年数总和法	管理费用	5,000.00	5%	250.00	财务部	在用	3.00	2019-12-1	27	65.97	4,156.23	843.77
301	2022-3-31	激光打印机1	办公设备	购入	双倍余额递减法	管理费用	6,000.00	5%	300.00	行政部	在用	5.00	2019-12-1	27	72.00	4,056.00	1,944.00
302	2022-3-31	激光打印机2	办公设备	购入	双倍余额递减法	管理费用	5,000.00	5%	250.00	财务部	在用	5.00	2022-1-23	2	166.67	333.34	4,666.66
401	2022-3-31	商务车	运输设备	购入	工作量法	销售费用	300,000.00	5%	15,000.00	销售部	在用	400,000.00	2021-12-1	3	3,550.00	10,650.00	289,350.00

折旧费用分配表 / 固定资产清单 / 固定资产卡片模板 / 直线法卡片模板 / 101 / 102 / 103 / 104 / 105 / 106 / 107 / 年数总和法卡片模板 / 201 / 202 / 双

图 5 - 31　新增编号为“107”的固定资产后的固定资产清单

任务 3.2　调拨固定资产

固定资产在部门之间调拨，会影响下个月的折旧计提，因此，需在下月月初进行固定资产清单和固定资产卡片的变更处理。

案例 2：东方公司在 2022 年 3 月 31 日决定将资产编号为“301”的激光打印机由行政部调拨给销售部使用。

操作步骤如下：

(1) 2022 年 4 月 1 日（即下月初），在 D 盘“东方公司”文件夹下，复制工作簿“固定资产管理 2203. xlsx”到“固定资产管理 2204. xlsx”。

(2) 打开“固定资产管理 2204. xlsx”工作簿的“固定资产清单”工作表，将资产编号为“301”的“增加方式”E11 单元格修改为“调拨”，将“折旧费用科目”G11 单元格修改为“销售费用”，将“使用部门”K11 单元格修改为“销售部”。调拨后的固定资产清单如图 5 - 32 所示。

资产编号	当前日期	资产名称	类别名称	增加方式	折旧方法	折旧费用科目	固定资产原值	净残值率	净残值	使用部门	使用状况	使用年限（总工作量）	开始使用日期	计提折旧月份	当月计提折旧	当月累计折旧	当月账面净值
101	2022-4-1	办公楼	房屋建筑物	自建	直线法	管理费用	3,000,000.00	5%	150,000.00	行政部	在用	20.00	2019-1-1	39	11,875.00	463,125.00	2,536,875.00
102	2022-4-1	生产线1	生产设备	自建	直线法	制造费用	400,000.00	5%	20,000.00	生产一车间	在用	10.00	2019-1-1	39	3,166.67	123,500.13	276,499.87
103	2022-4-1	生产线2	生产设备	自建	直线法	制造费用	400,000.00	5%	20,000.00	生产二车间	在用	10.00	2019-1-1	39	3,166.67	123,500.13	276,499.87
104	2022-4-1	数控机床	生产设备	购入	直线法	制造费用	200,000.00	5%	10,000.00	生产三车间	在用	10.00	2019-1-1	39	1,583.33	61,749.87	138,250.13
105	2022-4-1	灌装设备	生产设备	购入	直线法	制造费用	100,000.00	5%	5,000.00	技术部	在用	10.00	2019-1-1	39	791.67	30,875.13	69,124.87
106	2022-4-1	晒图机	办公设备	购入	直线法	管理费用	255,000.00	5%	12,750.00	技术部	在用	10.00	2019-1-1	39	2,018.75	78,731.25	176,268.75
107	2022-4-1	会议桌	办公设备	购入	直线法	管理费用	3,000.00	5%	150.00	行政部	在用	10.00	2022-3-31	1	23.75	23.75	2,976.25
201	2022-4-1	微机1	办公设备	购入	年数总和法	管理费用	5,000.00	5%	250.00	行政部	在用	3.00	2019-1-1	39	0.00	4,750.00	250.00
202	2022-4-1	微机2	办公设备	购入	年数总和法	管理费用	5,000.00	5%	250.00	财务部	在用	3.00	2019-12-1	28	65.97	4,222.20	777.80
301	2022-4-1	激光打印机1	办公设备	调拨	双倍余额递减法	销售费用	6,000.00	5%	300.00	销售部	在用	5.00	2019-12-1	28	72.00	4,128.00	1,872.00
302	2022-4-1	激光打印机2	办公设备	购入	双倍余额递减法	管理费用	5,000.00	5%	250.00	财务部	在用	5.00	2022-1-23	3	166.67	500.01	4,499.99
401	2022-4-1	商务车	运输设备	购入	工作量法	销售费用	300,000.00	5%	15,000.00	销售部	在用	400,000.00	2021-12-1	4	3,550.00	14,200.00	285,800.00

图 5 - 32　调拨后的固定资产清单

此时，对应固定资产卡片“301”工作表中的“增加方式”（即 B4 单元格）、“折旧费用科目”（即 F4 单元格）、“使用部门”（即 B6 单元格）内容会做出相应的调整。结果如图 5 - 33 所示。

固定资产卡片-双倍余额递减法					
资产编号	301			当前日期	2022-4-1
资产名称	激光打印机1	类别名称	办公设备		
增加方式	调拨	折旧方法	双倍余额递减法	折旧费用科目	销售费用
原值	6,000.00	净残值率	5.00%	净残值	300.00
使用部门	销售部	使用状况	在用	使用年限	5.00
开始使用日期	2019-12-1			计提折旧月份	28
折旧月份	月计提折旧	累计折旧		当月计提折旧	当月累计折旧
0	0.00	0.00		72.00	4,128.00
1	200.00	200.00			
51	41.50	5,326.50			
52	41.50	5,368.00			
53	41.50	5,409.50			
54	41.50	5,451.00			
55	41.50	5,492.50			
56	41.50	5,534.00			
57	41.50	5,575.50			
58	41.50	5,617.00			
59	41.50	5,658.50			
60	41.50	5,700.00			

图 5 - 33　调拨后编号为“301”的固定资产卡片

任务 3.3　减少固定资产

固定资产的减少，会影响下个月的折旧计提，因此，也需在下月初进行固定资产清单和固定资产卡片的减少处理。

案例 3：2022 年 3 月 31 日，东方公司行政部将报废的资产编号为“201”的微机卖掉。

操作步骤如下：

(1) 2022 年 4 月 1 日，在 D 盘“东方公司”文件夹下，新建一个工作簿，命名为“报废处置固定资产管理 . xlsx”。同时打开工作簿“固定资产管理 2204. xlsx”和“报废处置固定资产管理 . xlsx”。

(2) 复制“固定资产管理 2204. xlsx”工作簿的“固定资产清单”工作表到“报废处

置固定资产管理 . xlsx”工作簿。

(3) 切换到“报废处置固定资产管理 . xlsx”工作簿的“固定资产清单”工作表，将资产编号为“201”的固定资产“使用状况”修改为“报废”，并删除资产编号为“201”之外的其他记录，结果如图 5 - 34 所示。

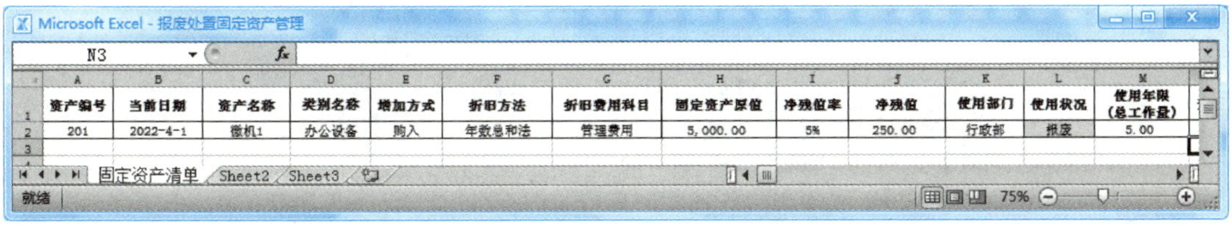

图 5 - 34　移动后“报废处置固定资产管理”工作簿中的“固定资产清单”

(4) 切换到“固定资产管理 2204. xlsx”工作簿，右击“201”工作表标签。在弹出的快捷菜单中单击“移动或复制”命令，打开“移动或复制工作表”对话框。单击“将选定工作表移至工作簿”下拉三角按钮，选择“报废处置固定资产管理 . xlsx”工作簿，如图 5 - 35 所示。

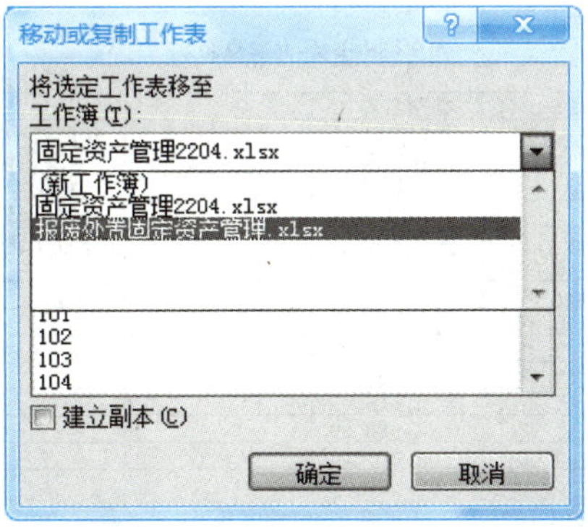

图 5 - 35　选择“移动或复制工作表”的工作簿

在“下列选定工作表之前”选择“Sheet2”工作表，如图 5 - 36 所示。

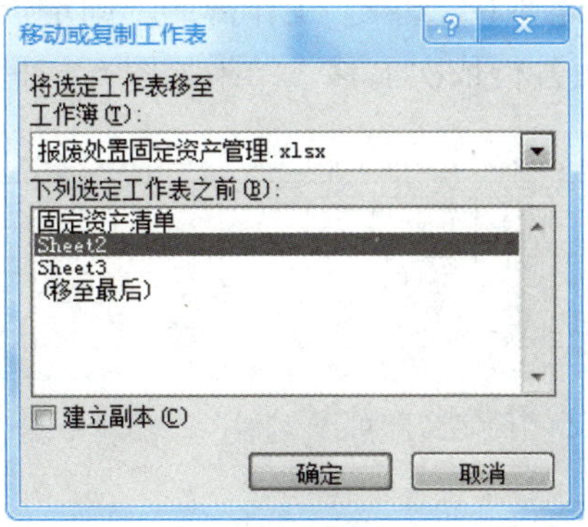

图 5 - 36　“移动或复制工作表”选项

单击“确定”按钮，将“固定资产管理 2204. xlsx”工作簿下的“201”工作表移动到“报废处置固定资产管理”工作簿中。

（5）切换到“报废处置固定资产管理 . xlsx”工作簿的“201”工作表，单击功能区中的“开始”—“编辑”—“替换”命令。在“查找内容”文本框中输入“[固定资产管理 2204. xlsx]”，“替换为”文本框为空，如图 5－37 所示，单击“全部替换”按钮。

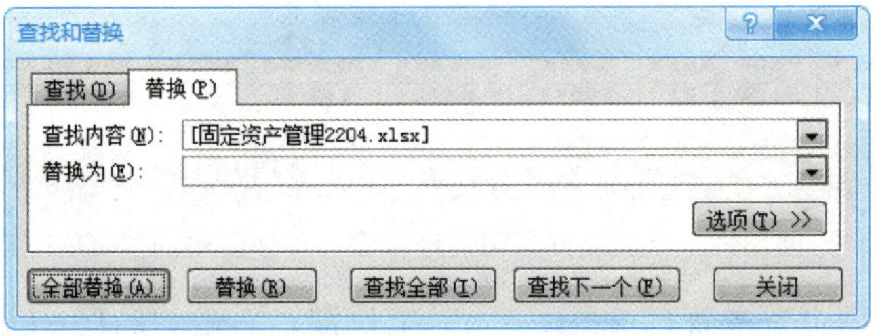

图 5－37　查找与替换

完成“报废处置固定资产管理 . xlsx”工作簿中编号为“201”的固定资产卡片的移动，如图 5－38 所示。

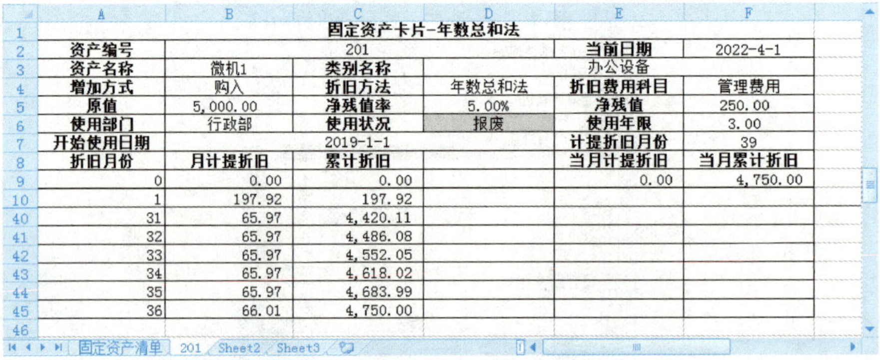

	A	B	C	D	E	F
1	固定资产卡片-年数总和法					
2	资产编号	201			当前日期	2022-4-1
3	资产名称	微机1	类别名称		办公设备	
4	增加方式	购入	折旧方法	年数总和法	折旧费用科目	管理费用
5	原值	5,000.00	净残值率	5.00%	净残值	250.00
6	使用部门	行政部	使用状况	报废	使用年限	3.00
7	开始使用日期		2019-1-1		计提折旧月份	39
8	折旧月份	月计提折旧	累计折旧		当月计提折旧	当月累计折旧
9	0	0.00	0.00		0.00	4,750.00
10	1	197.92	197.92			
40	31	65.97	4,420.11			
41	32	65.97	4,486.08			
42	33	65.97	4,552.05			
43	34	65.97	4,618.02			
44	35	65.97	4,683.99			
45	36	66.01	4,750.00			
46						

固定资产清单 / 201 / Sheet2 / Sheet3

图 5－38　移动后“报废处置固定资产管理”工作簿中编号为“201”的固定资产卡片

注：在此，利用查找替换功能删除公式中“[固定资产管理 2204. xlsx]”跨工作表的引用。

（6）打开“固定资产管理 2204. xlsx”工作簿的“固定资产清单”工作表，删除资产编号为“201”的记录，下面各行依次上移。结果如图 5－39 所示。

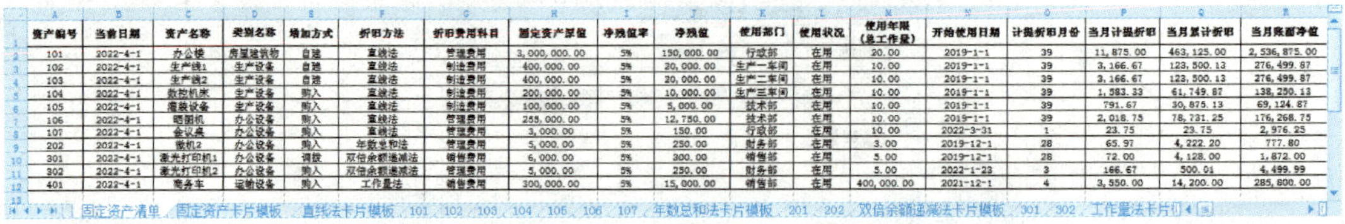

资产编号	当前日期	资产名称	类别名称	增加方式	折旧方法	折旧费用科目	固定资产原值	净残值率	净残值	使用部门	使用状况	使用年限（总工作量）	开始使用日期	计提折旧月份	当月计提折旧	当月累计折旧	当月账面净值
101	2022-4-1	办公楼	房屋建筑物	自建	直线法	管理费用	3,000,000.00	5%	150,000.00	行政部	在用	20.00	2019-1-1	39	11,875.00	463,125.00	2,536,875.00
102	2022-4-1	生产线1	生产设备	自建	直线法	制造费用	400,000.00	5%	20,000.00	生产一车间	在用	10.00	2019-1-1	39	3,166.67	123,500.13	276,499.87
103	2022-4-1	生产线2	生产设备	自建	直线法	制造费用	400,000.00	5%	20,000.00	生产二车间	在用	10.00	2019-1-1	39	3,166.67	123,500.13	276,499.87
104	2022-4-1	数控机床	生产设备	购入	直线法	制造费用	200,000.00	5%	10,000.00	生产三车间	在用	10.00	2019-1-1	39	1,583.33	61,749.87	138,250.13
105	2022-4-1	灌装设备	生产设备	购入	直线法	制造费用	100,000.00	5%	5,000.00	技术部	在用	10.00	2019-1-1	39	791.67	30,875.13	69,124.87
106	2022-4-1	晒图机	办公设备	购入	直线法	管理费用	255,000.00	5%	12,750.00	技术部	在用	10.00	2019-1-1	39	2,018.75	78,731.25	176,268.75
107	2022-4-1	会议桌	办公设备	购入	直线法	管理费用	3,000.00	5%	150.00	行政部	在用	10.00	2022-3-31	1	23.75	23.75	2,976.25
202	2022-4-1	微机2	办公设备	购入	年数总和法	管理费用	5,000.00	5%	250.00	财务部	在用	3.00	2019-12-1	28	65.97	4,222.20	777.80
301	2022-4-1	激光打印机1	办公设备	调拨	双倍余额递减法	销售费用	6,000.00	5%	300.00	销售部	在用	5.00	2019-12-1	28	72.00	4,128.00	1,872.00
302	2022-4-1	激光打印机2	办公设备	购入	双倍余额递减法	管理费用	5,000.00	5%	250.00	财务部	在用	5.00	2022-1-23	3	166.67	500.01	4,499.99
401	2022-4-1	商务车	运输设备	购入	工作量法	销售费用	300,000.00	5%	15,000.00	销售部	在用	400,000.00	2021-12-1	4	3,550.00	14,200.00	285,800.00

固定资产清单 / 固定资产卡片模板 / 直线法卡片模板 / 101 / 102 / 103 / 104 / 105 / 106 / 107 / 年数总和法卡片模板 / 201 / 202 / 双倍余额递减法卡片模板 / 301 / 302 / 工作量法卡片

图 5－39　移动后“固定资产管理 2204”工作簿中的“固定资产清单”

实战演练

1. 根据项目 6 会计综合实训资料，在“综合实训—固定资产管理”工作簿内完成期初固定资产清单与卡片的录入、折旧的计算与分配、新增固定资产清单及卡片的录入；在“综合实训—总账及报表”工作簿内完成相关业务会计凭证表的填制，注意折旧费用分配数据在不同工作簿间的传递。

2. 根据教材配套实战演练资料，完成西方公司固定资产清单、固定资产卡片模板、固定资产卡片、折旧费用分配表的编制。

模块四

会计综合实训

【背景资料】

张云是李悦的同学，在北海家具有限责任公司（简称北海公司）从事会计工作。北海公司于 2020 年 12 月 1 日成立，注册资本为 500 万元，是一家从事家具生产和销售的企业，主要产品是电脑桌和文件柜，属增值税一般纳税人，公司至今也没有购买财务软件。

2022 年 4 月，张云听说李悦用设计好的 Excel 模板准确、快速地实现了会计电算化，很是羡慕。鉴于手工会计核算工作繁重且容易出错，经会计主管刘继雪批准后，张云向李悦请教用 Excel 实现会计电算化的设计理论及操作方法，李悦欣然同意。

在李悦的指点下，张云对北海公司的相关资料进行整理，主要包括如下信息。

一、企业组织机构

公司设置 6 个部门，分别是行政部、财务部、技术部、采购部、销售部和生产车间。

二、基本工资信息表

北海公司员工基本工资情况见表 0-4-1。

表 0-4-1　北海公司员工基本工资表　　单位：元

员工编号	员工姓名	所属部门	职工类别	基本工资
1	李军强	行政部	总经理	5 000
2	周晓莉	行政部	部门经理	4 000
3	高春霞	行政部	管理人员	3 000
4	刘继雪	财务部	部门经理	4 000
5	张云	财务部	管理人员	3 000
6	张穹	技术部	部门经理	4 500
7	李丽玲	技术部	管理人员	3 500
8	李莉	采购部	部门经理	4 000
9	何树坤	采购部	采购人员	3 000

续表

员工编号	员工姓名	所属部门	职工类别	基本工资
10	刘玉霞	采购部	采购人员	3 000
11	余静	销售部	部门经理	4 000
12	谢宏	销售部	销售人员	3 000
13	潘东阳	销售部	销售人员	3 000
14	孙文彬	销售部	销售人员	3 000
15	李林	生产车间	部门经理	4 000
16	尹林翠	生产车间	高级工人	3 500
17	孙玉敏	生产车间	高级工人	3 500
18	王琳	生产车间	高级工人	3 500
19	孙淑炜	生产车间	高级工人	3 500
20	汪利娟	生产车间	高级工人	3 500
21	王慧	生产车间	生产人员	3 000
22	李艳	生产车间	生产人员	3 000
23	张晓琦	生产车间	生产人员	3 000
24	赵彦花	生产车间	生产人员	3 000
25	谢涛	生产车间	生产人员	3 000
26	邢婧	生产车间	生产人员	3 000
27	邢秋月	生产车间	生产人员	3 000
28	杨倩倩	生产车间	生产人员	3 000
29	殷硕	生产车间	生产人员	3 000
30	尹殿静	生产车间	生产人员	3 000

三、岗位工资标准

北海公司岗位工资标准见表0－4－2。

表0－4－2　岗位工资标准　　单位：元

职工类别	岗位工资
总经理	4 000
部门经理	3 500
管理人员	3 000
采购人员	3 000
销售人员	2 500
高级工人	3 000
生产人员	2 500

四、绩效工资标准

绩效工资根据员工所在部门的不同而有所差别，具体规定见表0－4－3。

表 0-4-3　绩效工资标准　　单位：元

所属部门	绩效工资
行政部	2 000
财务部	2 000
技术部	2 500
采购部	2 000
销售部	3 000
生产车间	2 000

五、个人所得税

2022 年 4 月，北海公司职工的专项附加扣除资料见表 0-4-4。

表 0-4-4　北海公司专项附加扣除表　　单位：元

员工编号	员工姓名	所属部门	职工类别	婴幼儿照护	子女教育	继续教育	大病医疗	住房贷款利息	住房租金	赡养老人	合计
1	李军强	行政部	总经理		500					1 000	1 500
2	周晓莉	行政部	部门经理		1 000					2 000	3 000
3	高春霞	行政部	管理人员		500					1 000	1 500
4	刘继雪	财务部	部门经理							1 000	1 000
5	张云	财务部	管理人员		500	400				1 000	1 900
6	张穹	技术部	部门经理		500			1 000		2 000	3 500
7	李丽玲	技术部	管理人员			400				1 000	1 400
8	李莉	采购部	部门经理		500					2 000	2 500
9	何树坤	采购部	采购人员							1 000	1 000
10	刘玉霞	采购部	采购人员		500			1 000		1 000	2 500
11	余静	销售部	部门经理		1 000					1 000	2 000
12	谢宏	销售部	销售人员		500						500
13	潘东阳	销售部	销售人员		500					1 000	1 500
14	孙文彬	销售部	销售人员							2 000	2 000
15	李林	生产车间	部门经理		500			1 000		1 000	2 500
16	尹林翠	生产车间	高级工人		500					1 000	1 500
17	孙玉敏	生产车间	高级工人	500	500	400				1 000	2 400
18	王琳	生产车间	高级工人		500				800	1 000	2 300
19	孙淑炜	生产车间	高级工人		500					1 000	1 500
20	汪利娟	生产车间	高级工人		500			1 000			1 500
21	王慧	生产车间	生产人员		500					1 000	1 500
22	李艳	生产车间	生产人员		500					2 000	2 500
23	张晓琦	生产车间	生产人员		500					1 000	1 500
24	赵彦花	生产车间	生产人员		500			1 000		1 000	2 500
25	谢涛	生产车间	生产人员		500					1 000	1 500

续表

员工编号	员工姓名	所属部门	职工类别	婴幼儿照护	子女教育	继续教育	大病医疗	住房贷款利息	住房租金	赡养老人	合计
26	邢婧	生产车间	生产人员	500						1 000	1 500
27	邢秋月	生产车间	生产人员		500					2 000	2 500
28	杨倩倩	生产车间	生产人员		500					1 000	1 500
29	殷硕	生产车间	生产人员		500					2 000	2 500
30	尹殿静	生产车间	生产人员		500					2 000	2 500

注：假定2022年度各月份，北海公司职工的应发工资、专项扣除和专项附加扣除金额都不发生变化。

新个人所得税预扣率见表0－4－5。

表0－4－5　个人所得税预扣率表（综合所得）　　单位：元

级数	含税级距	预扣率	速算扣除数
1	不超过36 000元部分	3%	0
2	超过36 000元至144 000元的部分	10%	2 520
3	超过144 000元至300 000元的部分	20%	16 920
4	超过300 000元至420 000元的部分	25%	31 920
5	超过420 000元至660 000元的部分	30%	52 920
6	超过660 000元至960 000元的部分	35%	85 920
7	超过960 000元的部分	45%	181 920

六、其他工资情况

1. 应发工资

应发工资的计算公式为：

应发工资＝基本工资＋岗位工资＋绩效工资

2. 四险一金

北海公司四险一金的计算基数是“应发工资”项目，四险一金缴费比例见表0－4－6。

表0－4－6　四险一金缴费比例表

	个人	单位
养老保险	8%	18%
医疗保险	2%	7%
失业保险	0.3%	0.7%
工伤保险	—	0.8%
住房公积金	6%	6%

七、固定资产清册

北海公司的固定资产分为厂房建筑物、办公设备、生产设备、运输设备四类，净残值率均为5%。固定资产采用的折旧方法有直线法、年数总和法、工作量法三种，对应编号分别为1、2、3，公司按折旧方法的种类对固定资产进行编号。

北海公司2022年4月30日固定资产基本信息见表0－4－7。

其中，销售部货车为2021年12月1日购入，采用工作量法计提折旧，预计总行驶里程为 300 000 千米，已累计行驶里程为 21 000 千米（分别为 1 月份 5 000 千米，2 月份 6 000 千米，3 月份 4 000 千米，4 月份 6 000 千米）。

表 0－4－7　固定资产基本信息表

资产编号	当前日期	资产名称	类别名称	增加方式	折旧方法	折旧费用科目	固定资产原值	净残值率	净残值	使用部门	使用状况	使用年限(总工作量)	开始使用日期	计提折旧月份
101	2022－4－30	办公楼	厂房建筑物	在建工程转入	直线法	管理费用	3 000 000	5%	150 000	行政部	在用	20	2021－1－1	15
102	2022－4－30	厂房	厂房建筑物	在建工程转入	直线法	制造费用	1 000 000	5%	50 000	生产车间	在用	20	2021－1－1	15
103	2022－4－30	会议法	办公设备	购入	直线法	管理费用	12 000	5%	600	行政部	在用	10	2021－3－15	13
104	2022－4－30	沙发	办公设备	购入	直线法	管理费用	21 000	5%	1 050	行政部	在用	10	2021－3－15	13
105	2022－4－30	切割机	生产设备	购入	直线法	制造费用	30 000	5%	1 500	生产车间	在用	10	2021－3－15	13
106	2022－4－30	封边机	生产设备	购入	直线法	制造费用	24 000	5%	1 200	生产车间	在用	10	2021－3－15	13
107	2022－4－30	打孔机	生产设备	购入	直线法	制造费用	9 000	5%	450	生产车间	在用	10	2021－3－15	13
201	2022－4－30	打印复印一体机	办公设备	购入	年数总和法	管理费用	24 000	5%	1 200	财务部	在用	5	2021－3－15	13
202	2022－4－30	计算机 1	办公设备	购入	年数总和法	管理费用	6 000	5%	300	行政部	在用	5	2021－3－15	13
203	2022－4－30	计算机 2	办公设备	购入	年数总和法	管理费用	6 000	55	300	技术部	在用	5	2021－3－15	13
301	2022－4－30	货车	运输设备	购入	工作量法	销售费用	180 000	5%	9 000	销售部	在用	300 000	2021－12－1	4

八、期初会计科目及余额资料

北海公司 2022 年 4 月初的会计科目及余额资料见表 0－4－8。

表 0－4－8　期初会计科目及余额表　　单位：元

科目编码	总账科目	明细科目	借方期初余额	贷方期初余额
1001	库存现金		5 000.00	
1002	银行存款		596 172.75	
100201	银行存款	交行	377 677.50	
100202	银行存款	农行	218 495.25	
1012	其他货币资金			
1121	应收票据		550 000.00	
1122	应收账款		60 000.00	
112201	应收账款	星辉公司	50 000.00	
112202	应收账款	德兴公司	10 000.00	
112203	应收账款	大自然公司		
112204	应收账款	胜利公司		
1123	预付账款		528 000.00	
112301	预付账款	光明家具厂	550 000.00	
112302	预付账款	东方建材厂		22 000.00
1131	应收股利			

续表

科目编码	总账科目	明细科目	借方期初余额	贷方期初余额
1132	应收利息			
1221	其他应收款		10 000.00	
122101	其他应收款	李军强	10 000.00	
122102	其他应收款	其他		
1231	坏账准备			3 000.00
1402	在途物资			
140201	在途物资	X 成型板		
140202	在途物资	封边条		
1403	原材料		593 456.00	
140301	原材料	X 成型板	405 456.00	
140302	原材料	封边条	6 000.00	
140303	原材料	配件	182 000.00	
1405	库存商品		475 500.00	
140501	库存商品	电脑桌	200 500.00	
140502	库存商品	文件柜	275 000.00	
1411	周转材料		84 000.00	
141101	周转材料	包装物	33 000.00	
141102	周转材料	低值易耗品	51 000.00	
1473	合同资产			
1474	合同资产减值准备			
1475	合同履约成本			
1476	合同履约成本减值准备			
1477	合同取得成本			
1478	合同取得成本减值准备			
1485	应收退货成本			
1524	长期股权投资			
1525	长期股权投资减值准备			
1601	固定资产		4 312 000.00	
1602	累计折旧			250 736.50
1603	固定资产减值准备			
1604	在建工程			
1605	工程物资			
1606	固定资产清理			
1701	无形资产			
1702	累计摊销			
1703	无形资产减值准备			
1901	待处理财产损溢			

续表

科目编码	总账科目	明细科目	借方期初余额	贷方期初余额
1902	递延所得税资产			
2001	短期借款			100 000.00
2201	应付票据			
2202	应付账款			158 000.00
220201	应付账款	光明家具厂		
220202	应付账款	南方公司		150 000.00
220203	应付账款	东方建材厂		8 000.00
2203	预收账款			
2205	合同负债			
2211	应付职工薪酬			212 182.43
221101	应付职工薪酬	工资		212 182.43
221102	应付职工薪酬	福利费		
221103	应付职工薪酬	社会保险费		
221104	应付职工薪酬	住房公积金		
221105	应付职工薪酬	工会经费		
221106	应付职工薪酬	职工教育经费		
2221	应交税费			11 615.46
222101	应交税费	未交增值税		10 000.00
222102	应交税费	应交增值税		
22210201	应交税费	应交增值税（进项税额）		
22210202	应交税费	应交增值税（销项税额）		
22210203	应交税费	应交增值税（转出未交增值税）		
22210204	应交税费	应交增值税（进项税额转出）		
22210205	应交税费	应交增值税（转出多交增值税）		
222103	应交税费	应交城建税		700.00
222104	应交税费	应交教育费附加		300.00
222105	应交税费	应交地方教育费附加		200.00
222106	应交税费	应交个人所得税		415.46
222107	应交税费	应交企业所得税		
2231	应付股利			
2232	应付利息			
2241	其他应付款			
224101	其他应付款	代扣社会保险费		
224102	其他应付款	代扣住房公积金		
224103	其他应付款	其他		
2501	长期借款			1 000 000.00
4001	实收资本			5 000 000.00

续表

科目编码	总账科目	明细科目	借方期初余额	贷方期初余额
400101	实收资本	大地实业		2 000 000.00
400102	实收资本	东方实业		2 000 000.00
400103	实收资本	胜利实业		1 000 000.00
4002	资本公积			
4101	盈余公积			
410101	盈余公积	法定盈余公积		
4103	本年利润			287 284.10
4104	利润分配			191 310.26
410401	利润分配	提取法定盈余公积		
410402	利润分配	应付股利		
410403	利润分配	未分配利润		191 310.26
5001	生产成本			
500101	生产成本	电脑桌		
500102	生产成本	文件柜		
5101	制造费用			
6001	主营业务收入			
600101	主营业务收入	电脑桌		
600102	主营业务收入	文件柜		
6051	其他业务收入			
6301	营业外收入			
6401	主营业务成本			
640101	主营业务成本	电脑桌		
640102	主营业务成本	文件柜		
6402	其他业务成本			
6403	税金及附加			
6601	销售费用			
660101	销售费用	职工薪酬		
660102	销售费用	广告费		
660103	销售费用	包装费		
660104	销售费用	折旧费		
660105	销售费用	其他		
6602	管理费用			
660201	管理费用	职工薪酬		
660202	管理费用	办公费		
660203	管理费用	差旅费		
660204	管理费用	折旧费		
660205	管理费用	招待费		

续表

科目编码	总账科目	明细科目	借方期初余额	贷方期初余额
660206	管理费用	研发费用		
660207	管理费用	其他		
6603	财务费用			
660301	财务费用	利息费用		
660302	财务费用	利息收入		
660303	财务费用	其他		
6701	资产减值损失			
6711	营业外支出			
6801	所得税费用			
合计			7 214 128.75	7 214 128.75

注：为简化核算，上表未列出各会计科目1—3月的累计借贷发生额。

九、2022年4月发生的全部经济业务资料

（1）3日，从交行户提取备用金8 000元，附件1张。

（2）3日，李军强出差借款5 000元，附件1张。

（3）5日，向光明家具厂购买X成型板，专用发票上价款为500 000元，增值税进项税为65 000元，款已预付550 000元，附件2张。

（4）8日，收大地公司追加投资1 100 000元转账支票并存入交行户，附件2张。大地公司所占总股份达到50%。

（5）10日，交上月未交税款增值税10 000元，城建税700元，教育费附加300元，地方教育费附加200元，个人所得税415.46元，农行户付款，附件4张。

（6）12日，李军强报销差旅费4 000元，交回借款余额1 000元现金，附件2张。

（7）13日，偿还到期短期借款本金100 000元，利息1 000元，交行户付款，附件2张。

（8）14日，向德兴公司销售电脑桌，专用发票上价款为300 000元，增值税销项税为39 000元，款已收，存入交行户，附件3张。

（9）16日，向南方公司采购包装箱，专用发票上价款为10 000元，增值税进项税为1 300元，款未付，附件1张。

（10）20日，销售领用包装箱，金额为20 000元，附件1张。

（11）21日，向星辉公司销售文件柜，专用发票上价款为700 000元，增值税销项税为91 000元，款已收，存入交行户，附件3张。

（12）22日，预付东方建材厂X成型板款320 000元，交行户付款，附件1张。

（13）24日，向灾区捐款50 000元，交行户付款，附件2张。

（14）25日，向胜利公司销售X成型板，开出的专用发票上价款为200 000元，增值税进项税为26 000元，款未收，其成本为150 000元，附件4张。

（15）26日，向南方公司采购X成型板，专用发票上价款为250 000元，增值税进项

税为 32 500 元，交行户付款，附件 2 张。

（16）26 日，交行户预收大自然公司货款 100 000 元，附件 1 张。

（17）26 日，交行户发放工资，附件 2 张。

（18）26 日，根据工资结算单分配工资，计提职工福利费、工会经费、职工教育经费、社会保险费和住房公积金。

注：生产车间人员工资全部按工时比例分配直接计入产品成本，电脑桌与文件柜工时之比为 3∶2。

（19）30 日，生产车间购进自动封边机 1 台，专用发票上价款为 60 000 元，增值税进项税为 7 800 元，交行户支票付款，当日安装完成并使用，附件 2 张。该生产设备采用直线法计提折旧，编号为 108，使用年限为 10 年。

（20）30 日，计提折旧，附件 1 张。

（21）30 日，汇总生产领用 X 成型板，电脑桌领用 250 000 元，文件柜领用 400 000 元，附件 8 张。

（22）30 日，汇总生产领用产品配件，电脑桌领用 100 000 元，文件柜领用 80 000 元，附件 6 张。

（23）30 日，按工时比例分配制造费用，附件 1 张。

注：为简化核算，假定本月制造费用只包括生产车间计提的折旧，按工时比例分配计入产品成本，电脑桌与文件柜工时之比为 3∶2。

（24）30 日，假定电脑桌、文件柜本月末全部完工，结转完工产品成本，附件 5 张。

（25）30 日，结转已销电脑桌、文件柜成本。电脑桌 175 000 元，文件柜442 000元。附件 4 张。

（26）30 日，计提相关税费。

（27）30 日，结转损益。

项目 6

Excel 在会计综合实训中的应用

教学目标

知识目标

- 掌握 Excel 在账务处理中的应用流程
- 掌握 Excel 在工资管理中的应用流程
- 掌握 Excel 在固定资产管理中的应用流程
- 掌握 Excel 在会计综合处理中的应用流程

动画

项目 6 概述

能力目标

- 学会使用 Excel 建立会计科目表
- 学会使用 Excel 录入期初科目余额表
- 学会使用 Excel 生成会计凭证表
- 学会使用 Excel 进行工资的管理
- 学会使用 Excel 进行固定资产的管理
- 学会使用 Excel 建立日记账
- 学会使用 Excel 生成科目汇总表
- 学会使用 Excel 编制科目余额表
- 学会使用 Excel 编制资产负债表
- 学会使用 Excel 编制利润表
- 学会使用 Excel 编制现金流量表

素养目标

- 培养学生融会贯通、温故知新的学习能力
- 培养学生互帮互助、共同进退的合作精神
- 培养学生严谨细致、一丝不苟的工作作风
- 培养学生勤于思考、精益求精的学习精神

学习导图

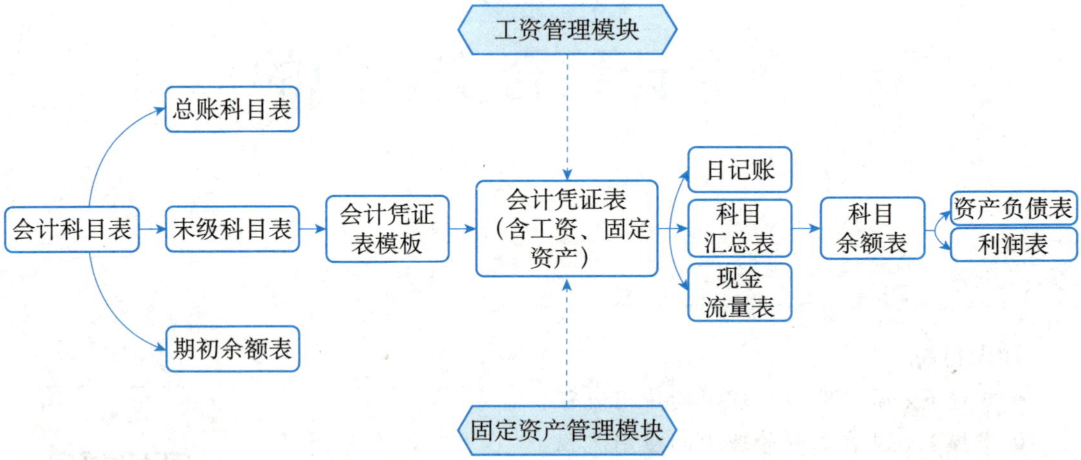

2022 年 4 月开始，张云在李悦的指导下，用 Excel 实现了北海公司的会计电算化系统。具体实施步骤如下：

第一步　建账及日常业务会计凭证的录入；

第二步　工资业务处理及凭证的填制；

第三步　固定资产业务处理及凭证的填制；

第四步　期末业务处理；

第五步　各类账簿的生成；

第六步　各类报表的编制。

任务 1　建账及日常业务会计凭证的录入

本任务包括以下两部分：

（1）期初建账；

（2）建立会计凭证表。

【任务实施】

一、期初建账

1. 建立会计科目表

会计科目表（部分）如图 6－1 所示。

2. 建立总账科目表

总账科目表（部分）如图 6－2 所示。

3. 建立末级科目表

末级科目表（部分）如图 6－3 所示。

科目编码	总账科目	明细科目
1001	库存现金	
1002	银行存款	
100201	银行存款	交行
100202	银行存款	农行
1012	其他货币资金	
1121	应收票据	
1122	应收账款	
112201	应收账款	星辉公司
112202	应收账款	德兴公司
112203	应收账款	大自然公司
112204	应收账款	胜利公司
1123	预付账款	
112301	预付账款	光明家具厂
112302	预付账款	东方建材厂

图 6-1 会计科目表（部分）

科目编码	总账科目
1001	库存现金
1002	银行存款
1012	其他货币资金
1121	应收票据
1122	应收账款
1123	预付账款
1131	应收股利
1132	应收利息
1221	其他应收款
1231	坏账准备

图 6-2 总账科目表（部分）

科目编码	总账科目	明细科目
1001	库存现金	
100201	银行存款	交行
100202	银行存款	农行
1012	其他货币资金	
1121	应收票据	
112201	应收账款	星辉公司
112202	应收账款	德兴公司
112203	应收账款	大自然公司
112204	应收账款	胜利公司
112301	预付账款	光明家具厂
112302	预付账款	东方建材厂

图 6-3 末级科目表（部分）

4. 建立期初科目余额表

期初科目余额表（部分）如图 6-4 所示。

科目编码	总账科目	明细科目	借方期初余额	贷方期初余额
1001	库存现金		5,000.00	
1002	银行存款		596,172.75	
100201	银行存款	交行	377,677.50	
100202	银行存款	农行	218,495.25	
1012	其他货币资金			
1121	应收票据		550,000.00	
1122	应收账款		60,000.00	
112201	应收账款	星辉公司	50,000.00	
112202	应收账款	德兴公司	10,000.00	
112203	应收账款	大自然公司		
112204	应收账款	胜利公司		
1123	预付账款		528,000.00	
112301	预付账款	光明家具厂	550,000.00	
112302	预付账款	东方建材厂		22,000.00

图 6-4 期初科目余额表（部分）

二、建立会计凭证表

1. 建立凭证模板

凭证模板如图 6－5 所示。

	A	B	C	D	E	F	G	H	I	J	K	L
1	类别编号	凭证日期	附件	摘要	科目编码	总账科目	明细科目	借方金额	贷方金额	制单人	审核人	记账人
2												
3												

图 6－5　凭证模板

2. 建立会计凭证表

录入当月 1—16 日业务的会计分录，得到的会计凭证表如图 6－6 所示。

凭证日期	附件	摘要	科目编码	总账科目	明细科目	借方金额	贷方金额
2022-4-3	1	提取备用金	1001	库存现金		8,000.00	
2022-4-3	1	提取备用金	100201	银行存款	交行		8,000.00
2022-4-3	1	李军强出差借款	122101	其他应收款	李军强	5,000.00	
2022-4-3	1	李军强出差借款	1001	库存现金			5,000.00
2022-4-5	2	购X成型板，款已预付	140301	原材料	X成型板	500,000.00	
2022-4-5	2	购X成型板，款已预付	22210201	应交税费	应交增值税（进项税额）	65,000.00	
2022-4-5	2	购X成型板，款已预付	112301	预付账款	光明家具厂		565,000.00
2022-4-8	2	收大地公司投资	100201	银行存款	交行	1,100,000.00	
2022-4-8	2	收大地公司投资	400101	实收资本	大地实业		1,000,000.00
2022-4-8	2	收大地公司投资	4002	资本公积			100,000.00
2022-4-10	4	上交上月未交税款	222101	应交税费	未交增值税	10,000.00	
2022-4-10	4	上交上月未交税款	222103	应交税费	应交城建税	700.00	
2022-4-10	4	上交上月未交税款	222104	应交税费	应交教育费附加	300.00	
2022-4-10	4	上交上月未交税款	222105	应交税费	应交地方教育费附加	200.00	
2022-4-10	4	上交上月未交税款	222106	应交税费	应交个人所得税	415.46	
2022-4-10	4	上交上月未交税款	100202	银行存款	农行		11,615.46
2022-4-12	2	李军强报销差旅费余款交回	1001	库存现金		1,000.00	
2022-4-12	2	李军强报销差旅费余款交回	660203	管理费用	差旅费	4,000.00	
2022-4-12	2	李军强报销差旅费余款交回	122101	其他应收款	李军强		5,000.00
2022-4-13	2	偿还到期短期借款本息	660301	财务费用	利息费用	1,000.00	
2022-4-13	2	偿还到期短期借款本息	2001	短期借款		100,000.00	
2022-4-13	2	偿还到期短期借款本息	100201	银行存款	交行		101,000.00
2022-4-14	3	销售电脑桌，款已收	100201	银行存款	交行	339,000.00	
2022-4-14	3	销售电脑桌，款已收	600101	主营业务收入	电脑桌		300,000.00
2022-4-14	3	销售电脑桌，款已收	22210202	应交税费	应交增值税（销项税额）		39,000.00
2022-4-16	1	采购包装箱，款未付	141101	周转材料	包装物	10,000.00	
2022-4-16	1	采购包装箱，款未付	22210201	应交税费	应交增值税（进项税额）	1,300.00	
2022-4-16	1	采购包装箱，款未付	220202	应付账款	南方公司		11,300.00
2022-4-20	1	销售领用包装箱	660103	销售费用	包装费	20,000.00	
2022-4-20	1	销售领用包装箱	141101	周转材料	包装物		20,000.00
2022-4-21	3	销售文件柜，款已收	100201	银行存款	交行	791,000.00	
2022-4-21	3	销售文件柜，款已收	600102	主营业务收入	文件柜		700,000.00
2022-4-21	3	销售文件柜，款已收	22210202	应交税费	应交增值税（销项税额）		91,000.00
2022-4-22	1	预付东方建材厂购X成型板货款	112302	预付账款	东方建材厂	320,000.00	
2022-4-22	1	预付东方建材厂购X成型板货款	100201	银行存款	交行		320,000.00
2022-4-24	2	捐款	6711	营业外支出		50,000.00	
2022-4-24	2	捐款	100201	银行存款	交行		50,000.00
2022-4-25	4	销售X成型板，款未收	112204	应收账款	胜利公司	226,000.00	
2022-4-25	4	销售X成型板，款未收	6051	其他业务收入			200,000.00
2022-4-25	4	销售X成型板，款未收	22210202	应交税费	应交增值税（销项税额）		26,000.00
2022-4-25	4	结转销售X成型板成本	6402	其他业务成本		150,000.00	
2022-4-25	4	结转销售X成型板成本	140301	原材料	X成型板		150,000.00
2022-4-26	2	购X成型板，款已付	140301	原材料	X成型板	250,000.00	
2022-4-26	2	购X成型板，款已付	22210201	应交税费	应交增值税（进项税额）	32,500.00	
2022-4-26	2	购X成型板，款已付	100201	银行存款	交行		282,500.00
2022-4-26	1	预收大自然公司货款	100201	银行存款	交行	100,000.00	
2022-4-26	1	预收大自然公司货款	2205	合同负债			100,000.00

图 6－6　会计凭证表（部分）

任务 2　工资业务处理及凭证的填制

本任务在完成项目四工资模块相关业务的基础上，还将工资费用的分配数据传递给总账模块，生成相关凭证，即通过工资模块与账务处理模块之间的数据传递，使工资模块与账务处理模块形成一个有机整体。

本任务包括以下三部分：

（1）录入员工基础工资数据；

（2）编制工资结算单及填制相关凭证；

（3）编制工资费用分配表及填制相关凭证。

【任务实施】

一、录入员工基础工资数据

1. 建立基本工资信息表

基本工资信息表如图 6－7 所示。

北海公司员工基本工资表

员工编号	员工姓名	所属部门	职工类别	基本工资
1	李军强	行政部	总经理	5,000.00
2	周晓莉	行政部	部门经理	4,000.00
3	高春霞	行政部	管理人员	3,000.00
4	刘继雪	财务部	部门经理	4,000.00
5	张云	财务部	管理人员	3,000.00
6	张穹	技术部	部门经理	4,500.00
7	李丽玲	技术部	管理人员	3,500.00
8	李莉	采购部	部门经理	4,000.00
9	何树坤	采购部	采购人员	3,000.00
10	刘玉霞	采购部	采购人员	3,000.00
11	余静	销售部	部门经理	4,000.00
12	谢宏	销售部	销售人员	3,000.00
13	潘东阳	销售部	销售人员	3,000.00
14	孙文彬	销售部	销售人员	3,000.00
15	李林	生产车间	部门经理	4,000.00
16	尹林翠	生产车间	高级工人	3,500.00
17	孙玉敏	生产车间	高级工人	3,500.00
18	王琳	生产车间	高级工人	3,500.00
19	孙淑炜	生产车间	高级工人	3,500.00
20	汪利娟	生产车间	高级工人	3,500.00
21	王慧	生产车间	生产人员	3,000.00
22	李艳	生产车间	生产人员	3,000.00
23	张晓琦	生产车间	生产人员	3,000.00
24	赵彦花	生产车间	生产人员	3,000.00
25	谢涛	生产车间	生产人员	3,000.00
26	邢婧	生产车间	生产人员	3,000.00
27	邢秋月	生产车间	生产人员	3,000.00
28	杨倩倩	生产车间	生产人员	3,000.00
29	殷硕	生产车间	生产人员	3,000.00
30	尹殿静	生产车间	生产人员	3,000.00

岗位工资标准

职工类别	岗位工资
总经理	4,000.00
部门经理	3,500.00
管理人员	3,000.00
采购人员	3,000.00
销售人员	2,500.00
高级工人	3,000.00
生产人员	2,500.00

绩效工资标准

所属部门	绩效工资
行政部	2,000.00
财务部	2,000.00
技术部	2,500.00
采购部	2,000.00
销售部	3,000.00
生产车间	2,000.00

图 6－7　基本工资信息表

2. 建立专项附加扣除表

专项附加扣除表如图 6－8 所示。

员工编号	员工姓名	所属部门	职工类别	婴幼儿照护	子女教育	继续教育	大病医疗	住房贷款利息	住房租金	赡养老人	合计
1	李军强	行政部	总经理		500.00					1,000.00	1,500.00
2	周晓莉	行政部	部门经理		1,000.00					2,000.00	3,000.00
3	高春霞	行政部	管理人员		500.00					1,000.00	1,500.00
4	刘继雪	财务部	部门经理							1,000.00	1,000.00
5	张云	财务部	管理人员		500.00	400.00				1,000.00	1,900.00
6	张穹	技术部	部门经理		500.00			1,000.00		2,000.00	3,500.00
7	李丽玲	技术部	管理人员			400.00				1,000.00	1,400.00
8	李莉	采购部	部门经理		500.00					2,000.00	2,500.00
9	何树坤	采购部	采购人员							1,000.00	1,000.00
10	刘玉霞	采购部	采购人员		500.00			1,000.00		1,000.00	2,500.00
11	余静	销售部	部门经理		1,000.00					1,000.00	2,000.00
12	谢宏	销售部	销售人员		500.00						500.00
13	潘东阳	销售部	销售人员		500.00					1,000.00	1,500.00
14	孙文彬	销售部	销售人员							2,000.00	2,000.00
15	李林	生产车间	部门经理		500.00			1,000.00		1,000.00	2,500.00
16	尹林翠	生产车间	高级工人		500.00					1,000.00	1,500.00
17	孙玉敏	生产车间	高级工人	500.00	500.00	400.00				1,000.00	2,400.00
18	王琳	生产车间	高级工人		500.00				800.00	1,000.00	2,300.00
19	孙淑炜	生产车间	高级工人		500.00					1,000.00	1,500.00
20	汪利娟	生产车间	高级工人		500.00			1,000.00			1,500.00
21	王慧	生产车间	生产人员		500.00					1,000.00	1,500.00
22	李艳	生产车间	生产人员		500.00					2,000.00	2,500.00
23	张晓琦	生产车间	生产人员		500.00					1,000.00	1,500.00
24	赵彦花	生产车间	生产人员		500.00			1,000.00		1,000.00	2,500.00
25	谢涛	生产车间	生产人员		500.00					1,000.00	1,500.00
26	邢婧	生产车间	生产人员	500.00						1,000.00	1,500.00
27	邢秋月	生产车间	生产人员		500.00					2,000.00	2,500.00
28	杨倩倩	生产车间	生产人员		500.00					1,000.00	1,500.00
29	殷硕	生产车间	生产人员		500.00					2,000.00	2,500.00
30	尹殿静	生产车间	生产人员		500.00					2,000.00	2,500.00

图 6－8　专项附加扣除表

二、编制工资结算单及填制相关凭证

1. 编制工资结算单

根据工资相关资料建立工资结算单，如图 6－9 所示。

	A	B	C	D	E	F	G	H	I	J	K	L	M	N	O	P	Q
1	员工编号	员工姓名	所属部门	职工类别	基本工资	岗位工资	绩效工资	应发工资	扣社保费	扣公积金	扣个税	实发工资	专项附加扣除	4月累计应纳税所得额	4月累计预缴个税	3月累计应纳税所得额	3月累计预缴个税
3	2	周晓莉	行政部	部门经理	4000.00	3,500.00	2,000.00	9,500.00	978.50	570.00	-	7,951.50	3,000.00	-194.00	-	-145.50	-
4	3	高春霞	行政部	管理人员	3000.00	3,000.00	2,000.00	8,000.00	824.00	480.00	5.88	6,690.12	1,500.00	784.00	23.52	588.00	17.64
5	4	刘继雪	财务部	部门经理	4000.00	3,500.00	2,000.00	9,500.00	978.50	570.00	58.54	7,892.96	1,000.00	7,806.00	234.18	5,854.50	175.64
6	5	张云	财务部	管理人员	3000.00	3,000.00	2,000.00	8,000.00	824.00	480.00	-	6,696.00	1,900.00	-816.00	-	-612.00	-
7	6	张宫	技术部	部门经理	4500.00	3,500.00	2,500.00	10,500.00	1,081.50	630.00	8.65	8,779.85	3,500.00	1,154.00	34.62	865.50	25.97
8	7	李丽玲	技术部	管理人员	3500.00	3,000.00	2,500.00	9,000.00	927.00	540.00	33.99	7,499.01	1,400.00	4,532.00	135.96	3,399.00	101.97
9	8	李莉	采购部	部门经理	4000.00	3,500.00	2,000.00	9,500.00	978.50	570.00	13.54	7,937.96	2,500.00	1,806.00	54.18	1,354.50	40.64
10	9	何树坤	采购部	采购人员	3000.00	3,000.00	2,000.00	8,000.00	824.00	480.00	20.88	6,675.12	1,000.00	2,784.00	83.52	2,088.00	62.64
11	10	刘玉霞	采购部	采购人员	3000.00	3,000.00	2,000.00	8,000.00	824.00	480.00	-	6,696.00	2,500.00	-3,216.00	-	-2,412.00	-
12	11	余静	销售部	部门经理	4000.00	3,500.00	3,000.00	10,500.00	1,081.50	630.00	53.65	8,734.85	2,000.00	7,154.00	214.62	5,365.50	160.97
13	12	谢宏	销售部	销售人员	3000.00	2,500.00	3,000.00	8,500.00	875.50	510.00	48.43	7,066.07	500.00	6,458.00	193.74	4,843.50	145.31
14	13	潘东阳	销售部	销售人员	3000.00	2,500.00	3,000.00	8,500.00	875.50	510.00	18.43	7,096.07	1,500.00	2,458.00	73.74	1,843.50	55.31
15	14	孙文彬	销售部	销售人员	3000.00	2,500.00	3,000.00	8,500.00	875.50	510.00	3.43	7,111.07	2,000.00	458.00	13.74	343.50	10.31
16	15	李林	生产车间	部门经理	4000.00	3,500.00	2,000.00	9,500.00	978.50	570.00	13.54	7,937.96	2,500.00	1,806.00	54.18	1,354.50	40.64
17	16	尹林翠	生产车间	高级工人	3500.00	3,000.00	2,000.00	8,500.00	875.50	510.00	18.43	7,096.07	1,500.00	2,458.00	73.74	1,843.50	55.31
18	17	孙玉敏	生产车间	高级工人	3500.00	3,000.00	2,000.00	8,500.00	875.50	510.00	-	7,114.50	2,400.00	-1,142.00	-	-856.50	-
19	18	王琳	生产车间	高级工人	3500.00	3,000.00	2,000.00	8,500.00	875.50	510.00	-	7,114.50	2,300.00	-742.00	-	-556.50	-
20	19	孙淑炜	生产车间	高级工人	3500.00	3,000.00	2,000.00	8,500.00	875.50	510.00	18.43	7,096.07	1,500.00	2,458.00	73.74	1,843.50	55.31
21	20	汪利娟	生产车间	高级工人	3500.00	3,000.00	2,000.00	8,500.00	875.50	510.00	18.43	7,096.07	1,500.00	2,458.00	73.74	1,843.50	55.31
22	21	王慧	生产车间	生产人员	3000.00	2,500.00	2,000.00	7,500.00	772.50	450.00	-	6,277.50	1,500.00	-890.00	-	-667.50	-
23	22	李艳	生产车间	生产人员	3000.00	2,500.00	2,000.00	7,500.00	772.50	450.00	-	6,277.50	2,500.00	-4,890.00	-	-3,667.50	-
24	23	张晓琦	生产车间	生产人员	3000.00	2,500.00	2,000.00	7,500.00	772.50	450.00	-	6,277.50	1,500.00	-890.00	-	-667.50	-
25	24	赵彦花	生产车间	生产人员	3000.00	2,500.00	2,000.00	7,500.00	772.50	450.00	-	6,277.50	2,500.00	-4,890.00	-	-3,667.50	-
26	25	谢涛	生产车间	生产人员	3000.00	2,500.00	2,000.00	7,500.00	772.50	450.00	-	6,277.50	1,500.00	-890.00	-	-667.50	-
27	26	邢婧	生产车间	生产人员	3000.00	2,500.00	2,000.00	7,500.00	772.50	450.00	-	6,277.50	1,500.00	-890.00	-	-667.50	-
28	27	邢秋月	生产车间	生产人员	3000.00	2,500.00	2,000.00	7,500.00	772.50	450.00	-	6,277.50	2,500.00	-4,890.00	-	-3,667.50	-
29	28	杨倩倩	生产车间	生产人员	3000.00	2,500.00	2,000.00	7,500.00	772.50	450.00	-	6,277.50	1,500.00	-890.00	-	-667.50	-
30	29	殷硕	生产车间	生产人员	3000.00	2,500.00	2,000.00	7,500.00	772.50	450.00	-	6,277.50	2,500.00	-4,890.00	-	-3,667.50	-
31	30	尹殿静	生产车间	生产人员	3000.00	2,500.00	2,000.00	7,500.00	772.50	450.00	-	6,277.50	2,500.00	-4,890.00	-	-3,667.50	-
32		合计			101500.00	87500.00	65000.00	254000.00	26162.00	15240.00	415.46	212182.54	57500.00	20392.00	1662.06	15294.00	1246.60

图 6－9　工资结算单

2. 填制相关凭证

根据工资结算单中代扣四险一金个人部分及个人所得税填制发放工资的相关凭证，如图 6－10 所示。

	A	B	C	D	E	F	G	H	I
1	编号	凭证日期	附件	摘要	科目编码	总账科目	明细科目	借方金额	贷方金额
49	17	2022-4-26	2	发放工资	221101	应付职工薪酬	工资	254,000.00	
50	17	2022-4-26	2	发放工资	224101	其他应付款	代扣社会保险费		26,162.00
51	17	2022-4-26	2	发放工资	224102	其他应付款	代扣住房公积金		15,240.00
52	17	2022-4-26	2	发放工资	222107	应交税费	应交企业所得税		415.46
53	17	2022-4-26	2	发放工资	100201	银行存款	交行		212,182.54

图 6－10　填制发放工资相关凭证

三、编制工资费用分配表及填制相关凭证

1. 生成工资总额汇总表

根据工资结算单，利用数据透视表及数据透视图生成工资总额汇总表，如图 6－11 所示。

2. 编制工资费用分配表

根据工资总额汇总表，分配工资费用、计提三项经费以及单位应承担的四险一金，编制工资费用分配表，如图 6－12 所示。

3. 填制相关凭证

根据工资费用分配表填制分配工资费用、计提三项经费以及单位应承担四险一金的相关凭证，如图 6－13 所示。

求和项:应发工资	列标签							
行标签	部门经理	采购人员	高级工人	管理人员	生产人员	销售人员	总经理	总计
财务部	9,500.00			8,000.00				17,500.00
采购部	9,500.00	16,000.00						25,500.00
行政部	9,500.00			8,000.00			11,000.00	28,500.00
技术部	10,500.00			9,000.00				19,500.00
生产车间	9,500.00		42,500.00		75,000.00			127,000.00
销售部	10,500.00					25,500.00		36,000.00
总计	**59,000.00**	**16,000.00**	**42,500.00**	**25,000.00**	**75,000.00**	**25,500.00**	**11,000.00**	**254,000.00**

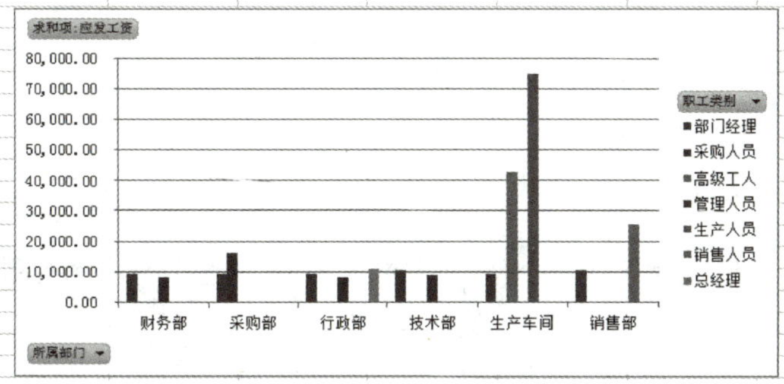

图 6-11 工资总额汇总表

部门	分配项目						
	工资总额	职工福利费（14%）	工会经费（2%）	职工教育经费（8%）	社会保险费（26.5%）	住房公积金（6%）	合计
行政部	28,500.00	3,990.00	570.00	2,280.00	7,552.50	1,710.00	44,602.50
财务部	17,500.00	2,450.00	350.00	1,400.00	4,637.50	1,050.00	27,387.50
技术部	19,500.00	2,730.00	390.00	1,560.00	5,167.50	1,170.00	30,517.50
采购部	25,500.00	3,570.00	510.00	2,040.00	6,757.50	1,530.00	39,907.50
销售部	36,000.00	5,040.00	720.00	2,880.00	9,540.00	2,160.00	56,340.00
生产车间	127,000.00	17,780.00	2,540.00	10,160.00	33,655.00	7,620.00	198,755.00
合计	254,000.00	35,560.00	5,080.00	20,320.00	67,310.00	15,240.00	397,510.00

图 6-12 工资费用分配表

编号	凭证日期	附件	摘要	科目编码	总账科目	明细科目	借方金额	贷方金额
18	2022-4-26	1	分配工资费用	500101	生产成本	电脑桌	119,253.00	
18	2022-4-26	1	分配工资费用	500102	生产成本	文件柜	79,502.00	
18	2022-4-26	1	分配工资费用	660201	管理费用	职工薪酬	142,415.00	
18	2022-4-26	1	分配工资费用	660101	销售费用	职工薪酬	56,340.00	
18	2022-4-26	1	分配工资费用	221101	应付职工薪酬	工资		254,000.00
18	2022-4-26	1	分配工资费用	221102	应付职工薪酬	福利费		35,560.00
18	2022-4-26	1	分配工资费用	221105	应付职工薪酬	工会经费		5,080.00
18	2022-4-26	1	分配工资费用	221106	应付职工薪酬	职工教育经费		20,320.00
18	2022-4-26	1	分配工资费用	221103	应付职工薪酬	社会保险费		67,310.00
18	2022-4-26	1	分配工资费用	221104	应付职工薪酬	住房公积金		15,240.00

图 6-13 填制工资费用分配相关凭证

任务 3 固定资产业务处理及凭证的填制

本任务在完成项目 5 固定资产模块相关业务的基础上，还将固定资产折旧费用的分配数据传递给总账模块，生成相关凭证，即通过固定资产模块与账务处理模块之间的数据传递，使固定资产模块与账务处理模块形成一个有机整体，进而形成一个由总账、工资、固定资产三大模块构成的完整的信息管理系统。

本任务包括以下四部分：

（1）录入固定资产基本信息并生成固定资产卡片；

（2）固定资产折旧的计算与分配；

（3）固定资产的变动；

（4）固定资产凭证的填制。

【任务实施】

一、录入固定资产基本信息并生成固定资产卡片

1. 录入固定资产基本信息

固定资产基本信息如图 6－14 所示。

资产编号	当前日期	资产名称	类别名称	增加方式	折旧方法	折旧费用科目	固定资产原值	净残值率	净残值	使用部门	使用状况	使用年限（总工作量）	开始使用日期	计提折旧月份
101	2022-4-30	办公楼	厂房建筑物	在建工程转入	直线法	管理费用	3,000,000.00	5%	150,000.00	行政部	在用	20.00	2021-1-1	15
102	2022-4-30	厂房	厂房建筑物	在建工程转入	直线法	制造费用	1,000,000.00	5%	50,000.00	生产车间	在用	20.00	2021-1-1	15
103	2022-4-30	会议桌	办公设备	购入	直线法	管理费用	12,000.00	5%	600.00	行政部	在用	10.00	2021-3-15	13
104	2022-4-30	沙发	办公设备	购入	直线法	管理费用	21,000.00	5%	1,050.00	行政部	在用	10.00	2021-3-15	13
105	2022-4-30	切割机	生产设备	购入	直线法	制造费用	30,000.00	5%	1,500.00	生产车间	在用	10.00	2021-3-15	13
106	2022-4-30	封边机	生产设备	购入	直线法	制造费用	24,000.00	5%	1,200.00	生产车间	在用	10.00	2021-3-15	13
107	2022-4-30	打孔机	生产设备	购入	直线法	制造费用	9,000.00	5%	450.00	生产车间	在用	10.00	2021-3-15	13
201	2022-4-30	打印复印一体机	办公设备	购入	年数总和法	管理费用	24,000.00	5%	1,200.00	财务部	在用	5.00	2021-3-15	13
202	2022-4-30	计算机1	办公设备	购入	年数总和法	管理费用	6,000.00	5%	300.00	行政部	在用	5.00	2021-3-15	13
203	2022-4-30	计算机2	办公设备	购入	年数总和法	管理费用	6,000.00	5%	300.00	技术部	在用	5.00	2021-3-15	13
301	2022-4-30	货车	运输设备	购入	工作量法	销售费用	180,000.00	5%	9,000.00	销售部	在用	300,000.00	2021-12-1	4

图 6－14　录入固定资产基本信息的“固定资产清单”

2. 设计固定资产卡片模板

固定资产卡片模板如图 6－15、图 6－16、图 6－17、图 6－18 所示。

固定资产卡片					
资产编号				当前日期	
资产名称		类别名称			
增加方式		折旧方法		折旧费用科目	
原值		净残值率		净残值	
使用部门		使用状况		使用年限	
开始使用日期				计提折旧月份	
折旧月份	月计提折旧	累计折旧		当月计提折旧	当月累计折旧
0.00	0.00	0.00		0.00	#N/A
1.00		0.00			

固定资产清单　固定资产卡片模板　直线法卡片模板　年数总和法卡片模板　工作量法卡片模板

图 6－15　固定资产卡片模板（通用）

固定资产卡片-直线法					
资产编号				当前日期	
资产名称		类别名称			
增加方式		折旧方法		折旧费用科目	
原值		净残值率		净残值	
使用部门		使用状况		使用年限	
开始使用日期				计提折旧月份	
折旧月份	月计提折旧	累计折旧		当月计提折旧	当月累计折旧
0	0.00	0.00		0.00	#N/A
1	#VALUE!	#VALUE!			

固定资产清单　固定资产卡片模板　直线法卡片模板　年数总和法卡片模板　工作量法卡片模板

图 6－16　直线法固定资产卡片模板

	A	B	C	D	E	F
1	固定资产卡片-年数总和法					
2	资产编号				当前日期	
3	资产名称		类别名称			
4	增加方式		折旧方法		折旧费用科目	
5	原值		净残值率		净残值	
6	使用部门		使用状况		使用年限	
7	开始使用日期				计提折旧月份	
8	折旧月份	月计提折旧	累计折旧		当月计提折旧	当月累计折旧
9	0	0.00	0.00		0.00	#N/A
10	1	#VALUE!	#VALUE!			
11						

固定资产清单 / 固定资产卡片模板 / 直线法卡片模板 / 年数总和法卡片模板 / 工作量法卡片模板

图 6－17　年数总和法固定资产卡片模板

	A	B	C	D	E	F
1	固定资产卡片-工作量法					
2	资产编号				当前日期	
3	资产名称		类别名称			
4	增加方式		折旧方法		折旧费用科目	
5	原值		净残值率		净残值	
6	使用部门		使用状况		总工作量	
7	开始使用日期				计提折旧月份	
8	折旧月份	月工作量	月计提折旧	累计折旧	当月计提折旧	当月累计折旧
9	0	0.00	0.00	0.00	0.00	#N/A
10	1		#VALUE!	#VALUE!		
11						

固定资产清单 / 固定资产卡片模板 / 直线法卡片模板 / 年数总和法卡片模板 / 工作量法卡片模板

图 6－18　工作量法固定资产卡片模板

3. 生成各种折旧方法的固定资产卡片

生成直线法的固定资产卡片 101，如图 6－19 所示。

	A	B	C	D	E	F
1	固定资产卡片-直线法					
2	资产编号	101			当前日期	2022-4-30
3	资产名称	办公楼	类别名称	厂房建筑物		
4	增加方式	在建工程转入	折旧方法	直线法	折旧费用科目	管理费用
5	原值	3,000,000.00	净残值率	5.00%	净残值	150,000.00
6	使用部门	行政部	使用状况	在用	使用年限	20.00
7	开始使用日期	2021-1-1			计提折旧月份	15
8	折旧月份	月计提折旧	累计折旧		当月计提折旧	当月累计折旧
9	0	0.00	0.00		11,875.00	178,125.00
10	1	11,875.00	11,875.00			
240	231	11,875.00	2,743,125.00			
241	232	11,875.00	2,755,000.00			
242	233	11,875.00	2,766,875.00			
243	234	11,875.00	2,778,750.00			
244	235	11,875.00	2,790,625.00			
245	236	11,875.00	2,802,500.00			
246	237	11,875.00	2,814,375.00			
247	238	11,875.00	2,826,250.00			
248	239	11,875.00	2,838,125.00			
249	240	11,875.00	2,850,000.00			
250						

固定资产清单 / 固定资产卡片模板 / 直线法卡片模板 / 101 / 年数总和法卡片模板 / 工作量法卡片模

图 6－19　直线法的固定资产卡片 101

生成年数总和法的固定资产卡片 201，如图 6－20 所示。

生成工作量法的固定资产卡片 301，如图 6－21 所示（已知 4 月份的行驶里程为 6 000千米）。

二、固定资产折旧的计算与分配

1. 固定资产折旧的计算

将各项固定资产卡片中的折旧信息传递到固定资产清单，得到完整的固定资产清单，

固定资产卡片-年数总和法					
资产编号	201			当前日期	2022-4-30
资产名称	打印复印一体机	类别名称	办公设备		
增加方式	购入	折旧方法	年数总和法	折旧费用科目	管理费用
原值	24,000.00	净残值率	5.00%	净残值	1,200.00
使用部门	财务部	使用状况	在用	使用年限	5.00
开始使用日期	2021-3-15			计提折旧月份	13
折旧月份	月计提折旧	累计折旧		当月计提折旧	当月累计折旧
0	0.00	0.00		506.67	8,106.63
1	633.33	633.33			
51	126.67	21,659.97			
52	126.67	21,786.64			
53	126.67	21,913.31			
54	126.67	22,039.98			
55	126.67	22,166.65			
56	126.67	22,293.32			
57	126.67	22,419.99			
58	126.67	22,546.66			
59	126.67	22,673.33			
60	126.67	22,800.00			

图 6-20　年数总和法的固定资产卡片 201

固定资产卡片-工作量法					
资产编号	301			当前日期	2022-4-30
资产名称	货车	类别名称	运输设备		
增加方式	购入	折旧方法	工作量法	折旧费用科目	销售费用
原值	180,000.00	净残值率	5.00%	净残值	9,000.00
使用部门	销售部	使用状况	在用	总工作量	300,000.00
开始使用日期	2021-12-1			计提折旧月份	4
折旧月份	月工作量	月计提折旧	累计折旧	当月计提折旧	当月累计折旧
0	0.00	0.00	0.00	3,420.00	11,970.00
1	5,000.00	2,850.00	2,850.00		
2	6,000.00	3,420.00	6,270.00		
3	4,000.00	2,280.00	8,550.00		
4	6,000.00	3,420.00	11,970.00		

图 6-21　工作量法的固定资产卡片 301

如图 6-22 所示。

资产编号	当前日期	资产名称	类别名称	增加方式	折旧方法	折旧费用科目	固定资产原值	净残值率	净残值	使用部门	使用状况	使用年限（总工作量）	开始使用日期	计提折旧月份	当月计提折旧	当月累计折旧	当月账面净值
101	2022-4-30	办公楼	厂房建筑物	在建工程转入	直线法	管理费用	3,000,000.00	5%	150,000.00	行政部	在用	20.00	2021-1-1	15	11,875.00	178,125.00	2,821,875.00
102	2022-4-30	厂房	厂房建筑物	在建工程转入	直线法	制造费用	1,000,000.00	5%	50,000.00	生产车间	在用	20.00	2021-1-1	15	3,958.33	59,374.95	940,625.05
103	2022-4-30	会议桌	办公设备	购入	直线法	管理费用	12,000.00	5%	600.00	行政部	在用	10.00	2021-3-15	13	95.00	1,235.00	10,765.00
104	2022-4-30	沙发	办公设备	购入	直线法	管理费用	21,000.00	5%	1,050.00	行政部	在用	10.00	2021-3-15	13	166.25	2,161.25	18,838.75
105	2022-4-30	切割机	生产设备	购入	直线法	制造费用	30,000.00	5%	1,500.00	生产车间	在用	10.00	2021-3-15	13	237.50	3,087.50	26,912.50
106	2022-4-30	封边机	生产设备	购入	直线法	制造费用	24,000.00	5%	1,200.00	生产车间	在用	10.00	2021-3-15	13	190.00	2,470.00	21,530.00
107	2022-4-30	打孔机	生产设备	购入	直线法	制造费用	9,000.00	5%	450.00	生产车间	在用	10.00	2021-3-15	13	71.25	926.25	8,073.75
201	2022-4-30	打印复印一体机	办公设备	购入	年数总和法	管理费用	24,000.00	5%	1,200.00	财务部	在用	5.00	2021-3-15	13	506.67	8,106.63	15,893.37
202	2022-4-30	计算机1	办公设备	购入	年数总和法	管理费用	6,000.00	5%	300.00	行政部	在用	5.00	2021-3-15	13	126.67	2,026.63	3,973.37
203	2022-4-30	计算机2	办公设备	购入	年数总和法	管理费用	6,000.00	5%	300.00	技术部	在用	5.00	2021-3-15	13	126.67	2,026.63	3,973.37
301	2022-4-30	货车	运输设备	购入	工作量法	销售费用	180,000.00	5%	9,000.00	销售部	在用	300,000.00	2021-12-1	4	3,420.00	11,970.00	168,030.00

图 6-22　完成折旧计算后完整的“固定资产清单”

2. 固定资产折旧的分配

根据固定资产清单生成固定资产折旧费用分配表，如图 6-23 所示。

折旧方法	（全部）
资产编号	（全部）
类别名称	（全部）
折旧费用科目	求和项：当月计
制造费用	4,457.08
销售费用	3,420.00
管理费用	12,896.26
总计	20,773.34

图 6-23　固定资产折旧费用分配表

三、固定资产的变动

本月新增一项编号为“108”的固定资产卡片后的固定资产清单，如图 6－24 所示。

资产编号	当前日期	资产名称	类别名称	增加方式	折旧方法	折旧费用科目	固定资产原值	净残值率	净残值	使用部门	使用状况	使用年限（总工作量）	开始使用日期	计提折旧月份	当月计提折旧	当月累计折旧	当月账面净值
101	2022-4-30	办公楼	厂房建筑物	在建工程转入	直线法	管理费用	3,000,000.00	5%	150,000.00	行政部	在用	20.00	2021-1-1	15	11,875.00	178,125.00	2,821,875.00
102	2022-4-30	厂房	厂房建筑物	在建工程转入	直线法	制造费用	1,000,000.00	5%	50,000.00	生产车间	在用	20.00	2021-1-1	15	3,958.33	59,374.95	940,625.05
103	2022-4-30	会议桌	办公设备	购入	直线法	管理费用	12,000.00	5%	600.00	行政部	在用	10.00	2021-3-15	13	95.00	1,235.00	10,765.00
104	2022-4-30	沙发	办公设备	购入	直线法	管理费用	21,000.00	5%	1,050.00	行政部	在用	10.00	2021-3-15	13	166.25	2,161.25	18,838.75
105	2022-4-30	切割机	生产设备	购入	直线法	制造费用	30,000.00	5%	1,500.00	生产车间	在用	10.00	2021-3-15	13	237.50	3,087.50	26,912.50
106	2022-4-30	封边机	生产设备	购入	直线法	制造费用	24,000.00	5%	1,200.00	生产车间	在用	10.00	2021-3-15	13	190.00	2,470.00	21,530.00
107	2022-4-30	打孔机	生产设备	购入	直线法	制造费用	9,000.00	5%	450.00	生产车间	在用	10.00	2021-3-15	13	71.25	926.25	8,073.75
108	2022-4-30	自动封边机	生产设备	购入	直线法	制造费用	60,000.00	5%	3,000.00	生产车间	在用	10.00	2022-4-30	0	0.00	0.00	60,000.00
201	2022-4-30	打印复印一体机	办公设备	购入	年数总和法	管理费用	24,000.00	5%	1,200.00	财务部	在用	5.00	2021-3-15	13	506.67	8,106.63	15,893.37
202	2022-4-30	计算机1	办公设备	购入	年数总和法	管理费用	6,000.00	5%	300.00	行政部	在用	5.00	2021-3-15	13	126.67	2,026.63	3,973.37
203	2022-4-30	计算机2	办公设备	购入	年数总和法	管理费用	6,000.00	5%	300.00	技术部	在用	5.00	2021-3-15	13	126.67	2,026.63	3,973.37
301	2022-4-30	货车	运输设备	购入	工作量法	销售费用	180,000.00	5%	9,000.00	销售部	在用	300,000.00	2021-12-1	4	3,420.00	11,970.00	168,030.00

折旧费用分配表　固定资产清单　固定资产卡片模板　直线法卡片模板　101　102　103　104　105　106　107　108　年数总和法卡片模板　201　202　203　工作量

图 6－24　新增“108”固定资产卡片后的固定资产清单

本月新增直线法的固定资产卡片 108，如图 6－25 所示。

固定资产卡片-直线法					
资产编号	108			当前日期	2022-4-30
资产名称	自动封边机	类别名称	生产设备		
增加方式	购入	折旧方法	直线法	折旧费用科目	制造费用
原值	60,000.00	净残值率	5.00%	净残值	3,000.00
使用部门	生产车间	使用状况	在用	使用年限	10.00
开始使用日期	2022-4-30			计提折旧月份	0
折旧月份	月计提折旧	累计折旧		当月计提折旧	当月累计折旧
0	0.00	0.00		0.00	0.00
1	475.00	475.00			
111	475.00	52,725.00			
112	475.00	53,200.00			
113	475.00	53,675.00			
114	475.00	54,150.00			
115	475.00	54,625.00			
116	475.00	55,100.00			
117	475.00	55,575.00			
118	475.00	56,050.00			
119	475.00	56,525.00			
120	475.00	57,000.00			

直线法卡片模板　101　102　103　104　105　106　107　108　年数总和法卡片模板　201　202

图 6－25　新增直线法的固定资产卡片 108

四、固定资产凭证的填制

填制购置固定资产及计提折旧相关凭证，如图 6－26 所示。

编号	凭证日期	附件	摘要	科目编码	总账科目	明细科目	借方金额	贷方金额
19	2022-4-30	2	购自动封边机	1601	固定资产		60,000.00	
19	2022-4-30	2	购自动封边机	22210201	应交税费	应交增值税（进项税额）	7,800.00	
19	2022-4-30	2	购自动封边机	100201	银行存款	交行		67,800.00
20	2022-4-30	1	计提折旧	5101	制造费用		4,457.08	
20	2022-4-30	1	计提折旧	660104	销售费用	折旧费	3,420.00	
20	2022-4-30	1	计提折旧	660204	管理费用	折旧费	12,896.26	
20	2022-4-30	1	计提折旧	1602	累计折旧			20,773.34

图 6－26　固定资产模块相关凭证

任务 4　期末业务处理

期末，会计人员一般要进行产品成本的计算、税费的计提、期间损益的结转等业务凭证的填制，因此本任务包括以下三部分：

（1）成本计算及结转相关凭证的填制；

（2）计提税费相关凭证的填制；

（3）结转损益相关凭证的填制。

【任务实施】

一、成本计算及结转相关凭证的填制

成本计算及结转相关凭证如图 6－27 所示。

	A	B	C	D	E	F	G	H	I
1	编号	凭证日期	附件	摘要	科目编码	总账科目	明细科目	借方金额	贷方金额
71	21	2022-4-30	1	分配制造费用	500101	生产成本	电脑桌	2,674.25	
72	21	2022-4-30	1	分配制造费用	500102	生产成本	文件柜	1,782.83	
73	21	2022-4-30	1	分配制造费用	5101	制造费用			4,457.08
74	22	2022-4-30	8	领用原材料	500101	生产成本	电脑桌	250,000.00	
75	22	2022-4-30	8	领用原材料	500102	生产成本	文件柜	400,000.00	
76	22	2022-4-30	8	领用原材料	140301	原材料	X成型板		650,000.00
77	23	2022-4-30	6	领用原材料	500101	生产成本	电脑桌	100,000.00	
78	23	2022-4-30	6	领用原材料	500102	生产成本	文件柜	80,000.00	
79	23	2022-4-30	6	领用原材料	140303	原材料	配件		180,000.00
80	24	2022-4-30	5	结转完工电脑桌成本	140501	库存商品	电脑桌	471,927.25	
81	24	2022-4-30	5	结转完工电脑桌成本	500101	生产成本	电脑桌		471,927.25
82	24	2022-4-30	5	结转完工文件柜成本	140502	库存商品	文件柜	561,284.83	
83	24	2022-4-30	5	结转完工文件柜成本	500102	生产成本	文件柜		561,284.83
84	25	2022-4-30	4	转销售产品成本	640101	主营业务成本	电脑桌	175,000.00	
85	25	2022-4-30	4	转销售产品成本	640102	主营业务成本	文件柜	442,000.00	
86	25	2022-4-30	4	转销售产品成本	140501	库存商品	电脑桌		175,000.00
87	25	2022-4-30	4	转销售产品成本	140502	库存商品	文件柜		442,000.00

图 6－27　成本计算及结转相关凭证

二、计提税费相关凭证的填制

计提税费相关凭证如图 6－28 所示。

	A	B	C	D	E	F	G	H	I
1	编号	凭证日期	附件	摘要	科目编码	总账科目	明细科目	借方金额	贷方金额
88	26	2022-4-30	0	结转未交增值税	22210203	应交税费	应交增值税（转出未交增	49,400.00	
89	26	2022-4-30	0	结转未交增值税	222101	应交税费	未交增值税		49,400.00
90	26	2022-4-30	0	计提当月税费	6403	税金及附加		5,928.00	
91	26	2022-4-30	0	计提当月税费	222103	应交税费	应交城建税		3,458.00
92	26	2022-4-30	0	计提当月税费	222104	应交税费	应交教育费附加		1,482.00
93	26	2022-4-30	0	计提当月税费	222105	应交税费	应交地方教育费附加		988.00

图 6－28　计提税费相关凭证

三、结转损益相关凭证的填制

结转损益相关凭证如图 6－29 所示。

	A	B	C	D	E	F	G	H	I
1	编号	凭证日期	附件	摘要	科目编码	总账科目	明细科目	借方金额	贷方金额
94	27	2022-4-30	0	结转损益	600101	主营业务收入	电脑桌	300,000.00	
95	27	2022-4-30	0	结转损益	600102	主营业务收入	文件柜	700,000.00	
96	27	2022-4-30	0	结转损益	6051	其他业务收入		200,000.00	
97	27	2022-4-30	0	结转损益	4103	本年利润			1,200,000.00
98	27	2022-4-30	0	结转损益	4103	本年利润		1,062,999.26	
99	27	2022-4-30	0	结转损益	640101	主营业务成本	电脑桌		175,000.00
100	27	2022-4-30	0	结转损益	640102	主营业务成本	文件柜		442,000.00
101	27	2022-4-30	0	结转损益	6402	其他业务成本			150,000.00
102	27	2022-4-30	0	结转损益	6403	税金及附加			5,928.00
103	27	2022-4-30	0	结转损益	660101	销售费用	职工薪酬		56,340.00
104	27	2022-4-30	0	结转损益	660103	销售费用	包装费		20,000.00
105	27	2022-4-30	0	结转损益	660104	销售费用	折旧费		3,420.00
106	27	2022-4-30	0	结转损益	660201	管理费用	职工薪酬		142,415.00
107	27	2022-4-30	0	结转损益	660203	管理费用	差旅费		4,000.00
108	27	2022-4-30	0	结转损益	660204	管理费用	折旧费		12,896.26
109	27	2022-4-30	0	结转损益	660301	财务费用	利息费用		1,000.00
110	27	2022-4-30	0	结转损益	6711	营业外支出			50,000.00

图 6－29　结转损益相关凭证

任务 5　各类账簿的生成

在所有业务凭证都准确无误地填制完成后，下一步要生成各类账簿，以为下面的报表编制提供数据来源。

本任务包括以下三部分：

（1）生成日记账；

（2）生成科目汇总表；

（3）编制科目余额表。

【任务实施】

一、生成日记账

1. 生成库存现金日记账

建立库存现金日记账，如图 6-30 所示。

编号	凭证日期	附件	摘要	科目编码	总账科目	明细科目	借方金额	贷方金额
01	2022-4-3	1	提取备用金	1001	库存现金		8,000.00	
02	2022-4-3	1	李军强出差借款	1001	库存现金			5,000.00
06	2022-4-12	2	李军强报销差旅费余款交回	1001	库存现金		1,000.00	

图 6-30　库存现金日记账

2. 生成银行存款日记账

生成“银行存款—交行”日记账，如图 6-31 所示。

编号	凭证日期	附件	摘要	科目编码	总账科目	明细科目	借方金额	贷方金额
01	2022-4-3	1	提取备用金	100201	银行存款	交行		8,000.00
04	2022-4-8	2	收大地公司投资	100201	银行存款	交行	1,100,000.00	
07	2022-4-13	2	偿还到期短期借款本息	100201	银行存款	交行		101,000.00
08	2022-4-14	3	销售电脑桌，款已收	100201	银行存款	交行	339,000.00	
11	2022-4-21	3	销售文件柜，款已收	100201	银行存款	交行	791,000.00	
12	2022-4-22	1	预付东方建材厂购X成型板货款	100201	银行存款	交行		320,000.00
13	2022-4-24	2	捐款	100201	银行存款	交行		50,000.00
15	2022-4-26	2	购X成型板，款已付	100201	银行存款	交行		282,500.00
16	2022-4-26	1	预收大自然公司货款	100201	银行存款	交行	100,000.00	
17	2022-4-26	2	发放工资	100201	银行存款	交行		212,182.54
19	2022-4-30	2	购自动封边机	100201	银行存款	交行		67,800.00

图 6-31　“银行存款—交行”日记账

生成“银行存款—农行”日记账，如图 6-32 所示。

编号	凭证日期	附件	摘要	科目编码	总账科目	明细科目	借方金额	贷方金额
05	2022-4-10	4	上交上月未交税款	100202	银行存款	农行		11,615.46

图 6-32　“银行存款—农行”日记账

二、生成科目汇总表

1. 生成末级科目汇总表

生成末级科目汇总表，如图 6-33 所示。

2. 生成总账科目汇总表

生成总账科目汇总表，如图 6-34 所示。

三、编制科目余额表

1. 编制末级科目余额表

编制完成的末级科目余额表如图 6-35 所示。

科目编码	总账科目	明细科目	求和项:借方金额	求和项:贷方金额
1001	库存现金		9,000.00	5,000.00
100201	银行存款	交行	2,330,000.00	1,041,482.54
100202	银行存款	农行		11,615.46
112204	应收账款	胜利公司	226,000.00	
112301	预付账款	光明家具厂		565,000.00
112302	预付账款	东方建材厂	320,000.00	
122101	其他应收款	李军强	5,000.00	5,000.00
140301	原材料	X成型板	750,000.00	800,000.00
140303	原材料	配件		180,000.00
140501	库存商品	电脑桌	471,927.25	175,000.00
140502	库存商品	文件柜	561,284.83	442,000.00
141101	周转材料	包装物	10,000.00	20,000.00
1601	固定资产		60,000.00	
1602	累计折旧			20,773.34
2001	短期借款		100,000.00	
220202	应付账款	南方公司		11,300.00
2205	合同负债			100,000.00
221101	应付职工薪酬	工资	254,000.00	254,000.00
221102	应付职工薪酬	福利费		35,560.00
221103	应付职工薪酬	社会保险费		67,310.00
221104	应付职工薪酬	住房公积金		15,240.00
221105	应付职工薪酬	工会经费		5,080.00
221106	应付职工薪酬	职工教育经费		20,320.00
222101	应交税费	未交增值税	10,000.00	49,400.00
22210201	应交税费	应交增值税（进项税额）	106,600.00	
22210202	应交税费	应交增值税（销项税额）		156,000.00
22210203	应交税费	应交增值税（转出未交增值税）	49,400.00	
222103	应交税费	应交城建税	700.00	3,458.00
222104	应交税费	应交教育费附加	300.00	1,482.00
222105	应交税费	应交地方教育费附加	200.00	988.00
222106	应交税费	应交个人所得税	415.46	
222107	应交税费	应交企业所得税		415.46
224101	其他应付款	代扣社会保险费		26,162.00
224102	其他应付款	代扣住房公积金		15,240.00
400101	实收资本	大地实业		1,000,000.00
4002	资本公积			100,000.00
4103	本年利润		1,062,999.26	1,200,000.00
500101	生产成本	电脑桌	471,927.25	471,927.25
500102	生产成本	文件柜	561,284.83	561,284.83
5101	制造费用		4,457.08	4,457.08
600101	主营业务收入	电脑桌	300,000.00	300,000.00
600102	主营业务收入	文件柜	700,000.00	700,000.00
6051	其他业务收入		200,000.00	200,000.00
640101	主营业务成本	电脑桌	175,000.00	175,000.00
640102	主营业务成本	文件柜	442,000.00	442,000.00
6402	其他业务成本		150,000.00	150,000.00
6403	税金及附加		5,928.00	5,928.00
660101	销售费用	职工薪酬	56,340.00	56,340.00
660103	销售费用	包装费	20,000.00	20,000.00
660104	销售费用	折旧费	3,420.00	3,420.00
660201	管理费用	职工薪酬	142,415.00	142,415.00
660203	管理费用	差旅费	4,000.00	4,000.00
660204	管理费用	折旧费	12,896.26	12,896.26
660301	财务费用	利息费用	1,000.00	1,000.00
6711	营业外支出		50,000.00	50,000.00
总计			9,628,495.22	9,628,495.22

图 6－33　末级科目汇总表

总账科目	求和项:借方金额	求和项:贷方金额
库存现金	9,000.00	5,000.00
银行存款	2,330,000.00	1,053,098.00
应收账款	226,000.00	
预付账款	320,000.00	565,000.00
其他应收款	5,000.00	5,000.00
原材料	750,000.00	980,000.00
库存商品	1,033,212.08	617,000.00
固定资产	60,000.00	
累计折旧		20,773.34
短期借款	100,000.00	
应付账款		11,300.00
合同负债		100,000.00
应付职工薪酬	254,000.00	397,510.00
应交税费	167,615.46	211,743.46
其他应付款		41,402.00
实收资本		1,000,000.00
本年利润	1,062,999.26	1,200,000.00
生产成本	1,033,212.08	1,033,212.08
制造费用	4,457.08	4,457.08
主营业务收入	1,000,000.00	1,000,000.00
其他业务收入	200,000.00	200,000.00
主营业务成本	617,000.00	617,000.00
其他业务成本	150,000.00	150,000.00
税金及附加	5,928.00	5,928.00
销售费用	79,760.00	79,760.00
管理费用	159,311.26	159,311.26
财务费用	1,000.00	1,000.00
营业外支出	50,000.00	50,000.00
周转材料	10,000.00	20,000.00
资本公积		100,000.00
总计	9,628,495.22	9,628,495.22

图 6－34　总账科目汇总表

科目编码	总账科目	明细科目	期初借方余额	期初贷方余额	本期借方发生额	本期贷方发生额	期末借方余额	期末贷方余额
1001	库存现金		2,328.00	-	5,020.00	880.00	6,468.00	-
100201	银行存款	工行	269,935.27	-	1,054,400.00	743,412.21	580,923.06	-
100202	银行存款	建行	146,170.00	-	-	125,991.05	20,178.95	-
1012	其他货币资金		200,000.00	-	-	-	200,000.00	-
1121	应收票据		-	-	-	-	-	-
112201	应收账款	长城公司	-	-	-	-	-	-
112202	应收账款	南通公司	157,000.00	-	-	-	157,000.00	-
112203	应收账款	北海公司	-	-	406,800.00	-	406,800.00	-
112301	预付账款	永胜公司	10,000.00	-	-	282,500.00	-	272,500.00
1131	应收股利		800.00	-	-	800.00	-	-
1132	应收利息		-	-	-	-	-	-
122101	其他应收款	孙立全	1,000.00	-	-	1,000.00	-	-
122102	其他应收款	其他	600.00	-	-	-	600.00	-
1231	坏账准备		-	1,570.00	-	-	-	1,570.00
140301	原材料	A材料	118,000.00	-	300,000.00	350,000.00	68,000.00	-
140302	原材料	B材料	115,000.00	-	250,000.00	300,000.00	65,000.00	-
140303	原材料	C材料	6,000.00	-	-	-	6,000.00	-
140304	原材料	D材料	2,000.00	-	-	-	2,000.00	-
140501	库存商品	甲产品	393,523.32	-	120,000.00	600,000.00	-	86,476.68
140502	库存商品	乙产品	200,000.00	-	200,000.00	120,000.00	280,000.00	-
1473	合同资产		-	-	226,000.00	-	226,000.00	-
1474	合同资产减值准备		-	-	-	-	-	-
1475	合同履约成本		-	-	-	-	-	-
1476	合同履约成本减值准备		-	-	-	-	-	-
1477	合同取得成本		-	-	-	-	-	-
1478	合同取得成本减值准备		-	-	-	-	-	-
1485	应收退货成本		-	-	-	-	-	-
1511	长期股权投资		200,000.00	-	-	-	200,000.00	-
1512	长期股权投资减值准备		-	-	-	-	-	-
1601	固定资产		4,671,000.00	-	5,000.00	-	4,676,000.00	-
1602	累计折旧		-	801,484.02	-	-	-	801,484.02
1603	固定资产减值准备		-	-	-	-	-	-
1604	在建工程		-	-	-	-	-	-
1605	工程物资		-	-	-	-	-	-
1606	固定资产清理		-	-	-	-	-	-
170101	无形资产	土地使用权	1,680,000.00	-	-	-	1,680,000.00	-
1702	累计摊销		-	86,600.00	-	-	-	86,600.00
1703	无形资产减值准备		-	-	-	-	-	-
1901	待处理财产损溢		-	-	-	-	-	-
2101	短期借款		-	-	-	100,000.00	-	100,000.00
220201	应付账款	永胜公司	-	582,500.00	-	-	-	582,500.00
220202	应付账款	海达公司	-	-	-	-	-	-
220203	应付账款	万泰公司	-	-	-	-	-	-
2203	预收账款		-	-	-	-	-	-
2205	合同负债		-	-	-	140,000.00	-	140,000.00
221101	应付职工薪酬	工资	-	173,762.21	173,762.21	-	-	-
221102	应付职工薪酬	福利费	-	-	-	-	-	-
221103	应付职工薪酬	社会保险费	-	-	-	-	-	-
221104	应付职工薪酬	住房公积金	-	-	-	-	-	-
221105	应付职工薪酬	工会经费	-	-	-	-	-	-
221106	应付职工薪酬	职工教育经费	-	-	-	-	-	-
222101	应交税费	未交增值税	-	90,950.00	90,950.00	-	-	-
22210201	应交税费	应交增值税（进项税额）	-	-	72,150.00	-	72,150.00	-
22210202	应交税费	应交增值税（销项税额）	-	-	-	166,400.00	-	166,400.00
22210203	应交税费	应交增值税（转出未交增值税）	-	-	-	-	-	-
222103	应交税费	应交企业所得税	-	12,000.00	12,000.00	-	-	-
222104	应交税费	应交城建税	-	6,366.50	6,366.50	-	-	-
222105	应交税费	应交教育费附加	-	2,728.50	2,728.50	-	-	-
222106	应交税费	应交地方教育费附加	-	1,819.00	1,819.00	-	-	-
222107	应交税费	应交土地使用税	-	12,000.00	12,000.00	-	-	-
222108	应交税费	应交个人所得税	-	127.05	127.05	-	-	-
2231	应付股利		-	-	-	-	-	-
2232	应付利息		-	-	-	-	-	-
224101	其他应付款	代扣社会保险费	-	-	-	-	-	-
224102	其他应付款	代扣住房公积金	-	-	-	-	-	-
224103	其他应付款	其他	-	10,500.00	-	-	-	10,500.00
2501	长期借款		-	200,000.00	200,000.00	-	-	-
4001	实收资本		-	5,000,000.00	-	-	-	5,000,000.00
4101	盈余公积		-	90,813.57	-	-	-	90,813.57
4103	本年利润		-	-	741,860.00	1,280,000.00	-	538,140.00
410401	利润分配	提取法定盈余公积	-	-	-	-	-	-
410402	利润分配	应付股利	-	-	-	-	-	-
410403	利润分配	未分配利润	-	1,100,135.74	-	-	-	1,100,135.74
500101	生产成本	甲产品	-	-	300,000.00	120,000.00	180,000.00	-
500102	生产成本	乙产品	-	-	350,000.00	200,000.00	150,000.00	-
510101	制造费用	一车间	-	-	-	-	-	-
510102	制造费用	二车间	-	-	-	-	-	-
510103	制造费用	三车间	-	-	-	-	-	-
600101	主营业务收入	甲产品	-	-	1,080,000.00	1,080,000.00	-	-
600102	主营业务收入	乙产品	-	-	200,000.00	200,000.00	-	-
6051	其他业务收入		-	-	-	-	-	-
6301	营业外收入		-	-	-	-	-	-
640101	主营业务成本	甲产品	-	-	600,000.00	600,000.00	-	-
640102	主营业务成本	乙产品	-	-	120,000.00	120,000.00	-	-
6402	其他业务成本		-	-	-	-	-	-
6403	税金及附加		-	-	-	-	-	-
660101	销售费用	职工薪酬	-	-	-	-	-	-
660102	销售费用	广告费	-	-	-	-	-	-
660103	销售费用	包装费	-	-	-	-	-	-
660105	销售费用	其他	-	-	-	-	-	-
660201	管理费用	职工薪酬	-	-	-	-	-	-
660202	管理费用	办公费	-	-	880.00	880.00	-	-
660203	管理费用	差旅费	-	-	980.00	980.00	-	-
660204	管理费用	水电费	-	-	-	-	-	-
660205	管理费用	折旧费	-	-	-	-	-	-
660206	管理费用	摊销费	-	-	-	-	-	-
660207	管理费用	业务招待费	-	-	-	-	-	-
660208	管理费用	修理费	-	-	-	-	-	-
660209	管理费用	研发费用	-	-	-	-	-	-
660210	管理费用	其他	-	-	-	-	-	-
660301	财务费用	利息费用	-	-	20,000.00	20,000.00	-	-
660302	财务费用	利息收入	-	-	-	-	-	-
6701	资产减值损失		-	-	-	-	-	-
6702	信用减值损失		-	-	-	-	-	-
6711	营业外支出		-	-	-	-	-	-
6801	所得税费用		-	-	-	-	-	-
合计			8,173,356.59	8,173,356.59	6,552,843.26	6,552,843.26	8,977,120.01	8,977,120.01

图 6-35　末级科目余额表

2. 编制总账科目余额表

编制完成的总账科目余额表如图 6-36 所示。

科目编码	总账科目	期初借方余额	期初贷方余额	本期借方发生额	本期贷方发生额	期末借方余额	期末贷方余额
1001	库存现金	2,328.00	-	5,020.00	880.00	6,468.00	-
1002	银行存款	416,105.27	-	1,054,400.00	869,403.26	601,102.01	-
1012	其他货币资金	200,000.00	-	-	-	200,000.00	-
1121	应收票据	-	-	-	-	-	-
1122	应收账款	157,000.00	-	406,800.00	-	563,800.00	-
1123	预付账款	10,000.00	-	-	282,500.00	-	272,500.00
1131	应收股利	800.00	-	-	800.00	-	-
1132	应收利息	-	-	-	-	-	-
1221	其他应收款	1,600.00	-	-	1,000.00	600.00	-
1231	坏账准备	-	1,570.00	-	-	-	1,570.00
1403	原材料	241,000.00	-	550,000.00	650,000.00	141,000.00	-
1405	库存商品	593,523.32	-	320,000.00	720,000.00	193,523.32	-
1473	合同资产	-	-	226,000.00	-	226,000.00	-
1474	合同资产减值准备	-	-	-	-	-	-
1475	合同履约成本	-	-	-	-	-	-
1476	合同履约成本减值准备	-	-	-	-	-	-
1477	合同取得成本	-	-	-	-	-	-
1478	合同取得成本减值准备	-	-	-	-	-	-
1485	应收退货成本	-	-	-	-	-	-
1511	长期股权投资	200,000.00	-	-	-	200,000.00	-
1512	长期股权投资减值准备	-	-	-	-	-	-
1601	固定资产	4,671,000.00	-	5,000.00	-	4,676,000.00	-
1602	累计折旧	-	801,484.02	-	-	-	801,484.02
1603	固定资产减值准备	-	-	-	-	-	-
1604	在建工程	-	-	-	-	-	-
1605	工程物资	-	-	-	-	-	-
1606	固定资产清理	-	-	-	-	-	-
1701	无形资产	1,680,000.00	-	-	-	1,680,000.00	-
1702	累计摊销	-	86,600.00	-	-	-	86,600.00
1703	无形资产减值准备	-	-	-	-	-	-
1901	待处理财产损溢	-	-	-	-	-	-
2101	短期借款	-	-	-	100,000.00	-	100,000.00
2202	应付账款	-	582,500.00	-	-	-	582,500.00
2203	预收账款	-	-	-	-	-	-
2205	合同负债	-	-	-	140,000.00	-	140,000.00
2211	应付职工薪酬	-	173,762.21	173,762.21	-	-	-
2221	应交税费	-	125,991.05	198,141.05	166,400.00	-	94,250.00
2231	应付股利	-	-	-	-	-	-
2232	应付利息	-	-	-	-	-	-
2241	其他应付款	-	10,500.00	-	-	-	10,500.00
2501	长期借款	-	200,000.00	200,000.00	-	-	-
4001	实收资本	-	5,000,000.00	-	-	-	5,000,000.00
4101	盈余公积	-	90,813.57	-	-	-	90,813.57
4103	本年利润	-	-	741,860.00	1,280,000.00	-	538,140.00
4104	利润分配	-	1,100,135.74	-	-	-	1,100,135.74
5001	生产成本	-	-	650,000.00	320,000.00	330,000.00	-
5101	制造费用	-	-	-	-	-	-
6001	主营业务收入	-	-	1,280,000.00	1,280,000.00	-	-
6051	其他业务收入	-	-	-	-	-	-
6301	营业外收入	-	-	-	-	-	-
6401	主营业务成本	-	-	720,000.00	720,000.00	-	-
6402	其他业务成本	-	-	-	-	-	-
6403	税金及附加	-	-	-	-	-	-
6601	销售费用	-	-	-	-	-	-
6602	管理费用	-	-	1,860.00	1,860.00	-	-
6603	财务费用	-	-	20,000.00	20,000.00	-	-
6701	资产减值损失	-	-	-	-	-	-
6702	信用减值损失	-	-	-	-	-	-
6711	营业外支出	-	-	-	-	-	-
6801	所得税费用	-	-	-	-	-	-
	合计	8,173,356.59	8,173,356.59	6,552,843.26	6,552,843.26	8,818,493.33	8,818,493.33

图 6-36 总账科目余额表

任务 6　各类报表的编制

本任务包括以下三部分：

（1）编制资产负债表；

（2）编制利润表；

（3）编制现金流量表。

【任务实施】

一、编制资产负债表

编制完成的资产负债表如图 6－37 所示。

	A	B	C	D	E	F
1				资产负债表		
2	编制单位：北海家具有限责任公司			2022 年4月30日		单位：元
3	资产	期末余额	年初余额	负债和所有者权益（或股东权益）	期末余额	年初余额
4	流动资产：			流动负债：		
5	货币资金	1,882,074.75	（略）	短期借款	-	（略）
6	交易性金融资产			交易性金融负债		
7	衍生金融资产			衍生金融负债		
8	应收票据	550,000.00		应付票据	-	
9	应收账款	283,000.00		应付账款	184,300.00	
10	应收款项融资			预收款项	-	
11	预付款项	298,000.00		合同负债	100,000.00	
12	其他应收款	10,000.00		应付职工薪酬	355,692.43	
13	存货	1,329,168.08		应交税费	55,743.46	
14	合同资产			其他应付款	41,402.00	
15	持有待售资产			持有待售负债		
16	一年内到期的非流动资产			一年内到期的非流动负债		
17	其他流动资产			其他流动负债		
18	流动资产合计	4,352,242.83		流动负债合计	737,137.89	
19	非流动资产：			非流动负债：		
20	债权投资			长期借款	1,000,000.00	
21	其他债权投资			应付债券		
22	长期应收款			其中：优先股		
23	长期股权投资			永续债		
24	其他权益工具投资			租赁负债		
25	其他非流动金融资产			长期应付款		
26	投资性房地产			预计负债		
27	固定资产	4,100,490.16		递延收益		
28	在建工程			递延所得税负债		
29	生产性生物资产			其他非流动负债		
30	油气资产			非流动负债合计	1,000,000.00	
31	无形资产			负债合计	1,737,137.89	
32	开发支出			所有者权益（或股东权益）：		
33	商誉			实收资本（或股本）	6,000,000.00	
34	长期待摊费用			其他权益工具		
35	递延所得税资产			其中：优先股		
36	其他非流动资产			永续债		
37	非流动资产合计	4,100,490.16		资本公积	100,000.00	
38				减：库存股		
39				其他综合收益		
40				专项储备		
41				盈余公积	-	
42				未分配利润	615,595.10	
43				所有者权益（或股东权益）合计	6,715,595.10	
44	资产总计	8,452,732.99		负债和所有者权益（或股东权益）总计	8,452,732.99	

图 6－37　资产负债表

二、编制利润表

编制完成的利润表如图 6－38 所示。

三、编制现金流量表

编制完成的现金流量表如图 6－39 所示。

	A	B	C
1	利润表		
2	编制单位：北海家具有限责任公司　　2022年4月		单位：元
3	项 目	本期金额	上期金额
4	一、营业收入	1,200,000.00	（略）
5	减：营业成本	767,000.00	
6	税金及附加	5,928.00	
7	销售费用	79,760.00	
8	管理费用	153,383.26	
9	研发费用	5,928.00	
10	财务费用	1,000.00	
11	其中：利息费用	-	
12	利息收入	20,000.00	
13	加：其他收益		
14	投资收益（损失以"-"填列）		
15	其中：对联营企业和合营企业的投资收益		
16	以摊余成本计量的金融资产终止确认收益（损失以"-"填列）		
17	净敞口套期收益（损失以"-"填列）		
18	公允价值变动收益（损失以"-"填列）		
19	信用减值损失（损失以"-"填列）		
20	资产减值损失（损失以"-"填列）	-	
21	资产处置收益（损失以"-"填列）		
22	二、营业利润（亏损以"-"填列）	187,000.74	
23	加：营业外收入	-	
24	减：营业外支出	50,000.00	
25	三、利润总额（亏损总额以"-"填列）	137,000.74	
26	减：所得税费用	-	
27	四、净利润（净亏损以"-"填列）	137,000.74	
28	（一）持续经营净利润（净亏损以"-"填列）	137,000.74	
29	（二）终止经营净利润（净亏损以"-"填列）		

图 6－38　利润表

	A	B	C
1	现 金 流 量 表		
2	编制单位：北海家具有限责任公司　　2022年4月		单位：元
3	项目	本期金额	上期金额
4	一、经营活动产生的现金流量：		
5	销售商品、提供劳务收到现金	1,230,000.00	（略）
6	收到的税费返还	-	
7	收到其他与经营活动有关的现金	1,000.00	
8	经营活动现金流入小计	1,231,000.00	
9	购买商品、接受劳务支付的现金	602,500.00	
10	支付给职工以及为职工支付的现金	212,182.54	
11	支付的各项税费	11,615.46	
12	支付其他与经营活动有关的现金	55,000.00	
13	经营活动现金流出小计	881,298.00	
14	经营活动产生的现金流量净额	349,702.00	
15	二、投资活动产生的现金流量：		
16	收回投资收到的现金	-	
17	取得投资收益收到的现金	-	
18	处置固定资产、无形资产和其他长期资产收回的现金净额	-	
19	处置子公司及其他营业单位收到的现金净额	-	
20	收到其他与投资活动有关的现金	-	
21	投资活动现金流入小计	-	
22	购建固定资产、无形资产和其他长期资产支付的现金	67,800.00	
23	投资支付的现金	-	
24	取得子公司及其他营业单位支付的现金净额	-	
25	支付其他与投资活动有关的现金	-	
26	投资活动现金流出小计	67,800.00	
27	投资活动产生的现金流量净额	-67,800.00	
28	三、筹资活动产生的现金流量：		
29	吸收投资收到的现金	1,100,000.00	
30	取得借款收到的现金	-	
31	收到其他与筹资活动有关的现金	-	
32	筹资活动现金流入小计	1,100,000.00	
33	偿还债务支付的现金	101,000.00	
34	分配股利、利润或偿付利息支付的现金	-	
35	支付其他与筹资活动有关的现金	-	
36	筹资活动现金流出小计	101,000.00	
37	筹资活动产生的现金流量净额	999,000.00	
38	四、汇率变动对现金及现金等价物的影响		
39	五、现金及现金等价物净增加额	1,280,902.00	
40	加：期初现金及现金等价物余额	601,172.75	
41	六、期末现金及现金等价物余额	1,882,074.75	

图 6－39　现金流量表

参考文献

［1］喻竹，孙一玲，李洁，孔祥威．Excel 在会计的实用［M］．2 版．北京：高等教育出版社，2019.

［2］钟晓玲，黄玑．Excel 在财务中的实用［M］．北京：电子工业出版社，2018.

［3］李爱红，宫胜利，刘智．新编 Excel 在财务中的应用［M］．3 版．北京：电子工业出版社，2019.

［4］衣光臻．Excel 在财务会计中的应用［M］．2 版．北京：中国人民大学出版社，2019.

［5］黄新荣．Excel 2010 在会计与财务管理中的应用［M］．6 版．北京：人民邮电出版社，2021.

［6］姬昂，崔杰，崔婕．Excel 在财会中的应用［M］．北京：清华大学出版社，2018.

图书在版编目（CIP）数据

Excel在财务会计中的应用／衣光臻主编．--3版．--北京：中国人民大学出版社，2023.1
新编21世纪高等职业教育精品教材．财务会计类
ISBN 978-7-300-31282-8

Ⅰ.①E… Ⅱ.①衣… Ⅲ.①表处理软件-应用-财务会计-高等职业教育-教材 Ⅳ.①F234.4-39

中国版本图书馆CIP数据核字（2022）第228264号

新编21世纪高等职业教育精品教材·财务会计类
Excel在财务会计中的应用（第3版）
主　编　衣光臻
副主编　朱云萍　高晓华　贾丽娟　王　敏　张昭君
Excel Zai Caiwu Kuaiji Zhong de Yingyong

出版发行	中国人民大学出版社		
社　　址	北京中关村大街31号	**邮政编码**	100080
电　　话	010－62511242（总编室）		010－62511770（质管部）
	010－82501766（邮购部）		010－62514148（门市部）
	010－62515195（发行公司）		010－62515275（盗版举报）
网　　址	http://www.crup.com.cn		
经　　销	新华书店		
印　　刷	天津鑫丰华印务有限公司	**版　　次**	2016年1月第1版
开　　本	787 mm×1092 mm　1/16		2023年1月第3版
印　　张	14.75 插页1	**印　　次**	2024年7月第2次印刷
字　　数	304 000	**定　　价**	38.00元